汉字甲骨文与
纳西象形文字

和宝林　李宝生　编著

云南大学出版社
YUNNAN UNIVERSITY PRESS

图书在版编目（CIP）数据

汉字甲骨文与纳西象形文字 / 和宝林，李宝生编著
. 一 昆明：云南大学出版社，2022
ISBN 978-7-5482-4402-8

Ⅰ．①汉… Ⅱ．①和…②李… Ⅲ．①甲骨文-研究
②纳西语-表形文字-研究-中国 Ⅳ．①K877.14
②H257.2

中国版本图书馆CIP数据核字(2021)第180419号

策划编辑：殷永林
责任编辑：陶燕燕
封面设计：刘 雨

汉字甲骨文与
纳西象形文字

HANZI JIAGUWEN YU NAXI XIANGXING WENZI

和宝林 李宝生 编著

出版发行：云南大学出版社
印 装：昆明理煜印务有限公司
开 本：787mm×1092mm 1/16
印 张：25.25
字 数：395千
版 次：2022年5月第1版
印 次：2022年5月第1次印刷
书 号：ISBN 978-7-5482-4402-8
定 价：100.00元

社 址：云南省昆明市一二一大街182号（云南大学东陆校区英华园内）
邮 编：650091
电 话：（0871）65033244 65031071
网 址：http://www.ynup.com
E-mail：market@ynup.com

若发现本书有印装质量问题，请与印厂联系调换，联系电话：0871-64167045。

序

和国相（丽江雪山书院院长）

　　纳西族东巴文化和纳西象形文字同自然界的生命一样，有自己存在的空间和时间以及顽强的生命力。人类创造文字的目的，是用它来记录人们的生存轨迹和生活经验、教训。能在世间流传千古的文字，其背后肯定蕴含了大量让人惊讶的内容和意义。

　　纳西族传统文化的博大精深的部分，是东巴祭司一代又一代传承下来的东巴文化。在古代，纳西族东巴文化的作用是协调人与自然的关系、人与人之间的纠纷、社会团体之间的矛盾，对下一代进行本民族文化教育。它是纳西人精神生活和民俗生活的载体，是人们进行沟通的桥梁。纳西族民族个性和文化独特性的形成，与东巴文化密不可分。东巴教的仪式活动，传承着纳西族的各种传统文化知识，包括历史，语言、习俗、文学、艺术、医药、地理、天体等，还包括协调人与自然之间的关系，合理使用和保护稀有的资源等。

　　中国是一个文化发展很早的国家，它的历史与埃及、巴比伦、印度的历史，在世界古代史部分占有很大的篇幅。如果我们将那些以往被忽略的少数民族古籍文献充分重视起来，进行对比、分析和研究，加之近来发现和出土的文物的支撑，那么，中华民族的文明史足可再往前移 3000 ~ 5000 年。其中，纳西族东巴文化理应是中国上古史的重要支流。根据《东巴经〈开坛经〉》的内容，东巴文化和东巴文化中象形文字的起源与成形，一定与中华民族共同的祖先三皇五帝息息相关。

纳西族的文明是建立在农耕基础之上的。钱穆在《中国文化史导论》中说："人类文化的最先开始，他们的居住地，均赖以河水灌溉，好使农业易于产生。而此灌溉区域不需很广大，四周有天然的屏障，好让这区域里的居民，一则易于集中而到达相当的密度，一则易于安居乐业而不受外围敌人的侵扰。在此环境下，人类文化始易萌芽。"纳西族居住的环境从古至今无论如何变迁，都与河流灌溉相依相携。

汉、唐以来，长江上游金沙江"N"字形大拐角处是纳西族为自己生存发展选择的安居之地，这一天然屏障使纳西族先民避开了外来的侵扰，在此生息繁衍，与各民族和睦相处，形成了独具特色的文化遗产。东巴文化在此环境下生存了下来，获得了发展。

中华文化"天人合一"的哲学思想与纳西族东巴经"人与自然是同父异母兄弟"的理念一脉相承。自古以来，农耕文化和游牧、商业文化的截然不同之处是古代游牧和商业文化于内不足而向外寻求富、强、动、进。而农耕文化可以自给，无需向外寻求而顺应自然（二十四节气），并遵崇安、足、静、定。要祭祀天地、自然神、春、夏、秋、冬各季节的神灵等。因而，在农耕条件下纳西族东巴文化不但在此生根发芽，而且被世代传承。

为了找到纳西象形文字与汉字甲骨文之间的共同之处，和宝林、李宝生两位先生通过十几年的努力，书写了一本《汉字甲骨文与纳西象形文字》的著作。我接过的沉甸甸的《汉字甲骨文与纳西象形文字》书稿已是第九稿。逐页审视，稿件中仿佛弥漫着一股博学、明辨与笃行的清香味。说实在的，没有金刚钻难揽瓷器活，没有厚积就不能薄发，此乃是著书立说者的通常情况。

《汉字甲骨文与纳西象形文字》一书，大量涉猎了对汉文献典籍中阴、阳、天、地，万物、自然、植物和动物、人文、器皿、行为动作、社会形态、建筑、宗教、生活、服饰以及纳西族哲学智慧等的探索。

当我们用一颗重新认识世界、发现美的心来审视祖先留下的印记时，就会发现，原来每一个古文字背后，都有一个或充满想象，或血腥残忍，或温馨有趣的专属故事。这些每天被我们使用，好像已经丧失了新鲜感的文字，其实有着我们从未发现的新鲜的一面。从书中不难看出，重新发现象形文字与甲骨文，更多的时候是发现古人的生活，他们的悲喜歌泣，他们的生死离合，他们的爱恨喜恶。透过这些充满离奇与传奇的文字，可发现它们与现在的我们有着千丝万缕的联系，让人觉得，一切还在，一切未曾离开过我们。

春秋战国时期，各路诸侯群起。一夜之间，一个族群崛起，另一个族群却销声匿迹。随着一个群体的消亡，一种语言和文字随之消失。从图画到象形文字，从甲骨文到金文，从大篆被改革为小篆（秦篆），经历了一波三折。而纳西族象形文字从创制后，在传承中一直没有中断、夭折和消失。

从《汉字甲骨文与纳西象形文字》一书中可以看出，作者不但传承着纳西族文化，还从其他文化中寻找纳西族象形文字的研究方法，把汉字甲骨文（包括金文、篆字）与纳西象形文字进行比较，阐述其意思，这是一种新的研究方法，能够引起共鸣。

纳西象形文字是纳西族先民对人类社会的一大贡献，是弥足珍贵的历史材料与全息档案。纳西东巴文化与纳西象形文字不是考古发掘出来的东西，而是一直活在纳西族的社会生活中的活态遗存。此书的出版将引起东巴文化学界更多的关注，拓展研究视野，从而极大地激发本土学者的兴趣与吸引力。

人类历史的发展成果有很多种表现形式，其中非常重要的一种就是文化的积累。中国文化是一个庞杂的知识体系，包罗万象，浩如烟海。对此，有时我们觉得力不从心，很难在短时间内掌握其底蕴及脉络。对几千年的中华文明智慧结晶，我们只能管窥到冰山一角。尤其是在知识爆炸、信息膨胀的今天，能够静下心来研究他人所未研究，从多角度出发，思他人所未思，达到新的研究高度，是一件非常值得赞赏的事。

纳西东巴文化因其宏富博大的内容享誉世界，可以说是中华民族的骄傲。它取之不尽用之不竭的精神财富，可供全人类分享。

2021 年 9 月于丽江雪山书院

目　　录

序 ……………………………………………………………………（1）

凡　例 ………………………………………………………………（1）

　　表 1　汉语拼音、纳西拼音和国际音标对照表 …………………（3）

　　表 2　纳西拼音中汉语拼音所没有的几个声母拼写表 …………（4）

　　表 3　国际音标中与表 2 所对应的几个声韵母拼写表 …………（5）

引　言 ………………………………………………………………（1）

第一章　纳西象形文字与纳西族 …………………………………（7）

　　第一节　莋（筰）和崇仁丽恩 …………………………………（7）

　　第二节　沃高勒、高勒趣及其子孙后代 ………………………（13）

　　第三节　纳西象形文字与东巴经的产生 ………………………（19）

　　第四节　丽江附近的纳西族和东巴经 …………………………（28）

　　第五节　关于纳西标音文字的创制 ……………………………（34）

第二章　汉字甲骨文和纳西象形文字的比较研究 ………………（51）

　　第一节　董作宾先生的对比研究 ………………………………（51）

　　第二节　笔者的探索 ……………………………………………（56）

第三章　字例考释 ·· （105）

第一节　方国瑜和李静生两先生的考释 ················ （105）

第二节　何谓"东、西" ································ （107）

第三节　亨、享、厚及其他 ························ （110）

第四节　"祖"字释义 ································ （112）

第五节　数词释义 ····································· （113）

第六节　"公"与"私"及其他 ················ （117）

第七节　"曹"的初文 ································ （119）

第四章　汉字甲骨文和纳西象形文字比对 ············ （122）

第一节　天地自然 ····································· （122）

第二节　植物动物 ····································· （138）

第三节　人体称谓 ····································· （168）

第四节　用具器皿 ····································· （184）

第五节　动作行为 ····································· （200）

第六节　形象状态 ····································· （239）

第七节　社会生活 ····································· （269）

第八节　宗教、战争 ································· （291）

第九节　衣饰、建筑 ································· （313）

第十节　数字、方位 ································· （328）

第十一节　本章音序索引 ···························· （334）

一、汉语拼音音序索引 ···························· （334）

二、纳西拼音暨国际音标注音音序索引 ············ （354）

主要参考书目 ·· （388）

后　记 ·· （390）

凡　例

一、本书因研究对象汉字和纳西文字的读音需要，分别使用汉语拼音、纳西拼音和国际音标三大注音体系。

二、本书按序、凡例及三种拼音对照表、引言、正文、主要参考书目和后记的顺序进行编排。

三、三种拼音对照表中所对应"列"中的声母或韵母读音是相同的，只要会读汉语拼音，对应"列"中的纳西拼音和国际音标的声母或韵母也就会读了。对应不了的，请参阅所附表 2 纳西拼音中汉语拼音所没有的几个声母拼写表和表 3 国际音标中与表 2 所对应的几个声韵母拼写表。

四、为读准研究对象的汉字读音，对相应汉字进行了汉语拼音注音。

五、对研究对象的纳西象形文字和纳西标音文字进行了纳西拼音全面注音。

六、本书正文由有关论述和文字比对两大部分构成。

（一）有关论述由引言和第一章至第三章组成。

（二）"汉字甲骨文和纳西象形文字比对"部分，作为正文第四章编排。

七、本书第四章由汉字甲骨文和纳西象形文字的十类比对和两种拼音音序索引构成。十类比对共 689 组比对字符，编排为本章第一节至第十节，两种音序索引作为本章"第十一节"进行编排。

（一）汉语拼音音序索引中的主要音序，参照《新华字典》体例进行编排。一个具体读音中的同音同调字，则按本章研究对象的字序先后进行编排。每一字符后所带括号中加一斜杠"/"，斜杠前的数字为该字符的字序号，斜杠后的数字为该字符所在的页码。

（二）纳西拼音暨国际音标注音的音序，主体参照方国瑜的《纳西象形文字谱》中的国际音标（以下简称"方氏音标"）体例编排。一个具体读音中的同音同调字，则按本章研究对象的字序先后进行编排。每一字符后所带括号中加一斜杠"／"，斜杠前的数字为该字符的字序号，斜杠后的数字为该字符所在的页码。其中，表中出现的"（1 节／…10 节／）"等情况，是指本章第一节至第十节标题的纳西语查阅提示。

（三）在"十类比对"正文中，汉字的研究对象按甲骨文"甲或甲旁"、金文"金或金旁"、篆字为序排列，其中还有些涉及"籀文"或"古文"，已在文中明示。"甲旁""金旁"指甲骨文或金文的偏旁。

（四）在"十类比对"正文中，纳西象形文字只用纳西拼音注音。为熟悉国际音标的读者着想，在纳西拼音暨国际音标注音的音序索引中，则进行纳西拼音和国际音标双轨注音，用斜杠"＼"分隔，斜杠前为纳西拼音，斜杠后为国际音标。

（五）纳西拼音暨国际音标注音音序索引中的国际音标，严格按照"方氏音标"的原则进行拼写，国际音标电子软件则采用与"方氏音标"相匹配的云南丽江杨晓辉先生的"电子东巴"。

八、本书涉及的甲骨文和《说文解字》的内容，主要参考了徐中舒主编的《甲骨文字典》和汤可敬编撰的《〈说文解字〉今释》（修订版），为避免大量重复注释，在正文中指明了引用的页码，或指明了所释的字。对引用的有的古籍，则只在正文中指明了所引篇目，未注页码。为方便读者，对文中包括引文中一些难读难懂的字及偏旁，我们加了注释。

表 1　汉语拼音、纳西拼音和国际音标对照表

声　母

汉语拼音	b	p		m	f	d	t		n	l
纳西拼音	b	p	bb	m	f	d	t	dd	n	l
国际音标	P	P′	b	m	f	t	t′	d	n	l

汉语拼音	g	k			h	j	q			x
纳西拼音	g	k	gg	ng	h	j	q	jj	ni	x
国际音标	k	k′	g	ŋ	h	tɕ	tɕ′	dʑ	ȵ	ç　ɣ

汉语拼音	z	c		s		zh	ch		sh	r
纳西拼音	z	c	zz	s	ss	zh	ch	rh	sh	r
国际音标	ts	ts′	dz	s	z	tʂ	tʂ′	dʐ	ʂ	ʐ

韵　母

汉语拼音	i	u	ü	a	o	e			er	ei
纳西拼音	i	u	iu	a	o	e	v	ee	er	ei
国际音标	i	u	y	a	o	ə	ɣ	ɯ	ər	e

汉语拼音	ai		ian	ia	iou	uei	uai	ua	
纳西拼音	ai	iei	iai	ia	ie	ui	uai	ua	ue
国际音标	æ	ie	iæ	ia	iə	ue	uæ	ua	uə

声　调

纳西文	高平（55）｜	中平（33）不标	低降（21）q	低升（24）f
国际音标	高平（55）˥	中（33）┤	低降（21）↓	低升（24）˨

〈汉语拼音声调与纳西语不对等，故不列出〉

注：（1）纳西拼音由 i、u 开头的韵母自成音节时，i、u 要写成 y、w，如 iu—yu、ua—wa。

（2）纳西拼音 i、u 自成音节时，要写成 yi、wu。

（3）纳西拼音 ui 自成音节时，要写成 wei。

（4）本书在实际运用中，对纳西拼音 ee，采取对应国际音标 ɣɯ 的全拼方法（ee—ɣɯ）。

表2　纳西拼音中汉语拼音所没有的几个声母拼写表

项　目　　韵母 　　　声母	a	o	u	i	iu	er
纳西语音 纳西语义	bb	bba （可怜）		bbu （田埂）	bbi （尿）	bbiu （粗）	bber （化脓）
纳西语音 纳西语义	dd	dda （关）	ddo （呆）	ddu （规矩）	ddiq （蕨菜）	ddiu （慢）	dder （短）
纳西语音 纳西语义	gg	gga （赢）	ggoq （分别）	gguq （病）			gger （瞎）
纳西语音 纳西语义	ng	ngaq （熬）					
纳西语音 纳西语义	jj				jji （走）	jjiu （硬）	jjer （瘸）
纳西语音 纳西语义	ni	nia （嬲）			ni （鱼）		
纳西语音 纳西语义	zz	zza （瘦）	zzo （冰雹）		zziq （纸火）	zziuq （花椒）	zzer （唱）
纳西语音 纳西语义	ss	ssa （嫩）	sso （儿）	ssu （午饭）	ssi （美丽）	ssiul （小孩）	sser （忍）
纳西语音 纳西语义	rh			rhuq （掉）			rher （湿）

注：（1）纳西文特有的两个韵母，ee 汉语意为牛；ue：uel ue 汉语意为圆。

（2）ngeq 汉语读我；ngvq 汉语读哭。

表 3　国际音标中与表 2 所对应的几个声韵母拼写表

项目 ＼ 韵母 ＼ 声母		a	o	u	i	y	ər
国际音标 纳西语义	b	ba┤（可怜）		bu┤（田埂）	bi┤（尿）	by┤（粗）	bər┤（化脓）
国际音标 纳西语义	d	da┤（关）	do┤（呆）	du┤（规矩）	di√（蕨菜）	dy┤（慢）	dər┤（短）
国际音标 纳西语义	g	ga┤（赢）	go√（分别）	gu√（病）			gər┤（瞎）
国际音标 纳西语义	ŋ	ŋa√（熬）					
国际音标 纳西语义	dʑ				dʑi┤（走）	dʑy┤（硬）	dʑər┤（瘸）
国际音标 纳西语义	ȵ	ȵa┤（矊）			ȵi┤（鱼）		
国际音标 纳西语义	dz	dza┤（瘦）	dzo┤（冰雹）		dzi√（纸火）	dzy┤（花椒）	dzər┤（唱）
国际音标 纳西语义	z	za┤（嫩）	zo┤（儿）	zu┤（午饭）	zi┤（美丽）	zy┐（小孩）	zər┤（忍）
国际音标 纳西语义	dʐ			dʐu√（掉）			dʐər┤（湿）
国际音标 纳西语义	（ɣ）	（ɣɯ）（牛）					

注：（1）国际音标中与表 2 对应的两个韵母，ɯ（全拼为 ɣɯ），汉语意为牛；uəː uə|ə ┤汉语读圆。

（2）ŋə√汉语读我；ŋy√汉语读哭。

引　言

《史记·殷本纪》载："殷契，母曰简狄，有娀氏之女，为帝喾次妃。三人行浴，见玄鸟堕其卵，简狄取吞之，因孕，生契。"殷商由契开始，到了第十四代，便是王天下的成汤。《史记·殷本纪》又载："契卒，子昭明立。昭明卒，子相土立。相土卒，子昌若立。昌若卒，子曹圉立。曹圉卒，子冥立。冥卒，子振立。振卒，子微立。微卒，子报丁立。报丁卒，子报乙立。报乙卒，子报丙立。报丙卒，子主壬立。主壬卒，子主癸立。主癸卒，子天乙立，是为成汤。"很明显，司马迁的《史记》中的资料，最初来自民间传说。

我国著名的人类学家、考古学家李济先生说："由于甲骨文中有关的材料，甚为丰富，增加了我们许多有关的知识。但是，说也奇怪，这些新的知识与两千余年前司马迁的记录相比，虽说是对于每一个商代先公先王的认识，增加了很多；而对司马迁所排的这一朝代的先公先王的继承的秩序，新材料只把它加了强有力的证实。复原的王室系谱除了几个名号外，没有任何部分，可以删改《史记》原文的。"[1]

作为纳西族原始宗教的东巴经，对纳西族的祖先也有许多详细的描述。这些资料虽然没有被像司马迁这样的大史学家那样将它们拿到历史书中去，但是，作为一个民族的集体记忆，也是一份非常珍贵的历史资料。信它们，可以从中了解一个民族的史前历史，不信它们，就只能将其当作一堆毫无用处的癔语。但是，

---

[1]　胡厚宣、胡振宇：《殷商史》，上海人民出版社 2019 年版，第 17 - 19 页。

社会进步到现在，民族学的知识已经普遍被人们所接受，它们作为民族学的珍贵资料，想必绝大多数人是不会无视它们的存在的。

关于纳西族的历史，因为有方国瑜教授等人的挖掘，可知经历了从西羌牧羊人到川西牦牛道上的牦牛夷，再到鹤庆、永胜、宾川的越析诏，最后到丽江的纳西族的演变。一条粗壮厚实的线条是十分清晰的，无须我们花费更多的气力，我们只是在这些基础之上，结合一些民族学的资料，使这些线条更加具体化一点。在具体化的过程中，有一些说法是从来没有人说过的。这些观点蓦然出现在读者面前，可能会令人一时难以接受，但有兴趣的读者看过本书后，会有自己的看法，无须我们多说。

至于纳西族的象形文字，我们历来把它们看作是纳西族先民对人类社会的一大贡献，把它们看作是弥足珍贵的历史资料。这些资料并不是考古发掘出来的东西，它们一直活在纳西族的社会生活之中。这些象形文字，包含远古的东西，也有近代的一些东西，很难简单地根据某一个字的特征来判定它们产生的年代，因此，对它们产生的时期，有很大的分歧。而且，一些专家断言，它们产生的时期最早不会早于唐代。这样一来，它们的史料价值就贬低了不少，这也是它们一直得不到重视的一个重要原因。

我们一直认为，根据历史书籍的记载，唐代汉族文字已经相当普及，一些少数民族甚至开始用汉字记录本民族的语言，在这种情况下，并不十分封闭的纳西族却独自创制一种类似图画的象形文字，从头开始摸索，这根本是无法想象的。

我们认为，纳西族的象形文字是从春秋战国到秦汉时期，由民间陆陆续续创制的。到了汉朝末年，这些文字逐渐从木、石之中转移到纸质的经书之中。纳西族先民用这种图画文字的形式，记录原始宗教的程序、法规和颂词，记录流传在纳西族民间的故事，慢慢地这些书便成为了纳西族原始宗教的经典。虽然这个时期，汉字的甲骨文、金文已经演变到秦篆和汉隶的阶段。但是，这些汉字的使用这时还只停留于上层社会之中，广大的汉族民众是不认识这些字的，更不用说对边远的少数民族造成影响了。但是，少数民族的社会生活已经十分需要一种可以记录语言、记录事情的文字，特别是在宗教活动中，这种需要更加突出，如果缺乏现成的，那就只有自己动手创制。纳西族的象形文字就是在这种情况下产生的。

纳西族对自己老祖宗创制的文字是十分钟爱的，这种文字一经产生便没有中断、夭折而消失，就是一个明证。而且，只要条件允许，就会有人出来想方设法改进本族的文字。宋末元初木氏土司牟保阿琮利用部分比较简洁的象形文字，利用改造过的汉字创制纳西族标音文字就是一个例子。那么，我们为什么那么肯定纳西族的标音文字最初是由牟保阿琮创制的呢？理由有三：

其一，《木氏宦谱》中有牟保阿琮"且制本方文字"的记载，他所创制的本方文字不可能是纳西象形文字，这种文字不是一个人的力量能创制的，那他创制的就只可能是标音文字了。

其二，有许多证据表明，纳西族标音文字早在明代就流行于世了。而在那个年代，纳西族地区还没有开办汉文学校，只有木氏土司识汉字，因此，不可能由纳西族中的其他人创制这样的文字。而且，在这些文字中还有大量的简化的纳西象形文字，以及在象形文字基础上创制的新字，对纳西原始宗教经典不是十分熟悉的本民族中的人，是无法完成纳西标音文字创制的。

其三，这种文字，只在丽江坝区和靠近川西藏区的维西、鲁甸、塔城地方流行。丽江坝区是木氏土司的居住地，维西、鲁甸、塔城等地方，是木氏土司的军事重地。木氏为了开拓疆域，征集丽江坝区及附近地方的纳西族精英组织军事力量向周边地区开战，开拓疆界后移民到那些地方。木氏土司有了创新，先拿到自己的统治区推广，是很自然的事。

只要木氏土司牟保阿琮创制纳西标音文字的事实成立，那么纳西族象形文字的创制最早不超过唐代的说法，也就不准确了。

从河南安阳商丘发掘出来的甲骨文，已经是十分成熟的文字符号了。虽然纳西族的象形文字的创制时间比较晚，但是，从文字的发展阶段来说，与甲骨文相比，纳西象形文字还处在一个不太成熟的原始文字阶段，因此，它成为研究甲骨文，甚至研究人类文字发展史的珍贵资料。

在这个方面，作为我国著名的史学家、甲骨文"四堂"之一的"彦堂"董作宾先生，一直关注着纳西象形文字的收集、整理和研究工作。他对方国瑜先生的《纳西象形文字谱》、杨仲鸿先生的《纳西东巴字及哥巴字汉译字典》、美国人洛克博士的《中国西南的古纳西王国》、法国人巴克的《麽西研究》都有涉猎。等他看到李霖灿先生的《纳西族象形标音文字字典》后，非常高兴，立即着手进行甲骨文和纳西象形文字的对比研究，写出了自己的见解，作为李霖灿先生大作的序言。董作宾先生的研究，开创了这两种文字对比研究的先河，给后来者指出了一条用纳西象形文字破解甲骨文之谜的捷径。

接着，有好多学者开始关注纳西象形文字与甲骨文等汉语古文字相关的一些研究，如方国瑜先生的《古之本义为苦说》、东巴文化研究所学术部主任李静生先生的《关于纳西象形文"栅栏"和甲骨文"册"的对比研究》等，都做出了一些成绩，得到学术界的肯定。

我们也在这方面做了一点尝试，幸运的是我们一开始就发现了甲骨文和纳西象形文字完全相同的字，那就是 ⟨、⟨、⟨。在徐中舒先生主编的《甲骨文字典》第 124 页中有 ⟨、⟨ 等甲骨文，对此〔解字〕说："从丧，从 ⟨、⟨、⟨，所意会不明。"在甲骨卜辞中，和 ⟨ 在一起的是 ⟨。⟨字比较清楚，⟨ 是甲骨文"萬"，这里作为丧亡的"亡"之同音假借字，恐读的人不清楚还做了一个假借字的旁注 ⟨，⟨ 字见《甲骨文字典》第 56 页，被释作"埋"。而"亡"用"埋"作旁注，意思就再清楚不过了。而 ⟨ 和 ⟨ 作为"丧"字（"丧"假借桑树的桑）的旁注，是没有了的"殁（没）"字。这个"没"字，就在纳西象形文字之中，纳西象形文字写作 ⟨ 和 ⟨，纳西语读作"me"，是汉语"没"的意思。天上的月亮，从农历每月十五满月运行到朔（初一），月亮渐行渐小，最后没了。而"没了"无法用文字将它写出来，纳西族先人就用长期观察到的这一月相，即用快要没了的月亮之象来表示"没"（me），写作 ⟨ 或 ⟨。纳西象形文字中的 ⟨ 或 ⟨，与汉字甲骨文的 ⟨、⟨ 不完全相同，但所要表达的意思是完全一致的。而且 ⟨ 和 ⟨ 作为人殁（没）了之解，则是十分妥帖的。

《说文解字》:“没，沈（沉）也。从水，从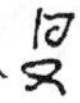。”沉不仅是沉于水中，也包括月亮沉于天际。

“没”的小篆写作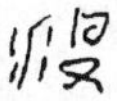，从（水），从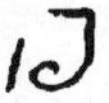（回），从（手）。，是“回”和“亘”的初文，也是恒字的一边，古文恒从月。《诗》曰：“如月至恒”，金文恒就写作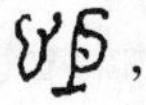，从心从月，若是“回”和“亘”的初文，那么，小篆的这个追溯起来也是“月”，“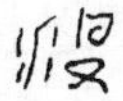”就是水中抓月，表示没有。若再往前追溯，去掉水，去掉手，使没字变成一个完全的象形文字（甲骨文大多是象形文字)，那么，剩下的这个“月”不可能是一个完整的“月”，而只能是那个快没有了的月。因此，我们说《甲骨文字典》124 页中的那个和，应该就是这个汉字“没”的初文，这个结论不至于大错吧。

还有汉字“士”，《说文解字 · 士部》说：“士，事也。数始于一，终于十。从一，从十。孔子曰：‘推十合一为士。’凡士之属皆从士。”段玉裁注曰：推十合一，“由博返约。”应该就是明白事理，能办事的意思。

我们知道，殷商时期是典型的奴隶社会，人们在造甲骨文时，将“人”字造成卑躬屈膝的样子（)，将“民”字造成刺瞎了一只眼的人（)，被掳来做妻子的“女”人（）绑缚着双手，只有“大”人（)，才能堂堂正正地站立着。而纳西族的象形文字，只要是“人”都可以挺直腰杆立于地上，如（男人)、（女人)、（仆人)、（奴婢)，这一不同之处是因为这两种文字在造字时的社会环境不同。“士”作为那个时代的低等贵族，他们的地位虽然不高，却也是有别于平民的社会上层人士群体。于是，“士”的金文写作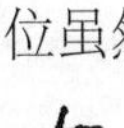，它的上边是大人的大，下边一横代表土地。士是一群拥有少量土地的人，他们不必自己从事耕作等劳动，无事时，他们就读书、练武，随时准备谋得一官半职，光宗耀祖。所以，《白虎通 · 爵》说：“士者，事也，任事之称也。”①

① （东汉）班固撰，陈东辉主编：《白虎通》，浙江大学出版社 2021 年版，第 60 页。

我们在本书中所做的分析，不敢说一定是正确的，但也是一种尝试，希望能与更多的人共同探讨。本书主要是将汉字甲骨文（包括金文、篆字）和纳西象形文字加以比对，供读者比较、鉴赏，以推动纳西象形文字的研究推广工作，让更多的人接触、认识这种文字，让它们发挥更加广泛的积极作用。

古汉字甲骨文在许多方面都与纳西象形文字有相似之处。我们知道，现代汉字、篆字、金文等都是从甲骨文中发展而来的。特别是金文，它几乎与甲骨文同时流行于世，只不过金文镌刻在金石之上，不能像甲骨文那样随意，因此，书写比较认真、正规一点而已。两者之间的关系，略等于现在的手写体和印刷体。而秦篆是在甲骨文、金文基础上的改进形，早在战国时期就和大篆（籀文）一起流行于秦，秦统一全国以后，通过李斯等人的《仓颉篇》《爰历篇》《博学篇》，取固有的省改之体推行于世，成为全国统一的文字。到东汉末期，许慎又著《说文解字》，使它成为以后变为隶书、楷书的桥梁。若没有篆字，我们就不知道怎样把现在使用的汉字和甲骨文联系起来。因此，本书虽然题名为"汉字甲骨文与纳西象形文字"，但在甲骨文后面还列有金文和篆字，而且有些时候找不到甲骨文，我们就把金文或篆字拿出来依次进行对比研究，这是必须加以说明的。

至于为什么要写这本书，我们的确没有一个确切的目标，对文字学方面感兴趣的可以随便翻一翻这本书，从而知道甲骨文和纳西象形文字原来是这么一回事。如果因兴趣而引发联想，就像我们一样通过更加原始的纳西象形文字，考证几个甲骨文，即使拿不出像样的成绩，也可以加深对文字学的理解，等到有了一定的体会，知道自己也能从事这样高深的研究，那也算是有点收获了。

至于纳西象形文字，我国著名的考古学、民族学家李济先生在为李霖灿的《纳西象形标音文字字典》作的序中说："人类虽说文字用惯了，但创造一种文字，在人类文化史中并不是常见的事，有了这件事，无论它出现在地球的哪一个角落里，都值得若干人钻研一辈子。在东亚这个区域内，除了汉字集团外，其他系统是有数的，纳西人的象形文字就是这有数系统内极其重要的一个。"我们认为对于纳西文化的研究，还不能算很重视，如果由于这本书，能够吸引更多的人从事纳西象形文字的研究，或者是更加关注一下纳西文化，那就算是没有浪费那么多人的努力和其他宝贵的资源了。

第一章 纳西象形文字与纳西族

第一节 荐（笮）和崇仁丽恩

用纳西象形文字书写的东巴经，它最核心、最深层次的内容，就是以《创世纪》（coq bber tv）为代表的一批神话传说故事。这些神话传说故事，始终贯穿在整个东巴文化之中，它们既是东巴经中最深层的内容，也是整个东巴文化的基石，没有它们便没有东巴文化。

在大多数东巴经中，首先会用"远古的时候"（a la me sherl ni）作为开头语，这一句似是讲述一个古代故事的开头话，实际上表达了纳西族先民对宇宙、对万事万物形成时的一种认识。他们认为，人类是从不会说话、不会发声的状况慢慢演变而来的。远古的时候，其实就是"啥也不会说"的时候。那么，宇宙最初的形态是什么呢？东巴经会接着说："e na gu, muq pei ni"，意思是"无边的黑暗呵，到处都在簸动、摇晃着。"纳西族先民认为最初的宇宙什么也没有，只有许多影子纠合在一起，形成无边的黑暗，而这些影子还在不停地运动着。

实际上，这些无边的黑暗，就是汉文典籍《周易》里的太极，汉唐以来的许多学者都认为，太极便是宇宙起源之初的元气未分的混沌状态。它们和东巴经中的影子一样，包含着一切（天地万物的影子），但看上去却什么也没有——无。太极动而生阳，静而生阴，在不断地运动着。清者上升，浊者下沉。正如老子所说：道生一，一生二，二生三，三生万物。东巴经书说一种影子变九种，九种合成一个母亲，它正是一个从量变到质变的过程。在运动的过程中，混沌（道）便生出天地（太极生两仪——阴阳），阴阳的不断变化，产生出金、木、水、火、土五行，五行就是产生宇宙万事万物的基本元素。

不过，在东巴经中，形成天地万物的成分，早就存在于那个无边的黑暗之中了。这混沌物其实就是天地万物的影子。最初它们没有固定的形体，不具备一切物的特质，只是一些影影绰绰的东西。用东巴经的话说，它们是虚和幻的、一些不真实的东西。这些不真不实、虚和幻的东西，不断运动着。在黑暗之中产生了隆隆的响声，然后出现光亮，一个影子变九个，九个影子合成一个母亲，天地首先出现，天地间的万物也随之成形。

《创世纪》说，人类的蛋由天上产生，大地来孵化，人蛋慢慢变暖，暖蛋变成暖气，暖气又凝成了露水，这露水滴进大海之中，大海就孕育了人类。大海中先产生了"美仁此楚"，然后产生了"此楚此余""此余此局""局仁精仁""精仁崇仁""崇仁丽恩"。崇仁丽恩被认为是纳西族的始祖，东巴经的故事就是从崇仁丽恩开始展开的。

其实，东巴经中提到的在大海中产生的第一代人类美仁此楚，在纳西族民间被称作"本楚汝"（bbei ceeq ssee），这个名字中的关键词是"楚"（ceeq），他实际上就是鬼，也是人的灵魂，又是人的影子，他与万物的最初形态相吻合。因此，在纳西语中，"本楚汝"（bbei ceeq ssee）泛指人类。《列子·天瑞篇》中说："精神离形，各归其真，故谓之鬼。鬼，归也，归其真宅。"这里说得很明白，灵魂离开人体，就是鬼。人死变成鬼，鬼就还原成人最初形成时的形态了。

东巴经中提到的第二代人类是此楚此余，这里除了父子连名之外，关键词是"余"（yuq）。"余"（yuq）在纳西语中既是羊又是猴子，但经文大多写成一个猴子，所以我们认为他应该是猴子。在纳西语中，特别是在东巴经中，"余"（yuq）又是人的祖先。人死后，如果没有经过超度，就永远留在了自然界中，也就是蛇蛙一类的自然物——世日。死者经过超度，东巴祭司们就会根据纳西族的迁徙路线，把他们送回到祖先曾经居住的地方，直到那时，死者才真正变成了人们的祖先——"余"（yuq）。

在大海中产生的第三代人类是"此余此局"，这个名字除了父子连名制之外，关键词是"局"（jiuq），"局"（jiuq）在纳西语中是驴。驴也是马，他是否指两汉时期四川地界以内武都郡的白马羌，就不得而知了。

在大海中产生的第四代人类是"局仁精仁"，这个名字除了父子连名之外，关键词是"精"（zzi），在纳西口语中又称作"本勒古"（bbei lei ggv），不管是"精"（zzi）或"古"（ggv），他都是一头熊。纳西语中舅舅又称作"阿古"（e ggv），所以，他应该属于纳西族氏族内部的人。

在大海中产生的第五代人类是"精仁崇仁"，这个名字和上一代的父子连名一起，是美丽的熊和美丽的象的意思。实际上，他不能算作人类的第五代祖先，他只是承接第四代和第五代的一个名字而已，简而言之，他就是熊和大象。但是，纳西先人却把人称作精和崇，而且，他们专指纳西族。精（zzi）是舅父，崇指本身，纳西语的"崇洼（coq wa）"就是大象的骨根，也是同一个宗族的意思，紧接着的真正的人类第五代祖先，便是被称作纳西族创世祖先的"崇仁丽恩"，这个名字的意思就是"美丽的大象是最优秀的动物"，有赞美创世祖先的意思。

第四代人类祖先和第五代人类祖先，他们可能就是纳西族先民的以熊为图腾和以象为图腾的互为婚姻的氏族两合组织。不论是"精"（zzi）还是"崇"（coq），他们都是纳西族的先民。而崇仁丽恩则是所有纳西族的祖先，不管在他们的分支中有没有文字，在他们中间都有关于崇仁丽恩的传说故事。他们都会进行每年一次的祭天活动，都会在每一年的祭天活动中，讲述人类形成的过程，讲述崇仁丽恩的故事，以此缅怀自己的祖先。

《史记·五帝本纪》载："舜父瞽叟盲，而舜母死，瞽叟更娶妻而生象，象傲。瞽叟爱后妻子，常欲杀舜。"又说："舜之践帝位，载天子旗，往朝父瞽叟，夔夔唯谨，如子道，封弟象为诸侯。""《汉书》也说"舜封象于有鼻。"[①] 晋书载："荆州—零陵—应阳：'东界有鼻墟，云象所封'"。[②]《山海经·海内经》

---

① 《二十五史·汉书》，上海古籍出版社1986年版，第2587页。
② 《二十五史·晋书》，上海古籍出版社1986年版，第51页。

说："黄帝生骆明，骆明生白马，白马是为鲧""鲧复生禹。"①《史记·六国表》说："禹兴于西羌。"《汉书·武帝纪》颜师古注引《淮南子》说："禹治鸿水，通轘辕山，化为熊。谓塗山氏曰：'欲饷，闻鼓乃来。'禹跳石，误中鼓，塗山氏往，见禹方作熊，惭而去。至嵩高山下，化为石，方生启。禹曰：'归我子！'石破北方而启生"。② 这样看来，不仅鲧是一匹白马，禹还是一头熊。

纳西族东巴经《创世纪》中说：人类经过大洪水的洗劫之后，大地上只剩下崇仁丽恩一人，天上掌握规矩的神祇想办法要繁衍人类，但是都失败了。然后，让崇仁丽恩到天上去寻找伴侣，他走到天边，正好碰上从天上下来寻找伴侣的衬恒褒白姑娘。两个寻找伴侣的男女相遇了。衬恒褒白化作一只鹤，将崇仁丽恩挟带到了天上，将他藏在家里，衬恒褒白的父亲孜佬阿普知道后，要杀害崇仁丽恩。衬恒褒白就说："爸，你别杀他。他在我们家，天晴时，你可以让他去翻晒粮食，天阴下雨时，可以让他去修沟理渠。"孜佬阿普知道自己的女儿喜欢崇仁丽恩，就把他的女儿衬恒褒白嫁给了崇仁丽恩。知道崇仁丽恩会种庄稼，管理牲畜，便让崇仁丽恩带去各种各样的种籽，带去各种各样的牲畜。崇仁丽恩感慨地说："强大富裕的女儿，嫁给了弱小贫困者，胜者的女儿嫁到了失败者的地方。"崇仁丽恩便带着衬恒褒白姑娘，从天上迁徙到了辽阔大地上，在辽阔大地上插上胜桩，竖起董沈（规矩）石，定居下来。

从创世祖崇仁丽恩开始，纳西族就从事半农半畜牧的定居生活。说纳西族是游牧民族，指的应该是更早时候的西羌人。因为崇仁丽恩是从天上迁徙下来的，所以纳西族自称"摩娑"（mee coq，天裔的意思）。"摩"应该是纳西语"天"（mee）的音译。"娑"及麽些之"些"，方国瑜先生说："惟麽些语称人曰coq，与so近，则'麽些'者为'麽族'之义。"③

因纳西族将人称作"崇"（coq），故别人称纳西人为荞、筰人（崇coq）。《盐源县志》说：筰为夷的自称，"丽江人至今自称为荞。"④ 实际上，不是纳西

---

① 史东梅编著：《山海经》，云南人民出版社，第469页、第474页。
② 《二十五史·汉书》，上海古籍出版社1986年版，第21页。
③ 林超民主编：《方国瑜文集》第4辑，云南教育出版社2001年版，第24页。
④ （清）《盐源县志》，光绪十九年，石印转复印本，第661－662页。

人自称莋（coq），而是因为历史上往往将少数民族称人的名词，作为该民族的称谓。纳西族称人为"莋"，故别人称纳西族是"莋人"。因此，称纳西先民为"莋"，应该是他称。还有，在藏彝民族走廊中，豢养牦牛的民族，不仅只有纳西族，但是，纳西族离蜀郡更近，汉人对纳西族养牦牛有印象，因此，也将纳西族称作"牦牛夷"，这个称谓也应该是他称。反过来，我们可以这样认为，秦汉时期，在汉文典籍中被称作莋人和牦牛夷的大多指纳西族先民。

《史记·司马相如列传》说："邛、莋、冉、駹近蜀，道亦易通，秦时常通为郡县，至汉兴而罢。今诚复通，为置郡县，愈于南夷"。《史记·西南夷列传》说："蜀人司马相如亦言西夷邛、莋可置郡。使相如以中郎将往喻，皆如南夷，为置一都尉，十余县，属蜀。"其事在汉元兴六年（公元前129年）。《后汉书·南蛮西南夷列传》说："元鼎六年，以为沈黎郡。至天汉四年，并蜀为西部，置两都尉：一居牦牛，主徼外夷，一居青衣，主汉人。"这里所说的莋都，应在雅安地区。《华阳国志》说："雅州邛崃山，本名邛莋山，故邛人、莋人界。"[①] 秦汉时，被称作莋人的纳西族先民应居住在川西，以现在雅安地区为中心的区域内，并在雅安形成一定的势力。所以，在汉文典籍中有莋都夷的记载。

就在汉武帝元鼎六年（公元前112年），《史记·西南夷列传》说："南越破后，及汉诛且兰、邛君，并杀莋侯，冉駹皆振恐，请臣置吏。乃以邛都为越巂郡，莋都为沈犂郡，冉駹为汶山郡，广汉西白马为武都郡。"虽然莋侯被杀，但莋人并未迁走，他们并入蜀郡，成为汉朝子民。因此，在汉朝的西蜀，有賨人、賨钱、賨布之说，这是"崇"（coq）的另外一种音译。这些賨人还带着自己的原始宗教——鬼教，和蜀的汉族先人一起，创立了五斗米教，成为东汉时期道教的起源。

而且，西蜀徼外的莋人、牦牛夷所形成的势力也并未完全消失。上文提到："天汉四年，并蜀为西部，置两都尉：一居牦牛，主徼外夷，一居青衣，主汉人。"方国瑜先生说："《水经·若水注》说：'大渡河出徼外，至牦牛道'，则牦

---

① 转引自方国瑜的《中国西南历史地理考释》，中华书局1987年版，第14页。

牛在大渡河上游今泸定地区，而青衣在今雅安地区。"①《后汉书·南蛮西南夷列传》又说：永平中（大约在公元 74 年左右），旄牛道的白狼、槃木、唐菆等奉贡，献诗三章。方国瑜先生说："这就是所谓"白狼歌"，共四十四句，一百七十六字。从对译的音义来看，用汉语及过于抽象不能确定本义的约八十字，其余九十余字，基本上与近代纳西语相同或相近，语法亦相同，可知白狼语与纳西语的亲属关系是很密切的。从语言的亲属关系可以推知族属渊源关系"。② 和煜堂先生还将《白狼歌》全部译成了现代纳西语，所译与汉语完全相符。

《史记·西南夷传》"正义"引《括地志》说："莋州本西蜀徼外，曰猫羌嶲。"方国瑜先生说："猫羌亦旄牛羌也。"还说："雅砻江流域两汉所居之旄牛羌、白狼、槃木即其种。定莋之摩沙夷无槃木同种，则摩沙为旄牛羌之一支。"③

2020 年 10 月笔者摄的泸定县大渡河边的磨西古镇

① 林超民主编：《方国瑜文集》第 4 辑，云南教育出版社 2001 年版，第 4 页。
② 林超民主编：《方国瑜文集》第 4 辑，云南教育出版社 2001 年版，第 4 页。
③ 林超民主编：《方国瑜文集》第 4 辑，云南教育出版社 2001 年版，第 30－31 页。

我们知道，两汉时期以莋为名的莋都（今四川雅安泸定地区）、莋秦（今四川冕宁以北地区）、大莋（今四川米易地区）、定莋（今四川盐源、盐边、永宁地区）都有纳西族居住，故秦汉时期被称作莋（筰）的地方应该是纳西族先民的居住地，莋（筰）人是纳西族的先民。任乃强先生在《西康图经·民俗》篇中说："么些为康、滇间最大民族，亦最优秀之民族也。"又载："今泸定县南之摩西面，实称摩西面，谓摩西古境也。"① 西汉时莋人在雅安莋都失败之后，雅安以西的泸定仍有纳西族先民的聚居地。因此，至今泸定还有磨西的地名。纳西族先民的中心，也是从那时起，逐步向南移，逐步跨过了邛莋山的邛人、莋人地界，被迫往散居在雅砻江流域的纳西族居住地靠拢，但又不重合。

第二节　沃高勒、高勒趣及其子孙后代

汉司马迁在元鼎五年（公元前 112 年）出使西南，西南夷之情况为他亲眼所见。他在《史记·西南夷列传》中说："西南夷君长以什数，夜郎最大；其西靡莫之属以什数，滇最大；自滇以北君长以什数，邛都最大；此皆魋结，耕田，有邑聚。其外西自同师以东，北之楪榆，名为嶲、昆明，皆编发，随畜迁徙，毋常处，毋君长，地方可数千里。自嶲以东北，君长以什数，徙、莋都最大；自莋以东北，君长以什数，冉駹最大。其俗或土著或移徙，在蜀之西。自冉駹以东北，君长以什数，白马最大，皆氐类也。此皆巴蜀西南外蛮夷也。"还说"巴、蜀民或窃出商贾，取其莋马、僰童、髦牛，以此巴蜀殷富。"徙、莋都分别在今四川的天全和雅安。邛都在今四川西昌地区，以莋都为中心，北至冉駹，南至西昌附近，正是秦汉至南北朝时期纳西族先民的居住地，他们和西番族、彝族杂居在同一地区，各自又有相对集中的聚居点，这些民族共同在那个地方创造了自己的历史。

元鼎五年（前 112 年）西汉在雅安设沈黎郡之后，大部分纳西族先民被并入

---

① 转引自林超民主编：《方国瑜文集》第 4 辑，云南教育出版社 2001 年版，第 4 页。

西蜀政权，除了小部分人仍留在西蜀徼外，另一些则逐渐往早先就有纳西族先民的莋秦、大莋、定莋方向移动，逐步在这些地方形成自己的中心，以后汉文典籍中对纳西族先民的记载也说他们大多出现在这些地方。

到了三国时期，雍闿在益州郡、朱褒在牂牁郡、高定元在越巂郡反叛，《华阳国志》载："章武三年，越巂叟大帅高定元称王，恣睢，谴都督李承之杀将军梓童焦璜，破没郡土。"《华阳国志·南中志》说："越巂高定元自旄牛、定莋、卑水多为垒守。"①

虽说高定元是叟帅，但这次反叛也把旄牛道的旄牛夷和莋人裹挟到里边。《三国志·蜀书·后主传》说："（建兴）三年春三月，丞相南征四郡（益州、牂牁、越巂、永昌）。"《华阳国志·南中志》说："亮欲俟定元军众集合，并讨之，军卑水（昭觉、布拖、普格、美姑等地），……亮既斩高定元。"② 此后，诸葛亮入越巂城（西昌），令张嶷为越巂太守。随后，诸葛亮率领大军，于同年五月从弄栋城附近（今云南永仁、大姚地区）渡过南泸（因雅砻江在四川攀枝花入金沙江，因而在此以下金沙江随雅砻江名泸水），分别到巂唐（保山）和滇池等地去征讨雍闿，平南中。诸葛亮于同年十二月回到成都。

《三国志·蜀书·诸葛亮传》说："三年春，亮率众南征，其秋悉平。军资所出，国以富饶。五年，率诸军北驻汉中，临发，上疏曰：'……故五月渡泸，深入不毛'。此乃诸葛亮《出师表》中所言。所谓不毛，"硗埆不生五谷曰不毛。"可见，当时金沙江以南的丽江、大理、楚雄等地居民随牧迁徙，无君长，开发较晚。

《三国志·蜀书·张嶷传》说："苏祁邑君冬逢、逢弟隗渠等，已降复反。嶷诛逢。逢妻，旄牛王女，嶷以计原之。而渠逃入西徼。渠刚猛捷悍，为诸种深所畏惮，遣所亲二人诈降嶷，实取消息。嶷觉之，许以重赏，使为反间，二人遂合谋杀渠。渠死，诸种皆安。"又说："定莋、台登、卑水三县去郡三百余里，旧出盐、铁及漆，而夷徼久自固食。嶷率所领夺取，署长吏焉。嶷之到定莋，定

---

① （晋）常璩撰：《华阳国志》，齐鲁书社 2010 年版，第 41 页、47 页。

② （晋）常璩撰：《华阳国志》，齐鲁书社 2010 年版，第 47 页。

莋率豪狼岑，盘木王舅，甚为蛮夷所信任，嶷嶷自侵，不自来诣。嶷使壮士数十直往收致，挞而杀之，持尸还种，厚加赏赐，喻以狼岑之恶，且曰：'勿得妄动，动即殄也。'种类咸面缚谢过。嶷杀牛飨宴，重申恩信。遂获盐铁，器用周赡。汉嘉郡界旄牛夷种类四千余户，其率狼路，欲为姑婿冬逢报怨，遣叔父离将，逢众相度形势。嶷逆遣亲近赍牛酒劳赐，又令离（姊）逆逢妻宣畅意旨。离既受赐并见其姊，姊弟欢悦，悉率所领将诣嶷，嶷厚加赏待，遣还。旄牛由是辄不为患。郡有旧道，经旄牛中至成都，既平且近。自旄牛绝道，已百余年，更由安上，既险且远。嶷遣左右赍货币赐路，重令路姑喻意，路乃率兄弟妻子悉诣嶷，嶷与盟誓，开通旧道，千里肃清，复古亭驿。奏封路为旄牛毗王，遣使将路朝贡。"

《史记》《汉书》《三国志·蜀书》等汉文典籍中提到的白狼、狼路、狼岑等，我们怀疑所谓的"狼"，是特指莋人和旄牛夷中的一些豪帅，即作战特勇敢之人，他们是否就是东巴经中的战神"郎久既久"——居住在居那若罗山上的战神，因没有更多的证据支持，故还不敢肯定。

我们知道，以莋（筰）为名的郡县，从秦开始存在，经过西汉和蜀，莋（筰）地逐步缩小，最后只剩下一个定莋了。而且，纳西族先民的活动也从大渡河流域的莋都为中心的地区逐步转移到了雅砻江流域的越巂郡附近地区。我们是否可以将纳西族先民在这两河流域的活动范围，视作两个不同的阶段？把莋（筰）人、莋（筰）都联系起来，是否可以把他们看作是纳西族神话传说中的崇仁丽恩时代？如果可以，那么，以雅砻江流域为中心的这一阶段，就是崇仁丽恩之后的沃高勒和高勒趣的时代。在东巴神话传说中，他们的关系是这样的，崇仁丽恩之后是恩恒诺、诺本皮、本皮沃、沃高勒、高勒趣，他们中间大约有四代左右的时间。但是，这时间并不十分重要，这只是纳西族有关祖先的传说，只是他们遥远的集体记忆。关于这一个时期，有汉文典籍摆在我们面前，从战国的秦开始，到两汉结束，有将近400多年的时间，从两汉到两晋南北朝也大约有400年的历史，在这大约800多年的历史时期，纳西族先民的活动中心就在大渡河和雅砻江这两河流域之间。

沃高勒的"沃"，在纳西语中指粮食，东巴经中的沃美恒丁，就是粮食大神。高勒是赐福、保佑的意思。沃高勒这个名号，应该是指得到粮食赐福、保佑的人。虽然纳西族先民从崇仁丽恩以来就从事半农半畜牧的定居生活，粮食和农业对他们来说并不陌生。但是沃高勒这个名号，对他们来说，还是非常重要的。因为在他们周围并不都是从事农业和畜牧业的人。

在东巴经中，许多内容都讲到开天辟地的故事，东巴经中开天辟地并非专门指占领土地、建立国家的大事，更多的时候是指开垦土地、种植庄稼的农事。东巴经中也会经常提到白天、白地、有日月星辰的地方，同时会提到黑天、黑地、没有日月、暗无天日的地方。这两种地方也指从事农业耕作并放牧牲畜的地方，以及未经开化的从事狩猎和采集的地方，东巴经《哈埃斯埃》就用非常生动的例子对照了这两种不同生活方式的优劣。

实际上，纳西语的"哈"（ha），代表粮食，哈部族就是从事耕作和放养牲畜的部族。"斯"（ser）指树木和丛林，代表在丛林中从事狩猎和采集的部族。经书说，饥饿时哈部族有粮食和肉食吃，口渴时，可以从自己饲养的牲畜中挤到奶水喝。刮风、下雨、下雪天，可以到自己建造的房屋中去躲避。而斯部族生活在丛林中，有时没有办法找到食物充饥，刮风、下雨、下雪天，他们只能蜷缩在大树底下。经书把从事农耕和畜牧的地方，看作是已经经过开辟的有太阳、月亮、星辰的白天、白地，是文明幸福的地方；而过着狩猎采集等生活方式的地方，是未经开化的、黑暗的、没有日月星辰的黑色天地。

更重要的是，东巴经书中许多战争故事讲述的是哈部族以开天辟地为借口，去占领别人的领地；以帮助的名义，去拓展自己的领地，去开辟新的地盘。

东巴经《董埃术埃》又译作《董术争战》，写的就是在当时的条件下，两个不同部族之间发生的战争。"董"（duq），在纳西语中是"规矩"的意思，美利董孜就是董族的首领。"术"（seeq），在纳西语中是"拖"，东巴字写作树枝拖地。实际上，它的真正寓意是长尾巴，术族的首领是美利术孜。书中说，美利董孜住在白色的天地里，美利术孜居住在黑色的天地里。有一天，美利董孜的儿子董儿阿路夸下海口说，他会开天辟地，布置日月星辰。于是，美利术孜一方便请他到术族居住地开天辟地，布置日月星辰，答应成事之后可以留董儿阿路在术地居住，美利术孜还答应将自己漂亮的女儿嫁给董儿阿路。结果，董儿阿路开天辟地没有成功，反倒把术地的财物卷跑了，美利术孜派儿子安生米坞去追董儿阿路。在董族居住地，董族的人把安生米坞杀害以后，埋在了水沟下边。

美利术孜知道自己的儿子被董族杀害了，就起兵去攻打董地，并要美利董孜把他的儿子交出来。美利董孜无奈，便让董儿阿路躲藏在美利达吉神海下边，美利术孜找不到董儿阿路，就让女儿去引出董儿阿路，美利术孜的女儿莫达构姆便袒胸露背地坐在美利达吉神海边洗澡，结果将阿董儿路从海底中勾引了上来。之后，在术地，董儿阿路和莫达构姆生了两个小孩，这两个小孩认为自己的父亲是董族人而不愿留在术地，美利术孜便把董儿阿路和两个小孩都杀害了。董族闻讯，便起兵攻打术地，术地便被董族占领。

东巴经《栋沙阿土传》说，栋沙阿土家在山脚下。一天，栋沙阿土上山放牧，他的妻子督宙许麻在家里翻晒粮食。从天上下来的扭生许罗便用言语去调戏督宙许麻。于是，这两个男女便勾搭成奸，督宙许麻把家里的好东西都给扭生许罗吃了。和栋沙阿土一起在山上放牧的仆人回到家里取粮食，督宙许麻没有好好招待仆人，仆人便把督宙许麻和扭生许罗的事告诉了栋沙阿土。栋沙阿土闻讯后立即赶到家里，把天上下来的扭生许罗杀掉了。

天上的人许久不见他们的儿子回来，就来到地面上寻找。结果，地上的乌鸦告诉他们，扭生许罗被栋沙阿土杀死了。天兵便下来捉拿栋沙阿土，栋沙阿土没有办法，就跑到他的舅舅家躲避。他的舅舅明斥丁安是一个有威望的部族首领，明斥丁安让自己的外甥躲进自家的纳卡铁寨之中，由他亲自出面与天上的人周旋，天上的人碍于明斥丁安的名声和势力，答应让栋沙阿土用财物赔偿的办法，解决这件事，就这样，栋沙阿土终于躲过了这一劫。

这些东巴经中的神话，比较真实地反映了当时部族之间发生的争战。在东巴祭司布置的祭祀仪式中，我们也可以看到反映部族战争的情形。

在布置东巴祭祀仪式时，不论是祭自然神"署"，还是祭祀毒鬼、厉鬼等，首先要布置一个"署"和鬼的大寨，在这个比较大的寨中，有东西南北各个方向的寨门和首领，有的寨门用插牌的方式表示。大寨前边再布置一个小寨（鬼寨），表示这个鬼寨是从大寨之中游离出来祸害人类的。于是，东巴祭司用各种手段对付这些从大寨中游离出来的各种鬼，将他们赶回到大寨中去，然后通过各种方式安抚大寨之中的"署"和鬼。

这种情形正如东巴经的两个故事一样，在当时社会状况下，攻击别人拓展领土的事都是由部族中的一些人所为，部族作为他们的后盾，顺利时他们与部族一起分享战果，失败时则可以退回部族，以保存力量。

各部族用这种步步为营的办法寻找有利于自己发展的地方，不断移动，规避各种危险，不断发展自己。如果我们对此种生存方式有所了解，那么对于那些在夹缝中生存的少数民族先民的居住地不断移动的情形就不会觉得奇怪了。

《元史·地理志》说：邛部州（在今越西县）"昔麽些蛮居之，后仲由蒙（彝族先民）之裔夺其地。"还说："昔仲由蒙之裔孙名科居此，至三十七世孙爨罗内附。"方国瑜先生说："若仲由蒙之裔得邛部地，亦为同时，则么西族在邛部失败，约当为公元三世纪末（西晋时期）。由此可知，么西族早年居住在邛部州，后来始衰，但并非完全失败，还在长时期内有么些族住在这个地区。《冕宁县志》载清康熙年间，还有么些族的土目和土民，这是从很早时期居住在大渡河南的么些族。"①

纳西族先民在这些地方的战争中失败，曾经一度使定筰成为纳西族先民居住的中心点，他们从这里再向南迁移。我们大致可以推测，东巴经中的沃高勒和高勒趣，就是生活在邛部州一带的神话传说人物。因为东巴经书中说，高勒趣有四个儿子，他们分别是素、尤、枚、禾。还说，素和尤不分离，骑着白色的骏马，到扭牛英古敦（nie nieq yi ggv ddiuq）去了，这里的扭牛不知是否指四川西昌地面上的牛牛坝，但英古敦肯定就是现在的丽江及其附近的地区。

就枚和禾不分离，到江边地方去了的说法，我们推测枚和禾这一支可能是从盐边一带渡过金沙江进入了鹤庆、永胜、华坪、宾川这一带地区，后来他们在宾川形成越析诏。越析诏失败后，替诏主前去报仇的于赠逃到盐边后跳水自杀，可见越析诏的纳西族与盐边的纳西人有亲戚关系。而且，纳西人把盐边附近的地方称作禾敦（禾人的地方）。方国瑜先生说："盖么些族是从双舍（盐边）地区渡

---

① 林超民主编：《方国瑜文集》第4辑，云南教育出版社2001年版，第4页。

泸（金沙江）而南至越析州，聚成部落，其势渐盛，既为南诏击败，又退回双舍。"①

《元史·地理志》"永宁州"说："接吐蕃东微，地名答兰，麽些蛮祖泥月乌逐出吐蕃，遂居此睒，世属大理。宪宗三年，其三十一世孙和字内附。"又"通安州"说："昔仆繲蛮所居，其后麽些蛮叶古乍夺而有之，世隶大理，宪宗三年，其二十三世孙麦良内附。"方国瑜先生说："在这两个地区有么些族居民的年代不获知，其部族土长，永宁自泥月乌已传三十一世，以二十五年为一世计之，则自泥月乌的时代在公元五世纪后期（当南朝齐、梁之际），得势于永宁，后二百年（当唐高宗时）叶古乍得势于通安（丽江坝）。在这个地区有么些族居民，应在公元五世纪、七世纪以前。后有土长造成势力，此可得而说者。"②

丽江的纳西族先民在人死之后，要把灵魂送回到祖先曾经居住过的地方。对较远的地方，他们的记忆已经模糊，虽然以祖先曾住过的山丘旁，祖先曾站立过的左边地方、天高鹰飞处、天高鹤起处等比较抽象的地方来代替，但是对近处的大具渡口、永宁和盐源等地区，他们却没有忘记，送祖的路线还一定要经过这些地区。因此，他们的祖先是从大渡河以南经过盐源、永宁、大具等地方一站一站地迁过来的。而且，迁至永宁、丽江的时间与纳西族先民在邛部州战败的时间相衔接。

我们推断，丽江及其附近地区的纳西族，应当是西汉以前生活在大渡河流域的雅安、天全等地方，两汉时期及两汉以后逐步迁移到雅砻江下游地区的邛部州越西、冕宁等附近地区的纳西族后裔。这个推断应该不会有太大的错误。

第三节 纳西象形文字与东巴经的产生

我们知道，甲骨文字是近百年才从殷墟中发掘出来的，它们大多是商代、周

---

① 林超民主编：《方国瑜文集》第4辑，云南教育出版社2001年版，第9–10页。
② 林超民主编：《方国瑜文集》第4辑，云南教育出版社2001年版，第14–15页。

初契刻在甲骨片上的卜辞。那么，同为象形文字的纳西文字与甲骨文又有何异同？用纳西文书写的东巴经又记载了些什么？它又是何时何因而产生的呢？对这些问题，专门从事纳西东巴文化研究的学者也并无定论。要弄清楚这些问题，我们不妨追根溯源一番。

在纳西语中，纳西象形文字被称作"森究鲁究"（ser jel lv jel），意思是木、石上的痕迹。根据研究，纳西象形文字最初是写在木头和石头上的。纳西族先民长期处在氏族制的社会形态之中，信奉万物有灵的原始宗教，认为世界上的万事万物都是有生命、有意识的，而且有所归宿。甚至表现在人身上的疲乏、疼痛、恐惧、愉悦等感觉，都是可以通过施放而在人们中间传递。人们也可以通过一定的媒介把它们抛出去。因此，在纳西族的日常生活中，祭祀活动频繁，有些祭祀活动特别简单，只需要从身边随手拿起一根木棍或一个石头，通过它们把人们要说的话说出来，将要许的愿许给这些木、石，把它们当作祭祀对象，就可以达到祭祀的初步目的。

一些大型的祭祀活动，也要先物色适合的木和石，然后再进行祭祀活动。这些木和石就担当起祭祀对象，慢慢地，在使用过程中，人们为了更加精确地表示心目中的祭祀对象，就找一些比较便于书写的木和石，然后用有颜色的泥土在这些木和石上，写上自己心目中的祭祀对象。这样，在客观上便产生了纳西族最初的象形文字，也就是纳西语中的"森究鲁究"（ser jel lv jel）——木、石上的痕迹。

随着生产工具的不断改进，人们开始用刀削制木牌，从而产生了专门用于祭祀的木牌，这些木牌不仅用来书写祭祀对象的形象，而且还用来书写人们供奉给这些祭祀对象的牲畜、家禽和其他祭祀用品。因此，在祭祀过程中人们进一步扩大了书写的范围。这些用来插在各种祭祀场地上的木牌可以分为神牌（heiq kual）、鬼牌（ceeq kual）、供牌（du kual）等几种类型。

一些早先用来表示祭祀对象的木和石也有了分工，有的被叫作祭木和董沈神石，它们代表纳西族最早的祖先，董神和沈神。有了这些木和石，就像董神和沈神降临，祭祀就会有效。没有这些，便是不遵循老规矩，祭祀便不会有效果。

关于这些木牌，汪宁生先生在《纳西族源于羌人之新证》一文中说："1905

年—1908 年，斯坦因在敦煌汉代烽火燧遗址首次发现'人面形'木牌"。又说应和纳西族'可标'（木牌）一样，是在祭祀时插在地面上作祭祀之用的，其上所绘人面形，即代表祭祀对象。"①

汉代莋都地区的纳西族先民被大量纳入汉朝的政权之中，纳西族生活的莋都故地成为汉朝属地的沈黎郡、汉嘉郡。这些人面形木牌，可能就是被纳入汉族政权中的纳西族先民带过去的，他们的民族身份容易改变，但骨子里的观念和习惯却是难以改变的。

在西南少数民族中，有藏族祭面团（面偶）、白族祭纸张、纳西人祭木和石的说法。可见，这种用木头和石头进行祭祀的方法，是纳西族先民比较独特的一种祭祀方法。

就这样，人们在木牌上积累的象形文字越多，就越会产生一种将这些文字移到其他载体上的冲动。而且，纳西族先民制作墨和笔的方法又特别简单，他们在日常生活中，用松明点火照明，在点燃松明的上方挂上一块石片（防止火苗窜到茅屋顶上），从石片上刮下油烟灰后，将其浸泡在采自田边地头的续断根（捣碎后用，防止墨水干枯）纤维中，然后再保存在陶罐中，这就成为用来书写的墨汁。削尖一根竹子，就可以当作书写的笔用。有了这两种东西，就可以随便找几片树叶或树皮书写下这些形象文字。作为宗教祭司的东巴，也会将祭祀活动的一些程序和自己认为比较满意的说词记卜来，于是便产生了桦树真皮上书写的文字，人们把这种文字称作"白色桦树皮上的字"（hua per tei ee），获得这种桦树皮也并不很难。但是，这种文字可能不便于长期保管。

在漫长的社会生活中，纳西族先民可用一种在他们住地附近遍地生长的灌木荛花（俗称山棉皮）树皮造土纸。有了这些纸张，就有把东巴所做的祭祀（包括规程、说词）全部记录下来的可能。这样，我们所说的东巴经便产生了。

因此，东巴经就是用纳西族象形文字书写的纳西族原始宗教经书。这种经书的文字不是一时产生的，而是通过氏族社会中的宗教祭司不断积累、不断改进，才搬到纸上，从而成为可以长期保存、长期使用的东巴经书。

———————————

① 《思想战线》，1981 年第 5 期。

　　我们知道纳西族和华夏部族都源于古羌人，纳西族在大渡河和雅砻江两河流域生活的时间比较长，和秦汉时期的蜀郡人共同生活在一起，有许多关于他们彼此交往的历史记载。因此，华夏部族对纳西族的影响是非常深刻的。我们认为纳西族的一些民族特质，是在上述两河居住地形成的。东巴经中的许多观念和习惯也基本是在这些地方形成的，纳西象形文字和东巴经在这里产生的可能性是比较大的。

　　除了我们在上文讲到的人类的起源外，东巴经中许多深层次的内容，都与汉族的神话传说有着共同点。东巴经认为，居那若罗神山是人类和世界上的所有动物共同建造的，他（它）们建造的神山，山顶撑着天，让天不再摇晃，山脚镇住大地，让大地不再震荡。神山上的柏树，就是支撑着天地的神树，没有它们，天就不稳当。因此，柏树不仅是天的舅父，而且是人们上下天地的天梯。纳西族每年都要在年初举行祭天仪式，仪式场地中的三棵树，松树代表天，栗树代表大地，柏树代表天舅。就是在平时，在自己住的屋里，做一个素神（生命之神）篓子，这个素神篓里也要放上一把柏树枝做天梯，以便随时向天乞求福泽，求天神保佑。

　　在汉族的神话传说中，也有类似的说法，《淮南子·天文训》中说："昔者共工与颛顼争为帝，怒而触不周山，天柱折，地维绝，天倾西北，故日月星辰移焉；地不满东南，故水潦尘埃归焉。"不周山可能便是类似于纳西族传说中撑天的居那若罗神山。

　　天柱折后，女娲便用五色石补天。《淮南子·坠形训》还说："昆仑之丘，或上倍之，是谓凉风之山，登之而不死；或上倍之，是谓悬圃，登之乃灵；能使风雨；或上倍之，乃维上天，登之乃神，是谓太帝之居"。"扶木在阳州，日之所曛。建木在都广，众帝所自上下"。

　　纳西族的东巴经书中也说，在居那若罗神山的山顶上，住着董神和沈神，当纳西族的祖先从天上娶来衬恒褒白姑娘之后，天上与衬恒褒白有婚约的、姑娘家舅父的儿子柯罗可欣便随后追来，是神山顶上的董神和沈神把他挥了回去。

　　据说，在太古时候，汉族神话中的天地也是相连的，人们可以通过天梯上天下地，后来是天神的儿子重和黎把天地分开了。但是，人们祭天的习惯却没有因为天地分隔而发生变化。

汉文典籍《文献通考》卷七十四《郊社考》中说："谨按百王之礼，沿革不同，而祀天地于郊丘，祀上帝于明堂，祫享祖宗于太庙，此三者万世不易之礼。"《淮南子·齐俗训》中说："有虞氏之祀，其社用土"，"夏后氏，其社用松"，"殷人之礼，其社用石"，"周人之礼，其社用栗"。这和纳西族祭天用松、柏、栗，没有太大的差别。

纳西族的历法也和周边的少数民族不同，如不像藏族和彝族那样，使用自己民族特有的藏历和太阳历，也不像傈僳族和普米族那样有自己的新年——阔时节（傈僳族春节）和大过年。纳西族一直沿用夏历，新年和春节都与汉族同步。在一年之中，虽然也有纳西族自己的一些节庆活动，但是，大多数节日都与汉族的传统节日契合。

夏历二月，居住在同一地方的纳西族，就会集中到村子附近的水边，集中进行祭祀"署"神的活动。这时，人们会在水边住两三天，在水边插上祭祀"署"神的木牌，由村里的年长者主持，请村里的东巴举行祭祀仪式。首先，村民会检讨过去的一年中有什么不尊重自然、乱砍乱伐、滥杀野兽和其他动物的行为，检讨有没有破坏水源地、污染水流的情况发生。其次，人们用鸡、食品和其他财物向"署"神赎罪，赔偿人类给自然界造成的伤害和损失，并向"署"神保证，不再让对"署"神不敬的行为发生。

这样的祭祀活动，充分体现了纳西族在农业社会中对自然的依赖关系，也体现了人类保护珍惜自然环境的意识。实际上，东巴经中，"署"神是一个螺身、蛙头、蛇尾的结合体，这跟汉族神话中的龙神差不多，汉族对龙的尊崇，大概也像纳西族那样，是对主宰自然的神灵的敬畏和尊重。

到了夏历的四、五月，天气逐渐炎热，野地里的毒虫、病菌逐渐活跃，是人类防病治病的季节。纳西族先民会在这段时间里进行祭祀毒鬼和仄鬼的活动。在东巴经中，毒鬼和仄鬼的形象好似汉族神话中的无常鬼。毒鬼是一个黑色的尖头鬼，仄鬼是一个红色的头顶凹陷分叉的鬼。在它们的住地，毒鬼有黑色且有毒的山和海，仄鬼有血色的刀山和血海，它们都会在人类中施放灾祸和疾病，摄走人的魂魄，将其压在毒山下，或浸泡在血海之中。因此，每年到这个时候，纳西族先民都要祭祀这些鬼。

祭祀时，先要对付从鬼寨中出来活动的作祟于人间的鬼，能驱赶的驱赶，驱赶不走的，由祭司们作战争状，将它们消灭。然后，用食品和财物去安抚鬼寨中的鬼，希望它们不要再窜到人类居住的地方，给人类制造麻烦。

然后，参加祭祀的人群服用一些防病、治病的药品，清除房前屋后的垃圾和杂草，防止毒虫等侵入人们居住的地方。祭祀过后，东巴祭司也会把祭祀过的木牌收拾起来，挂在人们居住的地方，表示已经进行过这样的祭祀活动。这种祭祀活动与汉族传统的端午节是契合的，只不过在纳西族的活动中没有屈原，没有伍子胥，更没有白蛇娘子，它只是纯粹的一个防病治病的活动。

到了夏历六、七月，纳西族普遍会进行一次祭祖活动。这个活动不会像祭天那样在整个氏族中进行，只在家里以家庭为单位小规模进行，有时也会邀请亲戚参加。祭祀的内容包括给祖先供奉食品，诉说祖先的功劳，希望祖先能赐福并保佑活着的人等。这样的祭祀活动，也有新粮收获了，不敢忘记祖先之恩德，先给祖先们品尝新粮的意思。这个活动的时间与汉族传统的七月半"鬼节"重合，内容也没有太大的区别。

到了夏历九、十月，若家里在年内死了人，或者在前一二年死了人，而当年没有条件进行祭祀活动的人家，就会在这一段时间进行一次大型的祭祀活动。主持祭祀的东巴祭司会制作一个代表死者身体和灵魂的木主（ngv），然后用这个木主给死者招魂，东巴祭司从东、南、西、北各方招唤死者的魂魄。招魂之后，便进行祭祀，然后把木主送到高山崖洞中，并把祖先的魂魄沿着纳西族的迁徙路线，一路送回去，让他们回到祖先居住的地方，和其他祖先们生活在一起。

这种招魂方式，我们也可以在汉文典籍中找到，如《楚辞·招魂》中说："魂兮归来！东方不可以讬些。长人千仞，惟魂是索些。""魂兮归来！南方不可以止些，雕题黑齿，得人肉以祀，以其骨为醢些。""魂兮归来！西方之害，流沙千里些。旋入雷渊，爢散而不可止些。""魂兮归来！北方不可止些。增冰峨峨，飞雪千里些。""魂兮归来！君无上天些，虎豹九关，啄害下人些。""魂兮归来！君无下此幽都些。"《楚辞·招魂》中把死者的魂魄从东、南、西、北、天上、地下招回，目的就是让他们接受亲人的祭祀，安心留在亲人的旁边。

这些传统和习俗，虽然说法有些不同，做法也会有些差异，但是却像一块地里长出的庄稼，本质上没有多少差异。所以，我们认为，虽然纳西族社会内部发展滞后，但是，同样的土壤，即使别人的土地上已经发育成长出篆书和隶书，他们的土地也可孕育着象形文字。但这些文字本质上是一致的，只是成长的阶段不同。出现这样的差异也并不是不可能，因为一种事物的孕育和成长，其中的因素，并不单纯是土壤和种子，还有内部条件和外部环境的影响。

毋庸置疑，秦汉时期在川西的大渡河和雅砻江流域由于生产力的不断提高和战争的频繁发生，纳西族社会内部的氏族制开始发生震荡和分化，一些氏族公社中出现豪帅，他们逐步形成了奴隶主贵族阶层，一些战败民族的民众必定会沦为奴隶，这个阶级社会的萌芽期，正好是文字产生的阶段。

同时，我们也在众多的东巴经书中找到了东巴经成书于大渡河、雅砻江流域的例证，许多经书中提到工具制造时，都有一个铁器的制作过程。经书中还有一个专门制作铁器的工匠，名叫嘎乌劳端。在这个工匠制作铁器的过程中，却没有采矿、冶炼的过程，经书中说这些铁石是天上抛下来的，被人们捡到后，便直接锻打成镰刀、矛等各种生产工具和兵器。而且，在唐初，越析诏主波冲、于赠等使用的铎稍非常有名气，被时人奉为宝物。

实际上，在雅砻江边，纳西族先民的居住地川西冕宁县北的台登城就产这种生铁，《华阳国志·蜀志》载：台登"有孙水，一曰白沙江，入马湖水。山有砮石，火烧成铁，刚利。"①《蜀书·张嶷传》亦说："定莋、台登、卑水三县，去郡三百余里，旧出盐、铁及漆，而夷微自固食。"张嶷杀定莋夷帅狼岑之后，夺得定莋、台登等地的盐、铁等。可见，居住在冕宁台登城附近的这些纳西族拥有可火烧成铁的砮石。

纳西族在举行祭天仪式的时候，有一个环节是在祭天场地练习射箭，当人们兴致正高的时候，有人会突然喊"果洛来了！"人们就会作四散奔逃状。但是在金沙江以南的地方，并没有果洛的地名或族称，这种传统和习惯是在什么地方、什么时间形成的呢？

---

① （晋）常璩撰：《华阳国志》，齐鲁书社 2010 年版，第 41 页。

原来，在现存的所有东巴经书中都以太阳升起的方向为东方，太阳落下的方向为西方。东方被称作"太阳升"（ni mei tv），象形文字写作 ；西方被称作"太阳落"（ni mei ggvq）；北方被称作"补水头"（bbv jji ggv），象形文字写作 ；南方被称作"补水尾"（bbv jjiq mai），象形文字写作 。北方和南方是把水 分成上下两部分来表示的。若以纳西族居住地为中心，东边木方位是汉族，西边铁方位是藏族，南边火方位是白族，北边水方位就是果洛。有时北方称为"jjiq ggoq lol"（水果洛），"果洛"就是纳西族祭天仪式中叫"果洛来了"的果洛。

现在青海省的果洛地区，果洛人是黄河河套地区的游牧民族，只有纳西族先民生活在大渡河流域的时候，才可能有与果洛人交往的机会。还有在纳西族东巴经书中把村和寨写作 和 ，这些都是川西地区原住民的碉楼形状。纳西族先民一旦渡过金沙江，就再也没有可以用水流的上下游判定南北方向的条件了，更没有经书中记载的这些碉楼，只有一些简单的木楞房屋了。所以，我们认为纳西东巴经书成书的年代和地点，至少应该在唐代以前纳西族先民生活在大渡河和雅砻江流域的时候。秦汉时期分布在盐源、永宁等地的纳西族先民是没有文字的。

现在，我们知道生活在冕宁附近的一些民族有一种尔苏沙巴文，很像纳西族的东巴经书上的文字，它可以证明我们的判断是对的。

在纳西族原始宗教的众多经书中，还有一本叫作《biu paq gual shuq》（《寻找祭祀和占卜办法》）的经书。这本书说，纳西族先民中有人死了，人们不知道要怎样祭奠死者，有了什么事也不知道怎样去占卦，人们就派白蝙蝠到一个叫作盘孜沙美的人那里去寻找办法，因此，这本书也叫作《白蝙蝠取经记》。

这个盘孜沙美应该是藏民族的先民，而且还是女的。恰好秦汉时期在纳西族先民聚居的莋都地方，就有类似盘孜沙美这样的人和一个地方，它（她）就是嘉绒地区的"打日王朝"及其首领。"打日"是藏语"虎狼"的意思，这个虎狼王朝当时也叫东女国，是一个女酋长当家的王朝。它的东南边与川西的雅州接界，都城就在川西的康延川，其间有雅砻江（若水）南流，有人认为，那里就是藏族苯教的发祥地——象雄地区。

经书中说，白蝙蝠从盘孜沙美那里找到了祭祀和占卜的方法。但是，祭祀的办法在半路上就被一只金黄色的大蛙吞食了。于是，人们便找射手射杀这只大蛙，结果被杀死的大蛙翻了个身，身上的箭镞朝向西方，箭头朝向东方，蛙头朝向南边，南边流出了鲜红的热血，蛙尾朝向北方，北方流出了蛙的尿液。这样，西方属铁，东方属木，南方属火，北方属水，中间是蛙腹上的土。这就是纳西族原始宗教里有名的"巴格图"。

纳西巴格图（摘自云南省社会科学院丽江东巴文化研究所编的《东巴文化艺术》，云南美术出版社，1992 年版）

根据纳西族的十二属相的排列，北边是猪（亥）和鼠（子）方位；东北边是牛（丑）方位；东边是虎（寅）和兔（卯）方位；东南边是龙（辰）方位；南边是蛇（巳）和马（午）方位；西南边是羊（未）方位；西边是猴（申）和鸡（酉）方位；西北边是狗（戌）方位。另外，甲乙在东方属木，丙丁在南方属火，戊己在中间属土，庚辛在西方属铁，壬癸在北方属水。它们和十二属相相配就是甲子、乙丑、丙寅、丁卯、戊辰、己巳、庚午、辛未、壬申、癸酉等的六十个干支纪年。这样就与汉族文化联系起来了。难怪纳西族宗教祭司会十分熟悉地运用这个干支纪年。

纳西族的宗教经典就这样把藏族苯教，纳西族原始宗教和汉族文化神奇地捏合在了一起。

第四节　丽江附近的纳西族和东巴经

丽江是一个神奇的地方，一条从北向南的大江，在丽江这个地方转了一个几乎三百六十度的大弯后，彻底改变了它的水流方向后，一直朝东奔去，也就是这条大江，接纳了从横断山脉中流来的雅砻江、大渡河、岷江、嘉陵江等无数条南北流向的大江，成为横贯大半个中国的河流。这条江的上游，成为中国横断山脉的终结线，使它附近的其他水流，形成强大的长江水系，给祖国内地送去了源源不断的水，使许多地方成为鱼米之乡。

过了金沙江，纳西族先民远离了西蜀等地方，跨进了更加蛮荒的地区。从此，便深深地陷入了吐蕃和南诏两大势力争强的漩涡之中。在这个环境之中，虽然纳西族称为"天裔"（摩梭 mo so—mee coq），但其分支因居住地不同，又有了各自的称呼，如丽江附近的纳西族，因为他们来自诺矣江（naq jjiq）、黑水，又住在一条大江边（大的江纳西语通常称作 naq jjiq），所以，自称为纳西（naq xi）。木里的摩梭人因为居住在术吉（shuq jjiq）河边，故称作"术西"（shuq xi）。永宁的摩梭人因住在吕敦（liu ddiuq），被称作"吕西"（liu xi）。住在永胜及其附近的摩梭人被称作巴西（bba xi）。从这时开始，纳西族开始把人称作"西"（xi）。

在丽江附近，纳西族对自己内部一些事物的称呼，也发生了一些变化。例如，把纳西族的原始宗教称为"东巴"等，探究这些变化也是有意义的。

方国瑜先生认为："樊绰的《云南志》，新、旧《唐书》称吐蕃所都为'逻些城'，亦作'罗婆城'，即今之拉萨，可证么些之些字当时读音如婆。至今称其族为'摩梭'，英文译音作 MoSo，法文译音作 Mo-Sso，是知其族名称自古未改也。"① 反推之，是否"些"古读"娑"，纳西族受汉语的影响，改"娑"（coq）为"西"（xi）呢？有这样的可能。

而且，纳西族先民自古称人为"精"（zzi）和"崇"（coq），它们是纳西族先民的两种氏族图腾"熊"（zzi）和"象"（coq）。司马迁在《史记·西南夷列传》中说："自嶲以东北，君长以什数，徙、莋都最大。"这里的"徙"是否就是纳西语的"精"（zzi）呢？这是有可能的。理由是：第一，因汉语中没有声母"zz"，要准确地发"zzi"这个音是有困难的，有很大的可能是用 xi（徙）这个音来代替 zzi。第二，当时的徙都就在今天的天全县境内，离莋都（雅安）很近，互相通婚的两个氏族组织同在一个地方，也是很有可能的。所以，纳西族自古以"崇"（莋 coq）和"徙"（西 xi）称人，至今在泸定地区，仍有磨西（些）的地名，就不是什么奇怪的事了。所以，纳西人到丽江后以"西"称呼自己的习惯是自古有之，只是明显和不明显而已。而且，磨西（mee xi）也是"天人"的意思，与"摩梭"的称呼比，音变而意不变。

唐代咸通年间（公元 860—874 年）樊绰所写的《云南志》卷二说："有水源出台登山南流过嶲州，西南至会州诺赕与东泸，古诺水也。源出蕃中节度北，谓之诺矣江，南郎部落。又东折流至寻传部落，与么些江合。源出吐蕃中节度西共笼川犛牛石下，故谓之犛牛河。环绕弄视川，南流过铁桥上下磨些部落，谓之磨些江。至寻传与东泸水合，东北过会同川，总名泸水。"卷四说："磨蛮亦乌蛮种类也。铁桥上下及大婆、小婆、三探览、昆池等川，皆其所居之地也。"又卷六说："铁桥上下及昆明、双舍，至松外以东，边近泸水，并么些种落所居之地。"②

我们根据方国瑜先生的论述知道，台登指今天的四川冕宁县，嶲州在今西昌市，寻传是"寻声"之误，松外、寻声、林开三县唐初即并入昌明县，昌明县即今天四川的盐边县；铁桥在今丽江市巨甸塔城乡；大婆、小婆在丽江永胜、华坪地方；昆明在四川盐源县；三探览应是三赕和探览，三赕在丽江市，探览在宁蒗；双

---

① 林超民主编：《方国瑜文集》第 4 辑，云南教育出版社 2001 年版，第 23 页。

② 转引自林超民主编：《方国瑜文集》第 4 辑，云南教育出版社 2001 年版，第 44 - 45 页。

舍和松外可能就在一个地方，即盐源和盐边附近。铁桥上下可能包括宝山、维西等地。犛牛河、磨些江指丽江附近这一段金沙江；诺水、泸水指雅砻江，雅砻江汇入金沙江后的一段是南泸；有水，指安宁河，又称西望川，西泸等。

《旧唐书·吐蕃传》曰："（高宗）时，吐蕃尽收羊同、党项及诸羌地，东与凉、松、茂、嶲等州相接。"方国瑜先生加按语说："吐蕃东界嶲州，则州西之地已为吐蕃所有；传谓诸羌，疑么些亦在内。"① 就在这一时期，《新唐书·吐蕃传》说："明年并西耳河诸蛮。"就在这一年，吐蕃在丽江巨甸塔城乡置神川都督，正式统治丽江和丽江附近地区。以后，吐蕃不断逞强，将川西部分地区置于自己的控制之下。《旧唐书·吐蕃传》载：建中四年（公元 783 年）正月，唐与吐蕃会盟于清水，划定疆界，盟文曰："今国家所守界……抵剑南西山大渡河东，为汉界。蕃国守镇……抵剑南西界麽些诸蛮，大渡水西南，为蕃界。"这时吐蕃的势力已经发展到了大渡河流域，金沙江和雅砻江流域的纳西族地区，直接在吐蕃的控制之下。这样的局面，一直维持到唐贞元十年（公元 794 年）。

从四川盐边渡过金沙江的部分麽些人，在今天的宾川（越析州）建立了越析诏。其地白蛮豪酋张寻求暗通波冲之妻，遂陷害波冲。剑南节度使杀张寻求，将其部落移归南诏。其时南诏还未稳固发展，不能切实治理，波冲兄子于赠率众回盐边，于赠曾想恢复越析诏故地。后在开元年间（公元 713—742 年）被南诏阁罗凤打败，于赠投江而死，越析诏彻底失败。

《旧唐书·德宗本纪》载："贞元十年正月壬辰，南诏异牟寻大破吐蕃于神川，使来献捷"；"三月庚辰，南诏异牟寻攻收吐蕃铁桥以东城垒一十六，擒其王五人，降其民众十万口。"樊绰《云南志》卷六："铁桥城，……贞元十年，南诏蒙异牟寻用军破东、西两城，斩断铁桥，大笼官以下投水死者万计。今西城南诏置兵守御，东城至神川以来半为散地见管磨些等十余种。"② 《旧唐书·吐蕃传》："贞元十七年，吐蕃城管麽些蛮千余户又来降。"又曰：贞元十八年（公元 802 年），"嶲州经略使陈孝阳与行营兵马使何大海韦义等及磨些蛮三部落主苴那

① 林超民主编：《方国瑜文集》第 4 辑，云南教育出版社 2001 年版，第 54 页。
② 转引自林超民主编：《方国瑜文集》第 4 辑，云南教育出版社 2001 年版，第 57－58 页。

时率兵四千进攻昆明、诺济城（在四川盐源以北地区）。"方国瑜先生加按语说："十月，破吐蕃兵十六万，拔其七城、五镇。自是以后，吐蕃不复寇巂州，而昆明城之么些亦与吐蕃断绝也。"①

樊绰《云南志》卷四曰："磨些蛮……本姚州部落百姓也，南诏既袭破铁桥及昆池等诸城，凡虏获万户，尽分隶昆川及西爨故地。"② 从贞元十年起，南诏和唐朝联合攻吐蕃属地，战事延至贞元十八年，磨些之地被南诏所占领，南诏为了防止磨些出现反复，移磨些民到滇池附近地区。而大渡河以南之地，包括磨些地区，从此归南诏治理，至南诏灭亡。方国瑜先生说："自郑氏篡南诏，武备不修。后梁贞明元年（公元 915 年）攻蜀，为王建所败，势益不振。"此后"高氏辅政……金沙江流域有谋统府、善巨郡，悉委高氏子孙治理，即与么些所居之地接壤，然其势力似未达于么些境域。"③

《明一统志》卷八十七曰："丽江军民府，宋时为么些蛮酋蒙醋所据，大理莫能有。"④

当中原地区的汉族处于乱局之时，周边的少数民族便悄悄地发生了蜕变，他们从氏族制的茧壳中蜕化而出，逐步征服周边的势力，形成了新生的、强大的奴隶主贵族集权制国家，当他们的铁骑踏上汉人控制的地方时，汉族政权才如梦方醒，吐蕃的势力就是这样。纳西族先民迁移到金沙江沿岸不久，很快就被吐蕃势力所控制，纳西族尚未完全脱离氏族公社制，尚未完整进入英雄时代，就成了吐蕃的奴隶，纳西族的原始宗教便深深地烙上了吐蕃奴隶社会的印迹。

首先，在氏族制的基础上，凭空出现了一个教主。在纳西族原始宗教经典中，决定重要事情时，一般都是酋长和长老商量，祭司与卜师商量，知者和会者商量，丈者和量者商量，在这样的氏族会议中，本来很难有教主的地位。但还是在氏族制会议中凭空出现了一位教主，这位教主就是东巴什罗，纳西族的原始宗教也就在这时被称作"东巴教"。实际上，在纳西语中"东巴"是什么意思，谁

---

① 林超民主编：《方国瑜文集》第 4 辑，云南教育出版社 2001 年版，第 57－58 页。
② 林超民主编：《方国瑜文集》第 4 辑，云南教育出版社 2001 年版，第 58 页。
③ 林超民主编：《方国瑜文集》第 4 辑，云南教育出版社 2001 年版，第 59 页。
④ 林超民主编：《方国瑜文集》第 4 辑，云南教育出版社 2001 年版，第 59 页。

也回答不上来。

根据东巴文化研究所杨逸天、习煜华先生的研究："东巴什罗"是藏语，是藏语"登巴贤若"的同名异写，"登巴贤若"是藏族苯佛结合的祖师，"东巴"或"登巴"是导师的意思，"什罗"或"贤若"是智慧的音译。因此，这个名称不是纳西语，纳西语的祭司应该称作"毕补"（biu bbvq），是诵经人和静默中敬神者的意思。

东巴经《迎请什罗》（sheel lo sal）说：当东巴什罗的母亲沙饶郎自吉姆怀孕九个月零十三天时，什罗在娘肚子里问："妈妈，您要让我从哪里出来呀？"母亲回答："人类出生之路自古就有，你就从这条生人的路里出来吧。"东巴什罗说："寻常的人生路秽气太重，是一条不洁不净的路，我不能从这一条路中出来。母亲呵，当我出生的时候，就请您高抬贵手吧，我要从您的左手腋窝中出来。"于是，东巴什罗的出生，不走寻常之路，就从母亲的左腋窝下出世了。这样看来，东巴什罗的出世就借用了佛祖的出世方法，与东巴经中世界万物的产生和人类的形成大相径庭。他实际上成了藏族苯佛两教拼凑出来的人物。实际上，在东巴教中有许多神名和法器等，都借用藏语和苯佛两教的东西，我们就不再一一列举了。

其次，连先祖的出生都适应了当时社会环境的需要。据说，纳西族的祖先崇仁丽恩（这种说法在这里产生了问题，应该改口说成人类祖先），生了3个儿子，3个儿子一出生就说着3种不同的话，老大是藏族，说着藏语；老二是纳西族，说着纳西语；老三是白族，说着民家语。还说，老大继承祖产，住上了祖上兴建的新房，分得了一份祖产。老三是老么，父母疼爱，住上老房，也分得了一份家产。只是老二夹在中间，新老房产和其他家产都没有他的份，两手空空，没有继承父母的什么东西。这种说法，在一定的程度上反映了纳西族夹在两大政治势力之间，处于一种相当窘迫的处境。

让我们再来看看丽江的一些优美的周边环境和名山大川在东巴经里是怎样反映的。

纳西族中有这样的传说，金沙江姑娘是一个活泼好动的漂亮姑娘，她志存高远，不甘心总在大山间流连盘桓，玉龙和哈巴两个年轻的小伙子很爱她，他们想方设法要让金沙江姑娘留在自己身边。于是两人相约在一个比较隐蔽的地方，守住金沙江姑娘，不让她远走高飞。不料，金沙江姑娘在玉龙和哈巴都睡着的时候，悄悄地从他们脚边走过，然后金沙江姑娘发出爽朗的笑声，一路欢歌而去。

东巴经中的故事就没有这么的浪漫和轻松了。东巴经书中说，在金沙江边的达勒村有个阿萨命姑娘，幼时被父母许给石鼓的龙王家，待到她出嫁的时候，父母为她缝制了九十九套衣裙，但衣服的线头都没有打结。还为她准备了金子做的梳子，银子做的篦子，以及许许多多的金银财宝，作为她的嫁妆。妈妈嘱咐她，家里已经给了她许多东西，就不要再留恋家了，上路以后就不要再频频回头往回看了。

等到出嫁的时候，阿萨命骑着一匹青鬃母骡上路了，一路上吹吹打打好不热闹。但是，阿萨命总是担心父母给的东西没有带来，一会儿想好像金子做的梳子忘在家里了，一会儿又想好像银子做的篦子放在家里梳妆台上了，所以不断回头看。她往后看一次，风就吹得大一些，她频频往后看，大风最终把她吹走，贴在达勒的肯蛩山崖上，她就在这个山崖上变成了风鬼。据说，只要她在山崖上发出声音，丽江就要刮大风。在东巴祭祀仪式中，她有时被称作"风神娘娘"（el ku jil，阿孔敬），但在更多时候被当作风鬼头目，写在祭祀木牌上，插在鬼寨之中，在祭祀时还会夹杂着几句白族民间语，而她所在的地方，却是金沙江边有名的花马国地界，是纳西族聚居的地方。

与此相似的还有北岳三朵神。根据丽江的传说，三朵神是玉龙雪山的山神，一个北方来的牧羊人，他背负一块白石来到丽江的地界，到了现在的玉龙雪山的所在地，忽然听到鸡鸣声，他就把白石放在地上，这白石就慢慢地变成玉龙雪山。在玉龙山脚下，有一个北岳神庙，庙中有一个身披白盔白甲、骑着白马的武将塑像，他就是白岳三朵神。《丽江府志》载："北岳庙，在城北二十里雪山麓，唐时建。"[①] 明嘉靖年间的丽江土司木公在他的《重修北岳庙记》中说："夫北岳即玉龙也，玉龙即雪山也，巍巍乎，雪山乃一滇之所望也，然而岳山之灵者神也。神即岳山之气也。气爽则神灵，神灵则人杰也。况我木氏，世守丽江，此非

---

① 　（清）乾隆《丽江府志略》，丽署新出（91）临字第03号，第200页。

岳之钟而神之毓者乎。吁乎！岳山之崇，雪贯四时，而玉立万仞，此非一滇之望者乎，岳自大唐代宗大历十四年异牟寻迁羊峣城，改元上元。明年封玉龙为北岳也。景帝即岳神之檀号也。然所以建庙于岳麓山下，其长官齐名，卑躬肃祀求而无所不灵，祷而无所不验。是故，庙貌威严，殿庭高邃，林木深稠，睹无不敬畏而崇礼也。今嘉靖乙末年，公感神而殊服，乃命工重修祠宇，焕然一新，此公之一诚之所致也。恭惟乃圣乃神福我之民，障我之疆，佑我木氏千百世之子孙，祀神而神飨，如今日之神之飨而之祀也。——春吉旦知府木公书。"①

　　在东巴经中也有祭祀北岳神的祭辞，但整个祭辞是用白族民间语写的。

　　从这些例证中，我们可以看出，先前的纳西族原始宗教内容与改称为东巴经后的内容是大不相同的，凡是比较熟悉东巴经的人，都不难看出其中的区别。它们的差别就像平地中缓缓流淌的一股清泉，忽然被水泵提升到了高地上，显得有点突兀，不是那么自然，那么顺畅，那样地水到渠成。在这个时候更谈不上纳西象形文字的创制了。即使木氏在其宗谱中提到麦保阿琮创造本方文字，也只能是后来的纳西族标音字，即格巴文字。

第五节　关于纳西标音文字的创制

　　李霖灿先生在《纳西族标音文字字典》的序言中认为，纳西族的标音文字是由丽江巨甸乡巴甸村（今属塔城乡）的和文裕大东巴创制的，"据说他在清朝末年曾经考取了一份小功名，嫉妒他的人因为他是个东巴，便到主考官那里去攻击他，说他是一个念'牛头马面'经书的人，不应该把这份功名给他。……竟把和文裕辛辛苦苦得来的功名革去，可以想见他是又气愤又难过，便下决心，要雪'牛头马面'的耻辱，因此便在形字之外改创了这种音字。……所以我们因不得实证姑且从宽的假定音字的创造是近百年内的事，这大概不会有很大的错误。"②

---

　　① 《丽江文史资料》第 5 辑，云南民族出版社 2012 年版，第 341 页。
　　② 李霖灿：《纳西族象形标音文字字典》，云南民族出版社 2001 年版，第 429 页。

　　方国瑜先生在《纳西象形文字谱·绪论》中说:"标音文字的创始,据《木氏宦谱·阿琮传》说:'生才七岁,不学而识文字,及长,旁通百蛮各家之书,以为神通之说,且制本方文字'……阿琮生于十三世纪初年(宋理宗时)。又'不学而识文字'之说,已见于《元一统志·丽江路·通安州人物传》说:'麦琮,麼些人也,祖居神外龙山(即玉龙山)下,始生七岁,不学而识文字,及长,旁通吐蕃、白蛮诸家之书。'按:所谓不学而识文字,当是纳西象形文字,这种图象文字,只要精通纳西语言,了解纳西社会生活,天资聪颖的人能读音识义,并不为奇。在阿琮以前已有象形字,则谓'制本方文字',当是标音字。"[①]

　　方先生提出的看法有两个证据,一个是明万历《云南通志》卷四,丽江府古籍曰:"麦琮墨跡";又清乾隆《丽江府古跡》曰:"番字岩,在府城西十八里芝山麓,石上有番字数行,墨跡如新,相传异人麦琮手书。按:麦琮即阿琮。"虽然番字已无存,但是明朝嘉靖年间,木高和木公的题字仍在。木高题诗:"木氏渊源越汉来,先王百代祖为魁。金江不断流千古,雪岳尊崟楼上台。官拜五朝扶圣主,世居三甸守规恢。扫苔梵墨分明见,七岁能文非等才。嘉靖十三年(公元1535年)龙集甲午春三月十二日,三十八代仍孙应袭木高薰沐谨述。"[②] 即使我们无法确认番字是否就是纳西标音文字,但木高的题诗既然提到与麦琮七岁能文有关,因此,这番字极可能就是麦琮所制的"本方文字"。若如此,阿琮生于13世纪初(宋理宗时)创制的文字也应该在宋末元初。

　　另一个证据是,方国瑜先生在1934年自丽江石鼓过巨甸途中,在金沙江岸的桥头村路旁看见过题"铭浅刻""藏文横书十一行,四长行,七短行,长行之下短行之旁,直书刻标音文字二行,其后直书汉文三行"曰:"万历四十七已未年四月十四日吉月吉日,有各其修尾。"其纳西标音文字先生摩写如下:

---

　　① 方国瑜编,和志武参订:《纳西象形文字谱》,云南人民出版社1995年版,第44－45页。

　　② 方国瑜撰,和志武参订:《纳西象形文字谱》,云南人民出版社1995年版,第44－46页,第53页。

𝟥 耒 文 下 芍

方先生当时找几位东巴反复推敲了这 16 个标音文字，经"反复推敲，不尽详其意。"认为"可识者（注：后述斜杠前拼音为原标国际音标，斜杠后为现标纳西拼音）：𝟖（k'ɑ↓/kaq）𝟇（gɑ┤/gga）皇帝也；𝟍（t'o┤/to）𝟋（le┤/lei）𝟎（ȵiə↓/nieq）兔日也；𝟥（z̩┤/ssee）耒（ʂər↓/sherq）长命也；下（hɑ┐/hal）芍（当即火之异文，读 i┤/yi）永禄也。其他如：土（ho┤/ho）、炗（ts'e/cei）、自（tsʅ/ziu）、乂（dʑʅ/jjiu）、叉（me/mei）、文（tsæ/zai）音读可识，不解其意或即记地名，ho┐ts'e↓ts┤dʑʅ↓/hol ceiq ziu jjiuq，可释为'八十见山'，惟不能详"。

其中，方先生所说不解其意的就是 土炗自乂叉文 6 个字；而未提及的 旱 这个字，是否为当时连音读都不出者？故不解其意者共计为 7 个字。根据汉字和部分象形字，土炗自乂旱叉 这几个字，纳西语应该读作 tv rheeq nieq yi shel meil，意思是：还说是在土黄天呢？文 字应读 we。因此，𝟥 耒文下芍 纳西语应读为 ssee sherq we hal yi，仍然还是"寿长呀永禄"。那么，这两行标音文字连缀起来就是：纳西语 kaq gga to lei nieq, tv rheeq nieq yi shel meil, ssee sherq we hal yi，意为"皇历兔日，说是土黄天呢？寿长呀日久（永禄）。"方先生说："皇帝兔日为皇历日序……据陈垣先生二十四史朔润表，万历四十七年（公元 1619 年）四月甲寅朔十四日逢丁卯与兔日相符"。①

这两个证据足以说明，纳西标音文字绝不是近百年所创制的，否则历史上的这些留痕便无法说清楚了。

实际上，几个东巴说不解其意的几个字，就是纳西标音文字中写作汉字读汉

---

① 方国瑜编撰，和志武参订：《纳西象形文字谱》，云南人民出版社，1995 年版，第 48 页。

音或写作汉字读纳西音，作纳西语解读的例子。以"罕"最为典型，因怕人不认识，在读汉字近音字"上"（shel，说的意思）上还加了一个稍作变形的"曰（yuē）"字。其余的"土"既借汉字"土"形，又借汉字"土"音，纳西语读tv；"㞢"当为汉字"止"的变体，读"止"的近音 rheeq；"自"当为汉字"目"的变体，纳西语"目"读 mieq，借作近音（nieq）；"义"当为汉字"义"，纳西语读"义"之近音为 yi；"叉"借汉字"雌"（mei）之近音，读meil。可见，在初创纳西标音文字时，创制者借用汉字的现象是比较普遍的，只是由于在使用汉字时，创造者故意让其变体走样，有的由于古今发音的差异，再加上在长时期的使用过程中引起的变化，后人难以认识清楚而已。

1955 年，李霖灿先生受邀到美国访问期间，考察研究了美国国会图书馆收藏的我国纳西族经典资料。在这些经典中，他发现有年代可考的有 11 本，发现最早书写的经书在康熙七年（公元 1669 年）的六月二十六日，并在这一本书中发现了 13 个纳西标音文字，同样，还在道光、咸丰、同治、光绪年间书写的经书中也发现了不少的标音字。因此，李霖灿先生得出新的结论说："一、音字的产生，依照现在的资料作判断，应该是明末清初之际，这把我从前的推论提早了200 年。二、音字的发生初期，有简化形字和借用汉字两种方式，并和'上'的诱导有很重要的关系。三、音字的发展初期是在形字经典中帮佣，到同治、咸丰年间日趋活泼，至宣统元年便有了全音字的经典。"①

在李霖灿先生的同一书中，还抄录了丽江西林瓦的《木氏历代宗谱碑》，在其二十六世祖"阿寿阿牙"条下有："讳木泰，号介圣，素慧，不学识先祖所制本方文字"等语。② 木泰是修木氏宗谱碑的木公的爷爷，明朝成化、弘治年间（1465—1506）在世，想必对其祖先所创制的标音字有所贡献，应该是有记载的丽江木氏土司中对纳西族标音文字有过贡献的第二号人物。

---

① 李霖灿：《麽西研究论文集》，中国台湾"国立故宫博物院" 1998 年印行，第 154 页，第 188 页。

② 李霖灿：《麽西研究论文集》，中国台湾"国立故宫博物院" 1998 年印行，第 188 页。

在麦琮那个时代，在周边其他民族之中，汉字的使用已经相当普遍，邻近几个政权的民族都采用汉字作为自己的文字。有的写汉字，读民族语音；有的写汉字，读汉音，但用民族语言解释。例如纳西族的近邻白族，就是用汉字来记白族语言，称之为“白文”。所以，麦琮顺应潮流，将汉字引入纳西标音文字之中，应该说是一种再正常不过的行为。为了说明这个问题，我们就不厌其烦地将这些字一一整理出来，以正视听。

一、写汉字，读汉语音的纳西标音文字

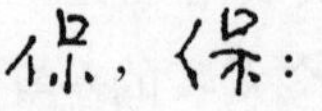：读 bo，“保”的变体，bo（宝物），ddee boq（一包），bo boq（包裹）。

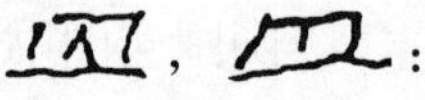：读 pi，“匹”的变体，piq（腿），pil（丢失），pi tv（生疮）。

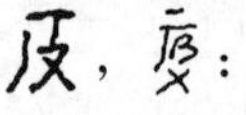：读 dv，“度”的变体，dvl（顶），dvl（得罪），dvq（正直）。

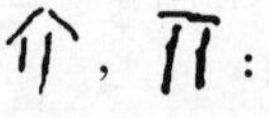：读 gai，“介”之汉字，gail（滑），gaiq（胆识），gai（前）。

：读 go，“各”的变体，goq（高原），goq（内），gol（干涸）。

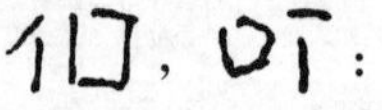：读 go，“个”的变体。

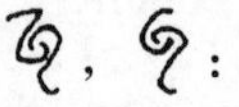：读 ge，“勾”的变体，gel（鹰），ge（镜子），geq（坛子）。

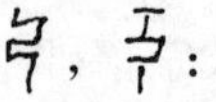：读 gu，“弓”的变体，gul（抛），guq（交接），guq（姜）。

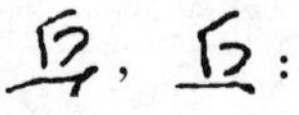：读 qe，“丘”之汉字，qeq paq（独龙族），qel（贴），qel qe（合体）。

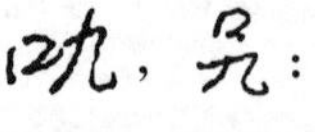：读 jje，“九”的变体，jjeq（穷），jjeq（跑），jje maq（砝码）。

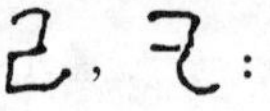：读 ji，“己”之汉字，jiq（秤），ji（置、放），jil（小）。

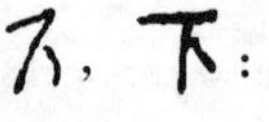：读 xe，“下”之近音，xe qiuq（大鹏），xel（鸡，藏语），xeq

（休息）。

止，屵、井：读 zhee，"止"之汉字，zhee（土），zheel（折磨），zheeq（妨碍）。

朿，本：读 chai，"串"的近音，qi chai（刺），chai（木寄生），chaiq（馋）。

虫，甲：读 zhu，"中"的变体，zhul（锥子），zhu（扎），zhuq（缝）。

沖，川：读 chu，"冲"的变体，chu（凶），chul chu（串连），chuq（快）。

亠，主：读 rhu，"主"的近音，rhu（债），rhuq（掉），rhu bbeeq（裂缝）。

日，毛：读 ree，"日"的近体，reeq（蛇），ree（酒），ree perq（大路）。

班，M：读 zei，"正"的变体，zei maq（火镰），zeiq zei（吝啬）。

子，子：读 zee，同汉字"子"字，zeeq（算），zeel（藏），zee（捆）。

而，而：读 rai，同汉字"而"字，rail（让），raiq（笑），ssi rai（好看）。

厂，咢：读 ssei，"壬"的变体，sseiq bbe（哪里去），sseiq sseiq（慢慢），sseiq（壬鬼）。

作，七：读 hua，"化"的一半，hual mei（八月），huaq zzei（燕子），hua huaq（快乐）。

廿，太：读 zai，"丈"的变体，zail zai（沾），zaiq kail（弹弓）。

百，歹：读 ciu，"取"的变体，rhu ciul（还债），ciul ciu（讨好）。

戓，戓：读 cei，"成"的变体，cei ceiq（忌嘴），cei ceil（过于），cei（盐）。

弓，邧：读 so，"所"的变体，so（尝），so soq（味鲜），sol so（搓手）。

廾，廾：读 wu，"吾"的变体，wuq（仆人），wul（你），wu du wuq（自己）。

卢，丬：读 ye，"尤"的变体，yel（给），yeq（烂），ye teeq（吸烟）。

甲，申：读 do，"東"的简体，do（板子），seeq dol（掷骰子），doq（背向）。

宋，宋：读 shu，同汉字"宋"字或"宋"的变体，shul maq（明子），shul ddaq（青刺果），chel shul（除秽）。

二、写成汉字，读纳西音的纳西标音字

写，写：读 ber，汉字"写"的变体，写字的"写"，纳西语读 berl。berl（写）。

夫，丈：读 pv，分别为汉字"大"和"丈"的变体，大人和丈人，纳西语皆称 e pv，为 pv 的近音。e pv（爷爷）。

点，占：读 per，汉字"白"的变体，白色的"白"，纳西语读 perq。perq（白）。

囚，叐：读 pi，第一个字为汉字偏旁"匹"的变体，与"失"同音。第二个字为汉字"失"的变体，丢失的"失"，纳西语读 pil。pil（失）。

只，余：读 pu，汉字"只"的变体，一只虎的只，纳西语读 pul，pu 的近音。pul（只）。

下，下：读 bbei，汉字"下"的变体，干什么事纳西语读"下"xial，是 bbei 的同义词。

匸，尸：读 bbi，分别是汉字"飞"和"尿"的变体，纳西语"飞"的音

为 bbiq，"尿"的音为 bbi。bbiq（飞），bbi（尿）。

求，兰：读 bbi，汉字"木"的变体，纳西语森林、树木的音为 bbi。bbi（森林）。

先，宀：读 bba，汉字"光"的变体，纳西语"阳光"的音为 ni mei bbaq 或 bbaq。bbaq（光）。

丘，斤：读 bbu，汉字"丘"的变体，纳西语"山丘""山坡"读 bbuq。bbu（丘）。

火，火：读 mi，汉字"火"的变体，纳西语"火"读 mi。mi（火）。

尾，尾：读 mai，汉字"尾"的变体，纳西语尾巴读 mai。mai（尾）。

不，止：读 me，汉字"不"的变体，纳西语"不要"的音为 me。me（不）。

兀，兄：读 mee，汉字"天"的变体，纳西语"天"读 mee。mee（天）。

倚，商：读 diu，汉字"敲"的变体，纳西语"敲打"的敲读 diu。diu（敲）。

坣，坣：读 mee，汉字"熏"的简体，纳西语烟熏的"熏"读 meel。meel（熏）。

兵，巳：读 mu，汉字"兵"的变体，纳西语"兵"的读音为 muq。muq（兵）。

千，禾：读 dv，汉字"千"的变体，千千万万的"千"纳西语读音为 dvq。dvq（千）。

入，合：读 to，前一个字同汉字"入"，后一个字是汉字"入"的变体，纳西语"嵌入"读音为 tol。tol（嵌入）。

己，哭：读 ddo，汉字"见"的变体，纳西语看见的"见"读音为

ddoq。ddoq（见）。

九，太：读 ddai，汉字"太"的变体，纳西语太能干音为 ddaiq。ddaiq（太能干）。

含，亦：读 no，汉字"觉"的变体，纳西语觉悟的"觉"音为 no。no（觉）。

ㄩ，只：读 nee，汉字"心"的变体，纳西古语"心"音为 neeq。neeq（心）。

名，夕：读 nei，汉字"又"的变体，纳西语"又"音为 neiq。neiq（又）。

小，伙：读 nv，汉字"你"的简体，纳西语"你"音为 nvq。nvq（你）。

中，虫：读 liu，汉字"中"的变体，纳西语中间的"中"音为 liul。liul（中）。

呈，坕：读 gee，汉字"星"的变体，纳西语"星星"音为 geeq。geeq（星）。

飞，昔：读 ge，汉字"昔"的变体，纳西语"昔日"音为 ge gv。ge（昔）。

冂，右：读 ku，汉字"口"的变体，纳西语"口"音为 ku，ku（口）。

犬，冬：读 kee，汉字"犬"的变体，纳西语"狗"音为 kee。kee（犬）。

凸，凹：读 gge，前一个字为汉字"凸"的变体，后一个字为汉字"凹"的变体，纳西语凹凸不平音为 gge ggeq。gge ggeq（凹凸）。

臼：读 ggo，汉字臼齿的"臼"的变体，纳西语"臼齿"音为 hee ggoq。ggoq（臼齿的臼）。

　　↙，〈〈：读 gge，汉字"上"的变体，纳西语上面的"上"音为 ggeq。ggeq（上）。

　　与，与：读 ngv，汉字"与"的变体，给别人东西时纳西语说 ngv。ngv（与）。

　　皿，全：读 xiu，汉字"立"的变体，纳西语"站立"音为 xiul。xiul（立）。

　　夕，匇：读 hu，汉字"夕"的变体，纳西语"夜晚（夕）"音为 huq。huq（夕）。

　　即，訓：读 hee，汉字"雨"的变体，纳西语"雨"音为 heeq。heeq（雨）。

　　串，巿：读 ee，汉字"牛"的变体，纳西语"牛"音为 ee。ee（牛）。

　　乭，合：读 ji，汉字"云"的变体，纳西语天上的"云"音为 jiq。jiq（云）。

　　纟，竺：读 je，汉字经书的"经"之变体，纳西语"经书"音为 jeq。jeq（经）。

　　彐，乥：读 jji，汉字偏旁三点水的变体，纳西语"水"音为 jjiq。jjiq（水）。

　　凵，〰：读 jjiu，汉字"山"的变体，纳西语"山"音为 jjiuq。jjiuq（山）。

　　☉，彐：读 ni，汉字"日"的变体，纳西语"太阳（日）"音为 ni mei 或 ni。ni（日）。

　　且，彑：读 nie，汉字"目"的变体，纳西语"眼睛（目）"音为 mieq，是 nieq 的近音。nieq，mieq（目）之近音。

　　ᕞ，ᕞ：读 xiu，汉字松柏之"柏"的变体，纳西语柏树的"柏"音为

xiul。xiul（柏）。

匀，匀：读 rua，汉字"马"的变体，纳西语"马"音为 rua。rua
（马）。

匀，匀：读 zher，汉字"使"的变体，纳西语"使唤"音为 zherq。zherq
（使）。

雪，宇：读 si，汉字"穷"的简体，纳西语贫穷的"穷"音为 si。si
（穷）。

一一，彡：读 sei，汉字"了"的变体字，纳西语"了了"音为 sei seiq。
sei（了）。

𓆏，𓅱：读 ssiu，汉字"兒（儿）"的变体。纳西语小儿的"儿"
音为 ssiul。ssiul（兒）。

吕，吕：读 siu，汉字"铅"的简体，纳西语"铅"音为 siul。siul（铅）。

𠬶，禾：读 sher，汉字"长"的变体，纳西语"长"音为 sherq。sherq
（长）。

ᐱ，羊：读 yu，汉字"羊"的简体，纳西语"羊"音为 yuq。yuq（羊）。

合，𝗩：读 a，汉字"合"的变体，纳西语集合的"合"音为 aq。aq
（合）。

升，什：读 e，汉字"我"的简体，纳西语"我"音为 eq。eq（我）。

另外，还有些汉字好像没有什么根据似地出现在纳西标音文字之中，不知道
这是不是初创者故意这样做，还是后来的使用者发生差错而一直沿用至今。例
如，**彳**读作 bbi 或 sai 及 qer；**果**读作 ddee；**父**读作 bbe；**五**读作 bbai；**庀**
读作 bba；**万**读作 bbie；**斗**读作 ma；**手**读作 tai；**杂**读作 ddei；**王**读作 lv；
有读作 kua；**丘**读作 qiu 和 xi；**弓**读作 bbai；**王**读作 zi；**月月冂**读

作 tei；　**文** 读作 ca；　**而** 读作 ssai；　**气** 读作 v；　**兑** 读作 ddo；　**舌** 和 **古** 读作 lu；**节** 读作 ye；　**ᛟ** 读作 zza；　等等。

　　除了汉字进入纳西标音文字外，纳西标音文字也采用了原有的象形文字中一些比较简洁的字。在这方面，李霖灿先生还制作了一个表，可供大家参考。纳西标音文字创制者还根据象形文字的创字方法，用象形、会意等手段，自创了一些新字，这些字都是一些结构比较简单的字。例如，**凶** fa（发）；**β** ba（蛙）；**山** bei（挑）；**干** bv（蒸）；**朩** zzei（双）；等等。

表4　李霖灿先生的形一音字对照表（经整理）

序号	形字	音字	字义	字源	音值
1			拴（pai）	象形	pai
2			一只眼（pul）	象形	pu
3			呕吐（piul）	象形	piu
4			牌（bbaiq kvq）	象形（刮粮用）	bbai
5			搓（bbiq）	象形	bbi
6			升（biu）	象形	biu
7			面（bbiuq）	象形	bbiu
8			绝（bbeeq）	象生育断绝之形	bbee
9			毛（fv）	象形	fv
10			舞（gge）	象形	gge
11			箱（dal）	象形	da
12			剪刀（cee deiq）	象形	dei
13			塔（tal）	象形	ta
14			蕨（ddiq）	象形	ddi
15			乳（no）	象形	no
16			转经（maq li）	象手转经筒之形	li
17			矛（liu）	象形	liu

续　表

序号	形字	音字	字义	字源	音值
18			绕（lvl）	象形	lv
19			一托（庹）之长（luq）	象双手展托（庹）之一种长度单位	lu
20			剗锄（zal）	象形	za
21			锉（col）	象形	co
22			跳（co）	象形	co
23			大称（so so）	称秤之形状	so
24			压（sserq）	象形	sser
25			起（dee）	象形	dee
26			结（derl）	象形	der
27			饮（teeq）	象形	tee
28			赶鬼三椿（ddaiq）	象祭木之形	ddai
29			骨节（zherl）	象形	zher
30			锥子（zhul）	象形	zhu
31			手钻（chai）	象形	chai
32			时刻（rheeq）	字源尚不清楚，似象滴水形（滴水）	rhee
33			楔子（shual）	象形	shua
34			溶化（rherq）	象溶化之形	rher
35			露（rher）	象形	rher
36			骰子（seeq）	象形	see
37			径（ree）	象形	ree
38			日（bbi）	象形	bbi
39			抖（niel）	象惊怕之形	nie
40			麦架（gol）	象晒晾木架形	go
41			苦（ka）	象形	Ka
42			折（qer）	象形	qer

续　表

序号	形字	音字	字义	字源	音值
43			角（ko）	象头角形	ko
44			战旗（gga）	象战旗形	gga
45			松脂（to jjerq）	象形	to jjer
46			月（leiq）	象形	lei
47			齿（hee）	象形	hee
48			肋（hoq）	象形	ho
49			左（wai）	象形	wai
50			右（yiq）	象形	yi
51			粮食（ai）	象形	ai
52			好（ee）	象宝物之形	ee

注：本表标题及"音值"栏目和括号中的内容为整理者所加。　　（li liq chail）

资料来源：李霖灿：《麽西研究论文集》，台北"国立故宫博物院"，1984 年印行，第 42 页。

可见，创制者是想用一些比较简洁的符号来改造纳西族的图画象形文字。但是，由于这些标音文字追随象形文字，没有声调，同音不同调，甚至用近音都可读，从而不能准确地确定其语音，再加上在书写过程中写得不规范，一个字有多种写法而引起字体上的混乱，因此造成了识别上的困难。而且，根据学者的分析，以丽江坝为标准的纳西语音有 300 多个（不包括不同的声调），而标音文字只有 200 多个语音，只占纳西语言的 2/3，造成标音上的不完整，因此，这种标音文字未能普遍地推广开来，只在丽江坝区及附近地方的纳西族宗教祭司中作为一种辅助工具来使用。但是，这种文字由丽江木氏土司所创制，在纳西族象形文字之后的历史中出现，还是说明了许多问题。

在《木氏宦谱》中，这个 7 岁时不学而识文字，且创制本方文字的麦琮是宋仁宗时期丽江纳西族第一个大酋长蒙醋醋（牟西牟磋）的重孙，又是亲迎忽必烈于丽江宝山喇八渡口的麦良之父亲。忽必烈进入丽江后，木氏借元的势力逐步统一丽江，阿良成为丽江路的世袭管民官。立于明嘉靖七年（公元 1528 年）的《木氏勋词碑》曰："丽江始祖叶古年，传二十二世而麦宗大之，二十三世宗良（按：麦良）拓之。"① 关于麦琮还有许多神异的传说，可见在木氏先祖之中，麦琮是特别被看重的。同样，木泰是木公的爷爷，在宗谱中提到其不学而识先祖所创文字，对其推动音字的推广也做了充分的肯定。

木公在明正德十一年（公元 1516 年）第一次编纂的《木氏宦谱》中，引用了纳西族原始宗教东巴教中关于《人类起源》的传说，说明到木公编纂《木氏宦谱》时，木氏仍然是信仰本民族的原始宗教的。而且，在元、明时期到丽江的一些文人学者，还记录了丽江纳西族从事宗教活动的盛况，元代李京在《云南志略》中说："正月十五登山祭天，极严洁。"还说："人死则用竹簀舁至山下，无棺椁。贵贱皆焚一所，不收其骨。非命死者，则别焚之。"② 明景泰《云南图经志书》卷五"丽江风俗"说："摩些蛮不事神佛，惟每岁正月五日具猪羊酒饭，极其严洁，登山祭天，以祈丰禳灾。"徐霞客的《滇游日记·七》说："其俗，新正重祭天之礼，自元旦至元宵后二十日，数举方止。每一处祭后，大把事设燕燕木公。每轮一番，其家好事者费千余金，有以金壶八宝为献者。"③ 这些都是纳西族先民宗教的重要仪式、祭天仪式和丧葬的传统习俗，说明当时民族宗教相当时兴，甚至处于全盛时期。实际上，现在流行于世的纳西族宗教经典大多都留下了元代社会的痕迹，现在的纳西象形文字中所谓的 kaq（皇帝）是一个蒙古统治者的形象，东巴教中的许多战神形象和经文中的服饰都留下了蒙古军队的痕迹。

元朝及明朝时，木氏土司实行愚民政策，不让民众读书识字。"元既设云南行省，即倡儒学。但万历《云南通志·学校志》载各府、州、县之庙学、书院，科目甚详，而丽江缺如。则元明丽江设学，虽有朝廷之命，而实未增设。所以不

---

① 转引自林超民主编的《方国瑜文集》第 4 辑，云南教育出版社 2001 年版，第 72 页。

② 转引自林超民主编的《方国瑜文集》第 4 辑，云南教育出版社 2001 年版，第 84 - 85 页。

③ 转引自林超民主编的《方国瑜文集》第 4 辑，云南教育出版社 2001 年版，第 84 页。

设者，土司之愚民政策也。"丽江第一任流官知府杨馝也说："丽江旧无学，土酋木氏虞民用智而难治，如秦人之愚黔首，一切聪颖子弟具抑之奴隶中，不许事《诗》《书》。"①

徐霞客的《滇游日记·六》说："丽江土著官姓为木，民始为和，更无别姓。"又说："七和者，丽江之地名，有九和、十和之称。"方国瑜先生加按语说："尚有八和地名，其称为七和、八和、九和、十和者，即因一村中有和姓七族、八族、九族、十族而得名。toba 经中有'和姓24族'之说，即言姓和之多也。瑜曾遍访明代古墓，间有龚、杨、李诸姓，乃土司之把事，而大多姓和也。或拆和字曰：和为木字戴笠负筐，取意木氏之奴隶，故今齐民皆姓和。不识初意为如是否？"②

我们推测七和、八和、九和、十和（束河）这些地名，并非有和姓七族、八族、九族之缘故，应该是奴隶主庄园的名称，木氏借助元的势力统一了丽江通安州地区后，在通安州设立农奴制的庄园，让被征服的纳西族梅、禾氏族成员成为他们的奴隶，在庄园中劳动，正如藏族农奴制下的奴隶一样，他们被剥夺了人身自由和一切权力，更不可能接受教育了。而木氏则如《明史·云南土司传》所说的那样："云南诸土官，知《诗》《书》，好守礼义，以丽江木氏为首也。"

木公在嘉靖七年（公元1528年）袭丽江军民府知府的职位后，派兵攻打寻甸和武定的造反者，以解省城之围。嘉靖十五年（公元1536年）派兵攻打维西、中甸、巴塘、理塘之地，并派人进京请诰，受中宪大夫称号，世袭知府，赐玉音"辑宁边境"四字。于是，木公于嘉靖二十四年（公元1545年）又第二次重修了《木氏宦谱》，这一次的重修，删除了东巴经关于《人类起源》的记载，以牟保阿琮为始祖，并认为牟保阿琮是蒙古人的后裔。木公和木高父子还在中甸北地题诗曰："五百年前一行僧，曾居佛地守宏能；云波雪浪三千陇，玉埂银丘数万塍；曲曲同流尘不染，层层琼涌水常凝；长江永作心田玉，羡此当人了上乘。嘉

---

① 转引自林超民主编的《方国瑜文集》第4辑，云南教育出版社2001年版，第89－90页。

② 转引自林超民主编的《方国瑜文集》第4辑，云南教育出版社2001年版，第88页。

靖甲寅长江主人题，释理达禅定处。"木公所说的释理达就是《木氏宦谱》中所说的宋仁宗年间到丽江雪山的蒙古人，也就是阿琮的太爷爷、木氏始祖蒙醋醋。《木氏宦谱》将东巴教称为"东典佛教"，木氏始祖被奉为东典佛教的佛祖。从这以后，木公便逐渐抛弃本民族的宗教，转向了佛教。东巴教便只好留存于山野和村寨中，成为纯粹的纳西族民间巫教。

第二章　汉字甲骨文和纳西象形
文字的比较研究

第一节　董作宾先生的对比研究

最早用纳西象形文字对比汉字甲骨文进行研究的是董作宾先生。先生在李霖灿的《纳西象形标音文字字典》序文中说："我之所以注意纳西文字，不在音而在形。我打算拿这种象形字，来比较汉文的古象形字，或者可以帮助我们对于古文字得到更真切的认识和了解，10 年以来，偶有会心，可是因为期待着一部完美的字典，始终还没有作过大规模的整理，现在且把零星的意见写出来一点。"

这里，我们不可能把先生的原文全搬过来，只把先生的"六大意见"做如下摘要式的介绍（纳西象形字旁的纳西拼音是我们加的——本书作者）。

一、可以反映汉字演进之久

世界上许多民族的文字源于图画，而纳西象形文字大多是图画，而不是现代意义上的文字，所以我们称它为童年文字。而甲骨文便大不相同了，到了殷商时代，它已经约定俗成，完全脱离了图画阶段，成为一种符号，这就是这两种文字的最大不同。

如甲骨文：

马；兕；豹；虎；象；犬；豕；鼠；

睡；病；棺。

纳西象形文字：

yil 睡； gguq 病； shee 死； gul 棺。

我们看到甲骨文是竖写的，纳西象形文是横写的，说明横写的纳西象形文还没有完全脱离图画的形式。

正因为纳西文有图画性质，所以每一个字的来历都是清清楚楚的，而作为符号化的甲骨文，经过长时期的演进，有些字就不是那么容易索解了。董先生举了 屮（有）字的例子，这个字商代早期作为有无的"有"字使用，后来"有"字为 又（右）字所取代，这个过程到成了耐人寻思的问题。还有，"釐"字有许多不同的写法，但都是打麦子的样子，如 ，打麦之字后引申作"福厘"的"厘"，"驭厘"的"厘"，"延厘"的厘，这种情形在纳西象形文字中是不会有的。

二、可以反映汉字起源之古

甲骨文：

大（大人形象）；夫（人即冠加笄形象）；奚（人正面站立形）；奚（人侧面站立形）；奚（跪着且手被缚着的人形）；奚（跪着且手被缚着的人形）；女。

纳西象形文字：

sso（男人）； lv（结婚后的男子）； mil（女）。

这一组字说明甲骨文产生在奴隶社会中，而纳西象形文字产生在相对平等的社会环境中。

甲骨文：

渔；罗；罞（兔网）；罞（麋鹿网）；

羉（麤网）；毚；雉；钓鱼；捕鹿（陷阱）

纳西象形文：

xi 渔网； xi daq 拦网。

纳西族的狩猎工具比较单一，甲骨文中的这些工具在殷商时期虽然还有使用，但是这些工具和文字都是前人的遗产，不能说就是殷商人创造的。

甲骨文：

牛；羊；牢；牢；家。

纳西象形文字：

yuq（羊）； ee（牛）； ya goq（家）。

甲骨文中兽类多作侧视的全身，只有牛羊呈正面头形，这可能是因牛和羊关在牢中，人在门口只看见其头部的缘故。而纳西象形文的兽类往往是用繁体画全身，用简体画头部，再则是因为纳西族的"家"是个形声字。甲骨文的"家"却是一头在屋中的猪。但这并不奇怪，殷人养牛羊用牢，养豕于家中（养在楼下），白天人出去了，家里就只剩一头猪了。

三、可以印证造字的地理环境

甲骨文：

山（远山之形）； 水（弯曲之水流）； 泉（水涌出之形）；

田（田连阡陌）； 田（古代井田遗迹）； 路（四通八达的十字路）； 朝（从草从木，日已出，月还在）； 暮（从日从草或从木）。

纳西象形文字：

jjiuq（山，近在眼前的山之形）； jjiq（水，源头流水之形）；

jjiq ko（源泉，洞穴出水）； lee（田地，梯田之形）；

ddiuq（土地）； ree（路，似羊肠小道）； ni mei tv（日出，山坡上日

出）； ni mei ggvq（日落，日落于坡）。

从这两组字可明显看出，甲骨文产生于大平原，纳西象形文字产生于山区。

而且从 bbv jjiq ggv（北方，写水头）、 yi chee miq（南方，写水尾）

推断，纳西象形文字创造于无量河边附近，这大致是不会错的。

四、可以印证造字的社会背景

甲骨文：

见； 鉴（镜）； 执； 圉； 挚； 女。

纳西象形文字：

liuq 见； liuq（看）； ge 镜； ge 镜； laq jjiuq

（镣）。

甲骨文的"见"和纳西象形文字的"见"造字方法相同，甲骨文的"鉴"
是一盆水，而纳西象形文字的"镜"却是一面镜子，从镜子背面的花纹和鼻钮
来看应是唐宋以来的铜镜，可见甲骨文产生时间的久远。从"镣"字来看，纳
西象形文字与现代刑具差不多，而甲骨文束缚头颈的刑具叫枷，戒手的刑具叫拲
（gǒng），若是女子就缚在前面，就像 ，若是男子就缚在后面 。我们从殷墟
出土的陶俑中可以看到这种刑具。可见它们产生的年代大约有 3000 年。

五、可以看出人们造字的心理相同

甲骨文：

大（人正面站立形）； 人（人侧面站立形）； 卩（人侧面跪踞
形）； 女（人侧面跪踞形）。这几个字中的人形都不是正面坐着的。只有 士

（祖庚以前的字），⊼ 王（祖庚以前的字），玊 王（祖甲以后的字），王 王（帝乙、帝辛时的字），⚇⚇ 皇（金文，冠冕端坐形）几个字中的人是正坐着的。

纳西象形文字：

⚇ zzeeq 坐；⚇ kaq（王）；⚇ kaq（皇帝）；⚇ bber（客）。

在甲骨文中，"王者端拱正坐"；在纳西象形文字中，有点地位或尊贵之人都取坐姿，可见人们在造这两种字时，心理是相同的。

又如甲骨文：

⅂ 乃（像人的乳房形状）；⩗ 孕；⩚ 毓（可作"育"字）；⅄ 子（像婴儿形状）。

纳西象形文字：

⤵ nil ni（乳）；⧈ bul（孕）；⧈ ji heq（生育）；⅄ ssiul ssiuq（婴儿）。

它们也可以说明造字者心理相同。

六、可以看出造字时人们对外部事物的印象不同

甲骨文：

⚡ 雷（人作两手掩耳状）；⚡ 光（跪着的人顶着炬）；◖⊞ ◐ 明（两字皆为窗前有月）；φ ⩗ ⌒ 电（似电光闪闪）。

纳西象形文字：

⧘ ggai mieq（电）；⤳ mee ggv（雷）；⯑ bbu（光明，星光）。

对同样的事物，两个民族因印象不同，所以造出的字也不同。

第二节　笔者的探索

一

汉字甲骨文和纳西象形文字都是从图画中走出来的文字，因甲骨文产生的年代久远，当我们看到它们的时候，已经是比较成熟的文字形式了，所以，我们无从知道它们的变化、演进过程。而纳西象形文字产生的时间比较靠后，尚处在图画文字阶段，与汉字甲骨文对比，可以说是原始文字。但是，纳西象形文字并不是借鉴和模仿汉字甲骨文而产生的，可以说汉字甲骨文和纳西象形文字都有自己的独立性，自成体系，有着自己的成长史，各有自己的特点。这样，就为我们提供了将两种文字体系进行对比研究的可行性和可靠度，特别是纳西象形文字为我们提供了汉字甲骨文从图画文字演进成成熟文字的这一过程的范例，可以让我们看到汉字甲骨文的前身应该是什么样的，甚至一些已经完全符号化的字，也可以通过对比纳西象形文字，把它们还原成原来的图形，弄清它们的来龙去脉。

我们知道甲骨文发掘于殷墟，当人们在"龙骨"上发现它们的时候，它们已经是可以完整记录人们语言的一字一音的成熟文字了。

例如，徐中舒的《甲骨文字典》第 147 页所记甲骨卜辞：

"⊃—⊟⊟⊜米 月—正曰食麦。羊米十苗⊠米羊⊔皿 辛未卜古贞黍年有正（足）雨。冏然⊞⊰屮王⊠米…… 器吕王然又屮⊔⊅贞翌日乙卯王其祐礿（夏天祭祖）……升正王受祐在正月。"

又如 428 页所载："冏尹冈屮⊠屮米⊠犬豐H贞翌丙子其有鳳（風）其菁大鳳（風）。"

再如 376 页所载："⊠王⊠屮屮田屮曰不帛贞

王其省盂田湄曰不雨。"

这些都是甲骨片上录下来的字，虽然已经过去了 3000 多年，但我们仍然可以读懂，大体知道它们在说些什么。

但是，摆在我们面前的成百上千的纳西东巴经书，不论翻开其中的哪一本，即使我们认识经书中的每一个字，把这些文字连缀起来，也不一定就能够拼凑出一个完整的句子，不一定就能读懂这一本经书。因为书写这些经书的祭司们，写书的目的并不一定是让别人，特别是门外汉看的。那是他们的工具书，写这些书的目的，就是为了做祭祀时不至于忘记了自己要念诵的经文，而将需要念诵的东西写下来，只要看到一些字，能想起经文就行；有些时候写经书也是为了赠送给别人，但只限于赠送给自己的徒弟。这些徒弟在跟随师父学习的时候，就已经把经文背得滚瓜烂熟了，出师时就像他们的师父一样，就算没有这些经书，也能闭着眼睛把经文一字不差地背出来。

实际上，纳西象形文字未产生的时候，纳西族先民就有了关于天地万物、人类产生的神话，就有了关于自己祖先的故事，再加上人们对于生老病死等的处理方法，早就形成了一种比较完整的民族原始宗教，而纳西族的象形文字，就是因为需要记录这些原始宗教的内容而产生的，说不定最初的记录只是木、石上的几幅简单的图画，也说不定就是几幅由简笔画连成的连环图画，祭司们仅凭这些图画也能把早已记在心里的话有条理地说出来。当然，当时的经文也没有现在这么复杂。现在我们看到的纳西象形文字也是在历史长河中不断演变和改进，才变成现在这个样子的。

现在，只要随便翻开一本书，我们便可以从象形文字中找到一幅幅的图画。

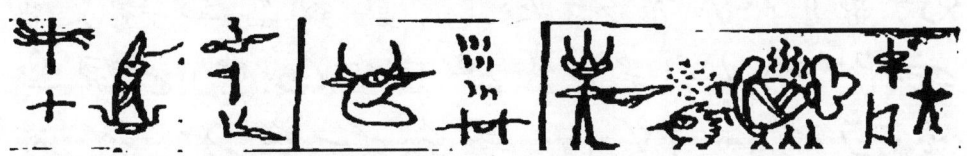

上面是纳西族东巴经《禳垛鬼仪式·用柳枝男偶作替身关死门》中的一小段话，它说的是："用百种的粮食做会说、会笑的面偶，当作母系亲属的替身放

出去。/用九副干枯的头骨和九副角作为九种家畜的替身放出去。/利古（人间）祭司用面粉捏一只黑色的鸡，把鸡和柳条编织的木偶，拿到火葬场去焚烧，让它们去关闭中间将出现的裂隙。"（原文见云南人民出版 1999 年出版的《纳西东巴古籍译注全集》第 29 卷 221 页）

在这一连串的画中，我们看到的只是几幅有限的画像，其中的一些词，全靠熟悉经书的祭司来补足。

而下面的这一段纳西象形文却像一幅插图：

文中说的是：东巴什罗走到了太阳升起的地方，他头上戴着五佛冠，左手敲打着月亮似的绿松石法鼓，右手摇晃着太阳似的金黄色板铃，跳着把这地方的呆鬼镇压下去。（原文见《纳西东巴古籍译注全集》第 50 卷 19 页《驱抠古鬼·请东巴什罗》）。

以上两小段，就是用纳西族象形文字书写的经书，这并不是我们特意选取的，其实经文的通常情况就是这样。当然，我们也可以用纳西象形文字把以上这两段话一字一音地写出来：

第一段：

第二段：

那么，这些纳西象形文字写的是什么东西呢？我们可以对其中的一些字逐个地加以分析。经文中的"＂这个东西在第一段纳西象形文字中没有，所以有必要首先进行解释：这是一个用柳条编织的老人形象，作为老人的替身，是要在火葬场里焚烧的。它出现在这里，祭司们知道是什么东西，所以不必写得那么清楚。

经书里有许多这样的情况，例如说到板铃，一定要读作："金黄色太阳似的板铃。"见到类似拨浪鼓似的手摇鼓，一定要读成："绿松石月亮似的法鼓。"下面是这些纳西象形文字的释义（请注意：字形、读音和字义相同者只做一次分析和释义，下同）：

第一段：

这个字读作 zheeq，是粮食的意思。横线表示土地，表示麦穗，表示稻穗。地上的点点表示粮食粒，有时这个字也读作 aiq，也是粮食的意思，是个会意字。

这个字读作 mei，表示女阴，也是公母的母。这里是借音，相当于汉语"的"mei 的音，zheeq mei，也就是指粮食的假借字。

这个字读作 xi，是纳西象形文字的数字符号，指百位数。形符上边为稻穗，表示"百"（xi）的音。

这个字读作 lerl，表示嘴里发出的声音，有喊、叫的意思，读作 lerq，这里近音借作种子、粮粒等意思的"种"（lerl），为假借字。

这个字读作 ha，是饭的意思，写作一碗饭的样子。"饭"（ha）是个象形字。

这个字读作 xi，是"人"的象形字，与上面的"饭"合成饭偶

（ha xi），为象形字。

：这个字读作 do ma，是饭偶的名称"多玛"do ma，是一个放在碗中的饭偶，为象形字。

：这个字读作 dal，写作一个柜子，本身是象形字。这里借音作"说"（dal），是纳西古语，为假借字。

：这个字读作 lei，本身是"獐子"（lei）的象形字。这里借用作"又"（lei）的意思，为假借字。

：这个字读作 ssaiq，是笑的意思，像女人张口露齿大笑的样子，为会意字。

：这个字读作 gvl，本身是"蒜"（gv）的象形字，这里近音借用为"会"（gvl），为假借字。

：这个字读作 bbei，是做的意思，锄头挖在地上，像做活的样子。"做"（bbei），为会意字。

：这个字读作 shee，是肉的意思，像摩梭人的琵琶肉，为象形字。

：这个字读作 koq，像栅栏的样子，后引申为"族"。　　，是肉族的意思，指母系；父系作　　　，即"骨族"（o koq），"姻亲"（nal koq），为象形字。

：这个字读作（goq），是"针"（goq）的象形字，这里借音作"替身"的 goq gai 的 goq，为假借字。

：这个字读作 gai，是"架子"（gaiq）的象形字，这里借音作"替身"goq gai 的 gai，为假借字。

：这个字读作 keel，是放的意思。下边是（乚）放或行的符号，上边用脚 kee 表其声，为形声字。

：这个字读作 gv，用蒜（gv）的象形字表示野兽、牲畜的头。这里指"头"（gv），为假借字。

：这个字读作 bvq，表示太阳晒在大地上，大地扬起灰尘，有干燥的意思。这里指"干枯"（bvq），为会意字。

：这个字读作 ko，是角的意思，为象形字。

：这个字读作 nee，本身是心的象形字，这里借用作"用来"（nee）的意思，为假借字。

：这个字读作 neeq，是羊的象形字，泛指所有的牲畜，为象形字。

：这个字读作 ggv，是数字"九"的符号，为指事字。

：这个字读作 qiu，本身是钻或扎的会意字，用锥子扎或钻某种东西。这里同音借作"族"（qiu），为假借字。

：这个字读作 liul，本身是"矛"（liu）的象形字。这里 是中间的意思，上面是神，下面是鬼，中间是"人间"。"中间"（liul），为假借字。

：这个字读作 biuq，从祭司的形象中引出一条线，指诵经的"诵"（biuq），为指事字。

：这个字读作 bbvq，写作一个人匍匐钻洞的样子。此处借作 biu bbvq 的 bbvq，为假借字。

：这个字读作 gv，写作一个人头，是"头"（gv）的象形字。

：这个字读作 ko，本身是一对角，指角。这里引申指祭司头上的五幅冠。"冠"（ko），为象形字。

：这个字读作 tai，像人举起手准备戴帽，是"戴"（tai）的会意字。

：这个字读作 laq，写作一只手，是"手"（laq）的象形字。

：这个字读作 bbiuq，点点表示粉末，是"面粉"（bbiuq）的象形字。

　　：这个字读作 ddvq，表示块状的东西，是"团"（ddvq）或"块"（ddvq）的象形字。"　　　　"指"面团" bbiuq dduq，为象形字。

　　：这个字读作 aiq，是"鸡"（aiq）的象形字。

　　：这个字读作 naq，中间的黑点表示"黑"（naq），恐被人疏忽，用一个相交线圈将它围住。"黑"（naq），为指事字。

　　：这个字读作 ddee，表示数字"一"（ddee），为指事字。

　　：这个字读作 mei，意为女阴，是母的象形字，借作一只的"只"（mei），为假借字。

　　：这个字读作 cherl，写作一只握拳的手，上有表示代数的 　 cherl，表其声，"捏"（cherl）的意思。"捏"（cherl），为形声字。

　　：这个字读作 sseel（也读作 rer），是"柳"（sseel）的象形字。

　　：这个字读作 waq，又读 herq，写作一个绿松石。读 waq 时指绿松石，读 herq 时指绿颜色，两个音连读时，即绿色松石。绿松石（waq），也读 oq herq，为象形字，

　　：这个字读作 e（阿），写作一张嘴，嘴里发出"阿"的声音。"阿"e，为指事字。

　　：这个字读作 baq，是"蛙"（ba）的象形字。写作一个蛙头，近音借作阿巴（老头）e baq 的 baq，为假借字。

　　：这个字读作 derl，两条线相交结，表示编织，交结的结和织皆读derl，"织"（derl），为象形字。

　　：这个字读作 mee zeeq，像火葬场中一堆燃烧的火，是"火葬"（mee zeeq）的会意字。

　　：这个字读作 ddvq，是一种毒草的黑色花，表示"毒"（ddvq）。这里

和火葬 mee zeeq 一起表示场 mee zeeq ddvq（火葬场）。"场地"（ddvq），为假借字。

　　：这个字读作 jjil，写作一堆燃烧的火，火上有捏成一团的酒粬 jji，表其声，为形声字。

　　：这个字读作 kul，写作一扇门，是"门"（ku）的象形字。这里借音用作"方向"kul。"方"（kul），为假借字。

　　：这个字读作 bbu，写作星光，表示"亮光"（bbu）。这里引申指"裂隙"（bbu）。"裂隙"bbu，为会意字。

　　：这个字读作 lee，表示地的一个横切面，是"地"（lee）的象形字，这里借作"来"（lee），为假借字。

　　：这个字读作 derl，写作一个无头有翅的人，表示被杀后变成无头的"呆鬼"derq，这里近音表示关门，关闭堵塞裂隙的"关"derl，假借字。

　　第二段：

　　：这个字读作 ni mei，是"太阳"的象形字，还可以读作 bbiq，也是指太阳。"太阳"（ni mei），为象形字。

　　：这个字读作 tv，是"桶"（tvq）的象形字，近音借作 tv，表示升起、出来、到达等意思，为假借字。

　　：这个字读作 do bbaq，是纳西族宗教祭司在后期的名字，借自藏族苯教祖师登巴贤若的名字。受苯教的影响，纳西族原始宗教被称作"东巴教"，祭司称作东巴。"东巴"（do bbaq），为象形字。

　　：这个字读作 sheel，是"琵琶肉"（shee）的象形字，借作东巴什罗的"什"（sheel）的音，为假借字。

　　：这个字读作 lo，是"牛杠"（loq）的象形字。借作东巴什罗（sheel lo）的"罗"（lo）音，为假借字。

：这个字读作 wai，写作人指着左边，是"左"（wai）的指事字。

：这个字读作 dda keq，是"法鼓"（dda keq）的象形字。

：这个字读作 hei mei，是"月亮"（hei mei）的象形字。有时也读作 leiq，也指月亮。"月亮"（hei mei），为象形字。

：这个字读作 lal，写作大人执棍打小人。是"打"（lal）的会意字。

：这个字读作 yiq，写作人用手指向右边。是"右"（yiq）的指事字。

：这个字读作 hai sheeq，写作一个黄金领扣，表示金黄的意思。金和黄分开出现时，"金"（hai）是象形字，"黄"（sheeq）是转注字。

：这个字读作 zer lerq，是纳西东巴（祭司）法器"板铃"（zer lerq）的象形字，也可读作 zai laiq。

：这个字读作 dol，写作一个表示"垛鬼"（ddoq，灾祸鬼）的木偶，为象形字。这里近音借作"摇"dol，为假借字。

：这个字读作 co，写作一个跳着的人。是"跳"co 的象形字。

：这个字读作 chee，写作有物悬吊在上边的样子，是"吊"（chee）的会意字。这里近音表示"此"（chee），为假借字。

：这个字读作 ceeq，写作披头散发的人，是"鬼"（ceeq）的象形字。

：这个字读作 miq，左边是一条向下的斜线，右边用"火"（mi）表其声，是"下"（miq）的形声字。

：这个字读作 sserq，写作一只脚将某种东西踩压下去，是镇压的"压"（sserq）的会意字。

在上面的这两段文字中，我们一共写了 107 个单字，除了重复的字而外，还剩下 66 个字。在这 66 个字中，根据汉字六书的创字方法，大致区分一下：有象形字 23 个，指事字 6 个，会意字 9 个，形声字 5 个，转注字 2 个，假借字 21 个。

这 21 个假借字大多来自象形文字，假借过后，它们并没有变成新的文字，因此，仍然还是象形字。在这 66 个字中，象形字和假借字就占了 44 个，再加上 6 个指事字、2 个转注字（这类字与象形文字差不多，只是有时在象形字中多了一个指事符号，或用象形字转注其他意思），一共有 52 个，剩下的会意字和形声字，就只有 14 个了。可以说，纳西象形文字就是象形字占绝对优势的一种文字。

在甲骨文中，也应该像纳西象形文字一样，越在文字的早期，象形字和假借字的比例越大（实际上许多假借字其实也是象形文字，在甲骨文中也不会例外）。我们来看看下面所举的几个例子，是否就是我们所说的这种情况。

第一例：🦋 ⼱ 𠕋 ⼌ ⼞ 屮 🐚 贞翌丙子其有风

🦋（贞），甲骨文还写作 𠔉、𦥑 等，为象形字，象鼎形。卜辞中常借义表示卜问之义。也有人说之所以用鼎表示卜问之义，是为了表示庄重、大事、端正等。

⼱（翌），翌字本作"昱"，甲骨文写作 𦍌，日为形符，羽为声符，应该是会意兼形声字，表示明日很快就会来到。这里只用声符，是象形字；作为"昱"使用就是同音假借字。

𠕋（丙），徐灏的《段注浅说》载："乙承甲像人颈，丙承乙像人肩。"甲骨文 𠕋（丙）又写作 𠘧、𠘨 等。郭沫若谓丙像鱼尾，于省吾谓丙像物底之座。不管像什么，反正它就应该是一个象形字。

⼌（子），甲骨文又写作 𡥀、𡦂，⼌ 可能就是 𡥀 的变形体，不论怎么写它都像幼儿之形，是小孩的象形字。

⼞（其），甲骨文 ⼞ 像柳条编织的簸箕，是簸箕的象形字。

屮（有），转注字，甲骨文将"牛"写作 𠂤、半 等，甲骨文的"有"字应是牛的象形字，正如纳西象形文字将羊 🐏 看作是财富一样，有牛就是富有，就是财富。因此，它也是富有之"有"的转注字。到了金文时，"有"变成 𠂇（手拿肉的会意字）。

（风），"凤"的象形字，表示一只孔雀，孔雀可能便是古代凤凰的原形。这里是假借，借近音表示风。小篆"风"写作 ，为形声字，凡声虫形（风动虫生）。

第二例： 其冓大风

（冓），象形字，一说像木料叠架之状，表示构建的意思；又一说是像两尾鱼相遇的样子，是冓遇的"冓"，这个"冓"后来写作"遘"，是相遇的意思。两种说法都是象形字。

（大），像人形，是大人之大，为象形字。

（风），假借字，表示一只凤凰，原是凤凰的象形字。这个凤右边写了一个凡（ ）作为旁注音，有时风的甲骨文旁还会加上 （兄），也是假借字的旁注。

第三例： 贞王其省盂田湄曰不雨

（王），会意字，表示大人站在天地之间，上有天，下有地，表示拥有天地之王。也说王像刃部向下的斧的形状，表示王有刑杀之权力。

（省），会意字，从目从草或从生（或写作 ），会意"视"，视察之义。

（盂），形声字，下边是盛饮食的敞口器皿，上边以"于"表其音。

（田），象形字，甲骨文像一块由田埂围成的田地。盂田为狩猎场地名。

（湄），会意字，由水和眉毛的眉的象形字组成，表示水边或湖边。

（曰），甲骨文又写作 （篆字写作 ），会意字。一说 像口中发出的说话声；又说曰像木铎倒置之形， 为铎身，一为铎舌，木铎倒置，表示振铎以令兆民。

（不），象形字，本义为花萼，假借作否定词"不"。

（雨），象形字，像天上落下的雨点。

第四例：月—正曰食麦

（月），象形字，月亮，表示月份。

（一），象形字，为一个指头或一根算筹，表示数字"一"。

（正），会意字，上边的方框表示目的地，下边是脚，表示正好到达目的地，正也表示正好、足够等意思。

（食），会意字，下边是装满食物的器皿，上边是张开的嘴巴，表示吃的意思。

（麦），会意字，甲骨文上边是一株麦，下边是脚，表示到来的意思，应该是"来"的会意字。甲骨文"麦"又写作，象形字，像一株麦。后来互换，"来"成了"麦"，"麦"成了"来"。

第五例：辛未卜古贞黍年有正（足）雨

（辛），象形字，像倒置的平头刑具。"辛"的本义是錾凿一类的工具，借用作天干的第八位，用以纪年、月、日。

（未），象形字，甲骨文也写作。像一棵枝叶繁茂的大树，它的本义是繁茂，但枝叶繁茂就会遮蔽光线而显得昏暗，因而被用作否定词。这里表示辛未（羊）年。

（卜），象形字，甲骨文像火烧龟甲所呈现的裂纹，表示占卜的卜纹。

（古），一说"古"之本义为苦，下边是口，上边是物，含之苦故吐出，"古"为"苦"之假借字。一说为形声字，从中从口，口为形符，中为声符。还有一种说法是"古"为十口，即口口相传，表示古老的事情；为会意字。这里和"贞"放在一起，"古贞"为方国名。

（黍），象形字，写作谷子的形象，因大暑时成熟故叫作黍（shǔ）。

（年），甲骨文亦写作 ，为会意字，写作负禾而归之人。"年"的本义是庄稼成熟，引申后指年月日的年。

第六例： ……

 贞翌日乙卯王其祐礿……升正王受祐在正月

（乙），象形字。《说文解字》："乙象春草木冤曲而出，阴气尚强，其出乙乙也。"也有人说乙像人颈。

（卯），象形字。一说"门"是两户相向，卯是两户相背，像开辟之形。一说 像两刀并植。还有一说 表示冒土而出，盖阳气至，是始出也；此说颇像纳西象形字 ，像刚冒出土的植物真叶，纳西语称正月为 yeq beiq，意思就是阳气至，植物始出。

（祐），祐之甲骨文与"右"同，为象形字，像右手臂，引申为帮助、保佑的意思。

（礿），象形字，甲骨文像拿物供献，金文变成 （礿），形声字，礻是形，勺是声，读 yuè。周春日曰祠，夏日曰礿，夏日祭祖之名。

（升），象形字，像量具升。商代时升与斗形制相同，升小于斗；祭祀献物亦曰升。

（受），会意兼形声字，中间为一条船，上下为两只手，一只手表示授，一只手表示接受，"手"亦表其声。

（在），象形字，甲骨文与"才"同，一横表示土地，横下像草木破土而出，才出的小苗亦表示已经存在。

上文中，我们解释了 6 个卜辞中 36 个不同的甲骨文，其中 22 个是象形字，假借字有 2 个，转注字有 2 个（假借和转注共 4 个，本义都是象形字），会意字有 8 个（包括会意兼形声字），真正的形声字只有 2 个。可见，后来形声字占 80% 多的汉字，在甲骨文阶段主要还是象形文字。实际上，会意字在很多情况下，也是由几个象形字组合而成的，它们正如纳西象形文字中的会意字一样，也是对情景的描绘，和图画差不了多少。

二

我们在上面接触到了甲骨文的假借字，例如汉字"风"，甲骨文中没有"风"，假借凤鸟的凤作为风用。从小篆开始有风，《说文解字》 （fēng）曰："八风也。东方曰明庶风，东南曰清明风，南方曰景风，西南曰凉风，西方曰阊阖风，西北曰不周风，北方曰广莫风，东北曰融风。风动虫生。故虫八日而化。从虫，凡声。"段玉裁《说文解字注》："《易纬通卦验》曰，立春，调风至；春分，明庶风至；立夏，清明风至；夏至，景风至；立秋，凉风至；秋分，阊阖风至；立冬，不周风至；冬至，广莫风至。"

徐中舒主编的《甲骨文字典》第 428 页"凤"字条："凤"字甲骨文写作 、 、 等。〔解字〕说："象头上有丛毛冠之鸟，殷人以为知时之神鸟，或加 （凡） （兄）以表音，卜辞多假为凤字。"这两个表音字不是形声字的音符，"凤"字变成"风"字后没有用凤的音和形，只是"凡"字变成了"风"的部首。"風"字里边的虫不是象形字意义上的形，也不是形声字中的声，只是在风动虫生的说法上产生的一个符号而已。而且，"兄"字则与"风"字不沾边。像这种情形，比较准确的定义，应该称作汉字甲骨文假借字的旁注，应该把它们看作是一个附加的符号。

无独有偶，我们在徐中舒的《甲骨文字典》第 124 页的两段卜辞中也发现有类似的情况，两段卜辞如下：

贞 🜨 其有病王 🜨 曰 🜨 其有病叀（专）丙不庚二旬有七日庚申（ 🜨 🜨

🜨 囚曰 🜨 🜨 🜨 🜨 🜨 🜨 🜨 一 🜨 🜨 🜨

🜨 🜨

王 🜨 曰兹鬼魅戊贞五旬有一日庚申 🜨 🜨

甲骨文 🜨 、🜨 ，徐中舒先生的〔解字〕曰：从丧从 🜨 ，🜨 或作 🜨 ，所会意不明。（释义）义不明。

关于"丧"字，甲骨文也写作 🜨 、🜨 等，徐中舒先生的〔解字〕说："从 🜨 从数口，🜨 象桑树，口象采桑所用之器，本义为采桑，借为丧亡之桑。"不管口象桑葚或象采桑所用之器，反正丧亡的"丧"是假借，"桑"树的桑字用作"丧"是一个假借字。也有说 🜨 是形声字的，桑树表音，树旁的众口表示人死后亲人的哭声，因此口是形旁。此说可作参考。

奇怪的是徐中舒先生说义不明的 🜨 和 🜨 ，正好在纳西族象形文字中就有。李霖灿先生的《纳西族象形标音文字字典》第 10 页 46 条有：🜨 （me），不也、无也、未也、否也。凡一切否定之意，皆用此字。像月缺无光之形，云系画月尽夜月薄无光之形，故 🜨 、🜨 皆有厚度而此独无。古本多作 🜨 ，观 🜨 、🜨 、🜨 、🜨 之演进，知此说可证，盖 🜨 之一字，作否定词用，必不可少，然既无实物可象，又无同音之字可供假用，故不得不出此迂回途径，今日纳西农人于下弦月光细时，常曰：这个月没有了（chee hei me jjeq seiq），犹存此遗意也。

方国瑜的《纳西象形文字谱》第 105 页 56 条 🜨 （me）："暮也，不也，像日没将尽。又作 🜨 。"日没将尽，无此形象，似说无月或月尽之形更为确切。

由此，我们猜想《甲骨文字典》中的 ![字形] 或 ![字形] 中的 ![字形]、![字形]，正是表示月尽无光之形，和纳西族象形文字中的 ![字形]（me）这个否定词是一样的道理。汉族和纳西族同顶一片天空、同享一个月亮，某个象形字完全相同，并非是一件完全不可能的事情。这里"丧"借用桑树的"桑"，正如"风"之借用"凤"，加一个旁注"凡"和"兄"，道理是一样的，这个桑树旁的 ![字形]、![字形]，应该是"没了"的意思，也就是汉字"殁"，表示"死了"。这是对丧之假借字的一个旁证。

![字形]、![字形]，"万"字，万字的甲骨文也写作 ![字形]、![字形]、![字形]、![字形] 等，徐中舒的《甲骨文字典》〔解字〕："《说文》：'万，蟲也。从厹，象形。'罗振玉谓象蝎形，不从厹……按罗说可从。篆文从厹者乃万尾之增讹，为蠆（今隶作蠆，读 chài）之初文。因万字借为数名，遂别作蠆以代之。"

我们在本书字例考释中将数字"千"释为人在队列中，以手比划队列，表示队列（军伍）中的人成百上千。"千"指人，"万"则指土地上的昆虫，谓地上昆虫成千上万，故蝎可为代表，但不一定专指蝎子，可泛指地上所有的昆虫。《甲骨文字典》中的 ![字形]，不像蝎子，更像一只小青蛙，但它仍然是地面上的昆虫，同样可以表示"万"字的形象。所以，这个"万"字还可以反证我们对甲骨文数字的释义是正确的。

同样的理由，甲骨文无"亡"，篆文 ![字形]（亡），应该是汉字"亡"的最早的字例。《说文解字》："从 ![字形]（亡），逃也。从入，从乚（yín）。"乚（yín）也是篆字，《说文解字》说："乚，匿也。象迟曲隐蔽形。"

在纳西象形文字中也有类似的符号，如 ![字形]（jiuq），像人应声往回转的样子，纳西语读 jiuq，是转回的意思。纳西象形文字也有藏匿的象形文字，写作 ![字形]（zeel，藏），比汉字"亡"的符号更加隐蔽。

现在我们知道《甲骨文字典》第 124 页的卜辞中 ![字形] 是"万"字，它被假借作丧亡的"亡"。甲骨文万字中的小字 ⚋ 和 ⚌，应该就是我们认定的甲骨文假借字的旁注。那么，这两个字是否也有"亡"的音或者义呢？

徐中舒的《甲骨文字典》第 1239 页冬字条 ⚌（冬），甲骨文写作 ⚋、⚌、⚋ 等。〔解字〕说："象丝绳两端或束结，如 ⚋，或不束结，如 ⚌，以表终端之意，为终之初文。《说文》终字古文作 ⚌，与甲骨文形近。《说文·糸部》：'终，絿丝也。从糸，冬声。⚌，古文终'。段注：'絿之言，纠也。'絿丝即纠束丝结于终端，此即冬之本义，引申之为'极也、穷也、竟也。'增从糸为终以专其义，复引申为'四时尽也'，而以冬专其义。段玉裁谓'冬而后有终'不确。当时先有终端之义而后有秋冬之冬也。"

可见，⚋（终）释为"极也、穷也、竟也"，就是丧亡的意思，作为假借字"亡"的旁注再适合不过。

另外，⚌字。徐中舒的《甲骨文字典》第 56 页"埋"字条，⚌，甲骨文写作 ⚋、⚌、⚋、⚌、⚋、⚌ 等。〔解字〕：象薶牛、羊、犬等于坎中形，即薶之初文，《周礼·大宗伯》："以貍沈祭山林川泽。"［释义〕："瘗也，即薶牲之祭。""薶"是埋的小篆体，可见，埋有埋葬之义。⚌（万）下的 ⚌ 乃是 ⚌ 的简体，是丧埋、亡葬的意思，因此，"⚌"作为"亡"的假借字之旁注字，也是十分妥贴的。甲骨文中假借字旁、旁注字的出现，说明早期甲骨文像纳西象形文字一样，也有过用几个符号挤在一起共同表示一个意思的情况，而不是一开始就是一字一音。而且，在甲骨文中，同音假借字时，因怕人不明白，还有用旁注说明的习惯。

除了这几个假借字的旁注字之外，在汉字甲骨文中还一种看似与象形字之图形无直接关联、通过逻辑关系才能读懂的表述方式，这种表述方式是不能与纳西象形文字直接读图的形式相比的。

下面，我们来看看甲骨文的"不"字和"未"字。

《甲骨文字典》第 1267 页"不"字条说："⿰，甲骨文亦写作⿰、⿰、⿰、⿰、⿰等"。〔解字〕："⿰（不），象花萼之柎形，乃柎之本字。《诗·小雅·棠棣》：'棠棣之华，萼不韡韡（wěi，鲜明的样子）。'郑玄笺云：'承华者曰鄂，不当作柎。柎，鄂足也。古音不柎同。'王国维、郭沫若据此皆谓不即柎字。可从。卜辞假为否定词，经籍亦然，用其本义者仅《棠棣》一见。《说文》：'不，鸟飞上翔不下来也。从一，一犹天也。'"

《甲骨文字典》第 1598 页"未"字条："⿰，甲骨文亦写作⿰、⿰、⿰、⿰等。"〔解字〕："《说文》：'未，味也，六月滋味也。五行木老于未，象木重枝叶也。'按《说文》谓未象木重枝叶形，可从。"

《新编说文解字大全集》"未"字条说："未的本义是繁茂。枝叶繁茂就会遮蔽光线而显昏暗，因而用作否定词，表示没有，如成语'未卜先知。'一般说来，未字否定过去，不字否定将来，但有时未也当不讲。如'未能免俗。'"

我们认为《新编说文解字大全集》所说是对的，"未"作为否定词，应该是枝叶繁茂本义的引申义。繁茂指树上的枝叶，因在昏暗的树阴下，无法生长其他植物，从而引申出未的否定义。但若照这种说法，那么，"不"作为否定词，也不是柎和萼的假借字，也应该是它们的引申义，"不"的甲骨文写作花的柎件或花萼，是因为花已经不存在了，只剩下花柎和花萼。这个字的创意，有点像纳西象形文字的⿰、⿰（me，没），表示原来存在的东西，现在已经没有了。对照这个纳西象形文字，"未"和"不"的"没有""无"的意思就更加明显了。

在纳西象形文字中也有一个类似的字，写作⿰或⿰，是花谢了的样子，花瓣已经掉落，只剩下花蕊了。但这个字不是"不"的意思，而是百分之百的象形字，读作 ggeq，是纳西语"花谢了"的意思，意思相当明朗，不用更多地猜测。

上述甲骨文与可以读图的纳西象形文字不同，虽然也有图，但文字的意思包含在符号所呈现给人们的某种意义上，读图可读不出它们所要表达的意思。若不具备一定的知识，不加以认真思考，或无人给予点拨，就很难发现其中的真谛。

像这样的甲骨文，我们还可以举出一大批的例子，如正字、各字、之字、弗字、吊字、物字、用字、作字、贞字等。

正 zhèng，甲骨文写作 🔲、🔲、🔲等；金文写作 🔲、🔲，后"口"字讹为一，写作"正"；东周铜器上写作 🔲；小篆写作 🔲。《说文解字·正部》："正，是也。从止，一以止（在上位的人，止于正道）。"这是对篆字"正"的解释，并非本义。

一说"🔲"是指事字。在甲骨文中，上边的"口"表示目标、方向，下边的"止"是足，表示朝着这个目标和方向一直走去之意。一说甲骨文上边的"口"像人所居之邑，下边的"止"表示征伐的意思，为"征"之本字。另外，甲骨文卜辞亦为 🔲、🔲，《说文解字》无此字，卜辞中或与 🔲 相同，但与"正"的用法不相同，若敌方来犯则只用 🔲。

一种说"正"是本义，一种说"征"是本义，这两种说法看似都有道理，但何种说法是本义，何种说法是引申义或假借义呢？

徐中舒的《甲骨文字典》第 149 页有一个字写作 🔲 或 🔲。〔解字〕说："🔲 和 🔲，从 🔲，从 🔲，所会意不明。"〔释义〕说："征伐之义，用法与 🔲 正近似。"

依我们看，🔲 及 🔲 中的 🔲 和 🔲 就象假借字中的旁注，它们是对 🔲（征伐）加以说明的，虽然与我们前面所举的几个例子不完全相同，但性质却是一样的，🔲 和 🔲 是同样的符号，它们对 🔲（征伐）有补充说明的作用。

🔲 是"自"（duī）的甲骨文，甲骨文写作 🔲、🔲 等，金文写作 🔲、🔲。李孝定的《甲骨文集释》说："自字并当横看作 🔲、🔲，即丘山之竖写者，自为小阜（fù），丘为小山，以峰之多少别其大小也。卜辞皆假为师。"如李孝定所说，🔲 字横看应是 🔲，更像人屁股坐在灰地上的印迹，而且自读

duī，也与臀（tún）的读音相近，屁股的印迹横写在纸上，也像两个相邻的小土山，故《说文解字》说："自，小自（土山）也。象形。"这也并不奇怪。

实际上，我们看"官"字的甲骨文，就会更加明白"自"作为屁股印迹的道理。甲骨文"官"写作 、 等，从宀（房子）从自，像人坐在房子里，留下了屁股的印迹。

纳西象形文字将有地位的人写作取坐姿之人形，如 （zzee，酋长），（leeq，官吏），（biuq，祭司），（duq，董神），（ol，沃神），（zzee laq e pv，天神），（da zaq e wul，人类祖先之一）等。把普通人写作站立的模样，如 （xi，人），（ddaiq，勇士），（sso，男孩），（mil，女孩），（naq xi，纳西人），（lei bbv，白族人），（ggv zzeeq，藏族人）等。凡是有人群的地方，有地位的人坐着，一般人站着，特别是在军队中，官坐着，兵站着。无论是汉族和其他少数民族，凡人群聚集之处都会是这样的，故甲骨文的"官"，从宀（房子），从自，表示有坐的位置（屁股的印迹）。

字，在徐中舒的《甲骨文字典》中被释为：①旅途中止息、驻扎及其地之称；②集结兵员驻扎戍征，遂以军事编制单位称之。由此，、 中的 应该是有兵驻扎的地方。徐中舒的《甲骨文字典》第 150 页 条： 甲骨文写作 、 等，〔解字〕：从自从一，又作二同。乃自字之增繁，见自字说解。故 与 、 均为自，只是简繁不同而已。

卜辞曰：

意思是：……来自西……方侵犯我（兵营）眉（天未亮时）……来 （祸害）朕（我）。

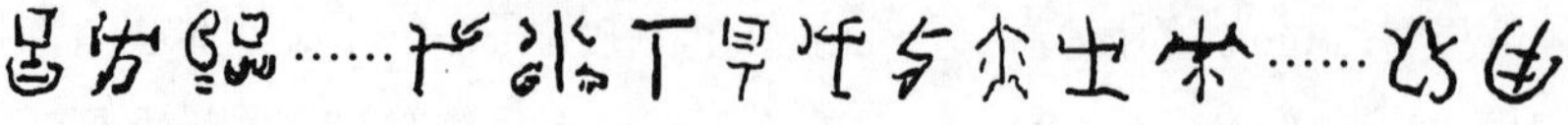

意思是：方攻伐（兵营）……（祸害）朕（我）……示易（阳，白天）戊申亦有来……自西。

这样看来，（征）作为“正”的假借字，用、作旁注，符合甲骨文假借字使用旁注的规律，故“正”为的本义，“征伐”之“征”是“正”的假借字。

各 gě，甲骨文写作、、、、等，金文为，小篆为，甲骨文“各”是个会意字，由两个或两个以上的文字合成，我们将其构件解释如下：

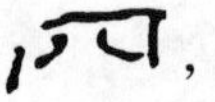，是“穴”的甲骨文，穴读 xué，甲骨文写作，金文为，小篆为，“穴”是象形字，像古人居住的半地下土窑之形。《说文解字·穴部》：“穴，土室也，从宀，八声。”

、，是“宀”的甲骨文，“宀”读 mì，是房屋的正视形状，四面有墙壁和梁柱，上面有左右倾斜的屋檐，也可能是地穴上面简陋的覆盖棚，给地穴遮风挡雨。

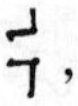，读 chì，是楷书的“彳”旁，甲骨文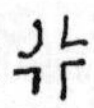（行）的一半，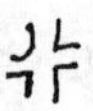是十字路口，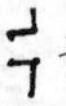也是路口。

，是“止”的甲骨文，甲骨文还写作、，金文也会写作，更加形象，是脚或趾的象形文。在甲骨文中脚趾的朝向，表示人行走的方向，如（正），脚正朝着目标前进；“之”字，甲骨文写作，下边的一横表示地，脚趾朝上，表示要从此地前往。《尔雅·释古》云：“之，往也。”所以“之”的本义是从此地前往。

《说文解字·口部》云：“各，异辞，从口夊。夊者，有行而止之，不相听也。”用现在的话说，就是有人想走，有人想停，各行其是的意思。《说文解字》

的释义不准确。各，甲骨文和金文都写作 ，脚趾朝着地穴口或者家门口，表示要回家了，是各回各的家的意思。

步，甲骨文写作 、，金文写作 、，小篆写作 。《说文解字·步部》："步，行也。从止、相背。"甲骨文一形像脚趾一前一后之形，以表示行进之义；甲骨文二形在一形的基础上加了一个十字路口 ；金文及小篆则将二形的十字路口省去。而"延"（yán），甲骨文写作 、，篆字写作 ，与"步"的甲骨文 多有相似之处，

汉字走之旁"辶"，读 yǐn，篆字写作 。《说文解字》："（辶），长行也。从彳引之。"就是说，汉字"辶"就是延长了"彳"（）旁中最末一笔，变成现在这个样子的。"辶"是连续走路、走长路的意思。在现代汉语中，这个字成为重要的偏旁部首，不单独使用。在汉字甲骨文中，一个是脚的象形字，一个是路的象形字，两个字合在一起表达走路和走长路的意思很自然，但是，它们怎么会有相同意思的三个字，最初是根据什么来加以区别的？

在纳西象形文字中，脚的象形字写作 ，脚掌写作 ，脚读 kee，脚掌读 bbe。脚（kee）和脚掌（bbe）的用途广泛，可以作为形旁或声旁应用在形声字中，也可以用在会意字中。如 （ceeq sserq）表示镇压鬼，（mi keel）表示烧火等；（bbe）表示普米族，（bbel）的意思是涩，等等。

但是，在表示追、逃、跑等动作和行动的词中，却很少使用脚（kee），一般都用一个人来表示，如 （ko xiul）表示站立在不洁净处，（jjer）表示跛，（gail）表示滑，（chu）表示伸，等等。不管是表义或表音，纳西象形文字象形字的特征一目了然。

弗（fú），甲骨文写作 、、，金文写作 、，小篆写作

弗。《说文解字》："弗，挢也。从丿从乀，从韦省。"就是说，用夹具及缠绕的绳索（韦，wéi，甲骨文写作韦，金文为韦，小篆为韦，楷书为韦，本义为环绕）矫正箭杆。本义是矫，但"弗"的甲骨文在卜辞中为否定词。弗的否定义，是否来自需要矫正的箭杆？若是这样，让人难以想象。所以，这种情况的产生应该有一个约定俗成的过程。

与之相似的纳西象形文字是 弗（koq），是栅栏的象形字。纳西象形文的栅栏（koq）虽与汉字"弗"相似，但表达的不是一回事，其义也不相同。它是写实的象形字，不用更多地猜测。

吊（diào），甲骨文写作弔、弔、弔、至等，金文写作弔、弔、弔，小篆写作弔，楷书写作"弔"，今作"吊"。罗振玉的《增订殷墟书契考释》："此字从弓，象弓形，乀象矢，乙象缴（yì）射之缴（zhuó，系在箭上的绳）。"《说文解字·人部》："弔，问终也。古之葬者，厚衣之以薪。从人持弓，会驱禽。"就是说，古人到墓前去凭吊死者时，要带上弓箭，以驱赶食人尸的野兽。因为死尸放在一大堆柴的下边，野兽常来食尸。由此可见，人类处理尸体的方法，也是与时俱进的，并非一成不变。像这样，若没有一点古代文化知识，很难读懂这个字的意思。不过，用柴埋尸，是否就是焚尸的遗迹？

纳西象形文字中相当于汉字"吊"的是 弔（ngvl），义为超度死者。人死后就要焚尸扬灰，超度死者时用松枝作一 弔（ngv）神主，用带松针的尖头部分代表死者灵魂，再折下一节松枝，刻上眼、耳、鼻、口代表人身。活着的人供奉这个神主，凭吊这个神主。然后将它们放置在存放神主的岩洞之中，每年都要在一定时间来岩洞供奉和凭吊神主。

物（wù），甲骨文写作物、物、物、物等，小篆写作物。《说文解字·牛部》："物，万物也，牛为大物；天下之数，起于牵牛：故从牛。勿声。""物"的本义为杂色牛，引申指各种牲畜的种类和品级，进而引申指杂色旗，杂色帛。"物"的这种解释，大多没有什么歧义，而且 ⍦ 旁也比较显明，但"物"的"勿"旁又是什么呢？

唐汉先生在《汉字密码》第 594 页中说："勿 wù，甲骨文勿（ ⿰ ）是一个会意字，右半部为一把刀的形象，左上两点，表示刀锛后掉在地上的碎片，也可视作刀刃上的豁口。"刀有豁口，无法使用，故"勿"作否定词。这种说法不大可信。

《说文解字·勿部》说："（勿） ⿰ （wù），州里所建旗。象其柄，有三游。杂帛，幅半异，所以趣民，故遽，称勿勿。"就是说，官家建有旗杆，上面有杂色的布作为旗游，用来召集群众。据段玉裁解释，当旗杆上的布是白色时，则不用急，若是杂色则急遽，急则称勿勿。

徐中舒认为《说文解字》所说并非本义，他在《甲骨文字典》中说：" ⿰ ，甲骨文写作 ⿰ 、 ⿰ 。从 ⿰ 、从 ⿰ ， ⿰ 象弓形，其旁之 ⿰ 乃所以表示弓弦之振动，引弓而发矢则弓弦拨动，故拨弓、拨弦为 ⿰ 之本义。卜辞借其声而为否定词。至《说文》篆文则讹而为物字所从之勿为一形，二者初非一字。"许慎没有见过甲骨文，因而不能追本溯源。《甲骨文字典》所说可能是正确的，但是，若将"勿"解释作拨动空弦，而非引弓发矢，可能更加切合"勿"作为否定词的身份，可备参考。

篆字 ⿰ 的三游（旗帜边缘上悬垂的装饰品），甲骨文有一字"彡"，读 shān，写作 ⿰ 、 ⿰ 、 ⿰ 等。《说文解字》："彡，毛饰画文也。"乃以笔所画之纹为彡，实则包括刀刻与刺绣之纹饰，器物衣饰之纹皆连绵衔接，故引申为连绵不绝之义。

徐先生认为物的勿和 ⿰ 初期并不是同一个字，所以《甲骨文字典》在释"物"之"勿"旁时说：甲骨文 ⿰ ， ⿰ 象耒形， ⿰ 象耒末端刺田起土，一举耒起土为一墢，墢与 ⿰ ，古音同，且 ⿰ 、 ⿰ 形近，故 ⿰ 字后世隶定为勿，

勿 和 勿 就称为同一字，卜辞中用作否定词。勿，由起土而训为土色，土色即为杂色，故物的本义为杂色牛。（参见徐中舒的《甲骨文字典》第 83 页及第 1043 页）。

以杂色牛代称所有之物，正如纳西象形文字以 （neeq，羊）代称所有家畜及福泽。纳西象形文字的"土"写作 ，即地上的颗粒。以大地上的方位来区分，东边是 （白，借解结后的样子"解"perq 的音），南方是 （绿，绿松石的转注字），西方是 （黑，黑点表示"黑"），北方是 （红，嘴中颜色，再加火表红色），天地中央是 （土），杂色，纳西族也认为土是杂色，而且将杂色（zzaiq）作为泥巴 （zzaiq）的称谓。

若不是出土了甲骨文，我们不会知道一个"勿"字还有那么多的来历，若只根据《说文解字》，"物"就是一个形声字，我们永远也不会知道"物"是一个会意字，是用杂色牛来指代天下所有之物的。还和纳西象形文字的 neeq 有着相同的内容。

用（yòng），甲骨文写作 、 、 、 等，金文写作 、 ，小篆写作 。《说文解字·用部》："用，可施行也。从卜，从中。"杨树达《积微居小学述林·释用》说："用者桶之初文也"，"凡可以受物之器皆可名桶。"很多学者大多采用杨的说法，认定"用"之本义为桶。

唐汉先生说："用的取象或者说生活来源是一个千古之谜，学者们众说纷纭，至今未得其解。"唐汉认定："外部凡字' '，乃是肛门的后视图，中间的一竖表示草根、树枝之类的东西，其中一点乃大便后用树枝、草根擦屁股留下的粪便。"这就是"用"的本义，表示"施行、使用"之义。（参见唐汉的《汉字密码》第 458 页）

纳西象形文字的"桶"写作 （tvq），内空，外边有可用手提拿的设施，与"用"之甲骨文无相似之处，更没有用草根、树枝擦屁股留下粪便的意思。

徐中舒的《甲骨文字典》第 354 页说:"甲骨文用字从卜从 [图] , [图] 为骨板,从卜者,示骨板上已有卜兆,卜兆可据以定所卜可施行与否。故以有卜兆之骨板,表施行使用之义。"此说可信。"用"字作为一个特殊的动词,很难用一个形象来表述,因此,纳西象形文字无"用"字,常用仄鬼(无常鬼)[图](zeiq)假借作"用"(zeiq)。"用"字的甲骨文有多重解释,可见造"用"字时还是有一定难度的。

作(zuò),甲骨文写作 [图]、[图]、[图] 等,金文写作 [图],小篆写作 [图]。《说文解字·人部》:"作,起也。从人,从乍。"小篆"乍"为 [图],确实与纳西象形文字的 [图](dee,起)有相像的地方,但甲骨文的"乍"写作 [图]、[图]、[图] 等,与"作"的甲骨文相同,和小篆的"[图]"有很大的差别,完全不像人起身的样子,因此《说文解字》的说法可能有误。

徐中舒的《甲骨文字典》第 888 页载:"作,[图]、[图] 象作衣之初仅成领襟之形。或又作 [图]、[图]、[图]、[图],其丰、丰、十等形象缝纫之线迹,以夸张之线迹置未成之衣上,则作衣之意更加显然。或又从攵作 [图]、[图]、[图],攵实象手持针形,以手持针,缝线于未成衣之上,则作衣之意,一望可知,故甲骨文以作衣会意于作。"

纳西象形文字有做活的"做"字,[图](bbei):将锄头置于地上,会意做活。字虽不同,取义却与甲骨文的"作"是一致的。

真(zhēn),甲骨文写作 [图],金文写作 [图],小篆写作 [图]。《说文解字·匕部》:"真,仙人变形而登天也。从匕,从目,从乚;八,所乘载也。"这种根据小篆字形的说法,不准确。真(眞)的甲骨文写作 [图],与贞相似,上面是人,下面是盛食的鼎,会作人就鼎取食之义。民以食为天,有食才是真。

纳西象形文字 （zaq，快乐幸福），表示人捧上饭碗就是快乐幸福。纳西象形文 （jjeq，难），表示要得到一碗饭吃是一件比较艰难的事。吃饭，对谁来说都是一件大事。

贞（zhēn），甲骨文写作 、、、 等，金文写作 ，小篆写作 ，《说文解字·贝部》："贞，卜问也。从卜，贝以为贽。一曰：鼎省声。京房所说。"甲骨文像鼎形，以鼎表示所卜问的乃大事，因鼎常用作卜问之义，后加卜，变成 ，到小篆鼎变成贝，故贝被误为是卜问的礼品。不管怎么说，贞字的演变也说明殷商时期人们认为卜问是一件大事，故古代以铸鼎作为国之重器。

三

上面我们举了甲骨文的许多例子，除了一些特殊的例子以外，它们无论是象形还是会意，起码是一字一音的，但就像我们看到的一些例子，纳西象形文字却不是这样。如 （biu bbvq，祭司）、（sseel herq，绿柳或柳树，也读 rer）、（zzerq gel，树枝）、（mee zeeq ddvq，火葬场）、（gu liu，头）、（dda keq，法鼓）、（zer lerq，板铃）、（ddvq ceeq，毒鬼）等，都是双音节或多音节的名词。这些名词因为只有一个形象，因此，在图画象形文字中只要能准确地画出它们的形象就够了，无需添加其他更多的东西，也不必考虑它们到底有多少个音节，多少个音节似乎与它们的书写形象没有什么必然的联系。

像这样的例子，在纳西象形文字中比较普遍，我们还可以举出更多：

春天写作 ，天似穹隆，因此上边那个像大括号的东西表示天，下边的三条线表示风，春天多风，故用风代表春天，读作 mee nieq。

夏天写作 ，除上边的天外，下边写似雨点的东西，夏天多雨，故用雨代表夏天，读作 mee ruq。

秋天写作 ，秋天百花盛开，故在天的下边加一朵花，用花代表秋天，读作 mee ceel。

冬天写作 ，除了上边的天外，下边是雪花的模样，冬天常下雪，故用雪花代表冬天，读作 mee cee。

中午写作 。太阳一般写作 ，除里边的小圆外，大圆内的线条表示光线。将代表光线的线条延伸出来，一则表示阳光强烈，二则表示太阳已运行到正中间，读作 ni mei ga vq（阳光强烈）或 ni mei ni liul ggv（太阳在正中间），也就是表示正午的时间。

傍晚写作 ，也是一个太阳形状，但已省去中间的那一个小圆圈，表示太阳已无光，读作 ni mei ggvq（太阳落山），表示时间已到傍晚。

大地写作 ，下边这个长方形，好似一块地的横切面，地上面的线条表示青草，读作 ssee jjeq la ler ddiuq（意思是草丰的辽阔大地）。如果地上面换一个符号写成 ，这个符号表示一只老熊，纳西语读作 ggvq 或 zzi，读作 ggv 时，e ggv 就是舅舅，读作 zzi 时，zzi 则代表人类。 读作 zzi jjeq la ler ddiuq 时的意思是人类居住的丰华大地。 这个字的意思就是"大地"。

纳西象形文字中的神山写作 ，读作 jjiu nal rol lo jjiuq（居那若罗居），"jjiuq"（居）在纳西语中是山的意思，"jjiu nal rol lo"（居那若罗）就是神山的名字。写成这样，不必再加什么符号或加注什么音，写书和读书的宗教祭司，就知道那是神山了。

，这是丽江境内的玉龙雪山，读作 jiq ngv lv，上面是一朵云的形象，下面是一座孤峰，代表山。"山"里有一个字 ，是银做的耳环形象，表示"银"（ngvq），三个字中，有两个读"云"（jiq）和"银"（ngvq），有一个 （山）形。但这个表示形的字并不读出，而另加一个 lv（石），整体读作 jiq ngv lv，意思是高耸入云的银石，因为山形在，这个字指的就是一座山，汉语称为"玉龙雪山"。

，这是丽江坝西南角的一座山，汉语称为"文笔山"，因山形像一支直立的笔，故名。这个纳西象形文字读作 rerq ngv lv，ngv lv 是银石，指山，山旁的 符号读 rerq， 代表口， 是口中发出的声音，rerq（响声）是个假借字，用响声（rerq）假借作柱子 （ 是个形声字，下边是柱之形状，上边四点是藏语的 rer，用来表音）。这种本来有字而却假借字的做法，是因为假借字比较简洁，作为合体字的一部分，用起来比较方便。这个字的意思是像柱子一样的银石。因字的主体是一座山，故就是一座山的名字。若在这座山的形状上再加上几个字，如 中所加的字是 （sei）和 （biq），它就是 sei biq rerq ngv lv 了，就是生毕地方的石柱山，也就是汉语的文笔山。

（gel mul jjiuq），指宁蒗县永宁地方的狮子山，纳西语读作 gel mul jjiuq，用 （鹰头）注 gel mul（鹰）的音，意思就是鹰山。

，指四川盐源县境内的牦牛山，纳西语读作 bberq lvl jjiuq。这个字中有两个象形字，一个是 （bberq，牦牛），一个是 （lv，石头），因"石头"（lv）是"放牧"（lvl）的假借字，所以山名就叫作"牦牛山"。

（mal mi ba la jjiuq），据说是四川木里地方的一座山名，汉语音译写作"冒米巴拉"山。此字用两个象形字注其前两个音，一个是酥油饼 的象形字，汉语的"油"，纳西语称"maq"，山名中的"mal"假借近音；一个是火 （mi）的象形字，为同音假借。后边两个音略去，山名叫"mal mi ba la"。这座山的山名似不是纳西语，不知是什么意思。这是个有五个音节的山名，两个象形字都包含在这个山形之中。

在汉字甲骨文中，偶尔也会出现类似纳西象形文字由几个字组成一个字的情形。例如，我们曾举过的假借字的例子。几个符号在一起，有时它们并不是一个字的组成部分，而是两个或三个字的合体。如 ⿳品 字，品 是 ⿱ 的异体，但与 ⿱ （正）的意义有所不同，⿰ 有侵犯和征伐的意思，但是，这个字最终没有小篆，没能收入《说文解字》。其中 ⿱ 是 "自" 的异体字。但我们仍然可以怀疑 ⿱、⿱ 和 ⿰ 不同，它们可能也是合体字，在殷商时期有可能 ⿱、⿱ 是两个 ⿰，或三个 ⿰，表示两个或三个师的营地，否则它们就失去了同时存在的意义。

又如 ⿱、⿱ （占）等。《说文解字·卜部》："占，视兆问也。从卜，从口。" 卜，甲骨文写作 ⿰、⿰，表示烧炙龟骨出现的裂纹，龟骨上的裂纹便是兆，看这裂纹以问吉凶，便是 "占" 的本义。甲骨文中还有一个字写作 ⿰、⿰ 等，徐中舒的《甲骨文字典》〔解字〕说："从 ⿰、⿰ （卜骨的象形字），从 ⿱ （占），与《说文》占字义近，《说文》：'占，视兆问也'。但卜辞中多作王 ⿰ 曰，并非视兆而问，乃是殷王视兆以断吉凶。" 就是说 "占" 是卜师通过烧炙龟甲或牛骨，以所出现之裂纹来判断吉凶，而 ⿰ 则专门指殷王看骨头或龟甲上已出现的裂纹来判断吉凶。两个字的含义相近却并不完全相同，因此，⿰ 也是一个合体字，它应是把 ⿰ 和占写在了一起，此后 ⿰ 作剮，占作占，成了一字一音的两个字。

还有一个汉字，甲骨文写作 ⿰，徐中舒的《甲骨文字典》〔解字〕说："从卜，从五，《说文》所无，按此字同版有序数字三（四），故疑为五卜之合文。"

可见，在甲骨文中，像纳西象形文字一样，几个符号挤在一起，共同表达一个较复杂含义的现象还是存在过的，但不像纳西象形文字那样普遍。

在纳西象形文字的多音节名词中，还有一类是只有一幅图，而其中包含多个音节，这些东西是人们非常熟悉的，不用更多地表述，一看就会明白是什么东西的形象。下面举几个例子。

🪶 her la leeq zzerq（祭风树）。这是祭祀殉情者楚鬼（cee ceeq）、尤鬼（yeq ceeq）必不可少的设施，汉语称作"祭风树"。树梢有一面旗，旗下是用5根丝线编织的一张网，代表某一方的天地，叫作 naq ka，一般只表示非人间的天地。在祭祀场中，竖立这样的两棵树，然后在两棵树之间连一根绳子，绳子上挂上人们施给殉情者的衣服、口弦、笛子、篦子、梳子等用来施鬼的东西，让这些东西在风中飘荡（祭祀殉情者的仪式，只能在村外山坡上举行）。这东西一竖在场地上，无需更多地说明，人们就知道是一棵祭风树。

⛰️ see perq ree lv deeq, cee shu perq mei sei ddo dduq lv ceel, chua perq gual mul ol（白色毡子铺神座，白铁犁尖竖董神石，白色祭粮撒在神座上）。这是祭祀场上设置的神坛。设置时，祭司们一边动手布置，一边会念诵以上经文。字中上边似三角形的东西是一个犁尖，它代表神山，祭祀时，神要从神山上降临下来；下边是用白色旄牛毡子铺设的神座，降临下来的神灵要在这里就坐。人们在神座旁撒下了白米做成的食物，这就是这座设施全部的含义。它也可以用两个字表达，那就是"神坛"（reeq deeq）。

🐃 ga laq bberq qiu si so（战神旄牛、大鹏鸟、狮子的面偶）。旄牛、大鹏鸟、狮子被认为是动物中的战胜神，祭祀时用它们的面偶来镇压鬼族，纳西标音字是这种面偶的名字。

除了实物外，在纳西象形文字中，对许多神和鬼，人们都有一个共同的集体记忆，因此，一旦写出人们心中的形象，不用更多说明和加注，人们便知道它们究竟是什么，就是说，一个形象便代替了它们多音节名字中的许多标音或形象符号。下面也举几个例子。

🐘 coq ssei leel ee（崇仁丽恩）。这是以大象为图腾的纳西族始祖崇仁丽恩，象头人身就是他的标准形象，身上的翅膀标 ssei 音。

🌿 ceil heeq bbu bbeq mil（衬恒褒白）。她是从崇仁丽恩从天上找回的妻子，她头上有一片叶子，她的名字的含义是草木茂盛的山坡，表达了人类繁衍兴旺发达的美好意愿。

waq yi ga leiq ciul（窝依高勒趣）。他也是纳西族的祖先之一，他的名字和他头上的小米穗有关系，意思是得到小米这种粮食作物而赐福保佑之人。

还有一个比较特别的鬼女，因她曾作为"东巴教教主"的第100位妻子而出名。她的名字叫作 see mil me diuq gvl see maq，她的形象较为复杂： see mil me diuq gvl see maq（斯命莫敦故斯麻），或 see mil maq dei gvl see maq（斯命麻登故斯麻）。她的头上顶着一个铁锅，一只手拿着镰刀和绳索，一只手拿着刺条，是一个祸害人类的女魔头，为了阻止"东巴教教主"东巴什罗作法镇压鬼族，曾一度自荐为东巴什罗的第100位妻子，最后还是死于东巴什罗之手。

在纳西族原始宗教经典中，有一类经文叫作"消灾经"，用它所做的法事叫作消灾仪式，经文中有两种主要的鬼，名字叫作 dol（垛鬼）和 ddoq（铎鬼），通常被译作呆傻鬼或哑鬼。这两种鬼的木偶形象是 （dol）和 （ddoq）。实际上，应该把它们叫作灾祸鬼和倒霉鬼，人们碰上垛鬼（dol）就会发生灾祸，碰上铎鬼（ddoq）就会有霉运，因此，禳除这些鬼的仪式叫作消灾仪式。（dol）和 （ddoq）只是它们总的名字，在日常生活中，纳西族碰到一些不常发生的、不大吉利的事情，就以为是 ddoq bbei（遇上铎鬼）了，会引发自身的灾祸或遇上倒霉的事，所以得提前做消灾仪式来禳除这些鬼魂。例如，碰上火烧房子、盗贼杀害别人全家，就认为是垛鬼在作祟，甚至将胡蜂在屋檐下结巢认作是铎鬼作怪的一种形式。

wuq mieq gger nei see pei kee jjer sherq，鬼名（铎鬼的一种），指瞎眼的仆人牵着跛子长官。这个字中，左边跛脚人的头上是木（ser），注司沛（长官，see pei）的 see 的近音；右边的人无眼球，表示眼瞎了，再加上他手中的一根拐杖，眼瞎了的含义就更加明显，他的头上是粮食或饭碗，粮 wuq 借音表示奴隶或仆人。这个字表示碰上了一件背时倒霉的事，会殃及自身，因此它是一种铎鬼的名字。

xi je terq rua zzai，鬼名，指麻风病人骑毛驴。字中，人头上是稻穗 xiq，表示人（xi）的音，人的手上和脚上画的小圆圈表示溃烂或生疮，是麻风病的象征。纳西语称患麻风病的人为 xi je，字中他所骑的像马的动物，耳朵上有毛，是毛驴的特征。看见麻风病人骑着毛驴赶路是非常罕见的事，也算是遇见了一桩倒霉的事，所以这个字表示的是铎鬼 ddoq 的一种。

甲骨文中也有一些族名或人名，但它们不象纳西象形文字那样复杂。

在汉字中，"夏"指中原地区的华夏族，夏的甲骨文写作 𤕟，金文写作 夒，小篆写作 夏。《说文解字·夂部》："夏，中国之人也。从夂，从页，从臼。臼，两手；夂，两足也。"显然，甲骨文的"夏"是一个武士形象，与纳西象形文字的 夒（ddaiq，勇士）差不多，演变到金文和小篆，"夏"字就变成了一个手脚舒张的人，慢慢向夏天的含义靠拢了。

夷，甲骨文写作 ϟ、ϡ、ξ 等，与尸的甲骨文相同，小篆的 夷，是后来才有的字。《说文解字·夷部》："夷，平也，从大，从弓。东方之人也。"《说文解字》的说法不确切，其实甲骨文的夷与 ϟ（人）字相似，以其下肢弯曲而区别两者，中原人日常多跪坐，夷人多蹲踞，故呈足着地、屈膝的蹲踞状，故称之为 ϟ，后 ϟ 借作 尸，蹲踞之夷或作跠、屍，今作夷。

汉（漢），甲骨文写作 𦰩，像两臂交缚之人形，为祭献之人牲。这个字的甲骨文下边是火，像焚 𦰩 以祭之形，后来下边的火讹为土，写作董，故 𦰩、董初为一字，董作谨、瑾、堇、馑、僅等。从 𦰩 隶变作莫，为暵、嘆、難、漢等字。故说汉族的汉，甲骨文是人牲。

蔡，方国名，以兽为图腾。蔡的甲骨文写作 𤋏，是类似猪的长毛兽，蔡以希（yì）为名，盖因以兽为图腾之故。

还有 吕 字，甲骨文又写作 吕、吕、吕，卜辞中应为方国名，从工（工）从口（口）。此字有的释为"昌"，有的释为"吉"，有的释为"鬼方"，有的释为"楛"（kù），有的释为"邛"，有的释为"共"等，迄今尚无定论。像这类的方国名、民族称谓或人名，殷商时其义可能是很清楚的，但经过几千年的岁月洗涤，现在已经很难探究明白了。但不管怎么样，像纳西象形文字那样类似一幅画而能引出许多音节的情况，在甲骨文中是不可能出现的。

不仅是多音节的名词，在纳西象形文字中，还有用画代替许多文字陈述的情况。例如：

[图] 读作 yi ddaq chee ddee jjif，意思是"这一户主人家"，写作一间房子里坐着一男一女，看似一对夫妇，故称作这一户主人家。从祭司的角度来说，此字应该是他称，指的是他们。

[图] 是汉字小篆"余"字，甲骨文写作 [图]、[图]、[图]，金文写作 [图]。《说文解字·八部》："余，语之舒也。从八，舍省声。"意思是说，余在虚词中是表示语气舒缓的助词。《尔雅·释诂下》："余，我也。"从甲骨文来看，余字象木柱支撑起房舍。但是，为什么将这房舍借为第一人称代词呢？更多的理由我们就不清楚了。但是，是否可以从上述纳西象形文字"这一户主人家"中找到一点点启发呢？

[图]（naq xi，纳西），人头上的黑点表音 naq，头上的稻穗 xiq 与人的形象合成形声字 xi。

除了那些多音节名词外，纳西象形文字中还有画粘连在一起，或者干脆用画面代表文字的情形存在。例如：

[图]（ha zzee，吃饭），人张开大嘴似在吃，口中有饭，表示在吃饭（ha zzee）。

[图]（jjiq teeq，饮水），人张开大嘴似在喝，口中有水，表示在饮水（jjiq teeq）。

[图]（o kai，咬骨），人张开大嘴似在吃什么，口中是骨头，表示咬骨头，或啃骨头（o kai）。

[图]（mi keel，烧火），上边是火的象形字，下边是人的脚（kee），借音作 keel（烧）。两个字连在一起表示烧火（mi keel）。

（lei jiuq，返回），转过身的人口中似有声音发出，⟋是表示返回的符号，这个字似人应声返回，"返回"（lei jiuq）。

（hal yi，食足），这一个字，下边是一碗饭，读 ha，"饭"上边的曲线表示富足、生长、不断等意思，这里读作 yi，表示事物多，即食物充足，因谐音亦可以作天长日久的"日久"（hal yi）来理解。

（la xiuq zol bbvq shee，红虎死于兽砸下）。此字右上边是一张兽砸，读 zol。左下角是一只虎，读 la，虎无眼珠，表示已经死了。

（lerl kail ggee saq，瞄准射中显裂纹）。这个字左边中间是一支箭，右边是作为靶子的板子，箭两边的曲线表示板子已射出裂纹。这是一句常用的宗教用语，表示祭祀的目的已达到，就像箭射中靶的，已显现出裂缝。

（ggv lvq ga leiq，赐福保佑），这个字完全是两个表意符号。上边这个符号，从上下来后有勾圈，表示神祇从上面赐福，读作 ggv lvq。下边这个 S 形，表示上下都有护卫，意思是保佑（ga leiq），也有人说下边似油炸粉皮，用粉皮（ga leiq）的音假借作"保佑"ga leiq。

（nvl mei zzeel zzee，焦虑），此字中间是一颗心脏，心脏旁画出多根带勾的线条，表示心情烦躁、焦虑。

说到这里，我们就注意到徐中舒先生主编的《甲骨文字典》第 1038 页至 1039 页所载以下四个甲骨文似乎与纳西象形文字有点相似。

（1）"〔解字〕从石从 ，《说文》所无。〔释义〕疑为人名。"；

（2）"〔解字〕从石从 ，《说文》所无。〔释义〕义不明。"；

（3）"〔解字〕从石从 ，所会意不明。〔释义〕疑为地名。"；

（4）"〔解字〕从厂从 豕，所会意不明。〔释义〕义不明。"。

我们做出大胆的猜测：

①甲骨文 ：我们疑为是砸老鼠的一个装置，用细棍支起石头，放上鼠

粮，引诱老鼠过来，让它被石头砸死。这个字应该是"压"和"厌"的初文，"厌"的繁体字写作"厭"，"压"的繁体字写作"壓"。只是不知道作为鼠身的符号 ⿰ 什么时候变成了犬。

②甲骨文 ⿰ 和 ⿰：这两个字，左边或右边有大石板，前一个字右下也是得字，是用利益引诱的意思。后一个字 ⿰ 中的 ⿰ 与纳西象形文字的 ⿰ 仄鬼相似，它应是汉族民间迷信中的无常鬼。纳西象形文字中的 ⿰ 和 ⿰ 为毒鬼和仄鬼。它们的尖头中间凹下，是人所讨厌的。这两个甲骨文应该是诬陷之"诬"的初文，"诬"是把人骗进兽砸下，"诬"的言旁是后来加的，"陷"的甲骨文 ⿰ 或 ⿰ 是把人诱入陷阱中。

③甲骨文 ⿰：这个字，表示石板下有豕，是一个比较大的兽砸，应该是"砸"的初文。

通过对纳西象形文字多音节名词等的考察，我们更清楚地看到纳西象形文字和图画关系密切，甚至一些动词和名词组成的词组，也无法离开图画来识读，更不用说用一幅画表示一个短句的情形了。我们也看到，其实甲骨文中也会时常出现双音节的名词及动名词结合在一起的情形，但是，无论何种情况也不会有一个图形包含多个音节的名词，也不会用一幅图来代替一个短句或表示一句话。

我们是否可以认为，纳西族原始宗教经典中的一些文字可以称作"图画象形文字"。虽然有的人会说图画是图画，文字是文字，两者不能混淆；但是我们也应该看到这种图画在纳西族宗教经典中确实起到了文字的作用，起码这种图画形式的东西，还可以从宗教祭司的口中作为文字符号读出来。

四

甲骨文毕竟来源于图画，从某些单字中，我们还可以看到纳西象形文字和甲骨文的共同点，特别是象形字（象形字应该是这两种文字最基础的字）。例如：

甲骨文的射写作 ⿰ （shè）；纳西象形文字写作 ⿰ （kail，射）。

弓，甲骨文写作 ⵏ（gōng），矢写作 ⵏ（shǐ）；纳西象形文字"弓"写作 ⵏ（lee mei），箭写作 ⵏ（lee see）。

甲骨文的人写作 ⵏ（rén），是侧身而立的人形，立写作 ⵏ（lì 金文写作 ⵏ）；纳西象形文字人写作 ⵏ xi，立写作 ⵏ（xiul）。

甲骨文的小孩写作 ⵏ、ⵏ（zǐ，子）等；纳西象形文字写作 ⵏ（ssiul）。

甲骨文的葬写作 ⵏ（zàng），指将人埋在土里，上面长出了 ⵏ（草，cǎo）；而纳西象形文字葬写作 ⵏ，指将人埋在土里，但地上无草。而纳西象形文字的"草"和甲骨文的"草"却是一模一样的，写作 ⵏ，读作 ssee 或 req。

甲骨文的鼓写作 ⵏ（gǔ）；纳西象形文字鼓写作 ⵏ（dda gv）。

甲骨文的马写作 ⵏ（mǎ）；纳西象形文字马写作 ⵏ（rua），最简单的也要写作 ⵏ，即一个比较完整的马头。虽然甲骨文的写法比较简单，但马头部的形状、脖子上的鬃毛、散状的尾巴，却都不能省掉。

还有柳树的"柳"，甲骨文写作 ⵏ（liǔ），纳西象形文字写作 ⵏ（rer herq），虽然写法不同，但其中的树干（ⵏ）和柳叶的形状却没有什么不同。可以这样说，两种文字的造字思维是完全一样的。

如果我们将这两种文字继续比较下去，就会发现许多不完全相同但却有内在联系的地方。例如"焚"字，甲骨文有时写作 ⵏ（fén），指举火焚烧森林，是刀耕火种的遗迹；有时写作 ⵏ（fén），火在林下，表示只是单纯的火烧林木，可能是大火烧山。而纳西象形文字的"焚"，却别出心裁，写作 ⵏ bberq（焚），是烧人，因纳西族实行火葬，虽然他们也刀耕火种，但烧人比烧林子让人印象更深，所以 bberq 就用了烧尸（人）这一个字。这是因各民族的风俗习惯不同，所以创制的文字也不一样，这不奇怪。有些字虽然有表达同样意思的组成部分，但与别的部分合在一起，或各部分的组合形式不一样，表达的意思就不同了。这个问题，在前面已简略地有所提及，现面再就一些具体的例子做一番分析。

例如，甲骨文的食写作 ，上边是人的嘴巴，下边是盛食物的豆（盛饭的器皿），中间还有食物的碎屑。这个字，甲骨文读作 shí，在那个年代，既指食物的食，也指吃的意思。

在纳西象形文字中，有两个字分别写作 、，它们的左边是一张张开的嘴，右边是饭（ha）和肉（shee），分别读作 ha zzee（吃饭）和 shee zzee（吃肉）。

甲骨文的饮写作 （yǐn），字的左下方是一个酒坛子，左上方和右边是一个伸长舌头俯身尝酒的人。

这个字和纳西象形文字的 （ree teeq，饮酒）、（leil teeq，饮茶）的构字方法是一样的，但是，读法却完全不同。汉字甲骨文中的嘴和饭合起来，只读一个字，而在纳西象形文字中，就像 （so lo kai，啃骨头）、（jjiq teeq，饮水）一样，要把图中的东西完全读出来。

甲骨文的兽 （shòu），是由打猎用的叉子和猎犬组成的一个字，意指打猎捕获的是野兽，如果像纳西象形文字一样读图，这两个部分很难读出"兽"字来。因此，在纳西象形文字中野兽的兽字是一个介乎于兔子、獐子之间的野兽形象，写作 （xiu，兽）。纳西象形文字家畜的"畜"字，写作 （neeq），它画的就是一只羊，但它既指 yuq（羊），也指 neeq（畜），还指家中的财富和福泽之一（neeq neq waq）的 neeq。甲骨文"畜"，写作 （xū），这个畜字，上边是一小束丝，下边是田里的粮食（纳西象形文字的粮食写作 ，黑点指庄稼地里的粮食，下边指地，上边是麦和稻，因此，可知田里的黑点表示粮食），甲骨文的"畜"指布帛和粮食积蓄，而家里饲养的牲畜，自然也是积畜，故畜也读作 chù，指牲畜。

　　还有一个甲骨文的飨，写作 ，读作 xiǎng，由两个跪着的人和中间的一碗饭组成，应该是共食的意思。纳西象形文中也有一个字，写作 ，还是两人中间有一碗饭样子，但是纳西语中可能找不到"飨"这样表示共食的词，所以在经书里它通常被读作 zzei zzeiq ha zzee yiq，意思是共食的饭好吃，若认为好吃这个词是额外加上去的，那也只能读作 zzee zzeeq ha zzee（共食）。

　　这几个例字中，甲骨文应该是典型的会意字，如果我们不知道文字中几个部分组合起来是什么意思，我们就很难读出这个字，而纳西象形文字中，只要能看图，读懂它们并不是什么难事。

　　在甲骨文中还有两个很有意思的字。祭祀的"祭"写作 ，字的左边是一块肉，右边是一只手，中间可能是鲜肉里的血水滴下来的样子，这是拿肉献给神祇，表示在做祭祀活动，所以它读作 jì。另外一个是"福"字，写作 ，读作 fú，字的左边是双手捧着一个酒坛子，右边表示神坛，捧酒到神坛上，表示向神祇祈求福分。这两个字，虽然字形并不一样，但是它们所要表达的意思是完全一样的。可以这样认为，把"祭"字换作"福"字，或者把"福"字换作"祭"字，似乎都可以。类似这样的字，就有一个约定俗成的问题了，而这个过程并不是一两年的事，就像从读图到形成真正意义上的会意字，同样需要一个漫长的演变过程。所以，应该相信，殷商时期的甲骨文，并不是一开始就是现在我们所见的这个样子的，它们同样会有一个读图的过程。

　　我们还发现让汉字甲骨文走出读图的阶段，还有两个十分有用的措施，就是一个个文字的竖写和一行行文字的直排，这两个十分有力的措施将汉字限制在一个固定的方框之内，使它的每一个部位都不可能无限延展和铺陈，从而使以后的汉字越来越简约，甚至使它们成为一个个抽象的符号。例如，纳西象形文字的虎，写作 ，也是一幅虎的画像，即使想把它写得简单一点，也只能写成一个虎头 。而这种横写横排的形式，可以任意添加一些东西或其他一些图，如 ，这是纳西东巴经中比较著名的句子："红虎当乘骑，白鹿作耕牛。"如 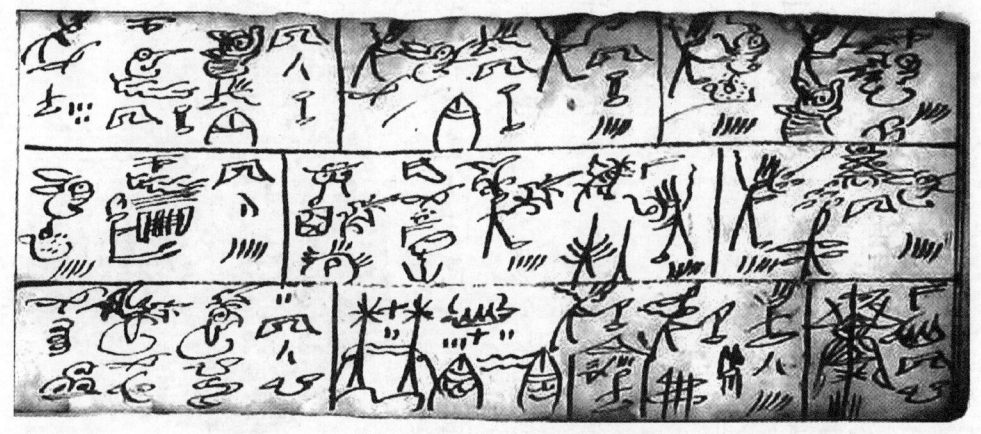，这是纳西象形文字的 dol 或 cal，是扑和咬的意思，画的就是牛被虎扑倒或咬伤。如果我们把"虎"像汉字甲骨文那样竖起来 ，而且将一行行的文字直排，在这个"虎"的旁边就只剩下一小点空间，就无法画成一幅画了。例如，以虎作偏旁的甲骨文有 執（执），从虎，从幸，像械具執（执）虎之形。 虢（guǒ），以手铺虎皮之形，周代方国名。这些字把虎简约到了最低限度，失去了虎的威武形象。

现在，先让我们来看看用纳西象形文字书写的经书和用甲骨文所写的卜辞有什么不同，下图是用纳西象形文字书写的一页经文。

翻译成汉语是：

所有的楚鬼（吊死鬼）和尤鬼（殉情鬼），若是白鹤应该与白云作伴，若是猛虎，应该与高山作伴，/请楚鬼和尤鬼回到高山上去，和高山作伴去。/到了高山上，可以去挤旄牛的乳汁喝，可以用红虎作乘骑，可以把白鹿当作羊儿去放牧。去喝白鹿的奶水，去用白云和白风织布剪裁衣服，请你们回到上边的地方去吧。/你们有一双好眼睛，可以到高原上去欣赏漂亮的野花；有一双好脚，可以去踩高山上尤孜野草编织成的地毯；把银花插在头上，手上拿着金花，去吸吮高原树叶上甜蜜的露水，/去采食树上金黄色的野果。/请你回到尤臭大黑石头旁尤孜欧孜、构土稀瓜（楚鬼、尤鬼的大头目）的跟前去吧，／到楚鬼、尤鬼的房子里去住，回到楚鬼、尤鬼的栅栏里边去，／回到祭祀楚鬼、尤鬼的祭风树旁去。

而下面的这幅图是商朝武丁时期（约公元前 13 世纪）的甲骨文：

王固曰有祟其有来艰气至七日已

已允有来艰自西长友角

告曰吕方出侵我示𠭯田七十人

癸巳卜殼贞旬亡祸王固曰有祟

其有来艰气至五日丁酉允有来

西沚职告曰土方𠭰于我东

二邑吕方亦侵我西畐田

注释：

[字]、[字]，甲骨文，《说文解字》无这两个字，不知读音，不知何意，似指方国名。

（1）希，甲骨文写作 [字]，读 suì，像豕类兽；又读 cài，以"希"为族名。

（2）[字]，疑与"占"同，文中指甲骨片中的卜纹。

（3）殻 què。①从上向下击；②与空的意思相同。

（4）聝 guó：战时割下敌方左耳，以献功。

（5）[字]，与甲骨文 [字]（正）相同。多指敌方到达之义，[字]（正），直达目的地的意思。

（6）艰：灾祸的意思。

（7）允有：恐怕。

在以上的例子中，我们可以看到，有的字虽然写得比较松散，不如我们今天看到的汉字方框字紧凑，但是也决不像纳西象形文字那样像一幅幅的图画。这是因为竖写和直排，把甲骨文限在了一定的范围之内，已经不允许像横写横排的纳西象形文字一样，将连环画似的图画一直画下去了。这样，也就要求将每一个字的所有组成部分进行精简，不能像纳西象形文字 [字] [字] [字]（松、栗和树枝）那样，让它们恣意生长，也不能像纳西象形文字的"人" [字] 那样手舞足蹈，像新娘 [字] 和孝女 [字] 一样随意打扮，也不可能把"脚"和"手"写成 [字]、[字] 这个样子，而只能用甲骨文最简洁的 [字]、[字] 符号来表示。我们知道不论把多少画整合在一起，它们只是画而已，而类似符号那样简洁的东西才可以组合成文字。所以，竖写直排的形式使汉字甲骨文逐渐摆脱了象形的桎梏，而不断精简的结果，也促进了符号化的演进。因此，我们说甲骨文的竖写直排是汉字发展史中一个比较重要的步骤，可惜我们不知道这个步骤是在什么时候开始的。从纳西象形文字的横写习惯来看，这个重要步骤决不会是自然而然产生的，一定有一个变革的过程，可以说这个过程在我们今天所看到的这些甲骨文形成以前便经历过了。只是因为我们没有看见这样的一个过程，所以，想当然地认为甲骨文一开始就是这样，也应该是这样。我们认为，文字的竖写直排和横写横排的区别在于：文字的竖写直排，是以一个方框字为一个独立的整体，它要把所要配置的文字零件，全部限制在一个独立的小方框里，这个方框内的组合件形成一字一音的独立读音，表达一个与之匹配的独特意思，然后将这个方框字放在直排的文字队列中，和其他方框字一起表达所要表达的内容。而横排横写的象形文字是用一幅连续的图画来表达意思的，有时一个横排是一幅图画，因此，一幅图画就是一个单位。进入横排文字系列中的东西，它可能是一竖一横，或其他什么东西，不一定是一个比较完整的自成单位的独立体。即使算是一个比较完整的形象，也可能是画中之画。在图画变成文字的初期，若不摆脱这种形式，便很难创制出一字一音的文字。

根据以上看法，我们推测像纳西象形文字一样，汉字的发展也应当曾有一个更加接近图画的过程。例如，甲骨文 🖋 （步），虽然甲骨文和金文产生的时间不同，但我们至少可以证明金文 🖋 的出现说明金文步写作 🖋，这是脚掌的写实，比 🖋 更接近图画。这说明脚掌这个甲骨文的符号还有一种更加图画化的写法。

还有"易"字，甲骨文一般写作 🖋，这个字让人难以猜测，但是，当我们见到"易"的甲骨文的另一种写法 🖋，知道" 🖋 "是" 🖋 "的简写，是易置的意思，也就能够理解"易"之引申义"赐"。

还有"牛"字，这个字最简单的写法是 🖋，但是，我们知道"牛"的甲骨文还有" 🖋 "（牛）。甲骨文"牢"不仅有 🖋，还有 🖋 这样的写法。像这样从甲骨文的不同写法中可以看出其发展过程的端倪的例子还不少，我们就不再一一列举了。

因此，甲骨文再简洁，再符号化，我们仍然可以看出它和纳西象形文字的共同点和某种潜在的联系。

例如，甲骨文的"日"和"月"写作 ⊙、☽，"山"和"水"写作 ⛰、〰，"天"和"地"写作 ☰、Ω。这里需要特别指出的是，甲骨文"天"虽然写得和纳西象形文字的 ☰（人，xi）差不多，但最上面的这个近似圆形的东西，甲骨文并不是指人头，而是指人头上的一方天。甲骨文的 Ω 也不读（dì），而只读作 tǔ，在那个时代土便是地，所以甲骨文的土，亦读作 shè，代表土地神。《诗经·小雅·北山》："普天之下，莫非王土"，这里的土便是地。

《说文解字》说土曰："土，地之吐生物者也，二象地之下、地之中，│，物出形也。"虽然《说文解字》的释义不大准确，但意思却指向大地，所以是对的。当小篆的"地"字出现之时，便写作 坤，读作 dì。它应该是一个会意字，由"土"和"也"组成，土字不必再说，它就是土地，而"也"的金文写作 ，小篆写作 ，楷书写作也。《说文解字》："也，女阴也。象形。"天属阳，地属阴，是万物所生之地。实际上，在许多情况下，甲骨文的天和地会以一横来表示，在上面的便是天，如"天"字，大人头上的一横就是天；在下面的便代表地，如甲骨文"上"写作 二，下边一长横表示地，短横表示在地之上；甲骨文"下"写作 ，长横在上表示地，短横在下表示地之下。

纳西象形文字的"日"写作 ，读作 bbiq 或 ni mei；"月亮"写作 ，读作 leiq 或 hei mei；这两个字还可以变来变去，读法不同，意思也不一样。 （ni mei ga vq），意思是正午，日在正午，日照最强。 （ni mei ggvq），意思是日落，日落于西，太阳无光； （ni mei kul，日蚀），日有亏； （hei，月），表示一年十二个月的月份； （heiq，魂魄）； （hal，晚上）； （me，无），表示月尽，夜晚月亮暗淡无光之形。而纳西语的 bbi bbiq leil lei，虽然写作 ，用搓绳的读音 bbiq 和獐子的 lei 表音，却应该指的是朗朗晴空的白天和皓月当空的夜晚，和腥风血雨及昏天黑地相对。而指健康平安的日子，写作 ⬭ ⬭ ⬭ ⬭ （bbi bbiq leil lei）才对。

纳西象形文字的"山"写作 ⛰ （jjiuq）；"水"写作 〰 （jjiq）；"天"写作 〰 （mee）；"地"写作 〰 （ddiuq），大地上万物生长的样子；"土"写作 ▦ （zhee），用地上的微粒表示。

像这样对自然物的摹写，两种文字即使不完全一样，也不会有太多的差别。

甲骨文的"人"写作 ⟩ （rén），一副卑躬屈膝的样子；"民"字的金文写作 ⟨ （mín），像锐物刺左目之形，俘获的奴隶被刺瞎左眼，利于控制。甲骨文"女"字写作 ⟨ （nǔ），像人踞跪束手之形。在奴隶社会，常将抓来的女人束缚住，强迫其为妻为奴。甲骨文"奚"写作 ⟨ 或 ⟨ （xī），像以手扼年轻人发辫之形，这是抓年轻人做奴隶的样子。甲骨文"臣"字写作 ⟨ 或 ⟨ （chén），像竖目斜视的眼睛，像人臣服的样子。甲骨文"大"写作 ⟨ （dà），像正面而立之人，他可能不是一般的大人，而是奴隶主，或者是贵族和社会上层人物，即古时小民所称的"大人"。而"王"的甲骨文写作 ⟨ ，（wáng），指大人的头上有一片天，脚下有一方地，表示更大的主子。这些甲骨文都有一套造字的内部逻辑，决不会乱来。

甲骨文的"士"写作 ⟂ ，金文写作 ⟂ ，唐汉认为"士"的金文是雄性动物的生殖器，表示男性的性特征。（见唐汉的《汉字密码》第509页）。《说文解字·士部》说："士，事也。数始于一，终于十。从一、从十。孔子曰：'推十合一为士'。凡士之属皆从士。"有人说"士"像插于地上的"⟂"，因男子从事耕作，故引申为男子的美称。我们认为"士"和"王"一样，是古代社会的一个阶层之称谓，如士大夫，是拥有一小块土地的社会阶层，故写作人立于地上之形，它和王字相似，只是不像王一样拥有天地，故士随时要听命于王。

在纳西象形文字中，"人"都写作 ⟨ （xi）；"立"写作 ⟨ （xiul）；"大"

人"写作 ![figure]，以一个 ![figure]（ddeeq，大）来注其音；女人写作 ![figure]（mil）；奴隶写作 ![figure]，以 ![figure]（wuq，粮食）注其音；"王"字写作 ![figure]（see pei），以 ![figure]（ser，木）注其近音；"部落酋长"写作 ![figure]（zzee），一个老头的样子；"皇帝"写作 ![figure]，以头上的角 ko 注其近音。从这些象形文字中，我们可以看出，当时的纳西族社会虽然也有畜奴的现象，但还未形成典型的奴隶社会。

在纳西象形文字中，"祖父"写作 ![figure]，（see bbv pv，祖父），意思是毛堆中的祖父，它反映了氏族社会以性别和年龄进行分工，老年的男子一般从事剪羊毛的工作，因此，他经常出现在毛堆中间。"祖母"写作 ![figure]，读作 peiq bbei zzee，意思是织麻布的祖母。"父亲"写作 ![figure]，读作 leil zzeeq seeq），头上的獐头表示父亲是打猎、捉獐之人，獐子上的 ![figure] 是 ser（木），以注"父"的音。"母亲"写作 ![figure]，人身上的羊头表示母亲是放羊人（冬春季妇女可以到村子附近去放羊，夏天羊群要迁到高山上放），以羊头上的 ![figure]（mei，女阴）注其音。这是一个氏族制的家庭中以不同的分工赋予人们的各种称谓。当然，"祖父"也可以简单地写作 ![figure]（e pv），形声字，以老年男子为形旁，以阳具 ![figure]（pv，公）注其声。"祖母"可简单地写作 ![figure]（e zzee），以老年妇女为形旁，用山上到处生长的蕨菜加点表示增长、增加，以 ![figure]（增加）表其声。"父亲"也可以简单地写作 ![figure]（e seeq），人头上有木，以 ![figure]（ser，木）注其近音 seeq（父）。"母亲"可简写作 ![figure]，在女人形象旁用 ![figure] 注其近音 mei。

在甲骨文中，也有按照家庭成员的属性和分工来创制文字的情况。但是它们并不像纳西象形文字那样复杂，一些标志性的符号，比摹写的人物形象更加简洁，更符合简单、符号化的文字特征。例如，祖父、祖母的"祖"，甲骨文写作 ![figure] 或 ![figure]，许进雄在《文字小讲·祖·繁殖的根源》中说："![figure]，男子性器形，为繁殖的根源，用以表达人伦。"还说："商代对高于第二个世代以上的男性祖先统称为祖。"①

甲骨文将"父"写作 ⺍（fù），是手持棍棒的样子。郭沫若先生认为父的金文写作 ⺈，是"斧"的初文。对照纳西象形文字，我们认为甲骨文的"父"就是一只执棍的手，他是家庭成员中从事狩猎的人，商代虽然是农业社会，但民众从没放弃狩猎。狩猎获得的收益，可以让他们尽情地享受很长一段时间，人们对此印象一定很深刻。

甲骨文的"母"写作 ⺕（mǔ），像给孩子喂奶的样子。《说文解字》："母，牧也。从女，象褱子形。一曰：象乳子也。"抚养儿女成长是母亲的重要职责。

甲骨文的"男"写作 田力（nán）。《说文解字》："男，丈夫也。从田，从力，言男用力于田也。"实际上，力 léi 是用来耕作的工具，表示男子主要从事田间劳动。另外，甲骨文的"夫"写作 夫。《说文解字》："夫，丈夫也。从大，一以象簪也。"像一个人头上别一把簪子的样子。纳西象形文字"成年男子"写作 冭（zhuaq，男子），用 ▽（zhua，床）表其近音 zhuaq。

甲骨文的"婦"（妇）写作 帚女，字的左边是帚，右边是女，手持笤帚在家从事打扫庭院等家务劳动是妇女的职责。这里从笤帚又提到一个字，就是"侵"字，甲骨文的"侵"写作 侵（qīn），指用笤帚扫去牛头上的灰土，也算是侵犯牛的一种行为，故引伸出侵略、侵占、侵犯意思。

甲骨文的"我"写作 我，指一柄有三齿的兵器。为何将这件兵器称作"我"呢？原因是在奴隶社会中，战争频发，若战败便会沦为异族的奴隶。因此，需要成年男子全部参战，有战功才能拥有土地，家中必有专属于自己的武器，这兵器便象征着自己，而且，在外参战时，人们对着兵器喊："谁的？"必答："我的！"

在纳西象形文字中，因为许多象形文字是对实物的一种摹写，因此，一些只

---

① 许进雄：《文字小讲》，天津人民出版社 2016 年版，第 77－78 页。

有细微差别的东西，都可以把它们写出来。在植物中有：🌿（to，松树）；🌿
（xiul，柏树）；🌿（bbeeq，栗树）；🌿（sseel herq，绿柳，也读 rer）；🌿
（muq，杜鹃）；🌿（lee，杉树）；🌿（bbuq bbv，山茱萸）；🌿（zee，
漆树）；🌿（sei biq，香樟）；🌿（sil liq，梨）；🌿（jji ceiq，棕树）；
🌿（yi gel，楷木），🌿（zziuq zzerq，花椒）。花也可以写作🌿、
🌿、🌿等形状。在动物的兽类中可以写出：🐯（la，虎）；🐆（rhee，
豹）；🐉（lvq，龙）；🦁（sheeq，狮）；🐻（ggvq，熊）；🦌（chual，
鹿）；🐑（seiq，岩羊）；🦌（yi，山驴）；🦌（qiq，麂子）；🦦
（shuq，水獭）；🐺（paq kee，狼）；🐘（coq，大象）；🦊（ddai，狐
狸）；🐀（fvl，鼠）；🐕（kee，狗）；🐂（ee，牛）；🐎（rua，马）；
🐃（bberq，牦牛）；🐃（zzeeq，犏牛）；🐐（ceel，山羊）；🐖
（bbuq，猪）；🐈（hual leiq，猫）；🐑（yuq，绵羊）；🦌（dderq，骡）；
🐒（el yuq，猴）；🐇（to lei，兔子）；🐿（hua rua，松鼠）。在禽类中
可以写出：🐓（aiq，鸡）；🦆（al，鸭）；🦢（oq，鹅）；🐦（huaq
zzei，燕子）；🦅（go，鹤）；🐦（leil gaiq，乌鸦）；🦉（bbuq fv，枭）；
🦇（zzi bbeq，蝙蝠）；🦅（xeq ggul，大雕）；🦅（xe qiuq，大鹏）；
🐓（fv，野鸡）；🐓（heeq，箐鸡）；🦚（mal yi，孔雀）；🐦（zil li，
鹡鸰鸟）；🕊（gel bu，布谷鸟）；🦅（weq，鹰）；🦅（hua，白鹇
鸟）；🐦（zzai，麻雀）；🐦（zeel，秧鸡）；等等。如果再在同一类鸟中加
上声符，那可写之范围就更广泛了。

我们发现，甲骨文中像🐂（牛）、🐏（羊）这样比较简单的写法，并非

来自摹写动物活体，而是来自日常生活中。在西南少数民族中，人们食用了较大的动物之后，喜欢将其头骨剔除皮肉之后，连带它们的角悬挂在家中，我们猜想，商代或者比这更早的时期，在汉族的民众中也有这样的习俗。因此，甲骨文的 ⩩（牛）⩩（羊）字可能来自这些带角的头骨。除了这些，在更早的时候，汉字也像纳西象形文字一样，有各种动物、植物的摹写之图画，但随着不断改进，特别是采用竖写直排法之后，因容纳不了这么复杂、烦琐的东西，它们就逐步被淘汰了，只留下一些类似于偏旁部首的东西。如：米（木，mù）；米（本，bén）；米（叶，yè）；米（华、花，huā）；米（果，guǒ）；米（刺，cì）；米（禾，hé）；等等。还有作为动物的 ⩩（犬，quǎn）；⩩（豕，shǐ）；⩩（马，mǎ）；⩩（豸，zhì）；⩩（虎，hǔ）；⩩（象，xiàng）；⩩（鹿，lù）；⩩（兔，tù）；⩩（鼠，shǔ）；等等。以及 ⩩（鸟，niǎo）；⩩（隹，zhuī）；⩩（雀，què）；⩩（燕，yàn）；⩩（凤，fèng）；⩩（鹳，guàn）；⩩（枭，xiāo）；等等。

总而言之，在纳西象形文字中，摹写实物的图画类型的字多，而在甲骨文中，简单的有点类似于符号的字多，而且这些字很多此后成为会意字和形声字的偏旁和部首，为以后80%以上的会意字和形声字的产生创造了有利的条件。

第三章　字例考释

第一节　方国瑜和李静生两先生的考释

一、方国瑜"古"之本义为"苦"说①

苦：许慎的《说文解字》说："䒷，大苦，苓也。从艸。古声。"

古：甲骨文写作 ，金文写作 ，篆字写作 古 ，许慎的《说文解字》古部曰："古，故也。从十、口，识前言者也。"方先生把它与纳西象形文字做对比研究，认为"古"的本义应该是"苦"。纳西象形文 ，指有物含在口中，意思是甜，与甲骨文 字意思相同，纳西象形文苦则写作 ，指有物从口中吐出，意思是苦而不堪含。甲骨文的 ，下边是口，上边是物，而不是十口相传的"十"，因此，"古"的本义应该和纳西象形文字一样，表示味苦而吐出口，"古"被假借作古代的"古"字使用后，"苦"便加一个草字头，成为另一个新字。方先生还说："以训诂言之，《说文》从古字得声之字，多有消极之

---

①　林超民主编：《方国瑜文集》第 5 辑，云南教育出版社 2003 年版，第 9 页。

意。谭嗣同《仁学篇》曰：'于文从古，皆非佳义。从艸则苦，从木则枯，从辛则辠，从辛则辜，从文则故，从口则固，从水则涸……'虽未能明确指'古'之本义为苦，亦透露'苦'字的消息。语言孳乳，凡同一语根，同一音符者，虽形体不同而义往往相近。"

这是方先生对照东巴象形文字，得甲骨文真义的一个例子。

二、李静生的"册"字本义考①

汉字"册"的甲骨文写作 ⿰ 、⿰ 、⿰ 等。徐中舒的《甲骨文字典》的〔解字〕说："《说文》：'册，符命也，诸侯进受于王也。象其扎一长一短中有二篇之形。'据此则册象编简之形，然汉墓出土简册之形制，皆由大小长短相同之扎编结而成，并非一长一短。甲骨文册之字竖画有一长一短之作 ⿰ 形者，亦有长短相同作 ⿰ 形者，其竖画之长短参差，当由刻写变化所致。卜辞中有'称册'、'晳册'、'乍（作）册'等语，故殷代除甲骨文外，亦应有简册以纪事。《书·多士》：'惟殷先人，有册有典。'典亦是简策，惟年代久远，竹木保存不易，殷代简策尚无出土可佐证者。"

东巴文化研究所学术部主任李静生先生以东巴字 ⿰ 为例，证明甲骨文竖画长短不一之写法并非刻写变化所致，而是据实物而为之，它应该是东巴文 ⿰ 之形意相同的栅栏的"栅"字。以栅栏围成的土地属于某人私有范围，所以称"册"，晳册、乍册皆有因诸侯作战有功，划一定范围的地赏赐于他的意思，故栅栏本身就有围和范围的意思。他还列举了许多甲骨卜辞的例子，说明"册"的这个意思，而且他还发现，由"册"孳乳的字，如典、箅、嗣等都含有栅栏之本义，以及围和范围的意思。故后来的"册"应该是由象征册符命之义转化为典册之简义，人们便只知 ⿰ 为册，却忘记了 ⿰ 为栅栏的本义。

李静生先生最后说，唐兰先生在《古文字学导论》中指出，研究古文字的

---

① 郭大烈、杨世光编：《东巴文化论集》，云南人民出版社 1985 年版，第 131 页。

方法，最重要的是“偏旁分析法”和“历史分析法”，这为我们提供了科学的方法论，科学的方法越多，目的就越易于实现。东巴文字的深入研究，毫无疑问为我们提供了一个研究甲骨文的重要方式或手段。

第二节　何谓“东、西”

甲骨文的“東（东）”字写作，许多文字学专家认为它像一个两头束紧的口袋，是囊橐的形状；而甲骨文的“西”字写作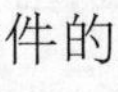，像一个篮子，所以，它们都是装小物件的器具。东、西，来自这两种物件的造形，而东、西、南、北的东、西是假借字。（参见《图说细说汉字大全集》第11页，许进雄的《文字小讲》第471页）。

还有一种说法，“东”象兽皮裹着棍子卷起来的口袋，古人出门时便将这袋子扛在肩上，以便携带各种东西。而“西”字写作，像一个汲水的陶缶形象。日落西山，古人外出劳作归来后，第一件大事就是用这陶缶去汲水。因此，陶缶的形状便借用作方位的“西”（参见唐汉的《汉字密码》第332－333页）。自然，篮子和缶也是物件，而且还是装东西的物件，故将所有物件统称作“东西”。这种说法好像兼顾了物件的“东西”和方位的“东西”两种意思，但还稍显牵强。而且，把（西）释为陶缶也有点不妥。

我们知道，纳西族象形文字的“东方”写作，表示太阳出来的方向，“西方”写作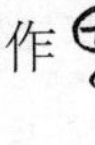，指太阳落下去的方向。“北方”写作（读作 ho ggv loq），指水流的上游。“南方”写作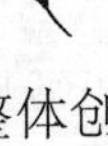（读作 yi chee meeq），指水流的下游。东、西、南、北的方位，是作为一个整体创制出来的。虽然东、西的方位放在任何一个地方，以太阳作为坐标系来区别，是不会发生什么错误的。但是，殷商社会是一个典型的奴隶社会，战事频发，人们的活动范围非常大，凭某一地方的地理特征来区分南北方向，已经不可能了。这样，人们只能在相对固定的、又非常熟悉的范

围内判定南北。甲骨文的"北",有的释作"人和人的影子",因为太阳在南边,人影大多数时候在北边。因此,用人的影子指北方。有的学者认为"北"是两个相背的人,初义是"背",指人的脊背。徐中舒的《甲骨文字典》第 920 页说:"⚋,象二人相背之形,引申为脊背的背,又中原以北建筑多背北向南,故又引申为北方之北。"此说可从。而"南",有人释为铜铸造的乐器编钟,因为最初的编钟是从南蛮那里传来,故编钟为"南",作为方位的"南"是假借字。

徐中舒的《甲骨文字典》第 684 页释南:"苗,甲骨文南字下部从凵,凵像倒置之瓦器,上部丫象悬挂瓦器之绳索,唐兰以为古代瓦制之乐器,可从。"不管是青铜编钟,还是瓦器,都是乐器。因此,我们认为"南、北"的方位是借王宫这个小范围来判定的。我们知道,无论是中原的北方还是南方,所处的位置都在北回归线以北,因此,一年四季的太阳光总在南边的位置,不仅所建的房屋大多坐北向南,而且,因采光的缘故,房子里北边的位置应该是正位。正北方是君王住的地方,君王背对北方面朝南而坐,接受群臣朝拜,参与音乐和歌舞等娱乐活动。而作为乐器的编钟或瓦器,它们应该悬挂在君王面对的南边。因此,以君王为主体,北方应该是他背对着的方向,而南方,应该就是乐器等娱乐器具悬挂的方向,这样作为背面的"北"字,后来便成为专称方向的字,而古书中常说的败北,这里的"北"字指的就是"背",意思就是打了败仗,背过身逃走了。这个"北",后来加了个肉旁,变成了专指脊背、背后的"背"字。古时被称作"南"的乐器,成为专指南边的"南"以后,便有了自己专门的名词,不再和南方的南混在一起了。

若要判断东和西的方向,就像纳西象形文字一样,以 ▒(日出)和 ⊕(日落)作为标准,是一个最好的、最简便、最适用的方法。但是,甲骨文的 ▒(旦)表示太阳升起的时候,▒(暮)表示太阳落在树木或草丛中,指傍晚,这两个字,原本可以表示方向,但都用以表示时间了,所以表示方向的词只好另外创造了。

《甲骨文字典》第 1276 页说："◻象鸟巢形，王国维释西。甚是。《说文》：'西，鸟在巢上也。象形。日在西方而鸟栖，故因以为东西之西。'……罗振玉谓'巢字，篆文作◻，从◻◻乃◻传写之讹，亦正是巢形也。日既而落，鸟已入巢，更不复如篆文于巢上更作鸟形矣'。"用鸟入巢而栖，表示晚上日所在的位置，和◻表示日落西方，有异曲同工之效。

如果说甲骨文的"东、西"是以相同思路创制的两个字，那么，"东"也应该是太阳所在的方向。正好，我们在云南少数民族的日常生活中碰到一个非常生动的例子，它可以解释这个问题。比如，傈僳族在赶路时，若要当天返回家，就在接近中午之前到达的地方，把早晚御寒用的衣服、干粮和其他暂时用不上的各种物件，打包捆绑在树上（据说是怕野兽踩踏和偷食），下午返回时经过这个地方，就在此地休息，吃点食物，然后把捆绑在树上的东西带回家中。这些东西，约定俗成，别人是不会动的，更不会顺手取走，十分保险。由此，我们判断，殷商时汉族民众的做法，应该与傈僳族的一样。所以，甲骨文的◻（东），指的就是这样的东西。在殷商时期，如果是君王征用大批民伕从事运输等工作，因为人多，捆绑在树上的东西一定会非常多。而且，这些东西上午在树上，下午便被取走，所以，捆绑在树上的东西尚在时，太阳所在的方向是东边；倦鸟归巢时，太阳所在的方向是西边。由此，用这些东西表示上午太阳所在位置，应该是十分妥当的。

这样，"东、西"不仅表示东边、西边的方向，而且也是统称各种物件的代名词。类似的这些字不仅有初义，而且还有引申出的别的意思。在这些字的基础上，人们用象形、形声、会意等方法再造新字，而使它们成为专门表示这些抽象的概念的专用字，这也应该是甲骨文的一种造字方法。

第三节 亨、享、厚及其他

享：读 xiǎng。甲骨文为 、；金文为 、、；篆字为 、。《说文解字》：亯，献也。从高省，曰象进孰物形。《孝经》曰："祭则鬼亯之。"

一说：享"象穴居之形，口为所居之穴， 为穴旁台阶以便出入，其上并有覆盖以免雨水下注，居室既为止息之处，又为烹制食物、飨食之所，引申之而有飨献之义。"以穴居之所，表示制食、飨食的意思，似有点不妥，而且"享"更多表示飨献之义，不大像引申义，存疑。（参见徐中舒的《甲骨文字典》第602页）甲骨文中有：（即），表示进食；（乡），相对跪坐而食；金文 （客），宴客。

一说："享"是在夯土台基上的建筑物形，为享祭鬼神之所。"（参见许进雄的《文字小讲》第161页）其所释之义似有道理。但金文有廟（庙）字，写作""，它好像与"享"字也没有承接关系，而且甲骨文还有一个"宗"字，写作、，《说文解字》释为："宗、尊，祖庙也。"因此，此说亦可存疑。与之相似的甲骨文有（京）、（高）、（楼）。

又一说："享的本义为男子性交抽送中的'快感'。因此有受用、享有之义，如享福、享乐、坐享其成等成语中的享字。"（参见唐汉的《汉字密码》第521页）这种说法注意到了享的上半部分与表示男性生殖器的甲骨文 、 字相似，但释义却离祭献的本义太远，此种说法仍可存疑。

我们发现纳西象形文字 与"享"有许多契合点。，方国瑜先生释为"置"也，纳西语读作 ji，以物置于地。那么，甲骨文的"享"，是否也是将祖先置于高坛之上，以享人们的祭献之义呢？

我们注意到，到小篆时"享"就分成了两个字，一个是 ，一个是 。实际上，这已经是两个不同的汉字了， 是楷书"亯"的来源，""则是楷书"享"的来源。在纳西象形文字中采取坐姿的人物形象不是祖先便是神，例如 （ol，沃神）；（luq，卢神）；（seiq，塞神）等。它们多少和汉语篆字的 字有几分相似之处。而"享"的篆字就已经去掉了神的成分，纯粹变成了一个表示置于高处的祭祀物品的字了。如果甲骨文与纳西象形文字相似，那么，（亯）便是置于高坛上的神物，（享）就是高坛上的祭品。

再则，我们还可以留意汉字甲骨文、金文的"厚"字，甲骨文写作 ，金文写作 ，篆字写作 。该字除了左上边多了一个表示大厅的"厂"外，右下边完全是享之甲骨文和金文的倒字。这个字的创造完全映证了神之下是一个土建筑或由其他材料建筑的高坛，"厚"字是甲骨文 、（享）的倒置，其把神坛调到比较重要的位置，用以表示神坛的厚实。

还有一个甲骨文写作 的"羣"字，这个字被释为给神献羊，《说文解字》："羣，孰也。从亯从羊，读若纯，一曰鬻也。"徐中舒的《甲古文字典》第602页说："经传多假羣为敦，故甲骨文之羣，王国维亦读为敦，训为迫为伐。"至此，"羣"的甲骨文也分别引出了两个汉字"孰"和"敦"。孰的偏旁"丸"甲骨文写作 ，表示持，似双手所持之形，双手可持的应该是熟的，而非活的牺牲。因此，"羣"被释作熟也应该是对的。敦字的偏旁"攴"，甲骨文写作 ，似手持武器之类的东西，应该与征伐有关，这是不是国君以已经在神前发下的誓言为凭据，来敦促和逼迫将士必伐的意思呢？"孰"和"敦"字都与祭祀神祇有关，若"敦"被训作"迫为伐"，那就不会错了。

第四节 "祖"字释义

徐中舒的《甲骨文字典》第 22 页说:"⌂、⌂、⌂、⌂,诸形均象盛肉之俎,本为断木,用作切肉之荐,后世或谓之'梡俎'。⌂象断木侧视之形,为增绘其横断面之全形,乃作⌂形或⌂形,甲骨文为契刻之便,将椭圆形断面改作⌂或⌂形。其后,俎由切肉之器……因其形近'几',故《说文》误谓⌂从几。又连俎上所荐之肉作⌂、⌂形,进而误析⌂、⌂、⌂为且、俎、多三字,涵义亦随之分化。〔释义〕:借为父祖之祖。"这话虽是徐中舒摘自唐兰载于《古文字研究》第一辑《殷墟文字二记》中的,是大师所讲,但似乎有点勉强。

我们认为对甲骨文"祖"字的创制,有进一步探讨的必要。关于甲骨文⌂或⌂的创制,不仅唐汉认为它源自男性生殖器,就是台湾学者许进雄也认为是"男子性器形,为繁殖的根源,用以表达人伦。"(参见许进雄的《文字小讲》第77 页)

若参照纳西象形文字,"祖"便可见其端倪。纳西象形文字的"祖父"写作⌂,"祖母"写作⌂,这两个字外边画的是男人和女人的坐相,字中的符号,祖父的是表示男性生殖器,读作 pv,是公母的"公"的意思,代表男人;祖母的是表示蕨菜加上点,正如清明前后,山上到处生长的蕨菜芽,读作 zzee,也是纳西语滋长、增加的意思。在东巴经中"祖父"前可加⌂,写作⌂⌂(祖父);"祖母"前可以加上⌂⌂作为衬词,写作⌂⌂⌂(祖母)。以上纳西象形文字祖父、祖母读作"zzee laq e pv, cee heeq e zzee",直译成汉语就是树枝祖父,多叶祖母,所加的这两个衬词,与汉语直接对应的就是"枝繁叶茂"这个成语,落脚点是生殖和繁衍。可见,纳西语中以阿普、阿孜对祖父母等长辈的称呼,对应的纳西象形文字的含义分别是男性和女性的性器官。因此,汉字甲骨文中用生殖器表示"祖先"的祖，也是极有可能的，我们认为唐汉和许进雄对"且"的解释从字形上看极其逼真，因而可能是正确的。

第五节　数词释义

在纳西象形文字中，一到九的数字分别写作：**7**（一，读作 ddee）、**11**（二，读作 ni）、**111**（三，读作 seeq）、**11**（四，读作 lu）、**111**（五，读作 wa）、**111**（六，读作 chual）、**1111**（七，读作 sher）、**1111**（八，读作 hol）、**111**（九，读作 ggv）。这种写法是非常直观、非常容易明白的，只是写和读时要费一点工夫而已。

我们知道，甲骨文的一至四分别写作 **一**、**二**、**三**、**三**。虽然其横画与纳西象形文字的写法不同，但在表示数字方面，它们没有根本的区别。甲骨文的数词，只有到四以上，才显得复杂起来，正因为这样，也就有了对甲骨文数词的不同解释。

我们通过徐中舒主编的《甲骨文字典》，将五到九的甲骨文做一番简单的介绍，为了节省篇幅，所有的甲骨文便不一一抄录，有的释义也不完全照抄，只是注明所介绍之字在《甲骨文字典》中的页码，以便研究者进一步查阅。

五，甲骨文写作 **X**、**X** 等，《甲骨文字典》说：甲骨文的五，是丝线交午（错）形，只是保留了丝线交午的部分，午的本义是交午（交错），数词"五"是午的假借字。（《甲骨文字典》第 1528 页）

六，甲骨文写作 **介**，指的是野地中用两根柱子顶起屋顶的茅庐，数字"六"是假借庐字。（《甲骨文字典》第 1529 页）

七，甲骨文写作 **十**、**十**，横线上加一小竖段，会切断横画之义，是"切"的会意字，自专指七后，不得不加刀，造出形声字"切"。（《甲骨文字典》第

1529 页)

八，甲骨文写作)(、)(、)(，《说文解字》："八，别也，象分别相背之形。"数字)(为"分"的假借字。(《甲骨文字典》第 67 页)

九，甲骨文写作 𝄪、𝄪，象曲钩（钩）之形，"鉤"字古作"句"，与"九"字同音，故"句"得借为"九"，说白了"九"就是"勾"的假借字。(《甲骨文字典》第 1531 页)

唐汉先生所著的《汉字密码》却有不同的看法，他认为，"向人表示数量，除了语言外，最直观而实用者非手指计数莫属，正如郭沫若所说：'数生于手，古文一、二、三、四作 ━、═、三、三，此手指之象形也。'实际上，五、六、七、八、九、十也源自手势语言。"（唐汉：《汉字密码》，第 836 页）。中国各民族大多有用手指表示数字的习俗，而且，这种习俗相传至今，我们基本上同意唐汉的说法，但在表示方法上有所不同，现分述于下以供参考：

（"一"的手势 ）、（"二"的手势 ）

（"三"的手势 ）、（"四"的手势 ）

五，甲骨文写作 𝕏，拇指压在四指之上握拳作手指交叉状，用整只手的手指表示数字五。

（"五"的手势 ）

六，甲骨文写作 ⋔，如唐汉所说伸出小指和拇指，形成 ⋔ 形，拇指如珠算上的上珠表示五，加上小指就是六。

（"六"的手势 ）

七，甲骨文写作 ╋、╂，应该是竖上有一小横，伸出拇指、食指和中指和手掌一起形成 ╂ 形，食指、中指和手掌是竖线，拇指是横线，拇指表示五，两小指表示二，是数字七。

（"七"的手势 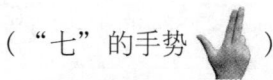 ）

八，甲骨文写作)(、l \、l l，伸出中指、无名指、小指，与拇指形成八字的两边，形似八，而三指加拇指（表示数字五）成为八。

（"八"的手势 ）

九，甲骨文写作 ✗、ξ，伸出四个手指，作半握拳状，向下形成勾形，加上展开的拇指，便成为甲骨文的"九"字形，四个手指是四，拇指算五，合起来便是数目九。

（"九"的手势 ）

注意：从五到八的手势皆为往上举，到九则手掌朝下，这与以后表示十以上的数字有关。

十，甲骨文写作 l，徐中舒的《甲骨文字典》认为："l 为古代算筹，竖直一筹表示数量十，以与横置之算筹一区别。

（"十"的手势 ）；

卜辞中十的五倍以上数字，皆置倍数于十之下合写，如五十作 ⊥，六十作 ⋏。"（见徐中舒的《甲骨文字典》第 218 页）

（"五十"的手势 ）、（"六十"的手势 ）

纳西象形文字的"十"写作 ✗，可以看作两手之交叉，但是"百"又写作 十，为了免于混淆，有时加上一穗稻谷写作 ✦，以注其纳西语之"百"之 xi 音。

十，唐汉认为甲骨文 l，是人握紧拳头，与手臂形成的 l，表示十之数字。

（参见《汉字密码》第843页）。我们以为然。

百，甲骨文写作 、。徐中舒的《甲骨文字典》第384页说："，从一从 （白）， 为古容器，复加指事符号'∧'，遂为表示数目之百。《说文》：'百，十十也。从一白'。"唐汉认为白的物象起源，来自于大拇指的指甲盖∧、△形符号，表示十个十。（唐汉：《汉字密码》，第848页）。

（"百"的手势 ）

我们认为，古人将大拇指压在手指所握的拳上，以左右摆动来表示十个十成百，并取大拇指的白色指甲盖来称"百"，其中的∧和△只是指甲盖所形成的自然纹路，并无其他意思。

千，甲骨文写作 、，徐中舒的《甲骨文字典》第218页说："'千，十百也。从十从人'，甲骨文从一，（人）声。以一加于人，借人声为千。又甲骨文以加数目字于千字中表示数千，如二千作 ，五千作 ，等等。"。

我们认为，甲骨文的"千"来自队列，排成行的军队，从本人下往外画表示队列中的众多之人，因此，"千"在人下加一横，一横表示众多队列中的人。

纳西象形文字的千写作 （读 dvq），它是 （拾）和 （百）所组合成的字，它与甲骨文的"千"来源有所不同，但是纳西象形文字的数字"万"却还可以给我们一点启示。纳西象形文字的数字"万"，有两种不同的写法和读音，一种写为天上的星星 ，以表示为数众多，亦读"星"，音 geeq。另一种则用 （天）来表示万之大，亦读"天"（mee）的音。因此，我们是否可以认为甲骨文用人表示数字千，也有人口众多这种考虑。而人下边这一横，可能就是人们用手势表示队列中人口众多的指事符号。

我们认为数字萬（万），是站立的人，翻手指地下，表示地下众多的昆虫，并以常见或有代表性的蝎子作为字符。万，甲骨文写作 、、 等，徐中舒的《甲骨文字典》第1532页说："《说文》：'万，虫也。从厹，象形。'罗振玉谓象蝎形，不从厹。”不论 🜪 是蝎子还是其他什么昆虫，从数量上说它们总比大地上的人多，故用地上的昆虫表示“万”，和纳西象形文字用天上的星星表示“万”，有异曲同工之效用。

第六节 “公”与“私”及其他

公，甲骨文写作 🜪、🜪 等，《甲骨文字典》认为：🜪 “象甕口之形，当为甕之初文，卜辞借为王公之公。”（徐中舒：《甲骨文字典》第 71 页）。“甕”又写作瓮，因此，此说似乎有道理。但是，“公”的意思有公共、共同等。如甲骨文卜辞中的 🜪、🜪，《甲骨文字典》释作“公宫”，好像是大众之宫，瓮口和“公共”“大众”似乎没联系。于是，有人提出疑义说：“公是个会意字，甲骨文从口（器皿），从八，会平分器皿中东西之意。”《参见《图说细说汉字》第 76 页》。这种说法来源于许慎的《说文解字》：“公，平分也。从八，从厶。八犹背也。韩非曰：‘背厶为公’。”（参见《〈说文解字〉今释》第 161 页）。

但是，这种说法好像也难以说服众人。于是有人大胆地提出，“公”是个象形字，像男人的肛门。甲骨文厶上的八恰似臀部的两个部分，下边的口或 🜪 像肛门的形状。（参见唐汉的《汉字密码》第 494 页和 882 页）。其实，人类的肛门，恐怕没有男女之别，应该是人类男女共有的东西，所以，“公”便有了公共、普遍等意义。

私，甲骨文写作 🜪、🜪、🜪 等，《甲骨文字典》将此字释为“㠯”，说：“甲骨文㠯字作 🜪、🜪，为耜之象形字，即耜之本字。金文作 🜪，为《说文解字》篆文所本，㠯为用具，故卜辞借为以字，又甲骨文 🜪 🜪 像人用耜形，金文讹为 🜪（口似鼎）、🜪，篆文 🜪（以）即从此出。”（参见《甲骨文字典》第 1592 页）。实际上，甲骨文中还有一个用耒耜的象形会意字“耤”，甲骨文写

作 🝙、🝙（象侧立推耒，耒举足刺地之形）。耒耜，耒乃上半部分，耜乃下半部分，"耤"对耒和耜都有比较生动的描绘，所以将不像耜的 � 释为耜，可能有错。

唐汉在《汉字密码》第881中，将 ⅂ 释作打猎用的绳套，他还释义说，因绳套所得的猎物归私人所有，故释为"私"，"私"的禾旁是后来加上的。他把甲骨文 ⅂、ⅼ、ⅼ 等释作"厶"（"私"的初形）是对的，但把它说成是打猎用的绳套，似乎有点牵强。

在纳西象形文字中也有与此相似的字，可以作为参考。如"白"写作 🝙（读 perq），像白色的乳汁；"雨"写作 ⅲ（读作 heeq），像雨滴的样子；"血"写作 ⅼ（读 sai）；"母乳"写作 Ⴤ（读作 nil ni）。这些都像是液体流到地上反溅起来的样子。因此，我们比对纳西象形文字，大胆地猜测甲骨文的 ⅂、ⅼ、ⅼ 等是表示女性蹲下排便时尿液流到地下的样子。如果说，人类男女的肛门有共同性，那么女性蹲下排便就可以被认为有一定的隐秘性，是女性才有的行为。因此，它除代表女性而外，还包含有私密、局部的意思。因此，甲骨卜辞中的 ⅂、🝙 是"私众"（秘密地率领众人）的意思。🝙 是"厶羌"（部分羌人）的意思；⅂🝙 是"私雨"（局部有雨）的意思。

参照 🝙（溺，人站着排尿的形状）和 🝙（屎，人拉屎的形状），用 ⅂ 表示女人方便的情形，创制具有多种含义的"厶"字，也不是没有可能的。如果是这样，我们就可以破解甲骨文的一个迷了。《甲骨文字典》的第680页的 🝙 字，〔解字〕说：从之在 🝙 上，所会意不明。第136页的 ⅼ、ⅼ、ⅼ，〔解字〕说：从止从 ⅂，所会意不明。第681页还有被注明"乙四五六九"的甲骨卜辞：🝙 ⅂🝙……🝙……🝙🝙……🝙。

甲骨文 、 被释作"出"，像人穴居外出之形。那么，根据字形，、 可能就是"趑趄"两字的初文，《说文解字》走部趑趄一条曰：行不进也。趑，从走，次声。趄，从走，且声。朱骏声的《通训定声》说：此二字后出。趑趄者双声连语。《易·夬》："其行次且。"

其实"趑趄"二字的甲骨文应该就是 和 。 是从 （之）从且，（之）是由此出发或由此前往的意思，"且"字在后，意思便是无法前行，（止）是行进之中， 字释为"私"，便是因私而无法前行。因两字较复杂，便借用同音字"次且"，以表音。

第七节　"曹"的初文

徐中舒的《甲骨文字典》第 99 页的 字，〔解字〕说："从口从 （益），《说文》所无。从辞例观之， 每每连言，疑用如蒙。《易·明夷》：'以蒙大难。'蒙为遭受之义，"〔释义〕："遭遇也。"甲骨文 、 等都读 zāi，从才从戈，是伤害的意思， 是蒙受伤害的意思，也就是遭难。

关于 字的上半部分 ，唐汉释作女性生殖器，下半部分如上文所释是人的肛门。甲骨文的 ，是将阴部和肛门合在一起。这并不奇怪，纳西象形字 ，读作 mei，是雌性生殖器的写照。纳西象形字中的 ，用途广泛，可以作为语气助词，也可以作为雌性符号，表示"母亲""妈"，谁也不会觉得忤逆，只不过作为一个普普通通的字，正常地书写和读诵。不像纳西象形字的 （读 lai），和甲骨文的 ，因写得太逼真，以及应用不广泛而被人们忘记。

唐汉将 字作为女性生殖器，源于甲骨文的 字，他认为此字应该读作

"育"，是生育的育，此字下半部分是女性生殖器，上边是表示婴儿的字符，是小孩从女性生殖器中生育出来的样子。他还说："如果转向 180 度，上下倒置转过来看，则与'毓'字在字形上有异曲同工之妙。"（参见唐汉的《汉字密码》第 536 页）。

甲骨文的"毓"写作 █、█、█，《甲骨文字典》第 1582 页〔解字〕说："从 █（女）从 █、█，█、█ 为倒子形，█ 或作 █（人），█、█ 或作 █、█ 并同。象产子之形，子旁或作数小点乃羊水。与《说文》育字或体 █ 形略同。或省人形作 █，同。母系氏族之酋长乃一族之始祖母，以其蕃育子孙之功，故以毓尊称之，后世承此亦称君长为毓，典籍皆作后。王国维谓后字本象人形，厂当即 █ 之讹变，口则倒子形之讹变也。按王说可从。又子及倒子位于人后，故引申为先后之后。"

从唐汉陈述"育"字的来源看，他认为"毓"和"育"是意思相同而造形不同的两个字。先前"毓"和"育"都表示妇女生育，但到现在，除了一定程度上保留着共同点外，各自引申出许多不同的、彼此不能替代的意思。如果真是这样的话，"毓"和"育"在产生时也应该是有些差别的，只是我们没去认真观察而已。

《甲骨文字典》第 1579 页把 █ 解作"从子从 █，即 █（錏）省形（《辞海》将铔（yā）释为铔鍜，是保护颈部的一种铠甲），█ 象无盖之豆中祭品香气升腾之形，子为祭祀之尸，故会薦飨神尸之意。"此字因《说文解字》所无，因此，找不到与 █ 相应的篆字和楷书，甚至应该读什么也不知道。

在《说文解字》中，有个与这个字比较相似的字，写作 █。《说文解字》："也，█，女阴也。象形。█，秦刻石也字。羊者切。"汉朝的许慎看到秦刻石，应该不会错。在大理剑川，有一个女阴崇拜的地方，叫作"阿也白"，这里的石头上有像女阴的东西，剑川的"也"和《说文解字》的"也"，可能就是同一个"也"字，应该就是现在的"阴"。其实，它和纳西象形文字的 ⊻ （女阴，mei）也有相似的地方。那个篆字 ⸾，说不定就是从甲骨文 ⎇ 脱胎出来的，而金文 ⸾、⸾ 的像尾巴的东西，则更像是动物产仔之后仍挂在阴囊上的胎盘。这样，《甲骨文字典》把 ⸾ 释作祭祀神尸的意思，就不能成立了。⎇（也）也不是钺，而是女阴。

如果真是这样的话，那么徐中舒的《甲骨文字典》第 99 页的 ⸾ 字，应该就是"曹"字，罗振玉在《增订殷墟书契考释义》中说"（甲文）从口从日同意。"女阴和肛门在一起，自然是同槽，两个不同的东西在一起也表示遭遇。因此，"曹"字加木便是"槽"，加上走之旁便是"遭"，而《甲骨文字典》第 500 页释曹的初文为 朁，〔解字〕："从 棘，从 ⎍，与《说文》曹字的篆文略同"。《说文解字》："曹，狱之两曹也，从棘，在廷东也；从曰，治事者也。"《说文解字》以汉制为解说依据，不可信。《甲骨文字典》认为"朁"为"曹"之初文，似不可信，那么，将 ⸾ 作为"曹"的初文又会怎么样呢？

第四章　汉字甲骨文和纳西象形文字比对

第一节　天地自然

天
地
自
然

天　土　自　然
tiān　dì　zì　rán

mee　leel　seef　goq

1. 甲：　　金：　　篆：　　　　　天 tiān

会意字，本意是天。甲骨文的下边"大"字像人，人头上的方框象征天。金文将方框改成一横。篆字承接金文，只是写得整齐一些。

纳西文： 　　　　　　　　　　　　mee（天）

象形字。纳西文写作天似穹隆，覆盖大地，写作天的模样。

2. 甲：　　　　金：　　　　篆：　　　　雷 léi（霝）

指事字。甲骨文中曲线像闪电，两边的圆圈象征雷声。金文上部加了雨字头，雷变成四个车轮，表示雷声滚滚的意思。篆字省去闪电和一个车轮，写得较整齐。《说文解字·雨部》："霝，阴阳薄动雷雨，生物者也。从雨，畾象回转形。"

纳西文： 　　　　　　　　　　　　mee ggv（雷）

会意字。纳西文上部写作天，下部的箭矢似闪电形，喻雷击如箭矢，可危害于人及其他生物。

3. 甲：　　　　金：　　　　篆：　　　　春 chūn

会意兼形声字。甲骨文左边两头像草，中间是太阳，右边像萌发的草木，表示草木萌发的春天。金文将太阳移到右下角，把草移到上边。篆字又把太阳移到左下角。《说文解字·日部》："春，推也。从艸，从日。艸春时生也。屯声。"

纳西文： 　　　　　　　　　　　　nieq（春）

会意字。纳西文写作春天多风的样子，故以天下有风表示春天。

4. 甲：　　　　金：　　　　篆：　　　　雨 yǔ

象形字。甲骨文一形像天上落雨的形状，二形加一云层。金文承一形，篆字承二形，文字化。《说文解字·雨部》："雨，水从云下也。一象天，冂象云，水霝（落）其间也。"

纳西文： 　　　或　　　　heeq ggee, ruq（下雨或夏）heeq（雨）

会意或象形字。纳西文一形写作天上落下雨滴的样子，表示下雨或多雨的夏季。二形写作从上落下的雨滴，表示雨水。

5. 甲：　　　　篆：　　　　秋 qiū

会意字。甲骨文上边像蟋蟀之形，秋高而蟋蟀鸣，借以表示庄稼成熟的秋天，庄稼成熟而焦黄，故下边用火加以示意。用蟋蟀和火表示庄稼成熟的秋天。我国台湾文字学家许进雄认为，秋天有蝗灾，用火诱蝗而除之。

纳西文： 　　　　　　　　　　mee ceel（秋天）

会意字。纳西文写作天下有花，表示百花盛开的秋天。

6. 甲：　　金：　　篆：　　冬 dōng

会意字。甲骨文像纺锤上丝线已尽，只留下一点线头，表示终了。金文一形变圈为点，二形加日，表示一年四季的终结，即冬。篆字将日变成冰，表示结冰之时。《说文解字·冫部》："冬，四时尽也。从 ，从夊。夊，古文终字。"

纳西文： 　　　　　　　　　　sei（终）

象形字，纳西文写作一小段再也无法使用的线头，表示线已用尽，终了，完了。

纳西文： 　　　　　　　　　　mee cee（冬天）

会意字。纳西文写作天下有雪花，表示下雪的季节。

7. 甲：　　金：　　篆：　　日 rì

象形字。甲骨文写作太阳形状，中间一点表示有光。金文与甲骨文同，篆字文字化。《说文解字·日部》："日，实也。太阳之精不亏。从口一。象形。"

纳西文： 　　　　　　　　　　bbiq 或 ni mei（日）

象形字。纳西文写作太阳的形状，中间小圆圈及线条表示太阳有光。

8. 甲：　　金：　　篆：　　阳（昜）yáng

会意字。甲骨文上边像日，下边像日射出之光，会意作日出之光。《说文解字·勿部》："昜（yáng），开也。从日一勿（阳光从云层射出之形）。"

纳西文： 　　　　　　　　　　bbaq（阳光）

象形字。纳西文写作太阳和太阳射出的光线，除了太阳中的光，还在外边加上光线，这里表示阳光。

9. 甲：👁　　　金：👁　　　篆：👁　　　照 zhào

会意字。从日从至。甲骨文写作箭射在地上，下边是日，金文则只有箭和日，《说文解字》："照，明也。从火，昭声"表示日出，万物生长。本义为照耀，照射。

纳西文：👁　　　　　　　　　　bbaq kail（照耀）

形声字。纳西文上边写作太阳光，下边是待发的箭，表示"射"（kail），以表其第二音。与甲骨文形态相似，意思也相同。

10. 甲：👁　　　金：👁　　　篆：👁　　　朝 zhāo cháo

会意字。甲骨文左边像日出草中，右边是月亮，表示日刚出，天上还有月亮。金文将月讹为水，可视作朝露。篆字已讹成什么也不像。朝，本义为早晨，因古代臣下拜见君王都在早上，故称朝见，进而引申出朝廷、王朝、朝向等词。

纳西文：👁　　　　　　　　　　soq（早晨）

形声字。纳西文上边写作太阳光，像太阳刚出的样子，下边写"大称"（so），以注其音。

11. 金：👁　　　　　　篆：👁　　　昼 zhòu（晝）

会意字。金文下边像太阳，上边像手拿笔在画，表示白天黑夜的界线。篆文改从画省，含义相同。《说文解字·畫部》："昼，日之出入，与夜为界。从畫省，从日。"本意为白天。

纳西文：👁　　　　　　　　　　nil（白天）

形声字。纳西文写作太阳，再用滴着乳汁的奶头（nil）表其声。

12. 甲：👁　　　金：👁　　　篆：👁　　　莫 mù mò（暮）

会意兼形声字。甲骨文像四棵树中的太阳或四丛草中的太阳，表示日落于树或草，是暮的本字。金文和篆字承接甲骨文二形，篆字文字化。《说文解字·茻部》："莫，日且冥也。从日在茻（草）中。"本义为日落的时候。从日落时引申作晚、暗。再由昏暗无边引申为广大无边，后虚化作否定词。本义另加义符"日"作"暮"来表示。

纳西文：⊞　　　　　　　　　　　　　ni mei ggvq（日落）

象形字。太阳落下，日暮。太阳的光线已经消失，表示太阳已落，昏暗无光。

13. 甲：　　　　　　篆：　　　　昏（婚）hūn

会意字。甲骨文下边像太阳，上边像人，会太阳降落到比人还低的位置之意。篆字文字化。《说文解字·日部》："昏，日冥也。从日，氐省。氐者，下也。一曰：民声。"本义是日落黄昏。因古代婚礼常在黄昏举行，故引申指结婚。后另加义符"女"表示"婚"。

纳西文：　　　　　　　　　　　　　　bbiq ggvq（日落）

象形字。纳西文写作日落于山，其特征为光线朝下，表示太阳的走向。

14. 甲：　　　金：　　　篆：　　　旦（暨）dàn

指事字。甲骨文上边像太阳，下边是太阳在水中的影子，表示早晨太阳刚刚升起。金文将日影填实。篆字将日影讹成横。《说文解字·旦部》："旦，明也。从日见一上。一，地也。"本义是早晨日出，引申指早晨，又指农历每月初一。暨，从旦，既声，有日初露、至、和等义。

纳西文：　　　　　　　　　　　　　　bbiq tv（日出）

会意字。纳西文写作太阳从山崖上升起，其特征为光线朝上，表示太阳运行的方向。

15. 金：　　　　　　篆：　　　　阴（陰）yīn

形声字。金文左边像攀登阶梯，表示高坡，会意作日有所阻，右边是今（伸舌舔酒），表其声。篆字一形加雨字头，从云今声，表示日被云遮住，会意作阴天。篆字二形从金文，写得较整齐。《说文解字·阜部》："阴，暗也；水之南，山之北也。从阜，会声。"

纳西文：　　　　　　　　　　　　　　mee zza（阴天）

象形字。纳西文写作天被云遮蔽，表示阴天。

16. 甲： 篆： 晕 yùn yūn

会意字。甲骨文中间像太阳，周围似被云气所包围，表示在太阳和月亮周围形成的光圈。篆字太阳在上，军（军营战车相围）在下表义兼表其声。《说文解字·日部》新附："晕，日月气也。从日，军声。"本义为日月周围的光圈。以日晕引申指头有旋转感觉的昏迷，模糊不清等，读 yūn。

纳西文： ni mei ji nee lvl（日晕）

象形字。纳西文写作太阳被云气所包围，表示日晕在太阳旁形成的光圈。

17. 甲： 金： 篆： 明 míng

会意字。甲骨文左边像窗棂，右边像明月，表示月光从窗棂照进来，会意作光亮、光明。金文和篆字相同。《说文解字·明部》："朙（明），照也。从月从囧。"本义为光明。从光明引申出明朗、明白等义。

纳西文： bbu（明、亮）

会意字。纳西文写作太阳和月亮的光芒相互辉映，表示光明、光亮。

18. 甲： 金： 篆： 月 yuè

象形字。甲骨文和金文像半月之形，中间一点表示月光。篆字承接金文，文字化。《说文解字·月部》："月，阙（缺）也。太阴之精。象形。"本义指月亮，也指月光，因月相变化从圆到缺的周期为一个月，故引申指月份。

纳西文： leiq 或 hei mei（月亮）

象形字。纳西文写作月亮的模样，其特征为缺口在上，纳西口语是"月亮"（hei mei），古语读（leiq）。

纳西文： hei（月份）

转注字。纳西文写作月亮，转注月份，其特征为缺口朝左。

19. 金： 篆： 夜 yè

形声字。金文大字像人，点表示腋下，右边月亮在人腋下，表示很晚，并用亦（腋）表其声。篆字承接金文，写得较整齐。《说文解字·夕部》："夜，舍也。天下休舍也。从夕，亦省声。"本义指天黑到天亮人们普遍休息的这一段时间。

纳西文： 　　　　　　　　　　　huq（夜）

会意字。纳西文写作月亮倒置，并以黑色表示黑暗。

20. 金： 　　　篆： 　　宵 xiāo

形声字。金文上边是房子，房子里边是肖（细小的肉丁），以表其声。篆字承接金文，写得较整齐。《说文解字·宀部》："宵，夜也。宀下冥也；肖声。"本义是夜晚，若宵、夜并提时，宵指前半夜。

纳西文： 　　　　　　　　　huq ko（半夜、深夜）

形声字。纳西文上边为覆月，无光，表示夜，下边为"角"（ko），注第二音。表示夜已很深，已是半夜三更。

21. 甲： 　　　篆： 　　冥 míng

会意字。甲骨文下边像双手，拿着一块布，将天上的星星蒙住，表示星空像被布蒙住一样昏暗。篆字将双手讹为六，将星改成日。《说文解字·冥部》："冥，幽也。从日，从六，冖（幎）声。"

纳西文： 　　　　　　　　　naq fvl（黑暗）

会意字，纳西文为发光的星星变黑，表示黑夜星月无光。

22. 甲： 　　金： 　　篆： 　　星（曐）xīng

形声字。甲骨文像群星，中上部位加声符"生"。金文变成了生字上加三颗星。篆字一形承接金文，二形省去两星。《说文解字·晶部》："曐，万物之精，上为列星。从晶，生声。一曰：象形。"

纳西文： 　　　　　　　　　geeq（星）

象形字。写作组成品字形的三颗星星，一般指恒星，有时也泛指天上所有的星星。

23. 甲： 　　　　篆： 　　晶 jīng

象形字。甲骨文像天上的三颗星星，星中黑点表示光。三为众，故表示闪闪群星。篆字将星讹为日，并写整齐。《说文解字·晶部》："晶，精光也。从三日。"本义指星光。

纳西文：𖤓　　　　　　　　　　　　　　　　bbu（亮）

象形字。纳西文写作星星及星星发出的光芒，指星光或光亮。

24. 甲：𦥯　　　金：𦥑　　　篆：曑 曑　　　参（曑）cān shēn

会意字。甲骨文下边像人形，头上有三颗星，特指参宿三星。金文另加义符彡，表示星光。篆字变成了从晶，㐱（zhēn）声。《说文解字·晶部》："曑，商，星也。从晶，㐱声。"

纳西文：∘∘∘　　　　　　　　　　　　　　see toq（参星）

象形字。纳西文写作三颗并排的星星，特指参星座。

25. 甲：𠈃　　　金：𠈃　　　篆：光　　　光 guāng

会意字。甲骨文下边像跪着的人，上边是火，表示人头上顶着火照明，表示光明，光亮。金文和篆字承接甲骨文。《说文解字·火部》："光，明也。从火在人上，光明意也。"

纳西文：𖤐　　　　　　　　　　　　　　　bbu（光）

指事字。纳西文写作正在燃烧的火，火上加一排圆圈，特指火中发出的光亮。也可以读作"mi bbu"，火光。

26. 甲：𣏟　　　　　　　　　篆：彗 彗　　　彗 huì

象形字。甲骨文像两把并排而立的扫帚。篆字在两把扫帚下加了一只手，成为持帚的会意字。《说文解字·又部》："彗，扫竹也。从又，持甡（shēn 众生）。"本义为扫帚，比喻像扫帚一样的彗星。

纳西文：𐚇　　　　　　　　　　　　　　　geeq mai perq（彗星）

形声字。纳西文写作长着尾巴的星星，指彗星。

27. 金：電　　　　　　　　　篆：電　　　电（電）diàn

会意字。金文上边像云层下的雨，下边是申，像闪电。表示雨中的电光。篆字承接金文并写得较整齐。《说文解字·雨部》："电，阴阳激燿也。从雨，从申。"

纳西文： 𤼌　　　　　　　　　　　　　ggai mieq ceil ddol（电光闪烁）

象形字。纳西文写作天上电光四射，表示闪电。

28. 甲： 𠂤　　金： 乙　　　篆： 申　　　　申 shēn

象形字。甲骨文和金文形状像闪电，篆字将电光拉直。楷书变成电、申二体。申，加义符人旁，变成伸，伸长的意思。加义符"示"成神。申由舒展引申出陈述、说明等义，又借以表示地支第九位。

纳西文： 𖼢 𖼣　　　　　　　　　　ciul 或 ggai mieq（闪电）

象形字。纳西文一形像天空中电光的形状，二形像电光闪出的火光。两形均可读作 ciul 或 ggai mieq。前者为古语，后者为现代口语。

29. 甲： 𖼡　　　篆： 虹　　　　　　　　虹 hóng

象形字。甲骨文像天上的长虹，两头又像饮水的龙头。篆字将其改为虫形，工为声部。《说文解字·虫部》："虹，螮蝀也。状似虫。从虫，工声。"（螮蝀，读 dì dōng，虹）

纳西文： 𖼤　　　　　　　　　　　gvl jjiq（虹）

象形字。纳西文写作天上的彩虹，两侧有头，似在吸水。口语称：mee leel heel jjiq teeq，意思是挂在天地间饮海水的（虹）。

30. 甲： 𠃉　　金： 𠃌　　　篆： 雲　　　云（雲）yún

象形字。甲骨文和金文像天空中的云彩，篆字加雨头，将云朵文字化。《说文解字·云部》："云，山川气也。从雨，云。云象云回转形。云，古文省雨。"

纳西文： 𖼥 𖼦　　　　　　　　　　jiq（云）

象形字。纳西文两形皆像天上的云彩。根据云在天空中的不同形状，还有其他多种写法，但都像一朵白云。

31. 甲： 三　　金： 𠀁　　　篆： 气　　　气 qì

象形字。气与云同源，甲骨文像云层形，金文与篆字稍加弯曲，像气流流动的形状。《说文解字·气部》："气，云气也。象形。"引申泛指气体、气息等。

纳西文：〣〣〣　　　　　　　　　　　　　sal（汽、气）

象形字。纳西文像袅袅升腾的蒸汽，泛指各种气，包括天气、地气、空气等。

32. 甲：羽、霝　　　　篆：霝　　　雪 xuě

象形兼会意字。甲骨文是雨中有雪，其中羽毛状的东西表示鹅毛大雪。篆字上部是雨字头，下部将雪片改成彗（手持帚），象征可扫之雨。《说文解字·雨部》："霝，凝雨，说（悦）物者。"

纳西文：ㄨㄨ　　　　　　　　　　　bbei（雪）

象形字。纳西文写作三朵雪花，像天上落下的雪花。

33. 甲：品　　金：霝　　篆：霝　　霝（霖零）líng

象形字。甲骨文像天上落下大雨，金文上边加了一个云层。篆字写得较整齐。《说文解字·雨部》："霝，雨零也。从雨，〇〇〇象霝形。"又《说文解字·雨部》："零，余雨也。从雨，令声。"霝，本义指大雨。霖，本义指久下不止的雨。零，本义指零星的雨点。

纳西文：ㄥㄥㄥ　　　　　　　　　　heeq naq（大雨）

形声字。纳西文写作三滴雨点，其中一滴加一黑点，表示"黑"，是大的意思（naq），以表其第二音。

34. 甲：融　　金：融　　篆：融　　融 róng

形声字。甲骨文下边一横表示土，中间像生长的植物，上边像虫，表示春气升腾，植物初生、蛰虫蠢动的样子。金文作土，留虫。篆文改为鬲（锅），虫声，成了蒸汽升腾。《说文解字·鬲部》："融，炊气上出也。从鬲，虫省声。"本义指蒸汽升腾。冰雪消融之后蒸汽升腾，由此引申出融化、融合、流通等义。

纳西文：〰〰　　　　　　　　　　lee sal（地气）

象形字。纳西文写作地上蒸汽升腾的样子。表示冉冉上升的地气。也指晴天远处的烟岚，纳西语读 chvl lv。

35. 甲：⬠　　金：🕴　　篆：土　　　土 tǔ

象形字。是社（土地神）的本字，似撒土为堆，表示祭拜土地神，金文将土堆改成黑点，篆字改成横。《说文解字·土部》："土，地之吐生物者也。二象地之下、地之中，物出形也。"

纳西文：〰〰　　　　　　　　　　　ddiuq（大地）

象形字。纳西文写作厚土之形，表示大地，有时也与土地相混。

纳西文：〰〰　　　　　　　　　　　zhee（土）

象形字。纳西文写作地，地上的黑点象征泥土。

36. 甲：田田　　金：田田　　篆：畕畺　　疆（畕）jiāng

会意字。甲骨文像相邻的两块田，金文一形与甲骨文相同，二形给出田间界线，篆字承接金文。《说文解字·畕部》："畺，界也。从畕，三，其界画也。疆，畺或从彊土。"本义为田界。

纳西文：⬜⬜　　　　　　　　　　　lee bbu（田埂、田界）

形声字。纳西文下边写作地，上边用坡（bbu）注其第二音，表示田埂，也是田界。

37. 甲：田　　金：田　　篆：田　　　田 tián

象形字。甲骨文像连在一起的分割整齐的田块形，金文由甲骨文的多块变成四块田，篆字从甲骨文。《说文解字·田部》："田，陈也。树谷曰田。象四口；十，阡陌（纵横线）之制也。"本义为耕种的田地。

纳西文：⬜、⬜　　　dder lee（肥田）keeq lee（开荒地）

会意字。纳西文一形为禾草茂盛之形，表示施肥种庄稼的肥田；后一形上边有地上挖出的草皮，指新开的荒地。

38. 甲：⛰　　金：⛰　　篆：山　　　山 shān

象形字。甲骨文像连在一起的三座山峰，金文填实后不太像山，篆字承接金文，线条化。《说文解字·山部》："山……有石而高。象形。"

纳西文：　　　　　　　　　　　　　　　　jjiuq、zzeeq（山）

象形字。纳西文一形写作一座孤峰，二形是紧靠在一起的三座山峰。纳西口语称山为"jjiuq"，古语为"zzeeq"。

39. 甲：　　　金：　　　篆：　　　厂 hǎn，chǎng

象形字。甲骨文像向外突出的山崖形，金文略简或加义符"干"（防护），篆字承接金文一形。《说文解字·厂部》："厂，山石之厓岩，人可居。象形。"本义为山崖。因字像一面墙之屋架，故引申指工厂的厂。

纳西文：　　　　　　　　　　　　　　aiq（山崖）

象形和形声字。纳西文一形写作一座山崖的形状。二形在山中写"鸡"（aiq），以注其音。

40. 甲：　　　金：　　　篆：　　　宕 dàng

会意字。甲骨文外围像房屋，里边像山崖下的石块形，会意作房屋似的山洞，金文和篆字承接甲骨文。《说文解字·宀部》："宕，过也。一曰：洞屋。"本义为如房屋一样的山洞，引申作宽广、放纵、飘荡、穿过、拖延等义。

纳西文：　　　　　　　　　　　　　aiq ko（山洞）

形声字。纳西文写作一山崖，其中用"鸡"（aiq）注其第一音，山崖旁写一对角，用"角"（ko）注其第二音。是崖洞也是山洞。

41. 甲：　　　金：　　　篆：　　　丘 qīu

象形字。甲骨文像两座小山包形，金文稍讹，篆字地上变成了北（二人相背）。《说文解字·丘部》："丘，土之高也，非人所为也。从北，从一。"此据篆字所释义，篆字是甲骨文山丘之讹。

纳西文：　　　　　　　　　　　　　　we（山丘）

象形字。纳西文像两个小山包组成的山丘形，凡是小山都可以称作"we"。

42. 甲：　　　金：　　　篆：　　　石 shí

象形字。甲骨文像山崖下的石块形。金文和篆字承接甲骨文。《说文解字·

石部》："石，山石也。在厂之下；口，象形。"本义为岩石。

纳西文：　　　　　　　　　　　lv（石头）

象形字。纳西文写作磊在一起的一小堆石头，在祭祀活动中常用这种石头作祭神的董沈石（规矩 ddu seiq）。

43. 金：　　　　篆：　　　沙 shā

会意字。金文左边是水，右边是细碎的微粒。表示河水冲刷形成的沙粒。篆字承接金文并文字化。《说文解字·水部》："沙，水散石也。从水，从少。水少沙见。"

纳西文：　　　　　　　　　　　sheq（沙）

象形字。纳西文写作细碎的沙粒，旁边的小黑点表示众多。

44. 甲：　　金：　　篆：　　路 lù

会意兼形声字。甲骨文行 háng，本义为路，金文左边像足，右边是各（脚步到门口，表示到来），表示人所走的路径。各也兼表其声。篆字承接金文。《说文解字·足部》："路，道也。从足，从各。"本义为道路。

纳西文：　　　　　　　　　　　ree（路）

象形字。纳西文像一条道路的形状，像一条小径。

45. 甲：、、　　篆：　　巛 zāi（灾）

象形字。甲骨文像洪水泛滥成灾之形，后来将洪水竖起，并在中间加才（草木初生之形），成了象形兼形声字。甲骨文的 表示兵灾， 表示火灾。篆字将才讹为一横。《说文解字·川部》："巛，害也。从一雝川。《春秋传》曰：'川雝为泽，凶。'"本义为水灾，如今不单用，只作偏旁，另加义符作 （灾）。

纳西文：　　　　　　　jjiq bberq、jjiq ga ddo（洪灾）

会意字。纳西文下边是地，上边是水，小黑点表示洪水冲刷地面带出的泥沙。会意作洪灾。

46. 甲：〻〻　　金：〷〷〷　　篆：〷〷〷　　　川 chuān

象形字。甲骨文像大河流水形，金文将中间的流水点连成线。篆字承接金文。《说文解字·川部》："川，贯穿通流水也。"本义是河流，引申指山原间平坦的地面。

纳西文：〿〿　　　　　　　　　　　　jjiq huaq（流水）

象形字。纳西文写作水流的样子，一形像一条大江的模样，二形像一条潺潺的溪流。本义指河或溪中的流水。

47. 甲：〻〻　　金：〷〷　　篆：〷〷　　　水 shuǐ

象形字。甲骨文像水流形，金文、篆字皆承接甲骨文。《说文解字·水部》："水，准也。北方之行。象众水并流。"本义为河流。引申泛指各种水，泛指江、河、湖、海等。

纳西文：〻　　　　　　　　　　　　　jjiq（水）

象形字。纳西文像源头流出的水流，用来表示水。

48. 甲：〻〻　　金：〷〷　　篆：〷〷　　　河 hé

形声字。甲骨文左边是水，右边何（荷，肩扛兵器）形声。金文下边是水，上边是何。篆字右边讹成可。《说文解字·水部》："河，水。出焞（敦）煌塞外昆仑山，发原注海。从水，可声。"本义指黄河，引申泛指河流（多用于北方河流）。

纳西文：〻　　　　　　　　　　　　　huaq（溪流）

象形字。纳西文写作一条奔腾跳跃、水花四溅的河流，它的读音出于流水的哗哗声，喻长流不断的华神，人类繁衍之神。

49. 金：工〻〻　　　　篆：〷江　　　江 jiāng

形声字。金文右边像流水，左边工（筑墙杵）表其声，篆字承接金文，但左右置换。《说文解字·水部》："江，水。出蜀湔氐徼外崏（岷）山，入海。从水，工声。"本义指长江，引申泛指大江（南方多称江）。

纳西文：　　　　　　　　　　　　yi bbiq（大江）

形声字。纳西文写作流水，一形似"流"（蛋液从壳中流出）yī，注其第一音。二形以"搓"（两股待搓的细绳）bbiq，注其第二音。本义指金沙江，也可泛指其他大江。

50. 甲：　　　金：　　　篆：　　　谷 gǔ

会意字。甲骨文上边像水流，下边像山间泉口，表示泉水流出山间泉口之意。金文同甲骨文，篆字写得较整齐。《说文解字·谷部》："谷，泉出通川为谷。从水半见，出于口。"本义为山间泉水。也泛指水流山谷。

纳西文：、　　　　　　loq（山谷、山涧）

象形字。纳西文写作有水的深沟，流水成谷。

51. 甲：　　　　　篆：　　　泉 quán

象形字。甲骨文像水从泉眼中流出之形，篆字从简，文字化。《说文解字·泉部》："泉，水原（源）也。象水流出成川形。"本义为泉水，上古钱币作泉形，取其流通不竭，故用以指钱币，后用"钱"代此义。

纳西文：　　　　　　　　　jjiq ko（泉水）

形声字。纳西文写作水从泉眼中流出，在表示泉眼的地方加一对"角"（ko）以表其音。

52. 金：　　　　　篆：　　　海 hǎi

形声字。金文左边像水，右边为每（妇女头饰盛美），声旁。篆字承接金文，写得较整齐。《说文解字·水部》："海，天池也。以纳百川者。从水，每声。"

纳西文：　　　　　　　　heel（海）

象形字。纳西文写作山地间海子的形状。纳西语大小湖泊皆称 heel（海）。

53. 金：　　　　　篆：　　　池（沱）chí

形声字。古时池与沱为同一字，金文和篆字皆从水，它（三角头蛇）声。

楷书写作"沱",俗写作池。后这两个字分别表示不同的意思。《说文解字·水部》:"沱,江别流也。"《玉篇·水部》"池,停水。"本义为积水的大坑。

纳西文: 　　　　　dder(池、塘)

象形字。写作聚积洪水的池塘,似海中有泥点。

54. 甲: 　　　篆: 　　　涛(濤)tāo

会意兼形声字,甲骨文右边像水流,左边像耕犁出来的田畴。丂(畴)兼表声。篆字复杂化,改为从水,从壽(寿)。《说文解字·水部》新附:"涛,大波也。从水,寿声。"

纳西文: 　　　　　jji ddaq(波涛)

象形字。纳西文以水面上的两条波纹象征水中的波涛。

55. 甲: 　　金: 　　篆: 　　冫bīng

象形字。甲骨文像地面上凝起的冰花,金文同甲骨文。篆字文字化。《说文解字·冫部》:"冫(),冻也。象水凝之形。"本义为水凝成的冰,是"冰"和"凝"的本字。以后冫作了偏旁,加义符水另造"冰",加声符"疑"另造"凝"。

纳西文: 　　　　　zziuq(冰)

象形字。纳西文一形像地上凝起的冰花,二形像冰柱。纳西语还称冰为zzeeq。

56. 甲: 　　金: 　　篆: 　　火 huǒ

象形字。甲骨文像燃烧着的火,金文一形填实,二形线条化,篆字承接金文二形,并文字化。《说文解字·火部》:"火,燬也。南方之行,炎而上。象形。"

纳西文: 　　　　　mi(火)

象形字。纳西文写作一排正燃烧着的火。

57. 甲: 　　　篆: 　　焱 yàn

会意字。甲骨文和篆字都写作三个火,表示火焰盛大。《说文解字·焱部》:

"焱，火华也。从三火。"

纳西文： 　　　　　　　　　　mi wuq（火坑）

象形字。纳西文写作火烧得非常旺盛的样子。

58. 金：、　　　　篆：　　　寒 hán

会意字。金文外围像个房子，房子内塞满了草，中间是人。二形人下加了脚，脚下有冰，表示很冷。篆字承接金文二形，文字化。《说文解字·宀部》："寒，冻也。从人在宀下，以草荐覆之，下有冫（冰）。"本义是寒冷。

纳西文： 　　　　　　　　　　qil（冷）

会意字。纳西文写作水，在河流末端写一根"刺"（qi），以注其音。

第二节　植物动物

植

物

动

物

zhí　wù　dòng　wù

zzerq　zzeeq　sai　yi

59. 甲：　　金：　　篆：　　　丕 pī（胚）

象形字。丕与不在甲骨文中本是一个字，像花骨朵形，金文承接甲骨文，篆字在花苞子房处加一横，指明胚芽之所在，用以表示胚芽。胚芽是植物之根本，故引申为大，《说文解字·一部》："丕，大也。从一，不声。"丕即为引申义所专用。本义加"月"作"胚"，pēi，引申指事物发端。一说"不"是花谢后的花萼，丕是花萼下的种籽，可备为一说。

纳西文：　　　　　　　　　gv dder（胚芽、发芽）

象形兼形声字。纳西文写作一个蒜（gv），蒜中间发出新芽（dder），表示胚芽、发芽。

60. 甲：　金：　篆：　才 cái

象形字。甲骨文像草木穿过地面而出，一横表示地，金文将地下部分填实，篆字改成根须样的一画。《说文解字·才部》："才，艸（草）木之初也。从丨上贯一，将生枝叶；一，地也。"本义为草木初生。引申作刚刚、才能等。

纳西文：　　　　　　　　　rha（新芽）

象形字。纳西文写作草丛中刚发出的新芽。

61. 甲：　金：　篆：　乙 yǐ, yì

象形字。甲骨文像植物初生时的形状，金文粗体化，篆字文字化。《说文解字·乙部》："乙，象春艸木冤曲而出，阴气尚彊，其出乙乙也。与丨同意。乙承甲，象人颈。"本义当为植物屈曲萌芽。后被借为天干的第二位。

纳西文：　　　　　　　　　yeq（新苗）

象形字。纳西文像从地下刚长出的新苗，带着种瓣，尚未长出真叶。

62. 甲：　金：　篆：　甲 jiǎ

象形字。甲骨文一形像果实成熟时外壳的十字裂纹，二形外加果子的形状。金文承接甲骨文二形，篆字为避免与田字相混，将裂纹拉出果实外。本义为植物子实外壳，引申泛指各种甲片、坚硬的外壳。以后被借为天干第一位。

纳西文：　　　　　　　　　gvl（外壳）

形声字。纳西文写作树上的果实，上以"覆碗"（gvl）注其音，表示种子之外壳。

63. 甲：　　　　金：　　　　篆：　　　　生 shēng

象形字。甲骨文一横表示地，上边像地上长出的植物，金文加一黑点，篆字改黑点为横。《说文解字·生部》："生，进也。象艸木生出土上。"本义为草木生长。引申泛指出生、产生、生存、生命等。

纳西文：　　　　　　　　　　dder（生长）

象形字。纳西文下边是一棵树，树尖的曲线表示正在生长。

64. 甲：　　　　金：　　　　篆：　　　　屮 chè, cǎo

象形字。甲骨文像初生的小草形，金文和篆字均承接甲骨文。《说文解字·屮部》："屮，艸木初生也。象丨出形，有枝茎也。古文或以为艸字。读若彻。"本义为初生小草。屮，如今不单用，只作偏旁。

纳西文：　　　　　　　　　　ssee（草）

象形字。纳西文写作一株草，竖上的三小横表示其旁生的枝叶。纳西口语一般称"草"为"ssee"。

65. 甲：　　　　金：　　　　篆：　　　　艸 cǎo（草）

象形字。甲骨文写作屮或艸。是两棵挺立的小草形，金文、篆字均承接甲骨文。楷书写作艸。《说文解字·艸部》："艸，百芔也。从二屮。"《玉篇·艸部》："草，同艸。"本义为草本植物总称。

纳西文：　　　　　　　　　　req（草）

象形字。写作一丛蔓草，其蔓爬在地上，连续生出许多叶片，也可以简写成二形。纳西古语一般称"草"为"req"。

66. 甲：　　　　金：　　　　篆：　　　　木 mù

象形字。甲骨文像有枝叶、茎干和根的一棵树。金文承接甲骨文，篆字写得较整齐。《说文解字·木部》："木，冒也，冒地而生。东方之行。从屮，下象其根。"本义为树。引申指木制器材、呆板、麻木等，又用作五行之一。加声旁"尌"（立鼓）表示"樹"（树）。

纳西文：　（字形）　　　　　　　　　　　zzerq（树）

象形字。纳西文写作一棵树的样子，不见根。

67. 古：　（字形）　　　　篆：（字形）　　　支 zhī

会意字。古文像手劈下一根竹枝。篆字只剩手和枝。《说文解字·支部》："支，去竹之枝也。从手持半竹。"是枝的本字，引申指肢体。此两义分别加义符作"枝"和"肢"。支则多指条状物品及分支的事物，及由此再引申出来的支撑、支配等义。

纳西文：　（字形）、（字形）　　　　　gel（枝）

象形文。纳西文一形写作一根树枝。二形写作树和树旁长出的分枝。

68. 金：　（字形）　　　　篆：（字形）　　　本 běn

指事字。金文写作一棵树，根部加粗，指明根部，篆字写得较整齐，指事部分加一横，表示其位置。《说文解字·木部》："本，木下曰本。从木，一在其下。"本义为树根，引申为事物的基础、根源等。

纳西文：　（字形）　　　　　　　　　　　zzerq kee（根）

形声字。纳西文写作一棵树，树下写作一只"脚"（kee），表示其根，也表其音。

69. 甲：　（字形）　　金：（字形）　　篆：（字形）　　朱 zhū

指事字。甲骨文像一棵树，圆点指出树干之所在。金文承接甲骨文。篆字写得较整齐，将圆点化为一横。篆字二形加木旁。因松柏等树干赤心，故《说文解字·木部》："朱，赤心木。松柏属。从木，一在其中。"所释为引申义，本义为树干，后此义用加"木"的"株"字，朱专用于引申义。

纳西文：　（字形）　　　　　　　　　　　zzerq o（树干）

形声字。纳西文写作一棵树，在树干部位加一根"骨头"（o），以注其音。

70. 甲：　（字形）　　金：（字形）　　篆：（字形）　　叶 yè

象形字。甲骨文下边像一棵树，树上有叶片。金文下边是一棵完整的树，上边是树叶，叶片简化。篆字承接金文，写得较整齐。《说文解字·木部》："枼，楄也。枼，薄也。从木，世声。"枼读 yè，《说文解字》中是引申义，本义当为树叶。因枼只作偏旁，薄片之引申义，加义符"片"作"牒"。树叶之本义加义符草头作"葉"。又《说文解字·艸部》："叶，艸木之叶也。从艸，枼声。"

　　纳西文：🍃、𝄽　　　　　　　　　piel（树叶）

象形字。纳西文写作一片树叶，泛指所有的叶片。

71. 甲：𣏟𣜩　　金：𣎴　　　篆：蕚　　　华（花）huā，huá

象形字。甲骨文像草木生土上、花叶下垂之形，从物来说是花，就形象来说是下垂。金文线条化，篆字加义符艸，并写得较整齐，《说文解字·华部》："华，荣也。从艸，从蕚（花），"本义指花朵。引申指光彩、显贵、繁盛、精华等。华，为引申义专用，花的本义则另造形声字"花"表示。

　　纳西文：🌱　　　　　　　　　　　bbaq（花）bbal bba

象形字。纳西文写作一朵百合科的花，代表所有的花。

72. 金：✿　　　　　　篆：榮　　　荣（榮）róng

象形字。金文像两支交叉的开满花朵的枝条形。此形与两支交叉的火把形相近，故篆字变成从木荧声。荧也兼表其声。《说文解字·木部》："荣，桐木也。从木，荧省声。"本义应为花朵，引申为繁茂、显贵、光荣。

　　纳西文：🌺　　　　　　　　　　　bbaq（花）

象形字。纳西文写作一朵带叶的十字花科的花，与百合科的花朵，同样表示花。

73. 甲：𤯓　　金：耑　　篆：耑　　　耑 duān

象形字。甲骨文像草木初生之形，下边像根须。金文稍讹，篆字写得较整齐。《说文解字·耑部》："耑，物初生之题（头）也。上象生形，下象其根也。"本义为植物初生的头。引申指物体的一头，后耑字只作偏旁，物体一头的本义便由"端"来表示，也指端直、端正。

　　纳西文：🌿　　　　　　　　　　　zzerq gv（树顶）

形声字。纳西文写作一棵树，树顶端写"蛋"（gv）以注其第二音。

74. 甲：⬚　　　金：⬚　　　　篆：⬚　　　　果（菓）guǒ

象形字。甲骨文像树上结着果实，金文将三个果省为一个大果。篆字承接金文，写得较整齐。《说文解字·木部》："果，木实也。从木，象果形，在木之上。"本义为果实。

纳西文：⬚　　　　　　　　　　　　zzerq liu（果）

象形字。纳西文写作在树上的圆形的果实。

75. 甲：⬚ ⬚　　　　篆：⬚　　　　森 sēn

会意字。甲骨文写作三棵树在一起，表示树木很多。《说文解字·林部》："森，木多貌。从林，从木。"本义为很多树长在一起。引申指众多、繁密、阴暗等。

纳西文：⬚　　　　　　　　　　　bbi（森林）

会意字。纳西文写作杉树、松树、栗树生长在一起，表示森林。

76. 甲：⬚　　　金：⬚　　　篆：⬚　　　林 lín

会意字。甲骨文像两棵树，表示树多成林的意思。金文大同，篆字写得较整齐。《说文解字·林部》："林，平土有丛木曰林。从二木。"本义为成片的树木、竹子。引申指聚集在一起的同类事物或人。

纳西文：⬚　　　　　　　　　　　bbi（林子）

会意字。纳西文写作松树和栗树，用黑点表示多，林子的意思。与用三棵树表示"森林"（bbi）意思相同，是异体字。

77. 金：⬚　　　　篆：⬚　　　　棘 jí

会意字。金文像两个束（刺），表示带刺的树，篆字更像两棵带刺的树。《说文解字·束部》："棘，小枣丛生者。从并束。"本义为酸枣树，引申泛指多刺的灌木。

纳西文：⬚　　　　　　　　　　　qi（荆棘）

象形字。纳西文写作一棵带刺的树，表示荆棘。

78. 甲：　　金：　　篆：　　楚 chǔ

形声字。甲骨文上边像林，下边是足。金文将足移到林子里，篆字写得较整齐。《说文解字·林部》："楚，丛木。一名荆也。从林，疋声。"本义是一种丛生的灌木，也叫荆。引申指荆杖、痛楚、茂盛鲜明的样子等。

纳西文：　　　　　　　　qi bbi（棘丛）

会意字。纳西文写作两棵带刺的树，用黑点表示多，会意作棘丛、灌木丛等。

79. 甲：　　金：　　篆：　　竹 zhú

象形字。金文像竹杆上一对对生的叶子，篆字文字化。《说文解字·竹部》："竹，冬艸草也。象形。"本义为竹子。

纳西文：　　　　　　　　meel（竹子）

象形字。纳西文写作一根竹子，将竹节放大，竹节上长有叶片。

80. 甲：　　金：　　篆：　　柳 liǔ

形声字。甲骨文从木，卯（māo，也读 liǔ）声，金文将在下边的"卯"移到右边，篆字写得较整齐。《说文解字·木部》："柳，小杨也。从木，夘声。"本义为杨柳树。

纳西文：　　　　　　ssee herq（山柳、柳）

象形字。纳西文写作一棵杨柳树，以弯曲柔软的枝条为其特点。纳西口语称"杨柳"为"rer"。

81. 甲：　　　　　　篆：　　柏 bǎi, bó

会意兼形声字。甲骨文下边像树，上边像鞠形柏果，白（白米，泛指白色）也兼表其声。篆字将白移到右边，并写得较整齐。《说文解字·木部》："柏，鞠（球）也。从木，白声。"本义为柏树。

纳西文：　　　　　　　　xiul（柏）

象形字。纳西文写作柏树形状。

82. 甲：　　　　篆：　　　　桑 sāng

象形字。甲骨文像树上有叶片，叶片呈三角形，篆字写得较整齐。《说文解字·叒部》："桑，蚕所食叶木也。从叒木（若木）。"本义为桑树。

纳西文：　　　　　　　　　qiq ser（桑）

象形字。纳西文写作树上有叶，叶片呈多角形，以表示桑叶特点。

83. 甲：　　金：　　篆：　　栗 lì

象形字。甲骨文像树上结有果实，果实上有芒刺形，象征栗子。金文果实复杂化，篆字将果实变成卤，并省为一个字。《说文解字·卤部》："桌（栗），木也。从木，其实下垂，故从卤。……徐巡说，桎西方战桌（树木到了西方就战栗）。"本义为栗子树。因栗实有刺，令人发怵，故引申为发抖。

纳西文：　　　　　　　　ceel eeq（板栗）

象形字。纳西文写作树上结有果实，果实浑身带刺，具有板栗的特征。

84. 金：　　　　篆：　　　　皂 zào（早）

象形字。皂与早本为一字，金文像未成熟的栎（柞）实形，因其壳像斗，故称之为橡斗。篆字讹为日在甲上，故《说文解字》解释为早晨。实际上也就是草的初文。《说文解字·艸部》："草，草斗，栎实也。一曰：象斗子。从艸，早声。"本义为栎实。

纳西文：　　　　　　　　　zher（栎）

象形字。纳西文写作一棵树，树上有椭圆形叶片，叶下结果实，表示栎树结的橡斗。

85. 金：　　　　篆：　　　　某（梅）méi, mǒu

会意字。金文下边像树，上边有甘（口含甜），会意作树上有甜美的果子，篆字承接金文，写得较整齐。《说文解字·木部》："某，酸果也。从木，从甘。阙。"本义为酸梅子。后借为代词 mǒu，酸梅子之义另加木，用"楳"或"梅"来表示。

纳西文：　　　　　　　　　　　　　　　　seeq ka（梅）

象形字。纳西文写作一棵树，树上无叶，只有花，表示岁寒开花的梅树。

86. 金：　　　　　　　　篆：　　　　麻 má

会意字。金文上边像山崖，下边像挂在麻杆上的皮，表示在山崖下晾麻。篆字将麻改在房下。《说文解字·麻部》："麻，与枲同。人所治，在屋下。从广，从枲。"本义为麻皮。（枲，pài，细麻）

纳西文：　　　　　　　　　　　　　　　sa（麻）

纳西文一形为象形字，写作麻杆，表示麻。二形是形声字，写作竹子似的麻株，用"气"（sal）注其近音。

87. 甲：　　　金：　　　篆：　　　禾 hé

象形字。甲骨文像一棵茎叶俱全的成熟的垂穗禾谷。金文加粗。篆字写得较整齐。《说文解字·禾部》："禾，嘉谷也。"泛指庄稼。

纳西文：　　　　　　　　　　　　　ai, zheeq（粮食、庄稼）

会意字。纳西文写作麦穗、谷穗，和黑点一起表示所有的粮食或庄稼。

88. 甲：　　　　　　　　篆：　　　　粟 sù

象形字。甲骨文写作一棵垂穗的庄稼，旁边有米粒掉出，篆字将米粒讹为卤，有点像带着纹路的谷穗，禾变为米。《说文解字·卤部》："粟，嘉谷实也。从卤，从米。"本义为粟米，即小米。引申泛指谷类。

纳西文：　　　　　　　　　　　　　　ciul（小米）

象形字。纳西文一形写作小米穗，二形加上脱出的小米粒。

89. 甲：　　　金：　　　篆：　　　秫（术）shú

象形字。甲骨文像掐下来的高粱穗，金文加上手和高粱粒，篆字变成简繁二体，繁体加禾。《说文解字·禾部》："秫，稷之粘者；从禾；朮，象形。"本义为粘高粱，术后成秫的简化字，表示道路、方法、技艺等。

纳西文： 　　　　　　　　　　　　la naq（高粱、蜀黍）

形声字。纳西文写作一棵带穗的高粱，以其穗为特征，有时叶片上有黑点，以表第二音。

90. 甲： 　　金： 　　篆： 　　穆 mù

象形字。甲骨文像一棵成熟而下垂的禾穗形，金文另加禾，以表示阳光下的禾苗柔美祥和。篆字承接甲骨文和金文，二形另加义符禾。《说文解字·禾部》："穆，禾也。从禾，㣎声。"本义为成熟的庄稼。引申指美好、祥和。

纳西文： 　　　　　　　　　　　　gge、beq（垂、穗）

象形字。纳西文写作成熟而弯垂的穗，表示谷穗饱满成熟。

91. 甲： 　　金： 　　篆： 　　麦 mài

会意字。甲骨文上部像一株小麦形，下边像朝下的脚，表示到来，古人认为小麦为上天所赐。金文承接甲骨文，篆字写得较整齐。《说文解字·麦部》："麦，芒谷，秋种厚薶，故谓之麦。……从来，有穗者；从夂。"本义为到来，后指小麦。

纳西文： 　　　　　　　　　　　　zzei（小麦）

象形字。纳西文写作麦穗，其特征为穗在禾秆中间。

92. 甲： 　　金： 　　篆： 　　来 lái

象形字。甲骨文像一棵小麦形，金文同甲骨文，篆字整齐化。《说文解字·来部》："来，周所受瑞麦来麰（大麦）。一来二缝，象芒束之形。天所来也，故为行来之来。"本义为小麦。在使用中本作到来讲的"麦"成了小麦的"麦"，把本当作为小麦的"来"，当作了到来的"来"。

纳西文： 　　　　　　　　　　　　mee zzei（大麦）

会意兼形声字。纳西文下边写作麦穗，上边写作"天"（mee）。表示上天所赐之麦，也兼表其音。

93. 甲： 金： 篆： 稻 dào

会意字。甲骨文下边像一个坛子，上边像米，表示将米装入坛子中。金文上面像稻穗，下边像手从臼中取米，表示稻谷。篆字从金文，写得较整齐。《说文解字·禾部》："稻，稌（读 tú，黏糯米）也。从禾，舀声。"本义指糯米，引申指稻子。

纳西文： xiq（稻子）

象形字。纳西文写作稻穗，其特点为稻粒偏朝右边。

94. 金： 篆： 瓜 guā

象形字。金文像藤蔓上结瓜形，篆字文字化。《说文解字·瓜部》："瓜，㼎也。象形。"本义指蔓生植物。

纳西文： ji gueq（瓜）

象形字。纳西文写作南瓜之形，常以之泛指一切瓜类。

95. 甲： 金： 篆： 么（麼）mó

象形字。麼是"幺"的增旁字。甲骨文和金文皆作"幺"（一把细丝），由于幺作了偏旁，篆字加"麻"，作"麼"，俗写作"麽"，细小的意思。《说文解字·幺部》新附："麼，细也。从幺，麻声。"后借作语气词。

纳西文： ceeq（细）

形声字。纳西文写作一棵树，在树身上画"犁尖"（cee），以注其声。表示树枝细，泛指一切"细小"的东西。

96. 甲： 金： 篆： 马（馬）mǎ

象形字。甲骨文像一匹竖起的马，脖子上有鬃，金文同甲骨文，只是把马身缩短。篆字写得较整齐。《说文解字·马部》："马，怒也；武也。象马头髦尾四足之形。"本义就是大牲畜马。

纳西文： rua（马）

象形字。纳西文写作马头或一匹马，其特点是有鬃毛。

97. 甲：　　　金：　　　　篆：　　　　牛 niú

象形字。甲骨文像正面看的牛头形，更像有角的牛头骨。金文承接甲骨文，篆字整齐化。《说文解字·牛部》："牛，大牲也。牛，件也；件，事理也。象角头三，封尾之形。"析形不准确，指大牲畜牛。

纳西文：　　　　　　　　　　　　　　　ee（牛）

象形字。纳西文写作牛头或一头牛，其特点为两只角围成圆形。

98. 甲：　　　　　　　　篆：　　　　牝 pìn

会意兼形声字。甲骨文右边像牛头，左边为匕（妣，跪拜的妇女，雌性标志），表意兼表声。会意作雌性鸟兽。《说文解字·牛部》："牝，畜母也。从牛，匕声。"引申泛指阴性的事物。如丘陵为牡、溪谷为牝。

纳西文：　　　　　　　　　　　　　　ee mei（母牛）

象形字。纳西文写作一头牛（或牛头），加上雌兽阴部形状，表示母牛。若要表示母马，母羊等，皆写作其头（或一匹马、一只羊），再加上雌性标志即可。

99. 甲：　　　金：　　　　篆：　　　　羊 yáng

象形字。甲骨文像正面的羊头形，也像带角的羊头骨形。金文承接甲骨文，篆字写得较整齐。《说文解字·羊部》："羊，祥也。从丫象头角足尾之形。"不准确，因羊是祭祀用品，故表示吉祥，此义后写作"祥"，读 xiáng。

纳西文：　　　　　　　　　　　　　　yuq（羊）

象形字。纳西文写作羊头（或一只羊），表示牲畜羊，其特征为一对平直的角。

100. 甲：　　　金：　　　　篆：　　　　牲 shēng

会意兼形声字。甲骨文左边像拴住的一只羊，右边像草木出土的样子，表示完整，兼表声。会意作祭神的牺牲。金文将羊换成牛，篆字承接金文，写得较整齐。《说文解字·牛部》："牲，牛完全。从牛，生声。"本义为古代祭祀用的完整的牛羊。引申泛指各种祭祀用的牲畜。

纳西文：　　　　　　　　　　　　　　　　　neeq（牲畜、吉祥）

会意字。纳西文写作一个羊头，代表所有人工饲养的牲畜，因为有牲畜有粮食，才是吉祥，所以也表示吉祥。

101. 甲：　　　　金：　　　　篆：　　　　牡 mǔ

会意字。甲骨文左边像牛头，右边是雄性生殖器的形象，表示雄性动物，金文承接甲骨文，右边呈"　"形，篆字写得较整齐。《说文解字·牛部》："牡，畜父也。从牛，土声。"析形不准确，本义为雄性鸟兽。

纳西文：　　　　　　　　　　　　　　　　　ee pv（公牛）

象形字。纳西文写作牛头（或一头牛），加雄性生殖器，表示公牛。可以把牛头换成羊头、猪头等，即分别表示公羊、公猪等。

102. 甲：　　　　　　　　篆：　　　　莧 huán

象形字。甲骨文像一只长着弯弯细角的山羊，上边像弯弯的山羊角，下边像头身足尾，篆字写得较整齐。《说文解字·莧部》："莧，山羊细角者。"本义为一种山羊。如今简化作苋，遂与苋 xiàn 相混。苋 xiàn，义为苋菜。

纳西文：　　　　　　　　　　　　　　　　　ceel（山羊）

象形字。纳西文写作山羊头或一只山羊的形象。以山羊胡为其主要特征。

103. 甲：　　　　金：　　　　篆：　　　　豕 shǐ

象形字。甲骨文像一头猪，长嘴短腿、肚腹大、尾下垂为其形象。金文简化，篆字写得较整齐，也就不如甲骨文像了。《说文解字·豕部》："豕，彘也。竭其尾，故谓之豕。象头四足而后有尾。"本义为猪，"豕"后来作为偏旁，其义加声旁"者"，变成了今天的猪。

纳西文：　　　　　　　　　　　　　　　　　bbuq（猪）

象形字。纳西文写作一个猪头，以拱嘴、鬃毛为其特征。

104. 甲：　　　　金：　　　　篆：　　　　犬 quǎn

象形字。甲骨文像一只翘起尾巴的狗。金文简化，篆字讹变，不如甲骨文形象。《说文解字·犬部》："犬，狗之有悬蹄者也。象形。"本义指大狗，古代细分，大者为犬，小者为狗。

纳西文：　🐕 🐕　　　　　　　　　　　kee（狗）

象形字。纳西文写作狗头或一条狗，以双耳前倾为其特征。

105. 甲：𤞤　　金旁：𤡔　　篆：豸　　　豸 zhì

象形字。甲骨文像团头、长脊修尾的猫形。金文偏旁更像，篆字承接甲骨文。《说文解字·豸部》："豸，兽长脊，行豸豸然，欲有所司杀形。"本义为猫。《尔雅·释虫》："有足谓之虫，无足谓之豸。"故又指蚯蚓一类无脚虫子。又以獬豸称一种能明辨是非的神兽。后因豸作了偏旁，本义加声旁另作"猫"。

纳西文：　🐱　　　　　　　　　　　　hual leiq（猫）

象形字。纳西文为一个猫头，以团头、猫脸为其特征。

106. 甲：𧈧　　金：𧆸　　篆：虍 虎　　　虍 hū

象形字。甲骨文和金文皆像大口巨身带花纹的老虎形。篆字分为简繁二体，虍后来只作偏旁。《说文解字·虍部》："虍，虎文也。象形。"本义指老虎。《说文解字·虎部》："虎，山兽之君。从虍，虎足象人足，象形。"

纳西文：　🐅 🐅　　　　　　　　　　　la（虎）

象形字。纳西文写作虎头或一只虎，以身上的斑纹为其特征。

107. 甲：𧱵　　　　篆：豹　　　豹 bào

象形字。甲骨文写作一只金钱豹的形状，头身均像虎，只是虎身上有斑纹，豹身上有金钱纹。篆字一边是虎的形象，一边用勺表其音，变成形声字。《说文解字·豸部》："豹，似虎，圆文。从豸，勺声。"

纳西文：　🐆 🐆　　　　　　　　　　　rhee（豹）

象形字。纳西文写作豹头或一只豹子的形状，头部四肢皆像虎，只以身上金钱纹作为其特征。

108. 甲： 金： 篆： 象 xiàng

象形字。甲骨文像一只大鼻子象形，金文稍讹，篆字写得较整齐。《说文解字·象部》："象，长鼻牙，南越大兽，三年一乳，象耳牙四足之形。"本义为大象。因人希见活象，以死象之骨而想象其生时的形状，故引申为想象、仿效、相似。后相似之意用"像"来表示。

纳西文： coq（象）

象形字。纳西文写作象头，以长鼻子为其主要特征。

109. 甲： 金： 篆： 熊 xióng

象形字。甲骨文很明显地是一只大狗熊的形象。金文左边上方为耳朵和头，下方是一张大嘴巴，中间是身子四肢，右上方是一条小尾巴。篆字写得较整齐，就不太像熊的模样了。"能"读 xióng，就是指动物熊，因熊类耐寒而有力，故又读 néng，借以表示才干、能力。后"能"就专指引申义，狗熊之义便用"熊"来表示。"熊"从火，从能，火势凶猛的意思。

纳西文： ggvq（熊）

象形字。纳西文写作熊头（或一头熊），以将耳涂黑为其特征。

110. 甲： 金： 篆： 龙（龍）lóng

象形字。古代传说中的神异动物，甲骨文和金文总体像蛇（像红山遗址出土的玉龙），左上是角，左下是大嘴，右边是蛇身。篆字头和身分离，并写得较整齐。《说文解字·龙部》："龙，鳞虫之长。能幽，能明，能细，能巨，能短，能长；春分而登天，秋分而潜渊。从肉，飞之形；童省声。"析形不准确。"龍"，如今简化作"龙"。

纳西文： lvq（龙）

象形字。纳西文像传说中兽嘴、鹿角、蛇身的龙形。

111. 甲： 金： 篆： 鹿 lù

象形字。甲骨文和金文均像一只奔跑中的鹿，特别以树枝状的鹿角为其显著特点，小篆将鹿的各部分变形整合在一起，就不太像了。《说文解字·鹿部》：

"鹿，兽也。象头角四足之形。"

纳西文：　　　　　　　　　　　　　　chual（鹿）

象形字。纳西文写作鹿头或一只鹿的模样，以其头上树枝状的角为其特征。

112. 甲：　　金：　　篆：　　夒 náo

象形字。甲骨文像蹲在地上的猴子，头上有耳，屁股下有尾巴。金文下边加了个足，表示它能像人一样行走。篆字头、手、足、尾重新组合，并写得较整齐。《说文解字·夊部》："夒，贪兽也。一曰：母猴，似人。从页，巳、止、夊，其手足。"本义为大猩猩等类的动物。因此字太繁，另造形声字"猱"náo和"猴"hóu 来表示。

纳西文：　　　　　　　　　　　　　　el yuq（猴子）

象形字。纳西文写作猴头或一只猴的模样，以似人的面部为其特征。

113. 甲：　　　　　　篆：　　狼 láng

形声字。甲骨文左边像廊道，良 liáng 声，右边是犬。篆字左右互换并写得较整齐。《说文解字·犬部》："狼，似犬，锐头，白颊，高前，广后。从犬，良声。"本义指动物狼。

纳西文：　　　　　　　　　　　　　　paq kee（狼）

象形字。纳西文写作狼头，耳似狗向前倾，以黑嘴为其主要特征。

114. 甲：　　　　　　篆：　　狐 hú

形声字。甲骨文是个象形字，像一只长尾巴的野兽。篆字左边是犬，右边是瓜声。《说文解字·犬部》："狐，妖兽也。……小前大后，死则丘首。从犬，瓜声。"本义为狐狸。

纳西文：　　　　　　　　　　　　　　ddai（狐狸）

象形字。纳西文似狗的头部，用一根大尾巴表明是狐狸。

115. 甲：　　金：　　篆：　　兕（𠒇）sì

象形字。甲骨文上边像一只角，下边是动物身，还有一点尾巴。金文就不再像一只角了，小篆承接金文并写得较整齐。《说文解字·舄部》："舄，如野牛而青。象形。……兕，古文从儿。"本义为犀牛一类的动物。

纳西文：　　　　　　　　　　　　　　　　　　seeq（犀牛）

象形字。纳西文写作一独角犀牛的形状，以独角为其显著特征。

116. 甲：　　　　　　篆：　　　　兔 tù

象形字。甲骨文像一只兔子形，大耳朵、小尾巴为其特点，篆字稍讹，并文字化。《说文解字·兔部》："兔，兽名。象踞，后其尾形。兔头与㲋（chuò，似兔大兽）头同。"本义为兔子。

纳西文：　　　　　　　　　　　　　　　　to lei（兔子）

象形字。纳西文写作一个兔头，以其长耳和须为其主要特征。有时写松（to），以注其音。

117. 甲：　　　金：　　　　篆：　　　鼠 shǔ

象形字。甲骨文像一只老鼠，头上有老鼠嘴下的碎屑，下方有很长的尾巴。金文像鼠，有头、手、足和尾巴。篆字承接金文，写得较整齐，仍留下长长的尾巴。《说文解字·鼠部》："鼠，穴虫之总名也。象形。"本义是老鼠。

纳西文：　　　　　　　　　　　　　　　　fvl（鼠）

象形字。纳西文写作一鼠头或一只老鼠，头部以鼠须为其特征，身上以长尾巴为其特征。

118. 甲：　　　金：　　　　篆：　　　彘 zhì

会意字。甲骨文像箭射中一只野猪的形状。金文将竖起的猪放平并发生讹变。篆字承接金文，写得较整齐。《说文解字·彑部》："彘，豕也。后蹄废谓之彘，从彑（jì），矢声；从二匕，彘足与鹿足同。"这是根据篆字所做的附会。本义是射中一只野猪。引申泛指野猪。

纳西文：　　　　　　　　　　　　　　　　bbuq ji（野猪）

会意字。纳西文写作猪头（或一头猪），并用剪刀 jil 表其第二形的音。

119. 金：[字形]　　　　　　篆：[字形]　　　彪 biāo

会意字。金文像一只老虎，虎的右边写三撇，表示虎身上的斑纹。篆字承接金文并文字化。《说文解字·虎部》："彪，虎文也。从虎，彡象其文也。"本义为虎身上的花纹。引申作文采鲜明、照耀、身材高大等义。

纳西文：[字形]　　　　　　　　　　　berl（虎纹）

象形字。纳西文写作老虎身上的斑纹，引申作胆识、威武等。

120. 甲：[字形]　　金：[字形]　　篆：[字形]　　鸡（鷄）jī

象形字。甲骨文像一只公鸡，有鸡冠、漂亮的尾巴。金文将鸡的身子与脚合在一起，难分彼此。篆字改为隹（鸟），奚（用绳拘系）声，变成了形声字。《说文解字·隹部》："鸡，知时畜也。从隹，奚声。"本义为人类饲养的鸡。

纳西文：[字形]、[字形]　　　　　　aiq（鸡）

象形字。纳西文写作一只大公鸡头的形状，以鸡冠为其特征。也写作一整只鸡，其以公鸡形状为特点。

121. 甲：[字形]　　金：[字形]　　篆：[字形]　　鸟 niǎo

象形字。甲骨文像有头有尾有足的鸟形，金文将鸡的身子变成了翅膀，篆字文字化，但仍然还像一只昂首啼鸣的鸟。《说文解字·鸟部》："鸟，长尾禽总名也。象形。"本义指鸟。

纳西文：[字形]　　　　　　　　　　vl ssi（鸟）

形声字。纳西文写作一只鸟，头上以花之"美丽"（ssi）注其第二音。

122. 甲：[字形]　　金：[字形]　　篆：[字形]　　隹 zhuī

象形字。甲骨文像一只跳跃的雀鸟形，金文与甲骨文大体相同，篆字写得较整齐。《说文解字·隹部》："隹，鸟之短尾总名也。象形。"本义为雀鸟。如今不单用，只作偏旁。

纳西文：[字形] [字形]　　　　　　lo maq（云雀）

象形字。纳西文写作一只鸟或一个鸟头，前一形以身上的斑点为其特点，后一形为简写形。

123. 金：　　　　篆：　　　乌 wū

象形字。金文像乌鸦扇翅鸣叫的模样，这与乌鸦善于鸣叫有关。篆字和鸟没有什么区别，只是没眼睛，因乌鸦全黑，显不出眼睛。《说文解字·乌部》："乌，孝鸟也。象形。"传说乌鸦有反哺之义。

纳西文：　　　　　　　　lei gaiq（乌鸦）

象形字。纳西文写作一个乌鸦头或一只乌鸦，其特点为全身黑色。用黑点表示全身黑。

124. 甲：　　金：　　篆：　　　雀 què

会意字。甲骨文下边是一只鸟，头上是细碎微粒形，表示小，小雀，即现在的小麻雀。金文与甲骨文大体相同，篆字文字化。《说文解字·隹部》："雀，依人小鸟也。从小隹。"本义就是麻雀。麻雀头赤黑色，故又指赤黑色，麻雀身上有斑点，故又称人脸上的斑点为雀斑。

纳西文：　　　　　　zzaiq（麻雀）

象形字。纳西文二形写作一只麻雀的头胸，以其身上的斑点为其特征，麻雀之纳西名 zzaiq，也似出自其斑点。

125. 甲：　　金：　　篆：　　舄（鹊）xì

会意字。甲骨文上边像干树枝做的鹊巢，下边像一只煽动翅膀叫喳喳的鸟。金文承接甲骨文，化繁为简。篆字文字化。《说文解字·鸟部》："舄，雒（鹊）也。象形。"本义为喜鹊。舄先读 què，后读 xì，借用指加木底的鞋。又加三点水作潟，指盐碱地。喜鹊之义另造形声字"鹊"来表示。

纳西文：　　　　　　jil she（喜鹊）

形声字。纳西文写作一只鸟的形状，背上用"羊毛剪"（jil）表其第一音。

126. 甲：　　金：　　篆：　　雉 zhì

会意兼形声字。甲骨文左边是箭，右边是鸟，表示用箭射鸟。金文鸟形复杂，头上有冠毛。篆字承接甲骨文，写得较整齐。《说文解字·隹部》："雉，有十四种：卢诸雉、乔雉……。从隹，矢声。"本义为野鸡。

纳西文：　　　　　　　　　　　　　　　　　fv（雉、野鸡）

象形字。纳西文写作一只野鸡的模样或只写作野鸡的头部，以头上的冠毛为其特征。

127. 甲：　　　金：　　　篆：　　　鹰（雁）yīng

会意字。甲骨文左边像人，右边是鸟形。金文左边是亦（腋窝），右边是鸟形，表示人手上架着鹰，篆字写得较整齐。《说文解字·隹部》："雁，鸟也。从隹，瘖省声。"本义为猎鹰。"雁"，除了人名之外已不再用，本义加义符作"鹰"。

纳西文：　　　　　　　　　　　　　　　　　weq（鹰）

象形字。纳西文写作一个鹰头或一只鹰，以钩嘴和身上斑点为其特征。

128. 甲：　　　金：　　　篆：　　　萑（鹳）guàn

象形字。甲骨文像一只有毛角，瞪大两只大眼睛的猫头鹰。金文承接甲骨文，篆字写得较整齐。《说文解字·萑部》："萑，小爵（雀）也。从隹，吅（xuān）声。"解说有误，本义是猫头鹰，但由于说文缘故，以后又指萑雀，此义另加义符作"鹳"。

纳西文：　　　　　　　　　　　　　　　　　bbuq fv（猫头鹰）

象形字。纳西文写作猫头鹰头或一只猫头鹰，以头上毛角为其特征。

129. 金：　　　　　　篆：　　　隼 sǔn（雒、准）

会意字。金文上边像只鸟，下边是人，表示人架鸟，就是现在的猎鹰，篆字简化并写整齐，变成了从隹，从一。《说文解字·鸟部》："隼，雒或从隹一。"本义为猎鹰，如今作为隼科各种猛禽的通称。因鹰嘴大而勾曲，用以比称鹰嘴似的鼻子，此义后加义符作"準"（准），读 zhǔn，指水平、标准、准备、准确等义。

纳西文：　　　　　　　　　　　　　　　　　weq sheeq（黄鹰）

象形兼形声字。纳西文写作一个鹰头，下加黄金表示"黄颜色"（sheeq），

表其第二音，或写作一只空中瞄准地上目标的猎鹰。黄鹰是猎鹰中最好的品种。

130. 甲: 金: 篆: 　　雍 yōng

会意兼形声字。甲骨文上边像只鸟，下边像环绕的水（邕省），表示鸟鸣如流水邕邕（yōng）之意，邕也兼表声。金文水形稍繁。篆字写得较整齐。《说文解字·隹部》："雝，雝䨄也。从隹，邕声。"雝，䨄鸟，即鹡鸰鸟。因鹡鸰鸣声婉转和谐，引申指和谐和睦。"雍"从"邕"取义得声，故引申指壅塞、环抱、拥挤、拥护等义。以后鸟鸣和谐之意用"嗈"来表示，环抱等义用"拥"（拥）来表示。堵塞之义用"壅"来表示。"雍"泛指和睦和谐。

纳西文: 　　　　　　jji mai mee zeeq diu（鹡鸰）

会意字。纳西文一写作鸟头，再加其尾，用"白色"表示其尾。鹡鸰常栖水边。尾巴上下摇动，如舂碓，因此而得纳西名。以鸟头后加的白色尾巴为其特征。

131. 甲: 金: 篆: 　　燕 yàn

象形字。甲骨文像一只飞翔的燕子，其特征为宽翅剪尾。金文讹变，但基本上保持了甲骨文的结构。篆字在金文基础之上文字化。《说文解字·燕部》："燕，玄鸟也。镞口，布翅，枝尾，象形。"

纳西文: 　　　　　　huaq zzei（燕子）

象形字。纳西文写作一只燕子，以其分叉的剪尾为其特征。

132. 甲: 金: 篆: 　　凤 fèng

象形字。甲骨文像头上长有冠毛，具有长长尾羽的孔雀形，实际上凤凰的原形便是孔雀。金文在头旁加了凡（fán，高足盘形）字表声，尾巴上加了孔雀"晴目"图案。因凤飞而生风，篆字分化为二个字，一个是从鸟凡声，表示凤（凤）。一个是从虫，凡声，表示風（风）。《说文解字·鸟部》："凤，神鸟也。……从鸟，凡声。"本义为雄凤。《说文解字·风部》："风，八风也。……风动虫生。故虫八日而化。从虫，凡声。"本义为风。

纳西文: 　　　　　　mal yi（孔雀）

象形字。纳西文写作孔雀的头冠毛及尾巴，或写一只开屏的孔雀。以漂亮的冠毛及尾羽为其特征。

纳西文：　　　　　　　　　　　　　　　　　　　　her（风）

象形字。纳西文写作空气流动的样子。

133. 甲：　　　　　　　篆：　　　　　　鸿 hóng

形声字。甲骨文左边是工（筑墙用的石杵形），表其声，右边是鸟。篆字一形承接甲骨文，二形加水，表示这种鸟常在江边。《说文解字·鸟部》："鸿，鸿鹄也。从鸟，江声。"本义为鸿雁。

纳西文：　　　　　　　　　　　　　　　　　go（鸿雁、白鹤）

象形字。纳西文写作一只鸿雁的头，或飞翔的鸿雁。其特征为长长的脖子。

134. 金：　　　　　　　篆：　　　　　　蠃 luǒ（蠃）

象形字。金文像一只细腰的大黑蜂形，篆字文字化。本义指一种寄生蜂，捕捉螟蛉等小虫放在窝里供自己将来的幼虫食用。蠃作了偏旁，本义则加上虫用"蠃"来表示。蠃又表示蜗牛，古代称蠃蝓，作为螺类动物的总称。后来又造形声字"蜗、螺、蠡"等分别表示不同意思。

纳西文：　　　　　　　　　　　　　　　　e ggvq（马蜂）

象形字。纳西文写作大胡蜂的样子，以身上的虎纹为其特征。

135. 甲：　　　　金：　　　　篆：　　　　　蝗 huáng

象形字。甲骨文和金文像蝗虫的模样，篆字左边是虫，右边是皇（光焰盛大明亮）声，变成了形声字。《说文解字·虫部》："蝗，蠡（蝗虫）也。从虫，皇声。"本义为蝗虫。

纳西文：　　　　　　　　　　　　　　　　　el ddai（蝗）

象形字。纳西文写作一只飞翔的蝗虫。以平直的翅膀和锋利的嘴为其特征。

136. 甲：　　　　金：　　　　篆：　　　　　蛉 líng

象形字。甲骨文就像一只蜻蜓，金文将线条加粗，篆字左边像虫，右边令

（铃、下跪人、命令）声，变成了一个形声字。《说文解字·虫部》："蛉，蜻蛉
也。从虫，令声。一名桑根。"本义为蜻蜓。古代将歧尾能远飞的称为"蜻蜓"。
无歧尾难飞远的称为"蜻蛉"。

纳西文：　　　　　　　　　　　　　　　　　　　　　　nil bberq（蜻蜓）

象形字。纳西文写作一只蜻蜓的模样。

137. 甲：　　　　金：　　　　篆：　　　　蛇 tā

象形字。甲骨文像一条头呈三角形的蛇，金文更形象，篆字写得较整齐。
《说文解字·它部》："它，虫（蛇）也。从虫而长，象冤曲垂尾形。上古草居患
它，故相问无它乎。……蛇，它或从虫。""它"本义为蛇，后借为指示代词。

纳西文：　　　　　　　　　　　　　　　　　　　　　　reeq（蛇）

象形字。纳西文像一条直立的蛇。

138. 甲：　　　　金：　　　　篆：　　　　虫（蟲）huǐ chóng

象形字。甲骨文像一条长蛇，金文线条化，篆字写得较整齐。《说文解字·
虫部》："虫，一名蝮，博三寸，手大如擘指。象其卧形。"又《说文解字·虫
部》："虫，有足谓之虫，无足谓之豸。从三虫。"虫，古代是动物的总称，本义
是毒蛇。

纳西文：　　　　　　　　　　　　　　　　　　　　　　ddvq reeq（毒蛇）

会意兼形声字。纳西文写作一条"蛇"，头上有黑花表示有"毒"（ddvq），
即有毒的蛇。

139. 甲：　　　　　　　篆：　　　　黾（蛙）měng miǎn

象形字。甲骨文两形均像青蛙的样子，篆字文字化。《说文解字·黾部》：
"黾，鼀黾也。从它，象形。"本义为青蛙的一种。以蛙鸣鼓腹，像鼓劲样子，
故又读 miǎn，表示努力。由于黾为借义所专用，又造形声字"鼃"来表示"蛙"
的本义。

纳西文：　　　　　　　　　　　　　　　　　　　　　　ba（蛙）

象形字。纳西文一形写作蛙头，二形像一只蛙的模样，一形较常用。

140. 甲：🐢　　金：🐢　　　　篆：🐢　　　　龟 guī

象形字。甲骨文像一只侧视的乌龟形，金文像俯视的乌龟形。篆字承接甲骨文并写得较整齐。《说文解字·龟部》："龟，舊（旧）也。外骨内肉者也。从它，龟头与它（蛇）头同。……象足甲尾之形。"本义为乌龟。

纳西文：🐸　　　　　　　　　　　　hai sheeq bal mei（龟）

形声字。纳西文写作一只蛙，蛙下用黄金表示"黄色"（sheeq），蛙腹上写"母"（mei），表示大，读作"金黄色大蛙"（hai sheeq bal mei），似指龟。

141. 金：🕷　　　　　　篆：🕷🕷　　蛛 zhū

象形兼形声字。金文下边像蜘蛛形，上边是朱（表示树干）声。篆字一形左边是虫，右边朱声；二形上边朱声，下边是蛙形（鼓腹似蛙）。《说文解字·䟸部》："䟸，䱔䟸（蜘蛛）也。从䟸，朱声。蛛，䟸或从虫。"本义为蜘蛛。

纳西文：🕷　　　　　　　　　　　la ma chual ma（蜘蛛）

象形字。纳西文写作一只蜘蛛的模样，屁股后有丝，又称"chual bba la bba"。口语称"el laf"。

142. 甲：🦗　　金：🦗　　篆：🦗　　蝉 chán

象形字。甲骨文像一只蝉虫，金文复杂化，增加了许多花纹。篆字左边是虫，右边单（捕兽工具，又读 shán）声。《说文解字·虫部》："蝉，以旁鸣者。从虫，单声。"本义为蝉。

纳西文：🦗　　　　　　　　zzerl laq cherl bbv jjeq（蝉）

象形字。纳西文写作一只蝉，嘴中发出鸣叫的声音，又称为"cerl loq cerl bbv jjiu"。

143. 甲：🐛　　金：🐛　　篆：🐛　　蜀 shǔ

象形字。甲骨文像一只大头蚕蠕动的样子。金文在这只蚕中又加了一个虫旁。篆字承接金文，写得较整齐。《说文解字·虫部》："蜀，葵中蚕也。从虫，上目象蜀头形，中象其身蜎蜎。"本义为蚕。川西之蜀国首领叫蚕丛，称为蜀王，因蜀国人善养蚕，"蜀"遂又用作古国名，古地名。蛾蝶之类幼虫加义符另作

"蠋" zhù 来表示。

纳西文： 　　　　　　　　　　　　　bbu ssei（蚕）

象形字。纳西文写作一只蚕蛾，体肥，头上有毛角。

144. 甲： 　　　　篆： 　　蚕 cán

象形字。甲骨文像一条蚕虫形，篆字下边是两条虫，上边是"朁"cán（进谗言）声。《说文解字·蚰部》："蚕，任丝也。从蚰，朁声。"本义为蚕蛾科和蚕科昆虫的通称。

纳西文： 　　　　　　　　　　　　bbu ssei（蚕）

象形字。纳西文写作一条蚕虫，以分节的身子和斑点为其特征。

145. 甲： 　　金： 　　篆： 　　尔 ěr

象形字。甲骨文像蚕开始吐丝结茧形，上边的箭头像蚕头，下边像所结的茧。用蚕始结茧之形，表示舒朗之义。金文承接甲骨文。篆字分别作"爾"（茧）和 （尔）两字。《说文解字·㸚部》："尔，丽尔，犹靡丽（舒朗）也。从冂，从㸚，其孔㸚，尒声。此与爽同意。"本义是蚕始结之茧，引申指舒朗，先借作指示代词，表示如此，后借作第二人称代词"你"。

纳西文： 　　　　　　　　　　　　go loq（蚕茧）

象形字。纳西文写作蚕所结的茧，蚕在其中。

146. 甲： 　　金： 　　篆： 　　虫 kūn

象形兼会意字。甲骨文和金文皆像两条虫，表示是昆虫，是"昆"的本字。篆字写得较整齐。《说文解字·蚰部》："蚰，虫之总名也。从二虫。……读若昆。"现蟲简写作虫，蚰用昆来表示。

纳西文： 　　　　　　　　　　　　bbi ddiq（昆虫）

形声字。纳西文写作一条双头虫，以"面粉"（bbiuq）注其近音（bbi）。指所有的虫类。

147. 甲：　　　金：　　　　篆：　　　　　万 wàn

象形字。甲骨文像蝎子形。金文在下加被捕的形状。篆字承接金文，写得较
整齐。《说文解字·内部》："万，虫也。从厹，象形。"本义为蝎子。蝎子恶毒
之极称为万恶，故引申为极甚、极多，及数字万。后来万字为引申义专用，蝎子
之义便另加义符，用虿（虿）chài 来表示。一说"万"指地上的昆虫，包括蝎
子、蛙等，甲骨文用蝎子代表所有昆虫。

纳西文：　　　　　　　　　　　　　　　dv xiq（蜈蚣）

象形字。纳西文写作一只全身长毛的蜈蚣形状，一种类似蝎子、有毒的
昆虫。

148. 甲：　　　金：　　　　篆：　　　　　鱼 yú

象形字。甲骨文像一条头伸出水面呼吸的鱼。金文线条化，仍有鱼的轮廓。
文字化后的篆字就不大像鱼了。《说文解字·鱼部》："鱼，水虫也。象形。鱼尾
与燕尾相似。"本义为水生动物鱼。

纳西文：　　　　　　　　　　　　　　　ni（鱼）

象形字。纳西文写作一条鱼。

149. 金：　　　　　　篆：　　　　　毛 máo

象形字。金文像一撮毛绒绒的兽毛，篆字写得较整齐。《说文解字·毛部》：
"毛，眉发之属及兽毛也。象形。"本义为兽毛。引申泛指禽兽的毛及植物皮上
像毛的丝状物。

纳西文：　　　　　　　　　　　　　　　fv（毛）

象形字。纳西文写作毛发的形状，泛指一切毛。

150. 金：　　　　　　篆：　　　　　毳 cuì（脆）

会意字。金文写作三根毛，以表示丛生的细毛。《说文解字·毳部》："毳，
兽细毛也。从三毛。"本义为鸟兽丛生的细毛。借为"脆"，表示脆嫩等。

纳西文：　　　　　　　　　　　　　　　noq（绒毛）

会意字。纳西文写作一根羽毛，用小点表示羽毛间丛生的绒毛。

151. 甲：🔺　　金：🔺　　篆：🔺　　角 jiǎo

象形字。甲骨文像带着纹路的兽角形，金文与甲骨文大体相同，篆字文字化。《说文解字·角部》："角，兽角也。象形。"本义指兽角，引申泛指似兽角的各种形状和事物等。

纳西文：🔺　🔺　　　　　　　　ko（角）

象形字。纳西文写作单角之形或兽头长角之形。

152. 甲：🔺　　金：🔺　　篆：🔺　　尾 wěi

会意字。甲骨文左像人，右下像尾，表示人臀后系毛尾饰物之意。金文与甲骨文大体相同，篆字写得较整齐。《说文解字·尾部》："尾，微也。从到（倒）毛在尸后。古人或饰系尾，西南夷亦然。"本义为毛饰尾巴，引申泛指尾巴。

纳西文：🔺　　　　　　　　　　seeq（术人）

会意字。纳西文写作纳西族神话中的一种人，以尾巴拖地而得名，经常与神话中的神人发生战争。

纳西文：🔺　　　　　　　　　　mai（尾）

象形字。纳西文写作一条兽类的尾巴。

153. 甲：🔺　　金：🔺　　篆：🔺　　釆 cǎi

象形字。甲骨文像兽蹄爪掌印形，金文还画出蹄腕，篆字写得较整齐。《说文解字·釆部》："釆，辨别也。象兽指爪分别也。"所释为引申义，本义当为兽蹄印，也指兽蹄，是番、蹯（读 fán，兽足谓之番）的本字。人们猎兽以辨别蹄印来确认，故引申为分辨、分别的意思。由于"釆"作了偏旁，兽蹄之义由"番、蹯"来表示，辨别之义则借"辨"来表示。

纳西文：🔺　　　　　　　　　　ko mu（蹄印）

形声字。纳西文写作一个兽蹄，在蹄下用"簸箕"（muq）表其第二音。

154. 甲：　　　　　　　　　　　篆：　　　　　　　羽 yǔ

象形字。甲骨文像鸟的羽毛，篆字写得较整齐。《说文解字·羽部》："羽，鸟长毛也。象形。"本义为羽毛。

纳西文：　　　、　　　　　　　　　　　　ddv（翅）

象形字。纳西文写作鸟身上的翅膀之形状。

155. 甲：　　金：　　　篆：　　　　　九 jiǔ

指事字。甲骨文写作兽类尾巴，及长尾巴处，指出屁股的所在，是"尻"的本字。金文与甲骨文大体相同，篆字将尾巴根拉长，已不像了。《说文解字·九部》："九，阳之变也。象其屈曲究尽之形。"解说不对，应为尻尾。后借为数词，"九"就为数词所专用，本义另加形旁"尸"，作"尻"，读 kāo。一说数字九为手半握拳形状，以拇指为"五"，加其他四个手指组合成九。

纳西文：　　　　　　　　　　　　　　　ddoq（尻、屁股）

象形字。纳西文写作马等动物的后半部分，带有尾巴和后腿，以表示臀部所在。

156. 金：　　　　　　　　　　篆：　　　，虖 hū

会意兼形声字。金文上边像老虎的大嘴巴，下边像乐器中发出的声音（乎），表示虎嘴里发出的声音，即虎吼，也兼表音。篆字仍然是虎和乎组成的文字。《说文解字·虍部》："虖，哮虖也。从虍，乎声。"本义为虎吼。引申泛指大声呼叫。

纳西文：　　　　　　　　　　　　　　　la bbaq（虎吼）

会意字。纳西文写作一个虎头，虎口中发出吼叫声。在纳西象形文字中，头可以换成牛、马等，分别表示牛吼、马叫，也可以只读"bbaq"（吼）。

157. 甲：　　金：　　　篆：　　　鸣 míng

会意字。甲骨文左边像口，右边是一只长着冠子的公鸡，表示在啼鸣。金文和篆字皆承接甲骨文。《说文解字·鸟部》："鸣，鸟声也。从鸟，从口。"本义为鸡啼鸣，引申泛指动物的鸣叫。

纳西文：   jiuq（啼鸣）

会意字。纳西文写作一个鸡头，它嘴里发出叫声。在纳西语中"jiuq"（啼）的使用范围较窄，不像汉语"鸣"可以广泛使用。

158. 甲：   金：   篆：   集 jí

会意字。甲骨文上边像一只飞翔的鸟，下边像一棵树，表示鸟想栖息于树。金文则为三鸟在树上，有集中栖息的意思，篆字承接金文。《说文解字·雥部》："雧（集），群鸟在木上也。从雥（zá，群鸟），从木。集，雧或省。"本义为群鸟栖止在树上，引申为停留、聚集等。

纳西文：   hal（栖）

会意字。纳西文写作鸟在树上，表示鸟准备在树上栖息或过夜，即"hal"（栖）。

159. 金：   篆：   获 huò（蒦）

会意字。金文上边像一头鹰，最上边是它的毛角，下边像鸟形。最下边像手，表示捉获了一只猫头鹰。篆字承接金文，整齐化。《说文解字·萑部》："蒦，规蒦，商也。从又（手）持萑（huán 猫头鹰）。"本义为捕获，引申泛指收获、得到等意思。

纳西文：   mai（获、得到）

形声字。纳西文写作人手捉住了野兽尾巴，表示获得。"尾巴"（mai）也表其声。

160. 甲：   金：   篆：   解 jiě

会意字。甲骨文上边像双手握着角，下边像牛头，表示双手拔出牛角，小点象征血肉碎屑。金文省去碎屑。篆字双手讹为刀，整齐化。《说文解字·角部》："解，判也。从刀判牛角。"本义为宰牛剖牛。引申作分解、排解、理解等义。

纳西文：   kol（宰杀）

会意字。纳西文写作倒置无眼珠的牛，表示牛已死。上边有一把刀，象征宰杀，即杀牛。变换牛头为羊头、马头，则读作"杀羊"（yuq kol）、"杀马"（rua kol）。

161. 甲：🜲　　　金：🜲　　　　篆：🜲　　　　　孚 fú（孵）

会意字。甲骨文左上是爪子，下边是小孩，表示抱子哺乳或爪下育孩的意思，金文与甲骨文大致相同，篆字整齐化。《说文解字·爪部》："孚，卵孚也。从爪，从子。一曰：信也。"本义为抱子哺乳，也指鸟孵卵。人育子与鸟孵卵皆有定期而不失信，故引申为诚信。

纳西文：🖼　　　　　　　　　　　　　　　bbvq（孵）

会意字。纳西文写作鸡在窝中孵卵。

162. 金：🜲　　　　　　　　篆：🜲　　　　　雠 chóu

会意字。金文像两只相对的鸟，会雌雄二鸟相对之义。篆字将二鸟线条化，并写得较整齐。《说文解字·雔部》："雔，双鸟也。从二隹。"本义为成对的鸟。引申泛指伴侣、相当等。由于雔字作了偏旁，其义便由雠来表示。雠的本义是对答、应答，引申指校对文字。仇敌也是双方相对，故通"仇"。

纳西文：🖼　　　　　　　　　　　　　jiul jiu（客气）

形声字。纳西文写作两只鸡相互啼鸣，表示互相谦让，讲客气。以鸡"啼"（jiuq）音表其声。

第三节　人体称谓

人
体
称
谓

rén	tǐ	chēng	wèi
ggu	jiuq	seiq	shel

163. 甲：　　金：　　篆：　　夏 xià

象形字。甲骨文像一个手持斧钺的壮士形象，金文有头、有手、有脚，但失去了武士形象，篆字承接金文，文字化。《说文解字·攵部》："夏，中国之人也。从攵，从页，从臼。臼，两手；攵，两足也。"本义是人，中原古部族名称，我国历史上第一个朝代，相对周边少数民族而称华夏，故有盛大、雅正的含义，遂用以称一年之中生命力最旺盛的季节——夏天。

纳西文：　　　　　　　　　　　　　　　zzi coq（精、崇）

象形字。纳西文写作熊头人身和象头人身像，纳西族用以称人，"精"和"崇"是音译，纳西族古老氏族的两合组织，也是他们的氏族图腾。

164. 甲：　　金：　　篆：　　首 shǒu

象形字。甲骨文像人头形，有头发、有眼睛。金文稍变，篆字文字化，就不太像头了。《说文解字·首部》："首，百（shǒu）同。古文百也。巛（shuān）

象发，谓之鬊（shùn，脱落的头发），鬊即巛也。"本义为头。

纳西文：　　　　　　　　　　　gv（头）

会意字。纳西文写作一个缠发之人的头型，以有耳而无其他五官为其特征。

165. 甲：　　金：　　篆：　　页 yè

象形字。甲骨文像突出头部的人形，有发、有眼、有人身。金文稍变，篆字文字化。《说文解字·页部》："页，头也。从百，从儿。"本义为头，读 xié。因每个头都有一个不同面孔，故又读 yè，作为量词。后来"页"为引申义所专用。头的本义，便加声符作"頭"tóu 表示。

纳西文：　　　　　　　　　　　gv（头）

会意字。上边部分表示顶上，即 gv（头），下边是身子，这是纳西文头的另一种写法。

166. 甲：　　金：　　篆：　　元 yuán

指事字。元与兀同源。甲骨文从兀（削去人头发），又用短横指明头之所在，以表示人头。金文与甲骨文大致相同，篆字文字化。《说文解字·一部》："元，始也。从一，从兀。"所释为引申义。本义当为人头。引申作为首、开始等。

纳西文：　　　　　　　　　　　jiul chuq（最早，元）

形声字。纳西文写作鸡啼，墨玉串 cuq，表示最早、最初，包含汉字元的意思。

167. 甲：　　　　　篆：　　面 miàn

象形字。甲骨文外围像人脸之轮廓，里边有一只大眼睛。篆字外围更像脸面，但里边却是人头。《说文解字·面部》："面，颜前也。从百，象人面形。"本义为脸，由脸面引申指事物的侧面，或作为量词用于有平面的事物。后也成为"麵"的简化字，如面粉、面条等。

纳西文：　　　　　　　　　　　pa（脸、面）

象形字。纳西文写作人的头部，五官表示"脸面"（pa），同时也可以指方位，如"前面"（gai pa），"后面"（mail pa）等。

168. 甲：　金：　篆：　　眉 méi

象形字。甲骨文像眉眼，加重眉毛，使之有所指。金文承接甲骨文。篆字文字化。《说文解字·眉部》："眉，目上毛也。从目，象眉之形。"本义为眉毛。引申指上端与旁侧。因眉毛为传情之物，故又代指美女。

纳西文：　　　　　　　mie zeeq fv（眉毛）

象形字。纳西文写作眼睛和眉毛，眉上无毛则指眼睛，眉上有毛则指眉毛。

169. 甲：　金：　篆：　　目 mù

象形字。甲骨文像眼睛形，金文形体稍变，仍像眼睛，篆字将眼睛竖直，并文字化。《说文解字·目部》："目，人眼。象形。"本义为人眼。引申为眼孔、条目等。

纳西文：　　　　　　　　　mieq

象形字。纳西文写作人的一双眼睛。画了眉线，但没画眉毛。

170. 甲：　金：　篆：　　艮 gèn gěn

会意字。甲骨文上边像一只眼睛，下边像人形。金文为眼睛在人背后，有点像扭头瞪视的样子。篆字文字化。本义为扭头瞪视，是"眼"的初文。由瞪视引申为性子直，又借为八卦之一，读作 gěn。"艮"为引申义专用，瞪视之义加义符，另作"眼"，读 yǎn，瞪视用眼珠，故也指眼珠、眼神等。

纳西文：　　　　　　　mieq goq（瞪）

象形字。纳西文写作眼，眼下注针（goq）音，意为瞪眼。

171. 甲：　金：　篆：　　亡 wáng wú

象形字。甲骨文的"臣"是侧目之形，竖直的眼睛，"亡"在"臣"的基础之上去掉了眼珠，只剩一半眼眶。金文承接甲骨文，篆字文字化。《说文解字·亡部》："亾（亡），逃也。从入，从乚。"根据篆字此说也不无道理，但本义却是盲、瞎子，引申泛指失去、逃亡、灭亡等。又读 wú，用如无。"亡"遂为引申义专用，另造形声字"盲"máng 来表示本义。

纳西文：🔣🔣🔣　　　　　　　　　　　　ggo（盲）

象形兼会意字。纳西文一形写作有眼无珠的样子，表示瞎。二形则加一个挂拐杖的人，字义更加明确。

172. 甲：🔣　　金：🔣　　篆：🔣　　　　罙 dà

象形字。甲骨文上边像一只眼睛，下边像涟涟流出的泪珠，金文承接甲骨文，篆字文字化。《说文解字·目部》："罙，目相及也。从目，从隶省。"释形不确，本义是泪珠涟涟。引申为目之相及，并虚化为连词。后"罙"作了偏旁，相及之义便由"遝"tà（指及、纷纭、聚积）来表示。

纳西文：🔣🔣　　　　　　　　　　　　mieq bber（眼泪）

象形字。纳西文写作眼中流出的泪水。

173. 甲：🔣　　金：🔣　　篆：🔣　　　　耳 ěr

象形字。甲骨文像一只耳朵，金文承接甲骨文，篆字文字化，就不太像耳形了。《说文解字·耳部》："耳，主听也。象形。"本义为耳朵。引申指耳朵形的事物，或位置在两旁的，因它与正面主体的东西不同，古语又引申为语气词，表示"罢了""而已"等意思。

纳西文：🔣　　　　　　　　　　　　　　hei zeeq（耳朵）

象形字。纳西文写作人头旁的两只耳朵，将耳朵放大，表示所指。

174. 甲：🔣　　金：🔣　　篆：🔣　　　　自 zì

象形字。甲骨文像鼻子，金文承接甲骨文，篆字文字化。《说文解字·自部》："自，鼻也。象鼻形。"因动物降生先露鼻子，故引申作开始。又人说到自己往往指鼻子，故引申为自己。后"自"为引申义专用，本义加声符畀（bì，双手赐予），用"鼻"来表示。

纳西文：🔣🔣　　　　　　　　　　　　nil merq（鼻子）

象形字。纳西文写作人的鼻子，以及鼻旁两颊的弧形。

175. 甲: ⿀　　　金: ⿀　　　篆: ⿀　　　　　口 kǒu

象形字。甲骨文像人张大的嘴巴，金文和篆字承接甲骨文。《说文解字·口部》："口，人所以言食也。象形。"本义为人嘴，也指动物的嘴或像口的东西，后也用作人和动物的量词。

纳西文: ⿀　⿀　　　　　　　　　　　nvl（口）

象形字。纳西文一形像正面紧闭的嘴巴。二形像侧视张开的兽（畜）嘴。

176. 甲: ⿀　　　金: ⿀　　　篆: ⿀　　　　　舌 shé

象形字。甲骨文像口中伸出的舌头。金文加上舌面上的唾液，篆字文字化。《说文解字·舌部》："舌，在口，所以言也、别味也。从干，从口，干亦声。"本义为舌头，引申指舌头样的东西，也指言辞。

纳西文: ⿀　⿀　　　　　　　　　　　xil（舌）

象形字。纳西文一形像口中伸出的舌头，二形像一条舌头。

177. 甲: ⿀　　　金: ⿀　　　篆: ⿀　　　　　齿（齒）chǐ

象形字。甲骨文像口中露出的牙齿，金文在上加"止"字以表音，篆字承接金文并文字化。《说文解字·齿部》："齿，口龂（龈 yín，齿根肉）骨也。象口齿之形，止声。"本义为门牙。引申泛指牙齿。

纳西文: ⿀　　　　　　　　　　　　　hee（牙齿）

象形字。纳西文像口中露出上下两排牙齿，一般指门牙。

178. 金: ⿀　　　　　　　　篆: ⿀　　　　牙 yá

象形字。金文像凹凸不平上下相错的大牙（臼齿形），如从上面往下看的样子。篆字却像上下牙交错的样子。《说文解字·牙部》："牙，牡（壮）齿也。象上下牙相错之形。"本义为大牙。引申泛指牙齿，以及像牙的东西等。

纳西文: ⿀　　　　　　　　　　　　　hee ggoq（臼齿）

象形字。纳西文像口中牙齿的侧视图，表示指的是口中内侧的牙齿。

179. 甲：　　金：　　篆：　　须 xū

象形字。甲骨文上面像大嘴旁长出几根胡须，下边是人。金文由甲骨文的嘴变成脸上长的胡须，下边仍然是人。篆字承接金文并文字化。《说文解字·须部》："须，面毛也。从页（突出头部人形），从彡（毛发）。"本义为胡子。引申指像胡须的东西。可用于须臾、务须等词语之中。

纳西文：　　　　　　　　　　　　　　　　mee zeel（胡须）

象形字。纳西文写作生长在嘴唇及面颊上的胡须。

180. 甲：　　金：　　篆：　　而 ér

象形字。甲骨文像颔下垂须之形。金文承接甲骨文，篆字文字化。《说文解字·而部》："而，颊毛也。象毛之形。"本义为颔下胡须。因胡须皆大致相同，引申为如、好像、就是等。又借作代词相当于你，借作副词相当于才、只、还。借作连词，表示承接、假设、因果、转折等关系。

纳西文：　　　　　　　　　　　　　　　　luaq ba（胡子）

象形字。纳西文写颔下的胡须，称作"luaq ba"是古语，口语称"mee zeel"。

181. 甲：　　金：　　篆：　　身 shēn

指事字。甲骨文是面朝左的一个人，扩大身子，表示所指。金文承接甲骨文，身上有点作为指事符号。篆字承接金文并文字化。《说文解字·身部》："身，躬（躬，自身）也。象人之身。"本义指人和动物的躯体，引申为身体、自己等。

纳西文：　　　　　　　　　　　　　　　　ggv、ggu mu（身体）

象形字。纳西文写作一个人，突出身体部分，表示有所指。又称"ggu mu"。

182. 金：　　篆：　　腹 fù

形声字。金文右上方像一个人形，里边有一复（fù，地穴中进出往返的通道）字表其音。篆字改作从肉，复声。《说文解字·肉部》："腹，厚也。从肉，复声。"《玉篇·肉部》："腹，肚腹也。"肚腹肉厚，本义指肚子。以腹在人体的部位，引申指前方、要害部位、亲信等。

纳西文：　🧍　　　　　　　　　　　ddvq（肚、腹）

象形字。纳西文写作一个人，将肚子部位放大，表示有所指。

183. 甲：　🧍　　　　　篆：　🧍　　　孕 yùn

会意字。甲骨文上下是个人形，中间腹中有子，表示怀孕。篆文将人省为乃（突出奶的人形）。《说文解字·子部》："孕，裹子也。从子，从几。"从几有误。本义为怀孕，引申指既存事物中成长着的新生事物。

纳西文：　🐘　　　　　　　　　　　bul（孕）

象形字。纳西文写作一个肚子里有小孩的妇女，表示怀孕。

184. 甲：　🧍　　金：　🧍　　篆：　🧍　　彡（鬒）zhěn

会意字。甲骨文左边像人，右下边像毛，表示稠发一直披到眉下。金文人形搬到右上，但结构不变，篆字承接金文。《说文解字·彡部》："彡，稠发也。从彡（shān，毛饰画文），从人。"本义为细软浓密的长发。由于彡字作了偏旁，其义便另造形声字鬒来表示。

纳西文：　〃　　　　　　　　　　　fv（毛发）

象形字。纳西文写作毛发的形状。泛指动物、人体上的所有毛和发，也指毛状物。

185. 金：　🧍　　　　　　篆：　🧍　　　要 yāo yào

会意字。金文中间像一个女人，上边两旁有两只手，是一女人束腰的样子。篆字像突出腰部的人，两只手正束在腰上。《说文解字·臼部》："要，身中也。象人要自臼（jú，叉手）之形。从臼，交省声。"本义为两手插腰，是"腰"的本字。引申为半路阻拦，再引申为邀请、要求，读 yāo。引申为"要事""将要"等义，读 yào。"要"就为引申义专用，本义另加义符用"腰"表示。

纳西文：　🐚🧍　　　　　　　　　　teel（腰）

象形兼会意字。纳西文一形写作腰及腰椎骨，是象形字。二形写作人弯腰状，表示腰之所在，是会意字。

186. 甲：　　　　　　　　　　　篆：　　　　　　骨 gǔ

象形字。甲骨文一形像一个相连的骨架，二形像一块肩胛骨。篆字简省甲骨文二形，座下加肉。《说文解字·骨部》："骨，肉之覈（核）也。从冎（肩胛骨）有肉。"本义指人和动物的骨骼。引申泛指内部的支撑物。

纳西文：　　　　　　　　　　　　　　　　o gel（骨骼、骨架）

象形字。纳西文写作由关节相连的骨架，表示动物和人的骨骼。

纳西文：　　　　　　　　　　　　　　　　o、so lo（骨头）

象形字。纳西文写作人或动物的一节骨头，指所有的骨头，也指类似骨头的内部支撑物。

187. 甲：　　金：　　　　篆：　　　　乃 nǎi

象形字。甲骨文由妇人双手抱子在胸前喂奶之形简化而来，省去了子和母手，只留下了人身和奶头。金文承接甲骨文，篆字与金文大致相同。本义指喂奶，也指乳房。奶是子孙相因的基本条件，故"乃"表示因果关系，有"于是""才""竟然"等的意思。后借作代词"尔"。"乃"即为引申义所专用，本义则另加义符作"奶"来表示。

纳西文：　　　　　　　　　　　　　　nil ni、el boq（奶）

象形字。纳西文写作妇女乳房的样子，还有乳汁从中流出。指动物及人的乳房和乳汁。

188. 金：　　　　　　　　　篆：　　　　手 shǒu

象形字。金文像五指伸开的手掌形，篆字整齐化。《说文解字·手部》："手，拳也。象形。"本义为腕以下的指掌部分。

纳西文：　　　　　　　　　　　　　　　laq（手）

象形字。纳西文写作一只手。

189. 甲：　　金：　　　篆：　　　又 yòu

象形字。甲骨文像右手形，金文承接甲骨文，篆字整齐化。《说文解字·又部》："又,手也。象形。三指者,手之刿多略不过三也。"本义为右手,后借作虚词用,表示重复、连续中平列、递进、补充、转折等关系。

纳西文: yiq(右)

会意字。纳西文写作人伸出右手,表示右手边,即右边。

190. 甲: 篆: 叉 zhǎo

指事字。甲骨文像右手,手中两点表示指甲,篆字整齐化。《说文解字·又部》："叉,手足甲也。从又(右手),象叉形。"本义为指甲,也指用指甲抓挠。由于叉字作了偏旁,指甲之义便用"爪"来表示,另造了"搔"表抓挠之义,读 sāo。

纳西文: la zheeq(指甲)

指事字。纳西文写作人的手,在大拇指上加上指甲似的东西,表示所指为指甲,口语称"la zee gvl"。

191. 甲: 金: 篆: 足 zú

象形字。甲骨文上边的方形像膝盖,下边像脚,连在一起是一条小腿,金文承接甲骨文,篆字写得较整齐。《说文解字·足部》："足,人之足也。在下。从止(脚)从口(代表膝盖)。"本义为小腿,后专指脚。由人之下基引申指充实、充足、值得等。

纳西文: kee(脚)

象形字。纳西文写作一只脚,表示人的脚,也泛指各种器物的腿。

192. 甲: 金: 篆: 止 zhǐ

象形字。甲骨文像一只脚趾向上的的脚板形,金文省去了脚板,篆字就不像脚板了。《说文解字·止部》："止,下基也。象草木出有址,故以止为足。"本义是人脚,是"趾"的本字。脚乃站立器官,引申作停止、阻止、到达、截止等义,因"止"为引申义所用,脚趾的本义加义符作"趾",仍读"zhǐ"。

纳西文: bbe(脚掌)

象形字。纳西文写作一只脚,特别画出了脚趾,以表示所指乃脚掌。

193. 甲：　　　金：　　　篆：　　　　　疋 shū

象形字。甲骨文像一条腿形，金文线条化，篆字文字化。《说文解字·疋部》："疋，足也。上象腓肠（胫骨），下从止。"本义为脚。借为"疏"，表示疏记，又借为"胥"xū，表示小吏。疋，如今不单用，只作偏旁。"一匹布"的"匹"讹作"疋"，故读pǐ，意思与"匹"相同。

纳西文：　　　　　　　　　　　　　　　　piq（腿）

象形字。纳西文写作一条腿，大腿，纳西语（piq）。

194. 甲：　　　金：　　　篆：　　　　　士 shì

象形字。甲骨文像雄性生殖器形，金文填实，上面变成一横（甲骨文的圆点，金文往往变成一横）。篆字承接金文，写得较整齐。由雄性生殖器引申泛指或具有一定地位，或具有一定知识、技术、品德的男子。以后"士"为引申义所专用，"士"之本义则借"势"来表示。"势"本义是"强力"，引申指权力、势头等，也表示雄性生殖器。

一说士由大和地组成，　　　，像人立于地上，是拥有一份土地之人，指奴隶社会地位较低的一个贵族阶层。

纳西文：　　　　　　　　　　　　　　　　lai（阴囊、睾丸）

象形字。纳西文写作男性生殖器，主要指人的阴囊和睾丸。

195. 甲：　　　金：　　　篆：　　　　　也 yě

象形字。甲骨文像女性生殖器，甲骨文的"育"字写作女阴和一个头朝外的小孩，这种形状正如生育时的女阴。金文稍有变化，篆字承接金文，文字化。《说文解字·乁部》："也，女阴也。象形。"本义是女阴，后被借为语气词，后又作为副词表示同样或强调。

纳西文：　　　　　　　　　　　　　　　　mei（母）

会意字。纳西文写作雌阴，表示雌性，也可以用来表示母亲。

196. 甲： 　　金： 　　　　篆： 　　　　　心 xīn

象形字。甲骨文像心脏之形，金文承接甲骨文，篆字整齐化。《说文解字·心部》："心，人心，土藏，在身之中。象形。"本义为心脏。泛指思想等，引申指中心部位的东西。作为偏旁写作"忄"或"⺗"。

纳西文： 　　　　　　　　　　　nee（心）

象形字。纳西文写作心脏之形，表示人和动物的心脏。常被借用作介词，表示"被""由"等的意思。

197. 金： 　　　　　　　　篆： 　　　胃 wèi

象形字。金文像内装食物的胃，下方像肠或脂肪等附着物，篆字整齐化，并将附着物等写成肉形。《说文解字·肉部》："胃，谷腑也。从肉、图，象形。"本义为胃脏，又通谓，表示称谓。

纳西文： 　　　　　　　　　　hul（胃）

象形字。纳西文写作动物胃的形状，表示人和动物的胃。常因音相似，被借用作表示祝愿的"hol"。

198. 甲： 　　金： 　　篆： 　　尸 shī

象形字。甲骨文像曲膝而坐的人形，像人死后屈膝捆拼的形状（人死后被用布条屈膝捆拼，接受后人祭祀，部分纳西族尚保留此俗）。金文承接甲骨文，篆字整齐化，已失去甲骨文的样子。《说文解字·尸部》："尸，陈也。象卧（闭目坐）之形。"本义是尸体。

纳西文： 　　　　　　　　　　muq（尸体）

形声字。纳西文写作一个死人，死人下以"簸箕"（muq）注其音。

199. 甲： 　　金： 　　篆： 　　夫 fū fú

象形字。甲骨文像一个大人，在头部位置加一横表示插簪子。古代男子二十行加冠礼，将头发束起来，别上簪子就是成年人。金文承接甲骨文，篆字文字化。《说文解字·夫部》："夫，丈夫也。从大，一以象簪也。周制以八寸为尺，十尺为丈。人长八尺，故曰丈夫。"本义读 fū，指成年男子。借作语气词，读 fú。

纳西文： 　　　　　　　　　　　zhuaq（成年男子）

形声字。纳西文下边写作一人，以头上的"床"（zhua）注其声。

200. 甲： 　　金： 　　　篆： 　　　儿（兒）ér

象形字。甲骨文像幼儿张口嬉笑露出少量牙齿形，表示幼儿，牙齿尚未长齐。金文多两颗牙齿，篆字承接金文。《说文解字·儿部》："儿，孺子也。从儿（人形），象小儿头囟未合。"这是一种说法，本义为小孩。"兒"现简写成"儿"，引申指儿子。

纳西文： 　　　　　　　　　　　ssiul（小孩）

象形兼会意字。纳西文写作举起双手的人，表示小孩不会走路，需要人扶持。也有用"举手"（lvq）而注"孙子"（lv bbv）之意，以表示小孩。

201. 甲： 　　金： 　　　篆： 　　　幼 yòu

会意字。甲骨文右上角像犁起土之状，表示用力，左下是一束丝，表示小，力气小，会意作年幼。金文承接甲骨文，只是写法有所不同。篆字也仍然是左丝右犁（力）。《说文解字·幺部》："幼，少也。从幺，从力。"以力量弱小表示年幼。泛指初生的东西。

纳西文： 　　　　　　　　　　　ssiul jil（幼小）

形声字。纳西文写作人，旁边用"羊毛剪"（jil）注其音，表示幼小。

202. 甲： 　　金： 　　　篆： 　　　老 lǎo

象形字。甲骨文像长发老人扶杖之形，金文将表示老人的长发变成毛形，将手杖讹为匕（倒人，表示变化）。篆字从金文。《说文解字·老部》："老，考也。七十曰老。从人毛匕。言须发变白也。"应为"从人、毛匕"。本义为老人。引申作年岁大、有经验等。

纳西文： 　　　　　　　　　　　pv（老人）

纳西文写作人年高多须之形。

203. 甲： 　　　金： 　　　　　篆： 　　　　考 kǎo

象形字。甲骨文像长发老人扶杖形，表示年老高寿。金文头上变成毛形，手杖变成丂（支撑工具）。篆字承接金文。《说文解字·老部》："考，老也。从老省，丂（kǎo）声。"所释为形声字，本义是年老高寿，也指已去世的父亲。引申为终结及考试、考察等。

纳西文： 　　　　　　　　　　　　　　mul（老）

形声字。纳西文写作一束冠长头发的老人，下用"牛蝇"（mul）注其音，表示年老高寿，或时间长的东西。

204. 金： 　　　　　　　　　篆： 　　　　吾 wú

形声字。金文下边像口，表示出声。上边是纵横交错形，是"午"的初文，以表其声，篆字承接金文。《说文解字·口部》："吾，我，自称也。从口，五（午）声。"本义为我。

纳西文： 　　　　　　　　　　　　　wu du wuq（自己）

形声字。纳西文写作一人自指，表示自己，头上以一碗"供粮"（wu）注其音。

纳西文： 　　　　　　　　　　　　　ngeq（我）

象形或形声字。纳西文一形写作人自指，表示指的是"我"（ngeq），二形在一形基础上加写"五"（藏语读 nga），以藏文语音注其近音。

205. 甲： 　　　金： 　　　篆： 　　　且 qiě jū（祖）

象形字。甲骨文像雄性生殖器，人类靠生殖繁衍故加祭神坛"示"表示祭祀祖先。金文与甲骨文大体相同，篆字文字化。后祖先牌位、墓碑皆像"且"的样子。《说文解字·且部》："且，荐（祭献）也。从几，足有二横，一其下地也。"《说文解字》指古代祭祀时的礼器。后来"且"被借用作连词，表示递进。祖先之义则用带祭台"示"的这一字来表示。

纳西文： 　　　　　　　　　　　　　yuq（祖先）

形声字。纳西文写作人死后代表死者的木身，木身有两节松枝，有松针的表示魂魄，另一根代表死者本身，这里写作"猴"（yuq），表示死者已成为"祖先"（yuq）。

206. 甲：（图）　　金：（图）　　篆：（图）　　　　父 fù fǔ

象形兼会意字。甲骨文右下像一只手，左上一短横像石斧，是手持石斧的形象。金文为石斧，略有形状。篆字整齐化后就不再像石斧了。《说文解字·又部》："父，矩也。家长，率教者。从又（手）举杖。"本义是把斧，象征权力，故指长者，即父辈。后专指父亲。又读"fǔ"，是对老人的尊称。一说父为执棍形，象是去狩猎的样子。

纳西文：（图）　　　　　　　　　　　　　　seeq（父）

形声字。纳西文写作一个人，以头上的"木"（ser）表"父"（seeq）的近音，表示父亲。

207. 甲：（图）　　金：（图）　　篆：（图）　　　　母 mǔ

象形字。甲骨文是一个缚手跪跽着的女人，胸前加两点，表示哺育的母亲，金文省去跪跽形，篆字整齐化。《说文解字·女部》："母，牧也。从女，象裹怀子形。一曰：象乳子也。"本义为母亲。引申泛指雌性的，及新生事物之本源等。

纳西文：（图）　　　　　　　　　　　　　　mei（母亲）

形声字。纳西文写作一个戴着头巾的女人形，旁边用雌性符号"mei"注其音。

208. 金：（图）　　　　　　篆：（图）　　　　威 wēi

会意字。金文上边像一把斧，斧的左下角是一个女人，表示对女人有生杀之权的婆婆。篆字整齐化。《说文解字·女部》："威，姑也。从女，从戌（xū，斧类兵器）。《汉律》曰：'妇告威姑'。"本义为婆婆，引申作尊严、权威、刑罚等。

纳西文：（图）　　　　　　　　　yuq mei（婆婆、岳母）

形声字。纳西文写作猴头或羊头人身，以"猴"（yuq）或"羊"（yuq）注第一音，以雌性符号"mei"表明是具有"母"（mei）辈身份之人，并注第二音。

209. 甲：（图） 金：（图） 篆：（图） 兄 xiōng

会意字。兄与祝同源，祝的甲骨文为一个人跪于祭台前张口向神祈祷，去掉祭台，剩下的人就是兄，是主持祭祀之人。金文和篆字皆承接甲骨文。《说文解字·兄部》："兄，长也。从儿，从口。"本义是祈祷求福的兄长。后泛指年龄大于自己的同辈男性。

纳西文：（图） e bbvq（兄）

形声字。纳西文写作人，以上方的"阿"（e）即喊声或应答声和"锅"（bbv）注其音。

210. 甲：（图） 金：（图） 篆：（图） 妹 mèi

形声字。甲骨文左边像枝叶繁茂的树，是"未""蔚"的初文，以表"妹"音，右边是一个女人。《说文解字·女部》："妹，女弟也。从女，未声。"本义为妹妹，引申指小于自己的同辈女性。

纳西文：（图）（图） 姐姐 mei heiq，妹妹 ggu mei

形声字。纳西文写作一个包着头巾的女性，其上用"雌阴"（mei）和"月"（hei）注其音。后一形用粮柜（gguq）和雌阴（mei）表其音。

211. 金：（图） 篆：（图） 姑 gū

会意兼形声字。金文从古，从女，表示前代妇女会婆母，"古"也兼表其声。篆字整齐化。《说文解字·女部》："姑，夫母也。从女，古声。"本义指丈夫的母亲，也指父亲的姐妹，也指丈夫的姐妹，后来用作妇女的通称。

纳西文：（图） e ni（姑妈）

形声字。纳西文写作一个包头巾的妇女，上边用"阿"（e）和数字"二"（ni）注其音。

212. 甲：（图） 金：（图） 篆：（图） 孙 sūn

会意字。甲骨文左边像一个大头儿子，右边像一把丝，表示结之间的互相联接，会意作子孙连续不断。《说文解字·子部》："孙，子之子曰孙。从子，从系。系，续也。"本义为子之子。也指和孙辈同辈的亲属。

纳西文：𤤳　　　　　　　　　　　　　　　　lv bbv（孙）

形声字。纳西文写作一个人，在人头上加"石头"（lv），以"石"注其第一音。

213. 甲：𤳰　　金：𤽍　　　篆：𤵈　　　侄 zhí

形声字。甲骨文左边像一个女人，右边是箭射在地上，表示"至"zhì，以"至"表其声。《说文解字·女部》："姪，兄之女也。从女，至声。"本义为侄女。古代男子称兄弟之子为从子，不称侄，晋以后改称侄。

纳西文：𤤲　　　　　　　　　　　　　　　　zzei ee（侄）

形声字。纳西文写作一个人，人头上用"麦穗"（zzei）注其第一音。

214. 金：𡦤　　　　　　　　篆：𡦣　　　客 kè

会意兼形声字。金文上边像房子，里边是各（gè，用脚趾已到门口表示到来之义），表示从外而来的宾客。《说文解字·宀部》："客，寄也。从宀，各声。"本义为宾客。客与主相对，常用来指有别于主的事物和行为。

纳西文：𡧲、𡧳　　　　　　　　　　　　　　bber（宾客）

会意字。纳西文一形写作冠冕堂皇之人，表示他的客人身份。二形右边上是肉、下是饭，表示宾客正接受主人宴请，食肉食饭。

第四节　用具器皿

用
具
器
皿

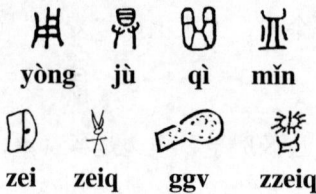

yòng　jù　qì　mǐn

zei　zeiq　ggv　zzeiq

215. 甲：　　　金：　　　篆：　　　　耒 lěi

象形字。甲骨文像犁形，金文在犁上加一手，篆字将手讹为三横，下变为木。《说文解字·耒部》："耒，手耕曲木也。从木推丰。古者垂作耒。耜（sì，古代似犁的东西）以振民也。"从木推丰不确切，本义指古代翻土农具耜上的曲木柄，也泛指犁。

纳西文：　　　　　　　　　　　　　　　　ddv（犁）

象形字。纳西文写作一把木犁。

216. 甲：　　　金：　　　篆：　　　　力 lì

象形字。甲骨文像掘地松土用的耒，金文与甲骨文大体相同，篆字写出分叉的形状。《说文解字·力部》："力，筋也。象人筋之形。"所释为引申义，本义为耒。因翻土要用力，故引申作力量的力。

纳西文：　　　　　　　　　　　　　　　　lo beiq（木锨）

象形字。纳西文写作一把木锨，纳西人用它来挖河沟里的污泥。把泥土掀到地上，晒干后做肥料。木锨也可以像耒一样用脚助力。

217. 甲：⟩　　金：⟨⟩　　篆：⊏　　　　匚 fāng

象形字。甲骨文像一个侧放着的篮筐，当是筐的初文。金文绘出编织纹路。篆字文字化。《说文解字·匚部》："匚，受物之器。象形。"本义为篮筐之类的东西，由于匚作了偏旁，其义另加声符"㞷"，筐、匡或从竹。

纳西文：🧺　　　　　　　　　　　　　　kel（篮）

象形字。纳西文写作一只平放的篮筐。实际上这种篮子并不像现在所使用的篮子，可能古代纳西人的篮筐如此。

218. 甲：　　金：　　篆：　　　　娄 lóu

会意字。甲骨文下边像一个女人，两边像两只手，上边是女人头顶着的东西。金文将头上的东西写成竹篓形。篆字文字化。本义是竹篓。以竹多孔而透明，故引申作中空、通透、空虚等，因"娄"字形似篓顶在女人头上，故又引申出重叠、高出、连续等义。

纳西文：　　　　　　　　　　　　　seel dvq（神篓）

象形字。纳西文写作一个竹编的篓子，是纳西人家供养生命之神的竹篓子，常年拴在大房中柱上，里边装着象征生命神的祭木、祭石等物。

219. 甲：東　　金：東　　篆：東　　　　东 dōng

象形字。甲骨文像竹木编的篝笼形，可以用来笼火照明或熏物，是灯笼的"笼"的初文，从语音来看也是"灯笼"的合音。金文承接甲骨文，篆字整齐化。本义是圆竹笼。点燃的灯笼使人联想到东方升起的红日，所以借作东方的东，又和西方的"西"合起来泛指所有的物品，称为"东西"。

一说东（東）是背伕们绑在树上的囊橐，上午时绑在中午能回到的地方，在囊橐附近吃了中饭后，下午上路时再取走，由此囊橐在树上时太阳的方向是东，倦鸟归巢时太阳所在方向是西。西也是鸟盛蛋等的巢窠，故用东西指各种物品。

纳西文：　　　　　　　　　　　bbai mi dvq（灯笼）

象形字。纳西文写作挂在祭木上的灯笼，在野外祭祀时点灯用。

220. 甲：　　金：　　篆：　　西 xī

象形字。甲骨文像竹木编的圆形器具。金文简化。篆字讹误。《说文解字·西部》："西，鸟在巢上。象形。日在西方而鸟栖，故因以为东西之西。"本义为竹编之蛋巢之类的东西。篆字写鸟在巢中，引申作"栖"。又引申作西方的"西"。

纳西文：、　　　　gvq kel（蛋巢）

会意字。纳西文写作竹编器具，里边有蛋，表示是蛋巢。在祭祀活动中，编织小形竹篓悬在树上，供鬼魂暂且歇息，这也称为"gvq kel"（蛋巢）。

221. 甲：　　金：　　篆：　　由 yóu

象形字。甲骨文像竹木编的盛器。金文承接甲骨文。篆字整齐化。楷书写作甾。本义指竹木编的盛器，这种盛器多用于过滤，以制作盐、酒等物，故引申为凭借、原由、经由等，后"由"为引申义所专用，盛器之义便用"甾"（zī，竹木编盛物草器）来表示。

纳西文：　　　　　　　　　　ee see（竹漏勺）

象形字。纳西文写作一把竹编的漏勺，可以用它来漉酒、捞渣子等。

222. 甲：　　金：　　篆：　　其 qí

象形字。甲骨文像簸箕形，金文另加了一个基座，篆字承接金文或另加义符"竹"，标明质地。《说文解字·箕部》："箕，簸也。从竹，甘象形。下其（jī，下基）丌也。"本义为簸箕，借为语气词表示疑问，表示他、那些等等。"其"为借义所专用，簸箕之义另加"竹"来表示。

纳西文：　　　　　　　　　　muq（簸箕）

象形字。纳西文写作竹编之簸箕形状。

223. 甲：（图） 篆：（图） 刀 dāo

象形字。甲骨文像砍削用的刀，篆字整齐化。楷书写作刀，用作姓。《说文解字·刀部》："刀，兵也。象形。"又借作"镳"（jiāo，一种带把的炊具，白天供一人做饭，夜间敲击以巡更），表示狡猾、刻薄等。"镳"现作"刁"。

纳西文：（图） rer（刀）

象形字。纳西文写作一把刀的样子。

224. 甲：（图） 金：（图） 篆：（图） 斤 jīn

象形字。甲骨文像一把横刃锛斧形，金文和篆字均产生讹变，已不太像了。《说文解字·斤部》："斤，斫木也。象形。"本义为砍木头的横刃锛斧。又因古代斱同斤，后被借作量词成为重量单位。"斤"便为借用义专用，斧子之义另造"斧""锛"来表示。又"斤"借用为"昕"xīn，本义指天明日将出，"昕昕"有明察之义。

纳西文：（图） laq bbei（斧头）

象形字。纳西文写作一把斧头的样子。

纳西文：（图） zhal（锛）

象形字。写作一把横刃的小锛，以刃之弯度与锄头相区别。

225. 甲：（图） 金：（图） 篆：（图） 车（車）chē

象形字。甲骨文像车厢、车轮、辕轭俱全的一驾车。金文简化，只留下车厢和两轮的俯视形。篆字承接金文。《说文解字·车部》："车，舆轮之总名。夏后时奚仲所造。象形。"本义为车子。

纳西文：（图） jji ceil（木轮车）

象形字。纳西文写作两个轮子和一个车轴，最简单的木轮车，用来运载木料等物。

226. 甲：（图） 金：（图） 篆：（图） 舟 zhōu

象形字。甲骨文像一条小船形。金文承接甲骨文，篆字整齐化。《说文解字·舟部》："舟，船也。古者，共鼓、货狄，刳（kū）木为舟，剡（yǎn）木为楫，以济不通。象形。"本义为船。

纳西文： 　　　　　　　　　　　　　leeq（船）

象形字。纳西文写作一条小船，像刳木为舟的猪槽船。

227. 甲：　　金：　　篆：　　　我 wǒ

象形字。甲骨文像三锋的戈，有一个长柄。金文讹变得已不太像，篆字整齐化就更不像了。《说文解字·我部》："我，施身自谓也。或说：我，顷顿也。从戈，从手。手，或说古垂字。一曰：古杀字。"析形不准确，所说的是假借义和引申义。本义当为兵器。引申表示杀。后来假借作第一人称代词"我"。

纳西文： 　　　　　　　　　　　　la rheq（钉耙）

象形字。纳西文写作钉耙的形状。平时作农具用，战时亦可作兵器使用。

228. 甲：　　金：　　篆：　　辛 xīn

象形字。甲骨文像錾凿一类的工具形。金文承接甲骨文。篆字分为三体，写得较整齐。《说文解字·辛部》："辛，秋时万物成而孰。金刚；味辛，辛痛即泣出。从一从辛。辛，辠也。辛承庚，象人股。"本义为錾凿一类工具，也用作黥面的刑具，故引申指罪、辛苦、痛苦、劳苦等。又借作天干的第八位。

纳西文： 　　　　　　　　　　　　zzee（凿子）

象形字。纳西文一形、二形均写作凿子。用于给木头打孔及打凿石头。

229. 甲：　　金：　　篆：　　甾 zī

象形字。甲骨文像竹木编的盛物器具形。金文承接甲骨文，篆字文字化。《说文解字·甾部》："甾，东楚名缶曰甾。象形。"解释为瓦器，本义是竹木编的盛物器具形。后来泛指一种盛酒浆的瓦器。由于甾作了偏旁，盛物器具加声符"弁"另作"畚"běn，即畚箕。瓦器另加声符"虍"作"盧"，简化作卢。

纳西文： 　　　　　　　　　　　　laq ye（撮箕）

象形字。纳西文一形、二形均为撮箕形状。用于撮土、撮粮食等。

230. 甲：　　金旁：　　篆：　　　　囊 náng

象形字，甲骨文像装两贝的口袋。金文偏旁像扎口有底的袋子，篆文另加声符"嚢"（níng）变为从橐（tuó，束口的袋子）"嚢"声的形声字。本义是大袋子，指覆盖。又指像袋子的东西，如猪腹部松软如口袋的部分等。

纳西文：　　　　　　　　　　ner herq（麻袋）

象形字。纳西文写作一只束口装满东西的口袋的形状。

231. 甲：　　金：　　篆：　　蓑（衰）suō　垤 dīe

象形字。衰本是草雨衣之形，后假借表丧服，而加艸作蓑表草雨衣。甲骨文像草编的蓑衣柔软下垂形状。金文上下断开。篆字承接甲骨文，写得较整齐。《说文解字·衰部》："衰，艸雨衣，秦谓之萆。从衣，象形。"

纳西文：　　　　　　　　　jji ceiq（蓑衣）

形声字。纳西文写作一件衣服，中间以"棕树"（jji ceiq）注其音。

232. 甲：　　金：　　篆：　　　弋 yì

象形字。甲骨文像揳入地中的尖木撅形，用以拴系牲畜等。上为歧头，以免滑脱。金文承接甲骨文，篆字文字化。《说文解字·厂部》："弋，橛也。象折木衺锐者也。从厂（yè），像物挂之也。"本义为木橛，后因系牲畜的木橛很像系有绳子的短箭，故表示系有绳子的短箭。"弋"后来作了偏旁，木橛之义便加义符作"杙"来表示，缴 zhuó 射之义则用"隿"yì 来表示。

纳西文：　　　　　　　　　　ko zeeq（木橛）

象形字。纳西文写作一个上宽下窄的木楔，用来拴牲畜等。

233. 甲：　　金：　　篆：　　丁 dīng zhēng

象形字。甲骨文和金文皆像俯视的钉头形，篆字则为侧视的钉子形状。本义为钉子，因钉子坚实，故引申为强壮，又指能担赋役的成年人，或从事某种劳动的人，因钉子小又表示小块东西。也借作天干的第四位。后"丁"为引申义所专用，钉子之义则加义符"钅"作"钉"。作动词时读 dīng。读 zhēng 时表示弹琴、伐木等声音。

纳西文：　　　　　　　　　　　　　　　　shuq beel（钉子）

象形字。一形像方钉，二形像圆钉，皆象形。

234. 甲：丁　　金：丁　　篆：丂　　丂 kǎo

象形字。甲骨文像一种支撑工具形，在直木上加一短横木，作支撑重物用。人们背负重物行路时，它既可以做拐杖，也可以背靠在这根支撑物上歇息。本义为支撑重物的工具，现在不单用，只作偏旁，如支撑重物的"甹" pīng 等。

纳西文：　　　　　　　　　　　　　　　　dvl（撑顶）

象形字。纳西文写作宗教仪式中抵御天灾的顶灾木，它撑着一个鸡蛋，表示撑着所有的天灾，泛指"顶"和"撑"之义。

235. 甲：工　　金：工　　篆：壬　　壬 rén

象形字。甲骨文像古代织布机上承持经线的机件，即筘。金文在中间加一点，表明经线所在。篆字将一点改成一横。本义为持经之筘，又引申指承受，后来借为天干的第九位。于是"壬"为借义所专用，有关纺织之义便另作"纴"来表示，承受之义另用"任"来表示。

纳西文：　　　　　　　　　　　　　　　　dal mei（筘）

象形字。纳西文写作织布机上的筘，经线从筘齿间通过，它的作用是把纬线推到织口上。

236. 甲：丫　　金：丫　　篆：丫　　干 gān gàn

象形字。甲骨文是带叉的木棍形，在叉的两端拴上绳子，作为抛石器，是原始的狩猎工具。金文承接甲骨文，篆字文字化。《说文解字·干部》："干，犯也。从反入，从一。"析形不准确，本义为抛石器，引申作冒犯、干涉。读 gàn 则作为动词，表示从事某种活动等。

纳西文：　　　　　　　　　　　　　　　　rhu（抛石器）

象形字。纳西文写作一种装在架子上的抛石器，可以用来抛石击人或击兽。一形、二形的区别在于单架和双架。

237. 甲：　　　金：　　　篆：　　　单 dān

象形字。单与干同源。甲骨文像带叉的木棍，中间圆圈似把手的地方，是人拿在手里的抛石器。金文将把手地方加上一横，篆字上边讹为二口。本义为握在手中的抛石器，故引申为单一、单独、单薄、仅仅等意思。

纳西文：　　　　　　　　　　　　　　rhu（抛石器）

象形字。纳西文写作一种小型的抛石器，它可以拿在手中旋转而将石块抛出。

238. 甲：　　　金：　　　篆：　　　网 wǎng

象形字。甲骨文像一张网形，金文简化，篆字整齐化。《说文解字·网部》："网，庖牺所结绳以渔。从门，下象网交文。凡网之属皆从网。罔，网或从亡。网或从糸。"段玉裁注从一。本义为渔猎用的网，引申作捕捉，搜罗等，也泛指网一样的东西。

纳西文：　　　　　　　　　　　　　　xi（网）

象形字。纳西文写作类似渔网的东西。

239. 甲：　　　金：　　　篆：　　　罔 wǎng

象形字。甲骨文和金文均同于网字，篆字增加了声符"亡"作"罔"字，增加了义符糸作"網"字。后一字表示网的本义，已简化成网。"罔"因"亡"而得声，故后来借作"无"，表示没有。又借作"诬"，表示欺骗、诬陷等。

纳西文：　　　　　　　　　　　　　　xi col（套网）

象形字。纳西文写作拦网，将网固定在野兽必经之地，人追赶野兽，使其撞网而不能脱身。

240. 甲：　　　金：　　　篆：　　　聿 yù

象形字。甲骨文像手持笔形，金文承接甲骨文，篆字笔头部位多出一横，表示刻写。《说文解字·聿部》："聿，所以书也。楚谓之聿，吴谓之不律，燕谓之弗。从聿，一声。"本义指笔。后由于"聿"作了偏旁，笔的意思另加义符"竹"作"筆"，如今简化作"笔"，从竹从毛，会意。

纳西文：　　　　　　　　　　　　　　　　　　　　biuq liu（笔）

象形字。纳西文写作头上削尖的竹笔，其特点为尖黑，表示蘸过墨。纳西人削竹为笔，象形。

241. 甲：　　　　金：　　　　篆：　　　　　册 cè

象形字。甲骨文像用长短不齐的树枝圈起来的栅栏，它应该是栅栏的初文，金文承接甲骨文，篆字整齐化。《说文解字·册部》："册，符命也。诸侯进受于王也。象其札一长一短；中有二编之形。"所释有误，栅栏是地域之界限，册封乃将一定界限内的地域赐给诸侯，进而引申作符命、简册等。册后为引申义专用，本义另加义符作"栅"。

纳西文：　　　　　　　　　　　　　　　　　　　　koq（栅栏）

象形字。纳西文写作编扎在一起的长短不齐之木棍，指栅栏，引申作"内亲"表示同一栅栏之内的同一氏族中人。

纳西文：　　　　　　　　　　　　　　　　　　　　tei ee（书）

形声字。纳西文写作一页经书的模样，表示所有的书（包括经书），书上的旗 tei 表其 tei ee 第一音。

242. 甲：　　　　金：　　　　篆：　　　　　典 diǎn

会意字。甲骨文上边是栅栏，一形两边、二形下边是两只手，表示在编织栅栏，一形下边表示地域。金文讹为基座，篆字承接金文，写得较整齐。《说文解字·丌部》："典，五帝之书也。从册在六上，尊阁之也。庄都说：'典，大册也。'"所释为引申义。本义当为编织栅栏。

纳西文：　　　、　　　　　　　　beeq lee（经书）、hua rhua（围栏）

象形字。纳西文一形写作捆在一起的经书，读 beeq lee；二形为牛羊圈的围栏，读 hua rhua。

243. 甲：　　　　金：　　　　篆：　　　　　乐 yuè

象形字。甲骨文上边像丝弦之形，下边像木，表示一种弦乐器，金文中间"白"字像调弦之器。篆字承接金文，写得较整齐。《说文解字·木部》："乐，五声八音（五声：宫、商、角、徵、羽。八音：金、石、匏、土、革、丝、木、竹）总名。像鼓鞞。木，虡（jù，木象鼓簨的架子）也。"本义当为弦乐器。引申指音乐，又因音乐而引申为快乐（lè）等。

纳西文：　　　zhaiq（琵琶）

象形字。纳西文写作弦乐器琵琶的形状。

244. 甲：　　金：　　篆：　　壴 zhù

象形字。甲骨文上部像鼓上饰物，中间像鼓，下边像鼓架。金文承接甲骨文，篆字整齐化。《说文解字·壴部》："壴，陈乐，立而上见也。从中，从豆。"本义是架起的一面鼓，是鼓的初文。引申指鼓架，又表示竖立。由于壴作了偏旁，"鼓"的意思便由"壴"加"支"来表示。竖立的意思加义符"寸"作"尌"（后"樹"行而"尌"废）来表示。

纳西文：　　　dda gv（鼓）

象形字。纳西文写作一个上有装饰，下无鼓架的大鼓。

245. 甲：　　金：　　篆：　　庚 gēng

象形字。甲骨文像有两耳有把可摇的一种响器，犹如后来的拨浪鼓，金文更像，篆字讹为两手捧干形。《说文解字·庚部》："庚，位西方，象秋时万物庚庚有实也。庚承己，像人齐。"这是借义所作的解释，本义是一种乐器。引申指接续、更替，后借为天干第七位。

纳西文：　　　dda keq（鼓）

象形字。纳西文写作祭司拿在手中摇晃的象征月亮的一种响器，用于驱鬼。

246. 甲：　　金：　　篆：　　南 nán nā

象形字。甲骨文像悬着的敲击乐器形，上边是悬结，下边为器体。金文中间像花纹，篆字承接金文，写得较整齐。《说文解字·㞷部》："南，艸木至南方，有枝任也。从㞷（púo，草木茂盛），羊（rén）声。"解说有误，本义为悬钟一类乐器。这乐器来自南边，故借作表示"南方"。在"南无阿弥陀佛"梵文音译中读 nā。

纳西文：　　　　　　　　　　　　　　　　　　　　zeeq（钟）

象形字。纳西文写作一个钟的形状。

247. 甲：　　　　金：　　　　篆：　　　　龠 yuè

象形字。甲骨文像一种编管组成的乐器形，中部有孔，上有吹口。甲骨文二形有倒口，表示吹奏。金文是甲骨文一、二形的改进体，篆字承接金文，写得较整齐。《说文解字·龠部》："龠，乐之竹管，三孔，以和众声也。"本义为竹管编成的乐器。古代又用作容量单位，龠二曰合，合十曰升。

纳西文：　　　　　　　　　　　　　　　　　　muq ko（号筒）

象形字。纳西文写作一对用牦牛角做的号筒，祭祀时吹响，作法器用。

248. 甲：　　　　金：　　　　篆：　　　　于 yú

指事字。甲骨文左边是一种吹奏乐器，右边象征乐声的婉转悠扬。金文省去标志乐声的符号，篆字产生讹变。《说文解字·于部》："于，於也。象气之舒于。从丂，从一。一者，其气平之也。"所释为引申义，本当为吹竽时乐声宛转悠扬。引申作迂回曲折，借用作"乎"，表示疑问语气。借作"於"，作介词介绍所在、对象等。

纳西文：　　　　　　　　　　　　　　　　　ngail mo（葫芦笙）

象形字。纳西文写一葫芦笙的形状，竹管之中发出悠扬的乐声。

249. 甲：　　　　金：　　　　篆：　　　　因 yīn

象形字。甲骨文像编织有花纹的方席形，金文承接甲骨文，篆字整齐化。《说文解字·口部》："因，就也。从口大。"此为引申义，本义当为席子。席子是供人藉垫的，故引申为依靠、凭借。又引申作依据、沿袭等义。后"因"为引申义所专用，席子的本义便另加义符作"茵"来表示。

纳西文：　　　　　　　　　　　　　　　　　req lv（草席）

形声字。纳西文写作一张带有编织纹的草席，其上写"草"（req）以注其音，并表明其质地。

250. 金：[金文字形]　　　　篆：[篆字形]　　　甬 yǒng

象形字。金文像钟形，上边像钟悬，下边像钟体，中间像钟带。篆字讹变，上边误为𠃠（hàn，含苞未放），下边误为用。《说文解字·𠃠部》："甬，艸木华甬甬然。从𠃠，用声。"此据篆字所作解释，本义当为乐钟。后词义缩小，特指钟柄，又指斗斛一类量器。后又泛指走廊、过道等。

纳西文：[纳西文字形]　　　　　　　　　　biu（升）

象形字。纳西文写作长方形的量具升子。

251. 甲：[甲骨文字形]　　金：[金文字形]　　篆：[篆字形]　　帚 zhǒu

象形字。甲骨文像笤帚形。金文承接甲骨文。篆字讹为"从又（手）持巾埽（即帚）门内。"《说文解字·巾部》："帚，粪也。从又持巾埽门内。"析形不准确，本义为笤帚。妇女在家主要用笤帚打扫卫生，故多用为"妇"字。因帚字作了偏旁，笤帚的本义加义符作"箒"来表示，加义符作"婦"表示妇女。如今两字分别简化作"帚"和"妇"。

纳西文：[纳西文字形]　　　　　　　　　bbai gvq（扫帚）

象形字。纳西文写作一把扫帚的形状。

252. 甲：[甲骨文字形]　　金：[金文字形]　　篆：[篆字形]　　卢 lú

形声字。甲骨文上边像虍 hǔ，下边像款足的炉灶形。金文承接甲骨文，但在形状上更加美观。篆字下边变成了皿，皿上是田，虍声不变，好像成了一个火盆。《说文解字·皿部》："卢，饭器也。从皿，膚（lú，盛酒器）声。"本义为炉的初文，指火炉，也指酒家安放盛酒器的土坛。后卢成了偏旁或姓，另加义符成为爐（炉），表示火炉，安放盛酒器的土坛加义符作"墟"或"罏"。

纳西文：[纳西文字形]　　　　　　　　zo 或 guaq（炉灶）

象形字。纳西文写作安置在室内的炉灶，用以烤火做饭等。zo 为古语。

253. 甲：[甲骨文字形]　　金：[金文字形]　　篆：[篆字形]　　鬲 lì gé

象形字。甲骨文像古代鼎类蒸煮炊具形，圆口。三足分裆，足内中空，以便增加受热面积。金文承接甲骨文，篆字文字化。《说文解字·鬲部》："鬲，鼎属。……象腹交文，三足。"因三足分裆，故引申指分隔、阻隔。由于鬲作了偏旁，炊具之义另造"釜""锅"来表示。

纳西文： 　　　　　　　　　　　　　　　　chu bbv naq（炒锅）

象形字。纳西文写作炒菜之锅，与煮食之锅有区别。

254. 甲： 　　金： 　　篆： 　　鼎 dǐng

象形字。甲骨文像一只鼎形。鼎为古人的烹煮食器，一般三足两耳硕腹，犹如后来的锅。金文承接甲骨文，篆字整齐化。《说文解字·鼎部》："鼎，三足两耳，和五味之宝器也。……象析木以炊也。"本义为食器。鼎为传国宝器以喻政权，喻三分并立，引申表示显赫等。

纳西文： 　　　　　　　　　　　　　　　　bbv（锅）

象形字。纳西文写作一口煮食物的锅，形状有点像鼎，只是无足。

255. 甲： 　　金： 　　篆： 　　丙 bǐng

象形字。甲骨文像古代烙饼的整子模样，即现在的饼铛，中间稍凸，下边有低矮的三足。金文承接甲骨文。篆字整齐化。《说文解字·丙部》："丙，位南方，万物成，炳然。阴气初起，阳气将亏。从一入门。一者，阳也。丙承乙，象人肩。"析形是根据篆字所作附会，所释也是引申义，本义为饼铛。烙饼须用火，故引申指火、光明。借作天干的第三位。序数三的代称。

纳西文： 　　　　　　　　　　　　　shuq ggv（铁锅）

象形字。纳西文像烙饼、炒菜用的锅，有把。后专门烙饼的锅变成了有耳的圆铛，称作"shuq ggv"，烧炭的叫作"heel laq"。

256. 甲： 　　金： 　　篆： 　　曾 céng zēng

会意字。甲骨文下像箅子形，上像蒸汽升腾之状，本是蒸熟食物的器具，是"甑"的本字。金文下加出蒸锅形，篆字承接金文，文字化。《说文解字·八部》："曾，词之舒也。从八，从曰，囧（古文囱）声。"析形不准确，所释为假借义。因蒸锅有锅、有箅、有盖，层层重叠，故引申为重、曾经、增加等。

纳西文： 　　　　　　　　　　　　　　　　bvl（甑子）

象形字。纳西文写作一个可以进气的锅形状的东西，表示是蒸食物的甑子。

257. 金：^{字形} 篆：^{字形} 盆 pén

形声兼会意字。金文上边像刀将物分开，下边像器皿之形，表示底小口分开且大的器皿，即现在的盆子。篆字承接金文，并文字化。《说文解字·皿部》："盆，盎（àng，盆类器皿）也。从皿，分声。"本义为盆子。可作盆状事物的量词。

纳西文：^{字形} lo bal（木盆）

象形字。纳西文写作一个木盆的形状，可以用来装东西、揉面等用。

258. 甲：^{字形} 金：^{字形} 篆：^{字形} 皿 mǐn

象形字。甲骨文像一个带底座的饮食器具。金文承接甲骨文。篆字整齐化。《说文解字·皿部》："皿，饭食之用器也。象形。与豆同意。"本义为碗、碟、盘、盆一类的饮食器具。

纳西文：^{字形} kual（碗）

象形字。纳西文写作一个碗的模样。

259. 甲：^{字形} 金：^{字形}篆：^{字形} 豆 dòu

形声字。甲骨文像古代高足食器。金文减去表示物的点，篆字文字化。《说文解字·豆部》："豆，古食肉器也。从口，象形。"《尔雅·释器》："木豆谓之豆，竹豆谓之笾，瓦豆谓之登。"后借作"尗"（菽），用来表示豆类植物。引申指像豆的东西。

纳西文：^{字形} bal（大碗）

象形字。纳西文写作一个碗的形状，里边用"蛙"（ba）注其音。表示一种比碗大，比盆子小的盛肉食等的器皿。

260. 甲：^{字形} 金：^{字形} 篆：^{字形} 量 liáng liàng

会意字。甲骨文下边像东（箱篓一类的容器），上有口，表示可以装东西。金文口中加一点。篆字承接金文，写得较整齐。《说文解字·重部》："量，称轻重也。从重省，曏省声。"析形不准确，本义为量器。liàng 指测量物体多少的器具。引申指能容纳或禁受限度。liáng 作动词，指计量。

纳西文：　　　　　　　　　　　　biu、ruaq（斗、量）

象形及会意字。纳西文一形写作一个斗（biu），用来计量粮食等物，二形斗中的黑点表明有东西，表示量，读（ruaq），东巴经中多用于还债，故读作（rhu ruaq）。

261. 甲：　　金：　　篆：　　盂 yú

形声字。甲骨文下边像盛东西的器皿，上边像"于"（竽）以表其音。金文承接甲骨文，篆字整齐化。《说文解字·皿部》段注："盂，饭器也。从皿，亏声。"本义为盛液体的器皿。引申泛指食器。

纳西文：、　　　　　　taq（罐子），ssoq（瓮）

象形字。纳西文一形写作一个罐子形状，二形是罐子的简形，可以装酒、装油及其他液态的东西。

262. 甲：　　金：　　篆：　　酉 yǒu

象形字。甲骨文像一个尖底的酒坛子。金文承接甲骨文，篆字文字化。《说文解字·酉部》："酉，就也。八月，黍成，可以酎酒。象古文酉之形。"所释为声训，本义当为酒坛子，古多用作酒。后借为地支第十位，"酉"为借义所专用，本义加义符作"酒"来表示。

纳西文：　　　　　　　　　　　　geq（酒坛）

会意兼形声字。纳西文写作一个坛子，其中用鹰（gel）注其音。

263. 甲：　　金旁：　　篆：　　斝 jiǎ

象形字。甲骨文像古代爵一类的酒杯，有三足两柱。金文偏旁讹变。篆字将斝形简化，并在下边另加斗（酒斗），就不像了。《说文解字·斗部》："斝，玉爵也。夏曰琖（盏），殷曰斝，周曰爵。从叩，从斗，冂象形。"本义是酒器。

纳西文：　　　　　　　　　　　　jer（杯子）

象形字。纳西文写作一酒杯、茶杯之类的杯子形状。

264. 甲：　　金：　　篆：　　　斗 dǒu dòu

象形字。甲骨文像带把的舀酒勺子形。金文承接甲骨文，篆字线条化，就不像斗了。《说文解字·斗部》："斗，十升也。象形，有柄。"此为引申义，本义为舀酒勺，引申为量具及斗状的器物等。又读 dòu，借作"鬥"的简化字，表示"鬥"的所有意思。

纳西文：　　　　　　　　　　　　　bbv zzeiq（勺子）

象形字。纳西文写作一个勺子的形状，可以做酒勺、汤勺等。

265. 甲：　　金：　　篆：　　　壶 hú

象形字。甲骨文像有盖、两耳、鼓腹、圆足之酒壶。金文简化，篆字整齐化。《说文解字·壶部》："壶，昆吾（夏的同盟部落），圜（圆）器也。象形。从大，象其盖也。"本义为酒壶，引申泛指像壶的容器。

纳西文：　　　　　　　　　　　　　zziuf（酥油壶）

象形字。纳西文写作一壶形，比茶壶大，专门用于打酥油茶。

266. 甲：　　金：　　篆：　　　凡 fán

象形字。甲骨文像一只高足盘形。金文承接甲骨文，篆字讹变后就不像了。《说文解字·二部》："凡，最括也。从二，二，偶也。从乛，乛，古文及。"析形不准确，所释为引申义，本义当为盘子。盘子是用来收盛东西的，引申作概括义，表示大概、总共、所有的等。所有也就是普遍的，故也引申指平常、世俗的事物。

纳西文：　　　　　　　　　　　　　ggaiq bbei（盘子）

象形字。纳西文写作一张盘子的形状，主要用来盛菜和各种食物。

第五节　动作行为

动

作

行

为

　　獸　　　㤞　　　行　　　爲
　dòng　　zuò　　xíng　　wéi

　　⊙　　　㖱　　　旒　　　丰
　　yul　　　yu　　　liul　　liu

267. 金：獸行　　　　　篆：尻居　　　尻 jū

　　会意字。金文一行左边像一个头戴虎皮冠取坐姿的人，右下像一个供坐的几。二是简形，一个居几而坐之人。篆字一形承金文，二形从尸从古，表示古代传下的箕踞。《说文解字·几部》："尻（jū），处也。从尸得几而止。《孝经》曰：'仲尼尻。'尻，谓闲居如此。"现"尻"作"居、踞"。居，坐，引申为居住、处占等。踞，蹲踞、傲慢等。

　　纳西文：圇　　　　　　　　　zzeeq（居住）

　　会意字。纳西文写作人坐在房子里，表示居住。

268. 金：獸行　　　　　篆：㞆㞆　　　处 chǔ chù

　　会意兼形声字。"处"与"居"同源。金文两形均与"居"同，篆字分为简繁二体，一体留下虎，留下脚和几，第二体则去虎皮冠，只有脚和几。《说文解字·几部》："处，止也。得几而止。从几，从夂。处，处或从虍声。"本义为止息，引申为居住、处所交往、决断等。

纳西文：⚲　　　　　　　　　　　　　　　　zzeeq（坐）

象形字。纳西文写成人盘腿而坐的样子，无几，表示坐着。

269. 甲：休　　金：休　　篆：休　　　　休 xiū

会意字。甲骨文左边像人，右边像木，表示人在树下歇息。金文承接甲骨文，篆字整齐化。《说文解字·木部》："休，息止也。从人依木。"本义为歇息，引申指停止、完结等。

纳西文：⚲　　　　　　　　　　　　　　　　toq（依靠）

形声字。纳西文写成人靠在松木上，用"松"（to）注其音。表示靠在树上休息。

270. 甲：宿　　金：宿　　篆：宿　　　　宿 sù xiù

会意字。甲骨文外边像房屋，里边有人、有席，像人在屋里睡觉。金文承接甲骨文，篆字整齐化。《说文解字·宀部》："宿，止也。从宀，佰（sù，宿之初字）声。"析形不准确，本义为夜晚睡觉，引申指夜、住宿的地方、旧的等。读 xiù 时指星宿。

纳西文：⚲　　　　　　　　　　　　　　　　hal（宿）

会意字。纳西文写作覆下有人，表示夜晚，人取卧姿，口中有气，表示睡觉。会意作晚上歇息睡觉的地方。

271. 甲旁：⚲　　金旁：⚲　　篆：⚲　　　　卧 wò

会意字。甲骨文偏旁上边像眼睛，下边像人，低头俯视的样子。篆字人和眼分离，变成从人，从臣（低头时的竖眼形），并整齐化。《说文解字·卧部》："卧，休也。从人臣，取其伏也。"本义为人低头打盹休息，引申指趴伏、躺、睡觉等。

纳西文：⚲　　　　　　　　　　　　　　　　yil（睡觉）

象形字。纳西文为人躺着睡觉的样子，嘴里还在呼吸。

272. 甲：　　金：　　　篆：　　梦 mèng

会意字。甲骨文右下像床，左边是大眼睛的人，眼上三点表示眵目糊，表示正在睡觉做梦。金文外围加出的像房子，人中间加出的像月亮。篆字一形在金文基础上去掉房子和床，二形将月亮改成目，三形将金文写得较整齐。《说文解字·夕部》："梦，不明也。从夕，瞢省声。"又《说文解字·苜部》："瞢，目不明也。"又《说文解字·寢部》："寢，寐而有觉也。"本义为做"梦"。夢，简化作梦。"梦"后来专门用于表示做梦等义，昏乱不明之义用"瞢"来表示，"寢"则废而不用。

纳西文：　　　　　　　　　　yil mu（梦）

形声字。纳西文写作一个睡觉之人，下边用"簸箕"（muq），注其第二音。

273. 甲：　　　　篆：　　壬 tǐng

会意字。甲骨文上边像人，下边像地上隆起的土堆，表示人站在土堆上。篆字线条化。《说文解字·壬部》："壬，善也。从人士；士，事也。一曰：象物出地，挺生也。"两个解释都不确切，本义是人挺立在土台上，引申指挺立。后"壬"作了偏旁，挺立之义便用"挺"来表示。

纳西文：　　　　　　　　　　xiul（站立）

象形字。纳西文写成一个站着的人。

274. 甲：　　金：　　篆：　　卩 jié

象形字。《说文解字》："卩，瑞信也。守国者用玉卩（jié），守都鄙者用角卩，使山邦者用虎卩。"甲骨文像一个跪着的人形。金文承接甲骨文。篆字线条化，本义指跪坐之人。人跪坐必用膝，故当是膝的初文。卩，如今不单用，只作偏旁，作偏旁时写作"卩、㔾、㔾、巴、尸"等。

纳西文：　　　　　　　　　　ceel（跪）

象形字。纳西文写成人跪地的样子。

275. 甲旁：　　金旁：　　篆：　　尢 shū

象形字。甲骨文尢的偏旁像一个匍匐的人，表示匍匐之义。金文尢（fú）的偏旁与甲骨文大体相同，篆字整齐化。《说文解字·九部》："九，鸟之短羽飞九九也。象形。"本义是匍匐，引申指羽毛未丰的小鸟伸胫学飞的样子，又泛指伸胫的样子。如今不单用，只作偏旁。作偏旁时，俗与"几"相混。

纳西文：🖋　　　　　　　　　　　　bbvq（匍匐）

象形字。纳西文写成在地上爬的人。

276. 甲：　　金：　　篆：　　步 bù

会意字。甲骨文是一前一后的左右两只脚，表示行进。金文将脚印填实，篆字承接甲骨文并写整齐。《说文解字·步部》："步，行也。从止少相背。"本义为步行，用脚量地面，一步为五尺。

纳西文：　　　　　　　　　　　　jji tvl（脚步）

形声字。纳西文写成脚下有奶渣饼（tvl），表其声，踩踏皆称 tvl；脚步亦称 tvl，jji tul（脚步）。

277. 金：　　　　篆：　　　　徒 tú

形声字。金文和篆文从"辵"（chuó，脚走路），土声。金文"路"在一旁，"脚"在"土"下。篆字"脚"移到"路"下，土在一旁。楷书从金文。《说文解字·辵部》："徒，步行也。从辵，土声。"本义为步行。引申指无凭借、白白地等义。

纳西文：　、　　　　　　　　　　jji（走）

形声字。纳西文一形写成人走在路上，表示走路，恐不太明确，用"酒釉"（jji）注其音。后一形省去表音字。

278. 甲：　　　　篆：　　　　辵（辶）chuò

会意字。甲骨文两边像十字路口，中间有只脚，表示在路上行走，篆字省去十字路的一半，将另一半变成三条斜线，把"脚"移到"路"下。《说文解字·辵部》："辵，乍行乍止也。从彳（chì），从止。"释义不准确，本义为走路。也指越级跨台阶，引申为疾走，由于说文误释，也表示步履踌躇。如今不单用，只作偏旁，写作"辶"。

纳西文：　　　　　　　　　　　　　　　　　　　　　lol（跨）

象形字。纳西文像人跨越之形，也像人大步往前奔。

279. 金：　　　　　　　　篆：　　　　　　走 zǒu

象形兼会意字。金文上边像一人甩臂跑步之状，下边是脚，表示奔跑，篆字整齐化，仍像跑步的样子。《说文解字·走部》："走，趋也。从夭止。夭止者屈也。""夭"是跳舞的姿势，这里像奔跑。引申作趋向、步行、来往等义。

纳西文：　　　、　　　　　　　　　　　　　　　　jjeq（跑）

形声字。纳西文一形为象形字，写作人跑步之形状，无声符。二形写作人在路上跑，并用"砝码"（jje maq）第一音注其声。

280. 金：　　　　　　　　篆：　　　　　　奔（犇）bēn bèn

会意字。金文上边像头前倾、甩手快跑的人形，下边是三只脚。用脚印连连表示快跑的意思。篆字变成从夭，从卉（花卉）。异体字作犇，从三牛会意。《说文解字·夭部》："奔，走也。从夭，贲省声。"析形不准确。本义为快跑，引申为朝着确定目标快走。

纳西文：　　　　　　　　　　　　　　　　　　　bbaiq（奔）

形声字。纳西文写作人在路上跑，下边用"蜜蜂"（bbai）注其音，bbaiq 也是奔跑。

281. 甲：　　　　金：　　　　篆：　　　　去 qù

会意字。甲骨文上边像人（大是人形），下边像口，表示人离门口而去。金文承接甲骨文，篆字整齐化。《说文解字·去部》："去，人相违也。从大，凵（凵）（qiǎn，指坑、坎）声。"本义为离开。引申指过去、前往、去掉等。

纳西文：　　　　、　　　　　　　　　　　　　bbee、keel（去）

形声字。纳西文为人走在路上，用"带子"（bbee geel）第一音表其音，表示前去某个地方。二形为脚朝前，表示要去什么地方，"脚"（kee）也注其"去"（keel）的音。bbee 是要去，keel 是已去。

282. 甲： 金： 篆： 出 chū

会意字。甲骨文的框子像门口，门口有一只脚趾朝外的脚，表示走出房门，金文承接甲骨文。篆字线条化后就不太像了。《说文解字·出部》："出，进也。象屮（草）木益滋，上出达也。"析形不准确，脚朝门外，本义是外出。引申为来到、出现、离开正道、超过一般人等的意思。

纳西文： beel（出）

形声字。纳西文写作人走在路上，下边用"蒿枝"（bee）注其音。表示已经出去、出师、出巢等。

283. 甲： 金： 篆： 之 zhī

指事字。甲骨文上边是脚，下边一横表示地，指人从这里前往某地。金文线条化，篆字写得较整齐。《说文解字·之部》："之，出也。象屮过中，枝茎益大，有所之。一者，地也。"解说不准确，本义为前往。借为代词，代替人和事物，又虚化为助词相当于"的"。"之"后为借义所专用。到、往等义另造形声字適（适）来表示。

纳西文： lol（跨越）

象形字。本义是跨越，写作人跨越一个小山坡。在纳西语中 lol bbee（前往）又有前往的意思，特别是在口语中常常说到。

284. 甲： 金： 篆： 坒往 wǎng

形声字。甲骨文上边像脚，下边是放下地的斧头，"王"权的象征，以表其声。金文一形承接甲骨文，二形加义符路，篆字承接金文。《说文解字·之部》："坒，屮木妄生也。从之在土上。"本义为前往，引申作过去、向往、处处、朝向等义。

纳西文： hee（去了、前往）

形声字。纳西文为一条曲线，表示动作方向，其上写"齿"（hee）以注其音，表示去了或前往。

285. 甲：　金：　　篆：　　　　延 yán

会意兼形声字。甲骨文与金文"延"（chān，慢走）同，篆文在"延"的基础上加义符厂（yì，表示拉引），强调引长之意，厂也兼表其音。《说文解字·延部》："延，长行也。从延，厂声。"本义为走长路，引申泛指长、伸展、延缓等义。

纳西文：　　　　　　　　　　　　　ree sherq（长路）

形声字。纳西文写成"路"（ree）的象形字和"七"（sher）的假借字"长"（sherq），表示漫漫长路。

286. 甲：　　金：　　　篆：　徙 xǐ

会意字。甲骨文左边是路，右边是脚步，表示在路上行走，金文将脚步填实。篆字整齐化，二形省去一脚。楷书写作徙和延。如今规范作徙。《说文解字·辵部》："延，迻（移）也。从辵，止声。"本义为迁移。引申指流放、改变等。

纳西文：　　　　　　　　　　　　　bber（迁徙）

会意字。纳西文写成男女二人相随而行，表示迁徙。

287. 甲：　金：　　篆：　涉 shè（㴇）

会意字。甲骨文中间像一条河，河两岸有脚步，表示趟水过河。金文将水简化。篆字变成两形，一形脚步在水中，一形脚步在水右。《说文解字·㴇部》："㴇，徒行厉水也。从㴇（zhuǐ，汇流），从步。涉，篆文从水。"本义为徒步过河。引申指从水上渡过、经历、阅览、牵连等义。

纳西文：　　　　　　　　　　　　　ggv（涉）

会意字。纳西文写成踩在水中的马蹄，表示马儿涉水而过。

288. 甲：　金：　　篆：　　　此 cǐ

会意字。甲骨文左边像脚，右边像人，表示用脚踩人。金文承接甲骨文，篆字整齐化。《说文解字·此部》："此，止也。从止，从匕。匕，相比次也。"析形不准确。本义为脚踩，是"跐"的本字。因脚踩在这里，引申为近指代词，表示这个、这儿、这样等。“此”后为引申义专用，踩的本义，加义符另作“跐”表示。

纳西文：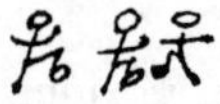　　cee（踢）cee cee（相踢）

象形字。纳西文一形写作抬脚在踢的人，二形为两人相踢，为 cee cee，cee ceeq 为人类祖先名，意思是鬼或影子，假借字。

289. 甲：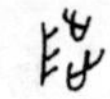　金：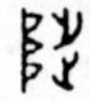　篆：　陟 zhì

会意字。甲骨文左边是梯子，右边是脚尖朝上的两只脚，表示由下往上攀登。金文梯子复杂化，意思不变。篆字承接金文并写整齐。《说文解字·阜部》：“陟，登也。从𨸏（阜），从步。”本义为升登、登高，引申为晋升。

纳西文：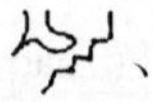、　　ddo（登）

会意字。纳西文一形写成在梯子上的脚，表示在登高；二形写成人往上走，也是登（ddo）。

290. 甲：　金：　篆：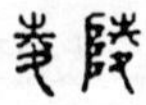　夌 líng

会意字。甲骨文一形最上边像茅庐盖，下边是人，二形在人旁加“梯子”表示从下往上升登。金文两形分别在甲骨文一形基础上另加“脚”或加“梯子”。篆文则只留下庐和足或庐、足、梯子。《说文解字·夊部》：“夌，越也。从夊，从兂（lù，高大的陆地）；兂，高也。”本义是从下往上迈上来，即升、登。引申为超越、侵犯、高升、逼近等。

纳西文：　　lvq（举）

会意字。纳西文写作一人伸手把另一人举上头顶，是“举”或“抬”（lvq）的会意字。

291. 甲：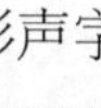　金：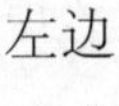　篆：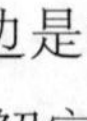　降 jiàng xiáng

会意兼形声字。甲骨文左边像梯子，右边是朝下的脚，表示从高处往低处下。金文承接甲骨文，篆字文字化。《说文解字·阜部》：“降，下也。从𨸏（阜），夅声。”本义为高处往下走。引申泛指下落、降低、给予等。又读 xiáng，表示投降、降服等。

纳西文： ![字符]　　　　　　　　　　　　　　ggeeq yi（祈求）

会意字。纳西文写作一人取跪姿伸出拇指向人祈求，表示降服。

292. 甲： ![字符]　　金： ![字符]　　　篆： ![字符]　　夅 xiáng

会意字。夅和降在甲骨文和金文中是同一个字，都是梯子和脚趾朝下的脚，表示从上往下走。篆字写得较整齐并分为简繁二体。《说文解字》将夅单独分离出来成为单独的字，专门用来表示降服。《说文解字·夂部》："夅，服也。从夂㐄（kuà）相承，不敢竝也。"表示悦服。实际上就是"降"。现在"夅"做了偏旁，其义由"降"（xiáng）来表示。

纳西文： ![字符]　　　　　　　　　　　　　　ssaq（下、降）

形声字。纳西文写作一个往下走的人，下边用"行星"（ssaq）注其音，表示往下走、下降等意思。

293. 甲： ![字符]　　金： ![字符]　　篆： ![字符]　　从 cóng zòng（纵）

会意字。甲骨文像前后二人相从，表示跟随。金文二形加"路"加"脚"，篆字两形承接金文，写得较整齐。《说文解字·从部》："从，相听也。从二人。"所释为引申义，本义为相随而行。引申作顺从、听从、从来、次要等义。因相随成纵行，故又读 zòng，表示纵向，此义后来由"縱"（纵）来表示。

纳西文： ![字符]　　　　　　　　　　　　　　rhu（随）

会意字。纳西文为男女二人相跟相随，表示跟随。

294. 甲： ![字符]　　金： ![字符]　　篆： ![字符]　　屰 nì

象形字。甲骨文像一个倒着的人，金文将人填实。篆字文字化。《说文解字·干部》："屰，不顺也。从干，下屮。屰之也。"析形不准确，误解为倒"干"（叉子，捕野兽用）了。本义为不顺，是"逆"的本字。《说文解字·辵部》："逆，迎也。从辵，屰声。"本义为迎接，又指迎击。引申指方向相反、不顺等。

纳西文： ![字符]　　　　　　　　　　　　　　zee（迎接）

形声字。纳西文为人走在路上，手里拿着一束草，用"束"（zee）表其

"迎接"（zee）的音。

295. 甲：∧　金：∧篆：人　　　　　　　　　入 rù

象形字。甲骨文像房舍的里边，表示可以进入。金文承接甲骨文，篆字文字化。《说文解字·入部》："入，内也。象从上俱下也。"析形不准确，所释为引申义，本义为进入。引申作收入、加入、入时等意思。

纳西文：　　　　　　　　　　　　　　　　　　　　　der（强入）

会意字。纳西文写成人破门进房，表示强入。一般指未经邀请而进入别人家的行为。

296. 甲：乘　金：乘　　篆：乘　　乘 chéng shèng

会意字。甲骨文上边像人，下边像木，表示人两脚登在树上。金文写出了两脚。篆字将脚与树连了起来。《说文解字·桀部》："乘，覆也。从入、桀（杰，双脚在木上）。"解说不准确，本意当为人两脚在木上，引申指升登、骑、坐等。

纳西文：　　　　　　　　　　　　　　　　　　　　　zzai（骑）

会意字。纳西文写成人骑在马上，表示骑马。

297. 甲：視　　　　　篆：視　　视（視）shì

会意兼形声字。甲骨文下边像眼睛，上边像天垂像（示），会意作看天像，"示"也兼表其声。篆字左边为"示"，右边是人身上的眼睛，表示看。《说文解字·见部》："视，瞻也。从见，示声。"本义为看。引申指观察、看待等。

纳西文：　　　　　　　　　　　　　　　　　　　　　liuq（看）

会意字。纳西文写成一双眼睛，眼中引出视线，表示看。

298. 甲：见　金：见　　篆：見　　见 jiàn xiàn

会意字。甲骨文上边是眼睛，下边是人身，用突出眼睛的人表示看到。金文承接甲骨文，篆字写得较整齐。《说文解字·见部》："见，视也。从儿，从目。"本义为看到。引申为会见、了解等。又读 xiàng，表示被看见、显露等，此类含义后借"现"来表示。现，本义指玉光，引申作显露等。

纳西文： 𝌆𝌆　　　　　　　　　　　　　　ddoq（见）

会意字。纳西文为两只眼睛，眼中引出的视线有所及，表示看见。

299. 甲： 𝌆　　金： 𝌆　　篆： 𝌆　　　　　监 jiān jiàn

会意字。甲骨文右边像一个女人俯身往下看，左下边像容器，其上一横像水，水旁两圈像水中容颜，表示照视容颜。金文将容颜改成眼睛。篆字将眼和人均移到水盆上，并整齐化。《说文解字·卧部》："监，临下也。从卧，䧹（kàn）省声。"析形不准确，本义为用盆水照视容颜。引申指监视、监禁，后来监为引申义专用，照形本义另造"鑑"（鉴）来表示，照形器具另造"镜"来表示。

纳西文： 𝌆　　　　　　　　　　　　　　ge liuq（照镜子）

会意字。纳西文为人拿着镜子在看，表示在镜子中看自己的容颜。

300. 甲： 𝌆　　金： 𝌆　　篆： 𝌆　　　　　听 tīng

会意字。甲骨文左边是耳，右边是口，表示口有所说，耳有所闻。金文在下边加"生"和"古"，表示所听的乃是过去的事和已经发生的事。篆字左上像耳，右下像物之诞生，右边像直、心，表示言入耳、心有所悟的意思。《说文解字·耳部》："听，聆也。从耳、悳，壬（挺）声。"本义为耳有所闻。

纳西文： 𝌆　　　　　　　　　ko yu hei heeq（声轻神安）

会意字。表示听到好的消息，精神愉快。头上的角（ko）表示声音；两只大耳朵，意思是听声，头上有一曲线表示人长寿或精神愉快。是宗教祝福短语，使用频率较高。

301. 甲： 𝌆　　金： 𝌆　　篆： 𝌆　　　　闻 wén、wèn

会意字。甲骨文左边是举手附耳谛听的人，右边是一只大耳朵。金文将耳朵下移，头上加点表示声音。篆字改为从耳、从门的形声字。《说文解字·耳部》："闻，知闻（声）也。从耳，门声。"本义为听见，引申指闻名、名誉、见闻等。

纳西文： 𝌆　　　　　　　　　　　　　　mi（听、闻）

会意字。纳西文写作一双大耳朵，耳旁有两条线，表示声音已入耳。

302. 甲：𤭖　　金：𤭖𤭖　　篆：𤭖𤭖𤭖　哭 kū

会意字。甲骨文中间像桑枝，边上有四口，表示众口喧哭于桑枝下，古代用桑枝表示丧事。金文将桑枝简化，前一形为哭，后一形为泣。篆字桑枝变成了犬形，一形另加亡，表示有丧亡之事；二形是器，被借用作器皿的器；三形是哭。

纳西文：𤭖　　　　　　　　　　　　ngvq（哭）

会意字。纳西文为眼中有泪，表示哭。

303. 甲：𠙵　　金：𠙵　　篆：𠙵　曰 yuē

指事字。甲骨文为一张大嘴巴，嘴前有一黑点，表示在说话。金文承接甲骨文，篆字将话引出口。《说文解字·曰部》："曰，词也。从口，乙声，乙（草木破土而出）象口气出也。"本义为说，引申为"叫作"。说话之义借本当喜悦讲的"说"来表示。

纳西文：𤭖　　　　　　　　　　　　shel（说）

会意字。纳西文写作一个人，一横表示口中说话之形，表示人在说话。

304. 甲：𢦏　　金：𢦏　　篆：咸　咸 xián

会意字。甲骨文右边是兵器"戌"（斧），右下角是嘴，表示征战中喊声连天。金文承接甲骨文，篆字整齐化。《说文解字·口部》："咸，皆也；悉也。从口，从戌。戌，悉也。"所释为引申义。本义当为呼喊，"喊"之本字。引申为全、都、协同，如今成了"鹹"的简化字。咸为引申义专用，另加义符作"喊"表示呼喊。

纳西文：𤭖　　　　　　　　　　　　lerq（喊）

会意字。纳西文写作一个人，用线条与线旁黑点表示喊声，会意作喊叫。

305. 甲：𠙵　　金：𠙵　　篆：𠙵　名 míng

会意字。甲骨文右边像月亮（夕），左边像口。表示天黑看不见，只好呼叫名字。金文将月亮移到口上，篆字承接金文并文字化。《说文解字·口部》："名，自命也。从口，从夕。夕者，冥也。冥不相见，故以口自名。"本义为呼叫名字。引申指命名、讲出、具有、名称等。

纳西文：　　　　　　　　　　　　　　　　　　　el（阿）

会意字。纳西文为从嘴里发出的声音，表示呼喊或应答声，也是相互不见时的招呼声。

306. 甲：　　　金：　　　篆：　　　吹 chuī

会意字。甲骨文左边像张着嘴的一个人，右边又是一个口，表示人在吹气。金文将口移到左边。篆字承接甲骨文，写得较整齐。《说文解字·口部》："吹，嘘也。从口，从欠。"本义为急促出气，泛指空气流动而拂动物体，又引申指吹奏乐器、夸口说大话等。

纳西文：　　　　　　　　　　　　　　　　　kuel shel（歌咏）

形声字。纳西文写作一个人，从其嘴中引出一条线表示在"说"（shel），下边有一个碗 kual 表其近 kuel 的音。纳西语 kuel shel 是一种歌咏形式，在口语中是说大话的意思。

307. 甲：　　　　　　篆：　　　　　叩 sòng xuān

会意字。甲骨文为两张嘴在一起，表示大声争讼。篆字承接甲骨文。《说文解字·叩部》："叩，惊呼也。从二口。"所释为引申义，本义当为争讼。引申为惊呼、喧哗、打官司等。"叩"如今不单用，只作偏旁，争讼由会意字"讼"表示，喧哗之义由形声字"喧"来表示。

纳西文：　　　　　　　　　　　　　　　　shel she（争吵）

会意字。纳西文写作两个女人面对面说话，像在对打，表示在争吵。

308. 甲：　　　金：　　　篆：　　　言 yán

会意字。甲骨文上边是吹奏的乐器，下边是口，表示在吹乐器。金文承接甲骨文，篆字整齐化。《说文解字·言部》："言，直言曰言，论难曰语。从口，辛（辛 qiāng，罪也）声。"本义为吹奏乐器，引申作说、陈说或一个说法等。

纳西文：　　　　　　　　　　　　　　　　bi liq muq（吹笛子）

会意字。纳西文写作一个人举着笛子，笛子发出声音，表示在吹奏笛子乐器。

309. 甲：[字形] 金：[字形] 篆：[字形]　　　可 kě

会意兼形声字。甲骨文右边像一种劳动工具，左下像口，表示一边劳动一边唱歌。金文承接甲骨文。篆字文字化。《说文解字·可部》："可，肯也。从口丂（kǎo，支撑工具），丂亦声。"所释为引申义，本义当为歌以助劳，是"歌"的初文。引申为肯定、适合等，用作连词，表示转折等。可为引申义专用，歌唱之义便再加一个可，用"哥"来表示，后来"哥"又表示兄长之义，便加义符作"謌"或"歌"，现规范用"歌"。

纳西文：[字形]　　　　　唱歌（zzer）

会意字。纳西文写作人张嘴在唱歌，以声线曲折为其特征。

310. 甲：[字形] 金：[字形] 篆：[字形]　　　吴 wú

会意字。甲骨文上边是口，下边是甩手起舞之人，金文将口移到旁边，歪头，篆字头更歪。《说文解字·矢部》："吴，姓也。亦郡也。一曰：吴，大言也。从矢（仄，倾头起舞）口。"所释为引申义，本义当为歌舞娱乐。引申为欢唱喧哗，后借为姓和郡名。"吴"便为借义所用，本义加"女"作"娱"来表示。

纳西文：[字形]　　　　　zzer co（歌舞）

会意字。纳西文写作两个跳舞之人，他们嘴里还在唱歌，表示又唱又跳。以歌舞娱己娱人。

311. 甲：[字形]　　　　篆：[字形]　　　尝 cháng

形声字。甲骨文上边像一个酒器（尚）的省形，下边像用匕将美味送入口（旨），以"尚"表声，表示在品尝。篆字将甲骨文省去的"尚"之口加上并写得较整齐。《说文解字·旨部》："尝，口味之也。从旨，尚声。"本义为辨别滋味。引申泛指吃、尝试、曾经等。

纳西文：[字形]　　　　　so（尝）

形声字。纳西文写作一个人张开嘴巴，嘴边写"大秤"（so），以注其音，表示品尝。

312. 甲：（图）　　金：（图）　　篆：（图）　　　司 sī

会意字。甲骨文上部像倒匕（匙），下边是口，表示向口中送食。是"饲"的本字。金文承接甲骨文，篆字整齐化。《说文解字·司部》："司，臣司事于外者。从反后。"所释为引申义。本义当为进食。引申作掌管、主持、官吏等。

纳西文：（图）　　　　　　　　　　　loq（施食）

会意字。纳西文写作碗向前倾，将碗中的饭（小黑点）泼出，用来饲鬼施食。

313. 甲：（图）　　金：（图）　　篆：（图）　　　即 jí

会意兼形声字。甲骨文左边像饭碗（皀，满盛食物的器具），右边是跪着就食的人。金文承接甲骨文。篆字整齐化。《说文解字·皀部》："即，即食也。从皀（bī，饭粒），卪声。"本义指就食，引申作靠近、接触、就等。

纳西文：（图）　　　　　　　　　　　zzee（吃）

会意字。纳西文写作一个人大张其口，有东西进入口中，表示吃东西。

314. 金：（图）　　　　　篆：（图）　　　慕 mù

形声字。金文上部是日落草丛中（莫），下边是心。篆字整齐化。《说文解字·心部》："慕，习也。从心，莫声。"本义为思慕，思念。引申指仰慕、羡慕等。

纳西文：（图）（图）　　　　　　　　see lv（想念）

形声字。纳西文写作一颗心，从心中引出一条线，线旁有点，表示有所思，线末用"骰"（seeq）注其第一音。二形无注音。

315. 甲：（图）　　　　　篆：（图）　　　尿 niào

象形字。甲骨文像人撒尿。篆字改为从尾、从水，成了会意字。《说文解字·尾部》："尿，人小便也。从尾，从水。"本义为小便，撒尿。又读 nì，表示淹没、淹死，此义现由"溺"来表示。

纳西文：（图）　　　　　　　　　　　bbi（尿）

象形字。纳西文写作一个人在撒尿。

316. 甲：🖋　　　　　　　　篆：屎　　　屎 shǐ

会意字。甲骨文像一个人蹲着拉屎，上部为人形（尸），右下边像米，表示人拉的屎是由米变成的。屎的本义便是粪，常用来指最不好的东西。"屎"在《玉篇》中写作"屎"，变成了形声字。

纳西文：🖋　　　　　　　　　　　　qer（屎）

会意字。纳西文为人屙屎之形，臀下的线条和小点表示屎。

317. 金：🖋　　　　　　　　篆：🖋　　　字 zì

会意兼形声字。金文外围像房子，里边像婴儿，用屋里有子会生育之意。篆字整齐化。《说文解字·子部》："字，乳也。从子在宀下。子亦声。"本义为生育孩子。引申为出嫁、抚养。古代把依照实物形象所造的独体字叫文，在此基础上滋生出来的合体字叫字，故"字"又指文字、字体、字据等。又古代男子20岁加冠，冠后据本名另取字，字从名中生，故又引申指人的表字。

纳西文：🖋　　　　　　　　　　　ji heq（生育）

会意字。纳西文为妇女从胯下产子，表示生育。

318. 金：🖋　　　　　　　　篆：🖋　　　叔 shū

会意字。金文左上方像木橛一类的掘土物，下边三点表示所掘取的东西，右边是一只手。篆字整齐化，并把木橛和东西搅在了一起。《说文解字·又部》："叔，拾也。从又，尗声。汝南名收芌（芋）为叔。"本义为拾取。后来"叔"转指豆子。因为捡拾豆子等活主要由年纪小的人来做，叔又指父亲的弟弟及父亲的同辈而年龄较小的人，便加义符用"菽"来表示豆子。

纳西文：🖋　　　　　　　　　　　seel（拾）

形声字。纳西文写作手在拾取东西，这东西是代表"生命之神"（seel）的竹篓子，以"生命神"（seel）注其音。

319. 甲旁：🖋🖋　金旁：🖋🖋　　篆：🖋　　臼 jiù、jú

会意字。甲骨文的偏旁像两只手合起来捧取东西的样子。金文偏旁更形象，篆字整齐化，两只手靠在一起就不太像了。《说文解字·臼部》："臼，叉手也。从Ｆ（qiū）、彐（jì）。"本义为两手捧取。这一形象能表示叉手、掬起、收敛、聚集等含义。后来臼作了偏旁，这些含义便由"掬、举、裒（pou，聚集）"等字来表示。

纳西文：　　　　　　　　eeq（掬起）

形声字。纳西文写作一个人伸出手掬起一个"万"字符。在纳西东巴经中这个符号读"ee"，以注其音。

320. 甲：　　金：　　篆：　　刍（芻）chú

会意字。甲骨文左边是两丛草，右边是手，表示用手拔草，金文将草放到手中，篆字整齐化。楷书写作芻。《说文解字·艸部》："芻，刈艸也。象包束艸之形。"这是根据篆字所作的解释，本义为拔草。用作名词指饲草、吃草的牲口、割草之人等。

纳西文：　　　　　　　　berq（拔）

会意字。纳西文写作一只手正在拔草，表示拔。

321. 甲：　　金：　　篆：　　爪 zhǎo zhuǎ

象形字。甲骨文像覆手有所抓挠形，是抓的本字。金文写出抓挠所用的指甲。篆字整齐化。《说文解字·爪部》："爪，虱也。覆手曰爪。象形。"本义为用爪抓挠。引申指人的指甲、鹰爪、鸡爪，爪便为引申义所用，抓之本义加义符作"抓"。

纳西文：　　　　　　　　sseeq（抓搔）

会意字。纳西文写作一只手在人身上抓搔，表示抓或搔。

322. 甲：　　金：　　篆：　　丑 chǒu

象形字。甲骨文像手指钩曲用力揪物形，表示揪扭之义。金文将勾指连在一起。篆字整齐化。《说文解字·丑部》："丑，纽也。十二月，万物动，用事。象手之形。时加丑，亦举手时也。"这是借义所作解释，本义为揪扭，后借为地支第二位，又借作"醜"的简化字。"丑"字便为借义所用，本义则加义符作

"扭"。

纳西文：⟨图⟩　　　　　　　　　　　　　　　neel（扭）

象形字。纳西文为缠扭之形，表示"扭"（neel）。

323. 甲：⟨图⟩　　金：⟨图⟩　　篆：⟨图⟩　　捋（将）lǔ

会意字。甲骨文下边为一只手拿着棒，上边为一只手顺着棒滑动。金文将棒变成圆圈，使棒的横视变成直视。篆字省去棒，将下边的手变成寸。《说文解字·爪部》："将，五指持（将）也。从爫爪，一声。"析形不准确，本义为五指捋取。后来"将"作了偏旁，便又加义符作"捋"表示捋取之义。

纳西文：⟨图⟩　　　　　　　　　　　　　　shue（捋）

形声字。纳西文为女人在捋头髮，旁边以"铁"（shuq）注其近音。

324. 金：⟨图⟩　　　　　　　篆：⟨图⟩　　付 fù

会意字。金文左边像人，右边是高举的手，表示持物予人，篆字将手改作寸，并整齐化。《说文解字·人部》："付，与也。从寸（又），持物对人。"本义为交给，引申指寄托、托付，或用作量词指成套的东西。

纳西文：⟨图⟩　　　　　　　　　　　　　guq（交、付）

形声字。纳西文为人拿着东西并交出去，这东西像"姜"（guq），以注其音。

325. 甲：⟨图⟩　　金：⟨图⟩　　篆：⟨图⟩　　畀 bì

会意兼形声字。甲骨文一形像带镞的箭，二形是双手捧物。金文一形与甲骨文同，二形双手捧"由"（fú，盛物器）。篆字一形变成放在高处之物。二形承接金文并写得较整齐。《说文解字·丌部》："畀，相付与之。约在阁上也。从丌（jī，底座），甶声。"本义为赐予。引申泛指给予。

纳西文：⟨图⟩ ⟨图⟩　　　　　　　　　　yel（赐）

形声字。纳西文一形写作一个人拿着"新芽"（yeq）并送出去，用"新芽"注其音。二形省去人，用表示行为的线条代表赠送，用"新芽"表音。

326. 甲: 𢏱   金: 𤉢 𢀒   篆: 易 賜   赐 cì 易（yì）

会意字。甲骨文像把右边容器里的东西倒到左边容器中，表示给予。金文省去一个容器变成一形，再省去左边半个，加"贝"成二形。篆字承接金文，变成简繁二形，成为楷书的易和赐。本义是赐予。引申为改变、变动、交易、容易等。易为引申义专用。用"赐"来表示赐予之义。

纳西文: 𝄇   keel（盛）

形声字。纳西文下边是一个器物（木盆），上边用脚（kee）注其盛（keel）的音，表示将东西盛放在容器之中。

327. 金: 𢍐   古: 𠂤   篆: 𢍐 与   与（與）yǔ yù

会意字。金文上部两边是两只手，中间像两手相交的样子，下部两边像两手，中间是口。表示手拉手，以口结交。古文省去上边的两只手和下边的口。篆字在甲骨文基础上省去口，成为一形。只留手拉手的样子就成为二形。一、二形实际上就是"與"和"与"。《说文解字·舁部》："與，党與也。从舁（yú，共举也），从与。"本义为车。引申为交往、给予。虚化作连词与介词表示和、同、向、替等意思。

纳西文: 𐐷   zzee（伴）

会意字。纳西文为两人手拉着手走在一起，表示同伴、伙伴。

328. 甲: 𥝌   金: 𡴀   篆: 𥝌   奉 fèng

会意字。甲骨文两边像两只手，手中间像禾，会意作双手捧禾麦。金文将双手移到禾的下方。篆字上边像禾草丰盛的样子，下边像手捧禾麦，应该是"捧"的初文。《说文解字·廾（gǒng）部》："奉，承也。从手，从收，丯声。"所释为引申义，本义当为捧禾，祭献神祖。既表示捧着，又表示祭献，引申泛指献上、供给、讨好等意思。

纳西文: 𐐷   lvq（奉送）

形声字。纳西文写作一个人双手捧着东西送出去。捧着的是"石头"（lv），注其音。

329. 甲：（图）　　金：（图）　　篆：（图）　　承 chéng

会意字。甲骨文上边像一个跪着的人，下边像两只手，表示两手托着一个人。金文承接甲骨文。篆字整齐化并在中间加了一只手。《说文解字·手部》："承，奉也，受也。从手，从卩，从收。"本义为托着。引申为承受、接续等意思。

纳西文：（图）　　　　　　　　　　　　　　　　mai（得到）

形声字。纳西文写作一个人举双手抓住一条尾巴，用尾巴（mai）音注其"得到"（mai）音。

330. 甲：（图）　　金：（图）　　篆：（图）　　廾 gǒng

会意字。甲骨文像伸起双手举着什么东西，是"共""奉"的初文。金文承接甲骨文，篆字整齐化。《说文解字·廾部》："廾，竦手也。从屮，从又。"本义为两手捧物。后来"廾"作了偏旁，遂演变为"共""奉"二字，进而发展为"拱"与"捧"。

纳西文：（图）　　　　　　　　　　　　　　　　bul（送）

会意字。纳西文为一人以手持物，向前伸，表示提供、奉献。

331. 甲：（图）　　金：（图）　　篆：（图）　　共 gòng（供拱恭）

会意字。甲骨文两边像两只手，中间像器物，表示双手举着器物，供奉的样子。金文承接甲骨文。篆字整齐化，"器物"讹变。《说文解字·共部》："共，同也。从廿廾。"这是根据篆字所作的解说，本义为供奉。是供的初文。又表示拱手，引申作合计、共同、提供、奉献、恭敬等意思。这些引申义加义符分别写作"拱、供、恭"等。

纳西文：（图）　　　　　　　　　　　　　　　　lvq（举）

形声字。纳西文写成人举起双手的样子，所举的是石头，用"石头"（lv）表其近音。

332. 甲: 𡠹 𧵩 金: 𢔽   篆: 𢔶   得 dé děi

会意字。甲骨文一形左边像贝（钱币），右边像一只手，表示得贝；二形左边加"彳"。金文将手移动到下方。篆字将手改为寸（手之寸口），并整齐化。楷书写作导与得。《说文解字·彳部》："得，行有所得也。从彳，导声。导，古文省彳。"本义为获得。引申为得意、应该、必须等意思。

纳西文: 𗡆   ddee（得）

形声字。纳西文写作一个人拿着一件东西，这东西是"大"（ddeeq）字，以"大"注其音，表示人得到某种东西。

333. 甲: 𩵋 金: 𩵋   篆: 𩵋   称（再）chēng

会意字。甲骨文上边像一只手，下边像一尾鱼，表示提举的意思。金文承接甲骨文，篆字写得较整齐。《说文解字·𩵋部》："再，并举也。从爪，𩵋（gòu，两鱼相遇）省。"析形不准确，本义为手提着一尾鱼。引申指提举、称量、称赞、述说等意思。以后"再"表示提举之义，"稱"表示掂量，"偁"表示称赞。规范化后三义皆用"稱"，后简化作"称"。

纳西文: 𗣴   bbuq、lvq（扛、抬举）

会意字。纳西文为两个人共同扛起一件东西，是扛 bbuq 的会意字，也表示两人共同、抬举起一件东西，读作 lvq（抬举）。

334. 甲: 𥝌 金: 秉   篆: 秉   秉 bǐng

会意字。甲骨文左边像成熟的谷穗，右边是手，表示手拿着谷穗。金文将手移到谷穗中间。篆字承接金文并写得较整齐。《说文解字·又部》："秉，禾束也。从又持禾。"本义为一把禾谷。引申作动词，为拿、持、掌握等意思。

纳西文: 𗯮   ssee（拿、持）

形声字。纳西文为一人手里拿着青稞，用"青稞"（ssee）注其音。

335. 甲: 𠂎 金: 𠃏   篆: 勹   勹 bāo

象形字。甲骨文像人手臂弯曲有所包裹形。金文承接甲骨文。篆字变成曲身伸臂有所包裹形。《说文解字·勹部》："勹，裹也。象人曲形，有所包裹。"本义为环包，是"包"的初文。由于"勹"作了偏旁，其义后由"包"（腹中有子形）来表示。"勹"作偏旁，不单用。

纳西文：𝌀 eeq（包、抱）

会意字。纳西文写作一个人伸臂抱树的样子，表示包或抱。

336. 金：唇左厇 篆：左 左 zuǒ（佐）

会意字。金文一形左边像左手，右下角像箫管乐器（言）；二形右下部变成口；三形右下部变成杵形。表示手口相助或以左手相助。篆字承接金文三形。《说文解字·左部》："左，手相左助也。从ナ（zuǒ）工。"本义是帮助，引申作第二位的、副手等。因有"ナ"（左手），"左"又借用作左手、左边等，左则为借义所专用。"帮助"等意思，加义符作"佐"来表示。

纳西文：𝌀 ba ba（帮、贴扶）

会意字。纳西文写作一个人伸出手来，意在贴扶，去安慰和帮助别人。

337. 金：𝌀 篆：扶 扶 fú

会意兼形声字。金文左边像一个成年人（夫），右边像手，表示用手搀扶的意思，篆字左右调换并整齐化。《说文解字·手部》："扶，左（助）也。从手，夫声。"所释为引申义，本义当为搀扶。引申指扶持、帮助等意思。

纳西文：𝌀、𝌀 sherq（牵、搀扶）

会意字。纳西文为前边的一人牵着后边的一人走，表示牵引、搀扶等意思。二形下边加一条线，象征路。

338. 甲：𝌀 金：𝌀 篆：𝌀𝌀 弁（覍）biàn

会意字。甲骨文下边像捧着东西的两只手，上边的方框象征帽子，表示正戴着帽子。金文承接甲骨文。篆字一形手上更像帽子，二形的下边像人和头，上边由一形的帽子转变而来。《说文解字·儿部》："覍，冕也。……从廾，上象形。"本义为加冠。引申指法变、徒手搏斗等。

纳西文：𝌀 tai（戴）

会意字。纳西文写作人正举手把帽子戴在头上，表示戴或戴帽。

339. 甲：[字形]　　金：[字形]　　篆：[字形]　　书（書）shū

会意字。甲骨文上边像手拿着笔，下边像器物，表示手持笔在器物上刻画。金文上边像"聿"（笔），下边表"者"声。篆字承接金文并写得较整齐。《说文解字·聿部》："书，箸（著）也。从聿，者声。"本义为书写。用作名词指书本、文字、字体、书法、文书等。

纳西文：[字形]　　　　　　　　　　　　　tei ee（经书）

象形字。纳西文写作一页经书，表示是"书"（tei ee）

340. 甲：[字形]　　金：[字形]　　篆：[字形]　　画 huà

会意字。甲骨文上边像手拿笔，下边是画出的图形，表示手持笔画图的意思。金文将下边的图形改为"周"（彫的初文），篆字将下边讹为田的四界。《说文解字·画部》："画，界也。象田四界。聿，所以画之。"此是根据篆文所作分析，本义当为绘画。引申为画押、图画、笔画等。

纳西文：[字形]　[字形]　　　　　　　　　berl（写）

会意字。纳西文一形为手持笔在纸上写字，字是 zziuq；二形省去手。纳西文中书画一体。以后出现的"画"（hual）假借汉语。

341. 甲：[字形]　　金：[字形]　　篆：[字形]　　采 cǎi（採）cài

会意字。甲骨文上部像覆手（爪），下边是树上结的果实，表示以手采摘树上的果实。金文省去果实，篆字承接金文并写整齐。《说文解字·木部》："采，捋取也。从木，从爪。"本义为摘取。引申作发掘、搜集、采用等。古代的颜色多采自植物，故又指颜色、神色等。后来"采"专门表示神采，颜色意思用"彩"来表示，摘取的意思用"采"来表示。

纳西文：[字形]　　　　　　　　　　　　peel、qer（采、摘）

形声字。纳西文为一只手伸向树，树枝已折断，以"折断"（qer）注其音。

342. 甲：[字形]　　　　　　篆：[字形]　　弃 qì

会意字。甲骨文下边像两手拿着箕，上边像孩子，点点表示血滴，会意作扔弃新生儿。篆字承接甲骨文，文字化。《说文解字·华（bān）部》："弃，捐也。

从収（廾）推莘（箕）弃之；从云（tū），云，逆子也。弃，古文棄。"本义
为扔弃新生儿。引申泛指抛弃、背弃等。

纳西文：　　　　　　　　　　　　　　　　　　　　cil（丢弃）

形声字。纳西文为一条表示动作的线，线上加上一肩胛骨（ciq），注其丢弃
的音。

343. 甲：　　　金：　　　篆：　　　殳 shū

会意字。甲骨文左边是一个圆头兵器形状的东西，右下边是一只手，表示投
掷。金文线条化，篆字文字化。《说文解字·殳部》："殳，以杸（shū）殊人也。
《礼》：'殳以积竹，八觚（gū 棱角），长丈二尺，建于兵车，车旅贲以先驱。'
从又，几声。"几非声，本义为投掷。又指这种投掷用的兵器，写作"杸"；掷
击之义便另加义符作"投"，读"tóu"。引申指投入、抛弃、寄送等。

纳西文：　　　　　　　　　　　　　　　　　　　　fai（去）

会意字。祭祀快要结束时，祭司拿一枝仍在燃烧的柴投向鬼方，喊一声
"fai"（去），用来赶鬼，fai 是正燃着的柴火的模样。

344. 甲：　　　金：　　　篆：　　　扑（攴）pū

会意字。甲骨文左边是一根棍子，右下边是一只手，像手持棍棒击打形。金
文的棍棒带权，篆字承接金文并整齐化。《说文解字·攴部》："攴，小击也。从
又，卜声。"本义为击打，是扑的初文。后来"攴"字作了偏旁，加义符作
"扑"，后又造形声字"扑"。引申指覆压过去、直冲、轻轻拍打等意思。

纳西文：　　　　、　　　　　　　　　　　　lal（打）、ddiul（赶）

会意字。纳西文一形写作一人手持棍打人，表示"打"（lal）；二形写作一
只持棍的手，表示"赶"（ddiul）。

345. 甲：　　　金：　　　籀：　　　篆：　　　癸 guǐ

象形字。甲骨文像两根木棍交叉的样子，是一种丈量土地用的工具。金文承
接甲骨文。篆字讹变，但尚保持甲骨文的基本形状。籀文上边是两只脚，下边是
矢，表示步直如矢地丈量。楷书根据籀字写成"癸"。《说文解字·癸部》："癸，

· 223 ·

冬时，水土平，可揆度也。象水从四方流入地中之形。"析形有误，本义是测量。
"癸"后来借用作天干的第十位，测量之义便加义符作"揆"，读 kúi。引申指估
量、准则、管理等意思。

纳西文：🖋　　　　　　　　　　　　　　　　lerl（量）

会意字。纳西文为一个取坐姿的人，手里拿着刻有尺度的量具，表示丈量或
丈量者。

346. 甲：🖋🖋　　金：🖋　　　篆：🖋🖋　　索 suǒ

会意字。甲骨文两形的两边像两只手，中间是搓着的绳子，表示搓绳。金文
另加房屋，表示在房下搓绳。篆字一形中间像草搓成的绳子，去掉了双手，外部
加了房子；二形去掉的房子和手变成两边搓紧的符号。《说文解字·朩（pò，草
木茂盛形）部》："索，艸有茎叶，可做绳索。从朩（草）糸。"本义为搓绳索。
用作名词，也指大绳。由于搓绳时逐渐绞合，引申指探索、寻找等意思。

纳西文：🖋、🖋　　　　　　　　　　bbiq（搓）、pieq（辫）

会意字。纳西文一形为人手拿着两股绳，表示在搓绳；二形为辫发之形，辫
发之"辫"（pieq）常借用作"喜欢和爱"（pieq）。

347. 甲：🖋　　金：🖋　　　篆：🖋　　舂 chōng

会意字。甲骨文像双手持杵临于臼上，表示在臼中捣谷的意思。金文在臼中
添齿。篆字承接金文并写得较整齐。《说文解字·臼部》："舂，捣粟也。从収
（収同廾，🖋 拱手，读 gǒng）持杵临臼上。午，杵省也。"本义为用杵臼捣
去谷皮。

纳西文：🖋　　　　　　　　　　　　　　diu（舂）

会意字。纳西文写作一人手执杵，在臼中捣，黑点表示所捣的东西，泛指舂
各种各样的东西。

348. 金：🖋　　　　　　篆：🖋　　遂 suì、suí

会意字。金文上部左边像路，右边像一只手，下边是脚，手旁的小黑点像种
子。篆字左边表示走路，右边像宰后分割的猪体，引申作坠落，表义兼表声。

《说文解字·辵部》："遂，亡也。从辵（辶），㒸声。"此为引申义。本义当为边走边撒播种子。引申作行走、道路、通达、完成、顺从、终于等意思。

纳西文：　　　　　　　　　　　　　　pvl（撒播）

会意字。纳西文写作一人伸出手在撒播种子，手上的黑点表示种子。

349. 甲：　　金：　　篆：　　耤（藉）jiè jí

会意字。甲骨文左边像耒（犁），右边像一个人扶犁状，表示执耒耕作。金文另加声符昔（洪荒时代）。篆字省去人，只有"耒"及声符"昔"。《说文解字·耒部》："耤，帝耤千亩也。古者使民如借，故谓之耤。从耒，昔声。"本义为天子亲耕之田。这种田天子亲耕之后，借民力耕种，故又读 jiè，表示借助、凭借等。由于耤作了偏旁，其本义由"籍"来表示。籍本义为放置礼品的草垫子，表示衬垫等。

纳西文：　　　　　　　　　　　　　　leeq（耕）

会意字。纳西文一形写作一人扶犁状，二形写作犁和牛，均表示在犁地。

350. 甲：　　　　　　篆：　　扔 rēng

形声字。甲骨文左边像乃（奶），右边像手。篆字左右换位并写整齐。《说文解字·手部》："扔，因（捆，凭借）也。从手，乃声。"本义为牵引、拉，向相反方向牵引，使远离则为抛掷，引申指丢弃。

纳西文：　　　　　　　　　　　　　　daiq（拉，牵）

会意字。纳西文一形写作一个人伸出手来拉前面的东西，二形写作一个人牵引后边的石头。表示"拉、牵"（daiq）的意思。

351. 甲：　　金：　　篆：　　皮 pí

会意字。甲骨文左边像卜纹，右边像刀。金文左边像平头的皮铲形，右边像手，表示剥取兽皮。篆字承接金文，但讹变得不像样了。《说文解字·皮部》："皮，剥取兽革者谓之皮。从又（手），为省声。"析形不准确，本义为剥取兽皮，是剥的初文。引申指生物的表皮等。

纳西文：　　　　　　　　　　　　　　sheel（剥）

形声字。纳西文写作一人拿着一张兽皮，兽皮中间有块"肉"（shee），以注其音，表示在剥取兽皮。

352. 甲：𝌀　　金：𝌀　　篆：𝌀　　　　　伊 yī

会意字。甲骨文左边像人，右边像手拿着针，表示治病。金文承接甲骨文，篆字整齐化。《说文解字·人部》："殷圣人阿衡，尹治天下者。从人，从尹。"伊尹是殷商时的巫医。本义当为治病的人。后统称治病之人为伊尹。文言中借用作指示代词，相当于彼、此。中古借为第三人称代词，相当于"他"，五四时期则专指"她"。"伊"后为借义所专用，本义便借"医"来表示。

纳西文：𝌀　　　　　　　　　　　　　zhuq（扎）

会意字。纳西文写作把针扎在人的某个部位上，表示用扎针来医治病人。

353. 甲：𝌀　　金：𝌀　　篆：𝌀　　　　　尹 yǐn

会意字。甲骨文左边像颗针，右边像执针的手，表示执针为人治病。金文承接甲骨文。篆字整齐化。《说文解字·又部》："尹，治也。从又、丿，握事者也。"此亦一说。本义为执针治病，引申作治事的官员。

纳西文：𝌀　　　　　　　　　　　　　geel（灸）

会意字。为用艾等药物点燃的火在烧灼人的头部，被灼的部位在冒烟，表示用灸的方法医治病人。

354. 甲：𝌀　　金：𝌀　　篆：𝌀　　　　　建 jiàn

象形字。甲骨文右边像人站在船上，左边是手拿着篙，表示人在撑船。金文将人持篙讹为执笔（聿），将船讹为跪拜的人（匕）。篆字进一步将船讹成在路上行走（廴）。《说文解字·廴部》："建，立朝律也。从聿，从廴。"这是根据篆字所作的解说，本义是撑船。引申泛指竖起、建立、建设等。

纳西文：𝌀　　　　　　　　leeq zhal，leeq keel（撑船、行船）

会意字。纳西文写作一个人在船上持篙撑船，表示"撑船"（leeq zhal），也表示"行船"（leeq keel）。

355. 金: **肝 肟**　　　　　　　篆: **俞**　　　　俞（腧）yú shù

会意字。金文左边像竖起的船，箭头似的东西像向前的一弯流水。表示在水上行船。金文承接甲骨文，右边仍然为流水。篆字整齐化。《说文解字·舟部》："俞，空中木为舟也。从亼（jí，三合之形），从舟，从巜（kuài）。巜，水也。"本义为在水中行船，又指木槽船。又同"腧"shù，本义指人体上的穴位。

纳西文: **𐄷**　　　　　　　　　　　ceel ddvq（革囊）

象形字。纳西文写作剥下的如囊一样的山羊皮，吹气鼓之，绑在身上泅渡。

356. 甲: **𝀈**　　篆: **𝀉**　　篆: **𝀊**　　买 mǎi

会意字。甲骨文上部像捕鱼的网，下部像贝，表示网取贝。金文承接甲骨文，篆字整齐化。《说文解字·贝部》："买，市也。从网贝。《孟子》曰：'登垄断而网市利'。"所释为引申义，本义当为以网取贝。引申泛指求取、招惹及以钱购进等意思。

纳西文: **𐔖**　　　　　　　　　　　haiq（买）

形声字。纳西文写作一个人手执金。用"金"（haiq），表意又表音，表示以金钱换物的行为。

357. 金: **𝀋**　　　　　　　　篆: **𝀌 𝀍**　　卖 mài、yù（鬻）

会意字。金文最上部像生长的草，中间像眼，是察看的意思，下部像贝，表示将货展示给人看，以换取贝。篆字一形承接金文。二形上部像走出之脚步，下部是"网贝"（买），表示卖出。《说文解字·贝部》："賣（卖），衒（炫）也。从目，𥁋（睦）声。"又《说文解字·出部》："賣（卖），出物货也。从出，从買（买）。"

纳西文: **𝀎**　　　　　　　　　　　qi（卖）

形声字。纳西文写作一个人手执刺。以"刺"（qi）表其音。表示买卖的卖。

358. 甲: **𝀏**　　金: **𝀐**　　篆: **𝀑**　　攸 yōu

会意字。甲骨文左边是人，右边手拿棍表示操持。金文中间加水点，以突出洗沐修治。篆字承接金文并整齐化。相当于古人于春秋佳日临流洗沐以被除不祥。《说文解字·攴部》："攸，行水也。从攴，从人，水省。"本义是洗沐修治，也指水流的样子，由此引申指悠然自得，悠悠流长等意思。

纳西文： 𝌆 𝌆 𝌆   cher（洗浴）

形声与会意字。纳西文一形写作一个人和水，再加"代"（cherl）注其音，表示人用水洗浴。二形写人伸手接水洗浴，小点表示水滴。

359. 甲： 𝌆   金： 𝌆   篆： 𝌆   衅（釁）xìn

会意字。甲骨文左上方像一只手，下方像一个盆子，右边像一个人捧水洗脸的样子。金文上部两边像只手，中间像一只覆盆，下部像一个人，两边像有两点水，表示从头上淋水以沐浴。篆文承接金文，发生讹误，人头变成"酉"，水滴和人身变成"分"。《说文解字·爨（cuàn）部》："釁，血祭也。象祭灶也。从爨省，从酉。酉所以祭也。从分。分亦声。""爨"表示坐锅，"釁"表示覆盆淋水，字头相同而义不同。酉即酒，故有血祭之误，实际上是衅浴，是古代沐浴以拔除不洁的行为。古代做成新容器，要杀牲以祭，用牲血涂器物缝隙，以防泄漏，根据这个意思造了一个"衅"代替繁难的"釁"字。因此也指缝隙、争端等意思。

纳西文： 𝌆   lv bbv chel shul（烧石除秽）

形声与会意字。纳西文为将石头烧热，加上青蒿、浇上水，用冒起的蒸汽除秽。为宗教仪式之一部分。

360. 甲： 𝌆   金： 𝌆   篆： 𝌆   盥 guàn

会意字。甲骨文下边像一个盆，上边是手和水滴，表示用盆接水洗手。金文变成一双手和完整的水，篆字承接金文并整齐化。《说文解字·皿部》："盥，澡手也。从臼水临皿。"本义为于盆上承水洗手。引申泛指洗涤等。

纳西文： 𝌆   laq cher（洗手）

会意字。纳西文为用净水壶中的水洗手，以除去手上的秽物。

361. 甲： 𝌆   篆： 𝌆   浴 yù

会意字。甲骨文下部像一个盆子，上部是盆子里的人，旁边尚有水滴，表示在盆里洗身。篆字变成水和谷声的象形字。《说文解字·水部》："浴，洒（洗）身也。从水，谷声。"本义为洗澡。

纳西文：　　　　　　　　　　　　　deel（泡）

形声字。纳西文写作一个人泡在装满水的器皿中，表示"泡"，人好像正要起身，以"起身"（dee）表其音。表示"泡水"的意思。

362. 甲：　　金：　　　篆：　无 wú

象形字。甲骨文像人手持旄牛尾之类的东西起舞的样子。金文稍复杂。篆字分为三形，一形中间加义符"亡"，表示没有；二形加双足表示跳舞；三形简化，像人跳舞的样子。《说文解字·亡部》："无，亡也。从亡，无声。无，奇字无。"本义为舞蹈，借用表示没有，又同"毋"，表示不要。因"无"为借义所用，本义舞蹈另加双足（舛）作"舞"来表示。

纳西文：　　　　　　　　　　　　　gge（舞）

象形字。纳西文写作一个人手持树枝状东西在起舞。表示跳舞。

363. 甲：　　金：　　　篆：　　夭 yāo

象形字。甲骨文像人甩手起舞的样子。金文承接甲骨文。篆字屈首突出婀娜之舞姿。《说文解字·夭部》："夭，屈也。从大，象形。"本义指婀娜起舞的样子。引申指姿态轻盈娇媚，此义后作"妖"或"窈"，再引申指草木幼嫩茂盛而艳丽，又引申作屈曲、夭折等意思。

纳西文：　　　　　　　　　　　　　zzer co（歌舞）

象形字。纳西文写作一个人口中唱着歌，手舞足蹈的样子，表示又唱又跳。

364. 甲：　　金：　　　篆：　　及 jí

会意字。甲骨文左边像人，右边像手抓住左边的人。金文的手已抓在人身上。篆字承接金文并文字化。《说文解字·又部》："及，逮也。从又，从人。"本义为赶上抓住，引申为达到、到达、比较、跟上等意思。

纳西文：　　　　　　　　　　　　　maiq（及、跟上）

会意字。纳西文为在路上的两人，像后边的一人已跟上前边的一人的样子。

用尾巴（mai）注其音，表示跟上、及时等意思。二形无表音字。

365. 甲：🐕　　金：🐕　　篆：隶　　　　隶（逮）lì dài

会意字。甲骨文左边像一兽，右边像手，表示手抓住兽，金文将兽省去，只抓住一条尾巴，篆字承接金文并写整齐。《说文解字·隶部》："隶，及也。从又，从尾省。又持尾者，从后及之也。"本义为捕获一兽并加以整治。因整治牲畜的尸体是奴隶的事，故又表示奴隶，读 lì。"隶"如今专用作奴隶等含义。本义另加形符作"逮"来表示。

纳西文：🐦、🦅　　　　　　　rheq（逮、抓）

会意字。纳西文写作一个鹰爪抓住一样东西或一只小鸟，表示抓捕的抓。

366. 甲：🎏　　金：🎏　　篆：何　　　　何 hé

会意字。甲骨文是一人肩上扛戈形，表示负荷。金文稍讹并加口助劳。篆字变成"可"的形声字。《说文解字·人部》："何，儋（担）也。从人，可声。"本义为担、扛，是荷的本字。引申指承受，后借为代词，表示什么、哪里、谁，又借为副词，相当于怎、多么。何为借义专用，担、扛之本义便另借"荷"来表示。

纳西文：🧍🧍　　　　　　　bbuq（担、扛）

会意字。纳西文一形写作一个人肩上扛着东西，二形写作一个人担着石头（表示重物），会意为"扛"或"担"。

367. 甲：🗿　　金：🗿　　篆：作　　　　作 zuò zuō

会意字。甲骨文一形右下方、二形左边连着下方像作衣之初仅成领襟之形，其上"卅"等为夸张之线迹，甲骨文以作衣会意"乍"（这个"乍"字本有三种解释，照甲骨文字典释之）。金文承接甲骨文，"乍"是起始的意思。篆字左边加人形，始成"作"。《说文解字·人部》："作，起也。从人，从乍。"本义是起始，又表示制造。引申指兴起、进行、充当、作品等意思。

纳西文：🔨　　　　　　　　bbei（作、做）

会意字。纳西文为锄头挖在地上，表示"劳作"的"作"或"做工"的

"做"。

368. 甲：十　　金：十　　篆：七　　　　七 qī

指事字。甲骨文竖线像一根棍棒，中间一横表示从这里切断，为了与"十"字相区别写成横长竖短。金文承接甲骨文。篆字将竖下稍加弯曲，作偏旁时写作"十"。《说文解字·七部》："七，阳之正也。从一，微阴从中衺出也。"所释之义为借义，本义为切断，是"切"的初文。后借为数目之用，本义加义符作"切"。

一说数字七是将拇指伸直，食指和中指竖直，无名指和小指握拳所形成的图形。也是用拇指表示五，二个小指表示二，即五和二相加而得的结果。

纳西文：　、777　　　　　　　　　　　cerl（切）、sher（七）

会意字。纳西文前一个为用刀切断线；后一个是七个小拐组成数字七（s-her）。

369. 甲：利　　金：利　　篆：利　　　　利 lì

会意字。甲骨文左边像庄稼，右边像刀，表示用镰刀割禾，刀旁两点表示割禾时掉下的碎屑。金文承接甲骨文。篆字整齐化，去掉碎屑。《说文解字·刀部》："利，铦（xiān，锋利）也。从刀。和然后利，从和省。"所释为引申义，本义为割禾，引申作锋利。

纳西文：　　　　　　　　　　　　　　　kv（割）；

会意字。纳西文为镰刀在割条状物，表示割草或收割庄稼。

370. 甲：乂　　篆：乂　　　　乂 yì（刈）

象形字。甲骨文像原始的剪除杂草的剪刀形。篆字整齐化。《说文解字·丿部》："乂，芟（剪除）艸（草）也。从丿、从乀相交。刈，乂或从刀。"本义为割草。引申泛指整治、治理、安定、惩戒等义，乂为引申义专用，割草之义另加"刀"旁作"刈"。

纳西文：　　　　　　　　　　　　　　jil（羊毛剪）

会意字。纳西文为剪羊毛的剪刀，此种剪刀与一般家用剪子不同，故有专名称作 jil。

371. 甲：　　　　篆：　　　　剐（冎）guǎ

象形字。"冎"与"另"为同一个字，甲骨文像一块切去一角剐制好的占卜用的牛肩胛骨形，上边凹下处是骨臼，右上角是整治卜骨时于骨臼一侧剐去的一直角形角块。扇面上还有表示占卜之用的标志，表明这是卜骨。篆字简化。《说文解字·冎部》："冎，剔人肉置其骨也。象形。头隆骨也。"解说不准确，本义当为剐制卜骨。引申泛指把肉从骨头上剔下来。

纳西文：　　　　　　　　ggu ni（剔除）

会意字。纳西文为用刀将无用的东西剔除，在祭祀仪式中往往用于剔除脏物及不吉祥的东西。

372. 甲：　　金：　　　篆：　　　亥 hài

象形字。甲骨文像切割了头、蹄的猪形，是"刻"的本字。金文承接甲骨文。篆字上边多了一横，猪身也复杂化。《说文解字·亥部》："亥，荄也。十月微阳起，接盛阴。从二，二，古文上字，一人男，一人女也。从乙，象裹子咳咳之形。"析形不准确，本义为切割，后借为十二地支的最末位。又表示十二生肖之猪。"亥"为借义所专用，切割之义便另加义符作"刻"。

纳西文：、　　　　　　ddv 或 jerl（挖或凿）

会意字。纳西文为用小斧挖槽或凿出沟槽或洞，可称 ddv 或称 jerl，均有挖的意思。

373. 金：　　　　篆：　　　割 gē

形声兼会意字。金文左边为害（伤，家中口角相伤），右边像刀，表示用刀切割。篆字整齐化。《说文解字·刀部》："割，剥也。从刀，害声。"本义为用刀裁切、裁断。引申特指宰杀、分割等意思。

纳西文：　　　　　　　　herl（割）

会意字。纳西文为用刀在切割琵琶猪肉（宰杀后，剔除内脏，整只擦盐缝合的猪身）。

374. 甲：𣪊　　　篆：𣪊　　　殸 què（壳、敲）

会意字。甲骨文左边是手执锤形，右边是"南"（悬挂的敲击乐器，如编钟之类），表示敲击之意。篆字承接金文，只是左右换位，并整齐化。《说文解字·殳部》："殸，从上击下也。一曰：素（空）也。从殳，青（què）声。"本义为敲击。

纳西文：　　　　　　　　　　　　　　　er lo lal（敲锣）

会意字。纳西文为用锤敲在锣面上，表示在敲锣。

375. 甲：𣪊　金：𣪊　篆：鼓 𣪊　　鼓 gǔ

会意字。甲骨文左边像手执鼓锤，右边像架在架子上的鼓，金文左右换位。篆字文字化，分为两体，鼓和鼓。《说文解字·支部》："鼓，击鼓也。从支，从壴，壴亦声。"本义当为击鼓。引申泛指敲击，作为名词，指打击乐器。

纳西文：　　　　　　　　　　　　　　　dda keq lal（击鼓）

会意字。纳西文为架子上的鼓，鼓锤在鼓上，表示敲鼓。

376. 甲：𢻶 𢻶 𢻶　金：𢻶　篆：启 啟　启（啟）qǐ

会意字。甲骨文一形左边是门，右边是手，表示用手开门。二形上是门，下是口，表示以口喊开门；三形上边是以手开门，下边有口，可能是手口并用。金文承接甲骨文三形。篆字承接甲骨文二、三形成两体，并整齐化。《说文解字·口部》："启，开也。从户，从口。"本义指开门，引申指开始、开导等。

纳西文：　　　　　　　　　　　　　　　pu（开启）

会意字。纳西文写作一个人用手开启门户。

377. 甲：𢼄　金：𢼄 𢼄 𢼄　篆：肁 𢼄 𢼄　肇（肁）zhào

会意字。甲骨文左边像门，右边像戈，表示用戈击门。金文一形左边是门，右边像手持棍击门；二形右边误为执笔；三形上部像用戈击门，下部像执笔。篆字一形是金文二形变体，二形是金文三形变体，三形上部像执棍击门，下部像执笔，变成如今的规范字"肇"。《说文解字·户部》："肁，始开也。从户，从聿。"本义为打开门，引申为开始、引发等意思。

纳西文：　　　　　　　　　　　　　　　　　　　　zzerl（扯）

形声字。纳西文左边是树，右边是拉动线，以树（zzerq）表扯的近音，是拉扯的扯。

378. 金：　　　　　　　　　篆：　　　　　闭 bì

会意字。金文上部像两扇组成的门，下部中间像门闩一类的东西，表示关门。篆字文字化。《说文解字·门部》："闭，阖门也。从门；才，所以距门也。""才"，应是门闩，本义为关门。引申指闭合、堵塞。

纳西文：　　　　　　　　　　　　　　　　　　　　bei（闩）

象形字。纳西文为一门闩，表示已把门闩上了。

379. 金：　　　　　　　　　篆：　　　　　堙（垔）yīn

会意字。金文上部像竹笼（西），下部像人挺立于土堆上（壬），表示人背盛土石的竹笼堵塞水流。篆字承接金文并写整齐。《说文解字·土部》："垔，塞也。《尚书》曰：'鲧垔洪水'。从土，西声。"本义为堵塞。引申为埋没、洇湿等意思。垔作了偏旁，洇湿之义加"水"成"湮"，堵塞之义加"土"成"堙"。

纳西文：　　　　　　　　　　　　　　　　　　　　zeel（塞）

形声与会意字。纳西文一形为门被草束所堵塞，"草束"（zee）注其近音。二形写管道模样的东西被堵塞，使其前后不通达，会意作堵塞。

380. 甲：　　　金：　　　篆：　　　　　印 yìn

会意字。甲骨文上边像一只覆手，下边像一个跪着的人，表示用手按着一人使其跪下，是"抑、摁"的本字。金文手上移，更形象。篆字承接金文。《说文解字·印部》："印，执政所持信也。从爪，从卩。"所释为引申义，本义当为按压。引申指玺印，留下痕迹等。"印"为引申义专用，按压之义另造"抑"和口语形声字"摁"来表示。

纳西文：　　　　　　　　　　　　　　　　　　　　nerl（按压）

会意字。纳西文一形为石头压住蒿枝，是祭祀活动中的一种设置。二形像物压在石头之下。

381. 甲: 　　　　　　篆: 　　　段 duàn

会意字。甲骨文左边像山崖（厂），右边像手持锤（殳），表示从山崖上敲下两块石头。篆字整齐化，两点变成三点。《说文解字·殳部》："段，椎物也。从殳（shū，一种兵器），耑省声。"非耑省声，本义为锤击。引申为断开、分段等，"段"为引申义专用。锤击之义加义符作"锻"。

纳西文: 　　　　　　　　　diu（锤击）

会意字。纳西文一形为木锤在锤击桩子，二形为锤在铁砧上锤物。均表示锤击的意思。

382. 甲: 　　　　　　篆: 　　　绍 shào

会意兼形声字。甲骨文左边像刀，右边像一束丝（糸），表示接续断丝的意思，刀也兼表声。篆字左边像一束丝，右边像匕匙和口，表示招人来饮，"召"表其音。《说文解字·糸部》："绍，继也。从糸，召声。"本义为接续、继承。引申为双方相接、引荐、介绍。

纳西文: 　　　　　　　　　zhul（接续）

会意字。纳西文一形两条弧线间表示断了的线，中间的点表示接续。二形的圆弧表示将两节长方形东西拼续起来。

383. 甲: 　　金: 　　篆: 　　八 bā

指事字。甲骨文以两画相背来表示将一物分割开之意，是"扒、捌、分、掰"的初文。金文和篆字承接甲骨文。《说文解字·八部》："八，别也。象分别相背之形。"本义为将物分开。后借为数词，分开之意便另加义符作"扒"来表示，"扒"后来侧重于将物掏出之义。原义另造"捌"来表示，后"捌"成为数字"八"的大写。以"八"为基础另造"分"来表示分开之义，"分"又泛指分开，用手分开之义便造了会意字"掰"来表示。

一说八是伸出拇指、中指、无名指和小指，压下食指形成的图形。而且，拇指代表五，其他三指代表三，它们相加得八。

纳西文：)卅(、フフフフ　　　　　　　　　ggu doq（相背）、hol（八）

形声字。纳西文一形为两根相背的弧线，中间注"粮柜"（gguq）之近音，表示相背的意思。二形是八个小拐代表的数字八。

384. 甲：卯　　金：卯　　篆：卯　　　卯 mǎo

象形字。甲骨文像一物中分之形，是"剖"的本字。金文、篆字承接甲骨文。《说文解字·卯部》："卯，冒也。二月，万物冒地而出。象开门之形。"这是根据篆文所作的解释，本义当为剖分。由剖分引申指"杀"，也指木器上凿出的榫眼。后来借作地支的第四位，十二生肖中的兔，"卯"则为借义所专用。杀之义另加义符金、刀，用"劉"（刘）来表示，铆之义加"金"由"铆"来表示，剖分之意另造形声字"剖"来表示。

纳西文：)(（图形）　　　　　　　　　　　bbiu（分）

会意字。纳西文写作两个相背的弧形，表示将一物分成两份，表示分、分别的意思。

385. 甲：析　　金：析　　篆：析　　　析 xī

会意字。甲骨文左边像树（木），右边像斧（斤），表示用斧劈木。金文的斧不大像，篆字写得较整齐。《说文解字·木部》："析，破木也。从木，从斤。"本义为劈木柴。引申泛指分开、分析等义。

纳西文：（图形）　　　　　　　　　　　ke（劈、划）

会意字。纳西文一形写作一把斧头将木劈成两半，二形则用一把刀将木劈成两半，均表示劈柴、划板等意思。

386. 甲：（图形）　金：折　　篆：折 折　　折 zhé shé zhē

会意字。甲骨文左边像中间断开的木，右边像斧头，表示以斧断木。金文的左边变为草，篆字承接金文并整齐化。篆字断草相连像手，故二形误为从手。《说文解字·艸部》："折，断也。从斤断艸，谭长说……篆文折从手。"本义指折断，引申用于损失，口语单用时读 shé。又引申指曲折、折叠、折扣等。戏剧一个段落叫折子，这时口语读 zhē。

纳西文：　　　　　　　　　　　　　　　　　　qer、peel（折断、断）

会意字。纳西文一形为树从腰间断开，表示"折断"（qer），二形为线从中间断了，表示"断开"（peel）。

387. 甲：　　　金：　　　　篆：　　　　玑 jí

象形字。甲骨文像侧面蹲踞之人，手中像有所操持之状。金文承接甲骨文。篆字整齐化后稍讹。《说文解字·玑部》："玑，持也。像手有所玑据也。"本义为握持。引申用于手的各种操持动作。如今不单用，只作偏旁，写作丸或凡。

纳西文：　　　　　　　　　　　　　　　　　　cherl（持、捏）

会意字。纳西文写作一个人手有所持，所持的是人之一代接一代的"代"（cherl），用"代"（cherl）表其音。

388. 甲：　　　金：　　　　篆：　　　　夹 jiá

会意字。甲骨文是两人从腋下夹持一个大人之状，会从左右两腋相持之意。金文承接甲骨文，但不大像相持之意。篆字承接金文。《说文解字·大部》："夹，持也。从大侠二人。"本义为左右相持。引申为从两旁夹挤及狭窄等意思。

纳西文：　　　　　　　　　　　　　　　　　　ggaiq（夹）

会意字。纳西文为人被夹在两块木板之间，表示夹的意思。

389. 金旁：　　　　　　篆：　　　　勺 sháo、zhuó（酌）

象形字。金文偏旁像勺舀物形。篆文形稍变，上边是勺头，哆（张开）口，下边为把，中间有物。《说文解字·勺部》："勺，挹取也。象形，中有实。"本义为用勺子舀取。又指舀东西的用具，引申表示像勺的东西。

纳西文：　　　　　　　　　　　　　　　　　　go（舀）

会意字。纳西文写作一把勺子和勺子里舀起来的东西。

390. 甲：　　　金：　　　　篆：　　　　队 duì、zhuì（坠）

会意字。甲骨文左边像一把简单的梯子，右边像一个头朝下的人，表示从高处坠落。金文将人改为一头捆缚的猪，并在下边另加土。篆字承接金文，将捆缚的猪改为豕，或将土省去，意思相同。《说文解字·𨸏（fù）部》："队，从高隊（坠）也。从𨸏，豕声。"本义为坠落。读 duì，借用作集体编制单位，坠落之义由"墜（坠）"来表示。

纳西文：🏴　　　　　　　　　　　　　　rhuq（坠落）

会意字。纳西文左边表示高处，右下边像石，表示石头从高处坠落。

391. 甲：𤃣　　　　　　篆：𣲆 泅　　汓 yóu；泅 qiú

会意字。甲骨文中间像人（子），两边四点代表水，表示人在水中漂。篆字一形左边像水，右边像人，二形从水，囚声变成形声字。《说文解字·水部》："汓，浮行水上也。……从水，从子。泅，汓或从囚声。"本义为游泳。因"汓"作偏旁，游泳之义便由"泅"来表示。

纳西文：🏊　　　　　　　　　　　　　　bi（漂）

会意字。纳西文写作一个人横躺于水上，表示人被水漂走。

392. 金：𫚉　　　　　　篆：冶　　冶 yě

会意字。金文左边像刀和器物，右边两短横表示熔化的金属块，下边像火，表示用火熔化金属铸造刀及其他器具。篆字左边金属块熔化后变成冰状的东西，右边为台。《说文解字·冫部》："冶，销也。从 仌，台（yí，义悦）声。"本义为熔化，引申指锤炼、铸造等。

纳西文：🔥　　　　　　　　　　　　　　shul（淬火）

会意字。纳西文为铁（用斧头表示铁）在火中加热，然后用于淬火。

393. 金：麻　　　　　　篆：麻　　厤 lì

形声字。金文的厂像山石，表示磨治石器，里边的秝（lì，两禾，表示禾苗疏密合宜），表其音。《说文解字·厂部》："厤，治也。从厂，秝声。"本义为磨治石器。引申泛指治理，由于"厤"作了偏旁，磨治之义便另加石旁作"磨"来表示。

纳西文：⛰️　　　　　　　　　　　　　　see（磨）

会意字。纳西文写作一把刀在石上的刀，表示磨刀的磨。

394.甲：（图）　金：（图）　篆：（图）　录 lù

象形字。甲骨文上边像一根可以按下旋转的树枝，下部像旋转树枝出现的洞，小点像碎屑或火星，表示钻木取火。金文稍讹，篆字整齐化就更不像了。《说文解字·录部》："录（录），刻木录录也。象形。"本义为钻木取火。又可以表示刻削，古代书写是用刀刻的，故引申作记载、抄写、采用等。钻木取火要不停地旋转，故引申作忙而庸。

又说：录，象井辘轳之形，为辘之初文，上象桔槔，下象汲水器，小点象水滴形。《说文解字》之说不对。

纳西文：（图）　　　　　　　　　　zeil（打火链）

会意字。纳西文左边是一个火链，右下是石火，铁石碰撞生火花，表示打火链。

第六节　形象状态

形

象

状

态

形　象　状　态
xíng　xiàng　zhuàng　tài

bbei　doq　yu　saq

395. 甲：　金：　篆：　大（太）dà tài

象形字。甲骨文像正面站立的大人形象，与人相对，人是卑躬屈膝之人，大是直立之人，像是主人。金文承接甲骨文，篆字整齐化。《说文解字·大部》："天大，地大，人亦大。故大象人形。"本义为大小的大。又读 tài，用作"太"。

纳西文：　　　　　ddeeq（大）

会意字。纳西文为一个大圆，旁边加四个小圆，突出中间之大，由此来表示大的意思。

396. 甲：　金：　篆：　位 wèi 苙 lì

指事字。甲骨文像一站立之人，站立处有一横线，表示站立的地方。金文承接甲骨文。篆字突出两脚表示位置，并加义符"人"。《说文解字·人部》："位，列中庭之左右谓之位。从人立。"本义为人所处的位置。泛指所在位置，引申指职位、地位等。

纳西文：　　　　　dee（位置）

会意字。纳西文写作一个可坐、可停的地方，会意作坐处、停处，即处所。

397. 甲：　金：　篆：　并（並）bìng

会意兼指事字。甲骨文一形像两个并立之人，用两条横线表示两人并立而不分开；二形像两个站立之人。金文和篆字承接甲骨文，并演变成并、並两个字。《说文解字·从部》："并（并），相从也。从从（二人），开（jiān）声。一曰：从持二为并。"又《说文解字·竝（bìng）部》："竝，併也。从二立。""并"的本义为合并，"並"（竝）的本义为并列。如今规范化，都归入"并"来表示。

纳西文：　　　　shua shua（并肩）、tiul tiu（相依）

形声字。纳西文一形为两个女人在一起，中间用两个"高"（shuaq）注其近音，表示比肩、相称等意思。二形像男女同披一披毡，表示相依之意。

398. 金：　　　　篆：　到 dào

会意字。金文左边像箭射在地上，表示至，右边像人，会意作到达。篆文将人讹为刀。《说文解字·至部》："到，至也。从至，刀声。"本义为到达。引申表示前往、达到等。

纳西文：　　　　　　　　　　　　　　　　　　tv（到达）

形声字。纳西文写作一个祭司走在路上，用"桶"（tvq）表其音（tv），常表示所请之祭司的到来。

399. 甲：　　　　金：　　　　篆：　　　　各 gè

会意字。甲骨文上部像一只趾朝下的脚，下部像门口，表示人已经来到门口。《说文解字·口部》："各，异辞，从口夂（zhǐ）。夂者，有行而止之，不相听也。"析形不准确，所释为引申义。本义为到来。借为特指代词，表示群体中不同个体，又用作指示代词表示每个。

纳西文：　　　　　　　　　　　　　　　　　ceeq（到来）

形声字。纳西文写作一个祭司走在路上，旁边用"犁尖"（cee）注其音（ceeq）。

400. 金：　　　　　　　篆：　　　　皆（偕）jiē

会意字。金文上部像两人相比跪拜之形（比），下边像口中有物，像在说话，表示两人一同说的意思。篆字将说话的样子（曰）讹成白。《说文解字·白部》："皆，俱词也。从比，从白。"本义为一同、一并，是"偕"的本字。表示一起、俱等意思。

纳西文：　　　　　　　　　　　　　　　　　zzee（伴）

形声字。纳西文为边走边说着话的两个人，表示"同伴、朋友"（zzee），也可以读作 zzee heeq（好朋友）。

401. 甲：　　　金：　　　篆：　　　任（妊）rèn rén

会意兼形声字。甲骨文左边像一个人，右边像织机上承持经线的箱，表示承受。会意作将人抱在怀里，"壬"也兼表其声。金文承接甲骨文，篆字整齐化。《说文解字·人部》："任，（符）〔保〕也。从人，壬声。"本义指抱在怀里，引申泛指负担、担当、任用等意思。由怀抱也引申指怀孕，读 rèn，后作"妊"。

纳西文：　　　　　　　　　　　　　　　　　bul（孕）

会意字。纳西文写作一个腹中有小儿的女人之形，表示"怀孕"（bul）。

402. 金：（字形）　　　　篆：（字形）　　　重 zhòng chóng

会意兼形声字。金文上部像人，下边像竹笼"東"，也象盛东西的竹筐，表示沉重。篆字承接金文并写整齐，在下部加土，表示负重在地上。《说文解字·重部》："重，厚也。从壬，东声。"此为引申义。本义当为沉重。引申指厚重、主要等。又读 chóng，沉重之物必繁多，故表示重复、重叠等意思。

纳西文：（字形）　　　　　　　　　　　gguq lee（沉重）

形声字。纳西文写作一个人背着背子，背子上写着"地"（lee），以表"沉重"（lee）的音。

403. 金：（字形）　　　　篆：（字形）　　　昏 guā

会意兼形声字。金文上部像弩弓上的矢括"乐"（jué），下部像人的嘴巴，表示用矢括将嘴巴卡住，"乐"也兼表其声。篆字就变得有点不像了。《说文解字·口部》："昏，塞口也。从口，乐省声。"本义为塞口。如今此字不单用，只作偏旁。作偏旁时写作舌（与舌头的舌来历不同，需分清）。

纳西文：（字形）　　　　　　　　　　　zeel（塞）

形声字。纳西文左边写作一张嘴巴，右边是一束草，用"束"（zee）注其音。

404. 甲：（字形）　　　　篆：（字形）　　　甘 gān

指事字。甲骨文外围像一张嘴巴，中间一横表示嘴里的东西，表示嘴中含有甘美的东西。篆字整齐化。《说文解字·甘部》："甘，美也。从口含一，一，道也。""道"之说是附会，本义为甜美。引申泛指美味、美好、情愿等意思。

纳西文：（字形）　　　　　　　　　　　qiq（甜）

形声字。纳西文写作一个人嘴里有根"刺"，用"刺"（qi）注"甜美"（qiq）的音。

405. 金：（字形）　　　　篆：（字形）　　　古 gǔ

会意字。金文下部像口，上部黑点像嘴中吐出的东西，竖线为动作线，表示尝到苦味，将东西吐出，是苦的初文。篆字将黑点变成一横，已难识本义。《说文解字·古部》："古，故也。从十口，识前言者也。"所释为借义，本义应为苦。后借作古，表示年代久远的事情。

纳西文：🪶　　　　　　　　　　　　　ka（苦）

会意字。纳西文为一张嘴，嘴里吐出一黑点（纳西文中黑点表示不好的东西），表示味苦而吐出。

406. 甲：**𣎳**　　　　篆：**𨛜**　　　　𨞤 xiàng

会意字。甲骨文像两人相对的样子，表示相向的意思，是"向"的本字。篆字变成二邑（城）相对，变成了房舍相对的胡同了，是"巷"的初文。《说文解字·𨞤部》："𨞤，邻道也。从邑，从吕"。本义为两人相向，讹为胡同。如今不单用，只作偏旁。

纳西文：🐸 〔🐸〕　　　　　　　　liu liuq（相向）

形声、会意字。纳西文为两双眼睛"相看"（liu liuq），表示两人相视，即"相向"（liu liuq）。一形用矛（liu）注近音，二形无。

407. 甲：**𠔼**　　金：**𠔽**　　篆：**兌**　　兑 duì

会意字。甲骨文下部像人形，中间像嘴巴，上部"八"像分开的样子。表示人咧开嘴嬉笑的意思。是"悦"的本字。《说文解字·儿部》："兑，说（悦）也。从儿，㕣（yǎn）声。"析形不准确，本义为喜悦。借作八卦之一，兑为西方之卦，故又指西方。因兑为借义所用，故本义加义符作"说"来表示。又加义符作"悦"表示喜悦。

纳西文：🧍　　　　　　　　　　　　ssaiq（笑）

会意字。纳西文写作一个女人张口露齿在笑。表示喜悦而笑。

408. 甲：**𦔻**　　金：**𦕡**　　篆：**聖**　　圣（聖）shèng

会意字。甲骨文左边像讲话的嘴巴，右上边是一只耳朵，右下边像一个人，表示听觉灵敏。金文变成立在地上之人（壬），耳朵变小，右边像嘴巴。篆字发生变化，口和壬变成呈声。《说文解字·耳部》："圣，通也。从耳，呈声。"本义当为听觉灵敏。引申指最崇高的东西和地方。

纳西文： 　　　　　　　　　　hei tal（耳聪）

形声字。纳西文为耳朵，下边用"罐子"（taq）注其近音"tal"。

409. 古： 　　　　　篆： 　　貌 mào

象形字。古文像人面束发的样子，表示人的脸貌。篆字省去发并写整齐，为了明确其读音，后又加声符"豸"（猫），写作"貌"。《说文解字·皃部》："皃（貌），颂（容）仪也。从人，白象人面形。……貌，籀文皃从豸。"本义为容貌。引申指样子、外表等意思。

纳西文： 　　　　　　　　pa（面容）shul oq（容貌）

会意字。纳西文一形以脸面代表容貌、外表等。二形为鸡冠（shul）、松石（oq），借音表示容貌（shul oq）。

410. 甲： 　　金： 　　篆： 　　媚 mèi

象形字。甲骨文下部像一个女子，上部像放大的眉眼，表示长眉大眼的美丽女子。金文承接甲骨文，篆字左边像女人，右边像眉眼。《说文解字·女部》："媚，说（悦）也。从女，眉声。"所释为引申义，本义当为好看、美好。引申指喜欢，又指讨好取悦他人。

纳西文： 　　　　　　　　　　mil ssi（美女）

会意兼形声字。纳西文为一个女子，头戴一朵漂亮的花，表示"美丽"（ssi）。并用鲜花 ssi 注音。

411. 甲： 　　金： 　　篆： 　　好 hǎo hào

会意字。甲骨文左边像一个女人，右边像一个初生婴儿（子），表示女人能生育，就是好女子。金文承接甲骨文，篆字整齐化。《说文解字·女部》："好，美也。从女子。"本义为女人能生育，引申作好，泛指各种美好的事物。又引申指适宜、喜欢、很等意思。

纳西文： 　　　　　　　　　　ee（好）

会意字。纳西文为将宝物、珠宝放在锦囊之内，挂在胸前，作为避邪之物。

表示是好东西。

412. 甲：🐚　　金：🐚　　篆：🐚　　每 měi

象形字。甲骨文像一个妇女，头上突出的东西表示盛饰。金文承接甲骨文，篆字整齐化。《说文解字·中部》："每，草盛上出也。从中（chè），母声。"析形有误，本义为头饰盛美。引申指植物茂盛，又表示逐一、经常等意思。

纳西文：🐚　　　　　　　　　　　　zhul shu（打扮）

象形字。纳西文为一个女人，头上有装饰，表示是（盛装站立的）新媳妇，一般读作 cher mei jji muq zhul shu xiul。

413. 金：🐚　　　　　　　篆：🐚　　懿 yì

金文左边像一个壶（壹、壶浑然一体，盛物不外泄，表示专一），右边是张口出气的样子（欠），表示赞美。篆字另加心，表示诚心。会意作诚心赞美。"壹"也兼表其音。《说文解字·壹部》："懿，专久而美也。从壹，从恣（cì，连打喷嚏）省声。"本义为赞美，引申泛指美好。

纳西文：🐚　　　　　　　　　　　　geeq（赞美）

会意字。纳西文写作伸出大拇指的一个人，表示赞美。

414. 金：🐚　　　　　　　篆：🐚　　倍 bèi

形声字。金文左边像人，右边像音（pǒu，断然否定），表示人背过去。篆字承接金文并写整齐。《说文解字·人部》："倍，反也。从人，音声。"本义为背向、背着。引申指背弃，背向一正一背有两面，故引申指增加一倍的意思。后来"倍"主要表示增加一倍的意思，背向之义便借"背"来表示。

纳西文：🐚　　　　　　　　　　　　to toq（相靠）

会意兼形声字。纳西文写作两人背靠背，表示相靠，中间用"松树"（to）表其音。

415. 甲：🐚　　金：🐚　　篆：🐚　　敢（𢾅）gǎn

会意字。甲骨文右下边像手，左下边像猎叉，上边像野猪，表示勇敢地刺向野猪。金文讹变，猎叉只剩一个干头，豕（野猪）已不像。篆字承接金文并写整齐。楷书写作敢和敢，现规范用敢。《说文解字·受部》："敢（敢），进取也。从受（biào，上手交付下手），古声。"析形不准确，所释为引申义，本义为手持干刺豕。引申泛指勇于进取，有胆做事等意思。

纳西文：𝍃𝍃𝍃　　　　　　　　　　　　　　berl gaiq（胆识）

会意字。纳西文为虎身上的斑纹，纳西语 berl gaiq 表示有胆识、能干，由虎威会意胆识。

416. 甲：畏　　金：畏　　篆：畏　　　　畏 wèi

会意字。甲骨文是一个人头戴恐怖面具，手持树枝欲扑打的样子。金文将树枝往下移。篆字进一步讹变，而被认为是虎爪。《说文解字·由部》："畏，恶也。从由（fú，鬼头），虎省。鬼头而虎爪，可畏也。"本义为形象丑恶，引申泛指恐怖、险恶、憎恶等。

纳西文：🜚　　　　　　　　　　　　　　rer（畏惧）

形声字。纳西文写作一个人发抖的样子，下边用"刀"（rer）注其"畏惧"（rer）的音，表示害怕得发抖。

417. 甲：𤠔　　　　　篆：瞿　　　　瞿 qú jù

会意字。甲骨文像一只猫头鹰（萑 guàn）。篆字省去其头上的毛角，将眼睛放大，将口变目就是"瞿"。表示猫头鹰遇上危险后，睁大眼睛惊视的样子。《说文解字·瞿部》："瞿，鹰隼之视也。从隹，从𰯼，𰯼（jù）亦声。"本义为惊视的样子，引申为害怕，吃惊。此义后加义符作"懼（惧）"来表示。瞿又作姓，读 qú。

纳西文：🜚　　　　　　　　　　　　　rherq（惊惧）

会意字。纳西文为人被惊吓后，腿脚发软，汗毛竖直的情形，表示"惊惧"（rherq）"惊吓"（rherq）等。

418. 甲：𢖻　　金：𢖻 𢖻　　篆：𢖻 𢖻　　忧（憂）yōu

会意字。甲骨文像一个满腹忧愁，以手掩面，步履蹒跚的人。金文一形承接甲骨文。二形繁化成两手两足。篆字在金文基础上将足变成心，表示忧从心起；

另一形省去剩下的一足，只留下最能表现忧愁的面部和心。《说文解字·心部》："恳，愁也。从心，从页。"《说文解字·夊部》："忧，和之行也。从夊，恳声。《诗》曰：'布政忧忧'。"本义为忧愁或优游、从容。这两类意思后分别用"忧"和"优"来表示。

纳西文：　　　　　　　　　　　　　　zzeel zzee（忧愁）

会意字。纳西文写作一颗心，心中生出许多勾曲，表示忧愁。

419. 甲：　　　金：　　　篆：　　　复 fù

会意字。甲骨文上部像一个建筑物前的走廊，下部像一个脚趾朝下的足，表示进出往来。金文在廊中加台阶。篆字整齐化，上部虽有房舍的样子，但也讹变得不明显了。《说文解字·夊部》："复，行故道也。从夊，富省声。"析形不准确。本义为在走廊里进出往返。引申为恢复、回答、又、再等意思。由于复作了偏旁，另加义符作"復"来表示本义。引申作重复、繁复的复加义符作"複"来表示，现简化成"复"。

纳西文：　　　　　　　　　　　　　　jiuq（返、复）

会意字。纳西文上边是出声之人，下边是返回的路线，行进中的人，似有人呼喊，应声往回转，表示返回、反复等意思。

420. 甲：　　　金：　　　篆：　　　臽 xiàn

会意字。甲骨文像一人掉进陷坑的样子，是陷的本字。金文掉进陷坑的是个女人。篆字承接甲骨文并整齐化。《说文解字·臼部》："臽，小阱也。从人，在臼上。"本义为掉进陷坑中。由于臼作了偏旁，另加义符"阝"（表示从高处掉下）作"陷"来表示。引申出凹进去、设陷坑害人、攻陷等意思。

纳西文：　　　　　　　　　　　　　　vq（陷）

会意字。纳西文为一个人头朝下地陷进泥潭之中，表示"陷"（vq）的意思。

421. 甲：　　　金：　　　篆：　　　屯 tún

象形字。甲骨文像豆类植物发芽时艰难屈曲地拱出地面之形。金文叶瓣变成小点。篆字小点成一横，并向下弯曲，像出不了地面的样子。《说文解字·中部》："屯，难也。象艸（草）木之初生，屯然而难。从中贯一，一，地也。尾曲。《易》曰：'屯，刚柔始交而难生。'"本义为植物艰难地拱出地面。引申泛指艰难、危难。此义后来作"迍"，读 zhūn。艰难拱出，则迟留不进，又引申指聚集、驻守、村落等意思，此义读 tún。

纳西文：   jjeq（艰难）

会意字。纳西文写作一个腿不能伸直的人，表示难以行走、生活艰难的意思。

422. 金：   篆：   尪（尢）（wāng）

象形字。金文像人瘸一腿之形，篆字整齐化。《说文解字·尢部》："尢，尳（跛），曲胫也。从大（人），象偏曲之形。"本义为人一腿瘸。引申也指曲背、短小。由于"尢"作了偏旁，其义另加声符作"尪"来表示。

纳西文：   jjer（跛）

会意字。纳西文写作一个一腿弯曲的人，他显得软弱无力。另加拐杖，更加突出了跛脚的意思。

423. 甲：   金：   篆：   尤 yóu

象形字。甲骨文像一只手上长出赘疣形，金文承接甲骨文，篆字讹为从乙（右边一曲线），又声。《说文解字·乙部》："尤，异也。从乙，又声。"所释为引申义，本义当为赘疣。引申指特异的、突出的、更加、过失、责怪等意思。

纳西文：   shue（痣，瘊子）

象形字。纳西文为人手上起黑色的痣或其他赘疣。有时借音表示"长官"（shue）。

424. 甲：   金：   篆：   疒 chuáng

会意字。甲骨文左边像床，右边像人，床和人之间的点表示虚汗。金文将点省去。篆字将床和人合并在一起。《说文解字·疒部》："疒，倚也。人有疾病，象倚箸之形。"本义为重疾，小病称疾。疒作偏旁，其义加声符作"病"表示。

引申指弊端、错误、疲惫、疾苦等意思。

纳西文：　　　　　　　　　　　　　　　　　　gguq（病）

会意字。纳西文写作一个人生病卧床并垫高枕头之形。表示生病。

425. 甲：　　　金：　　　　篆：　　　疾 jí

会意兼形声字。甲骨文左边像人，右边像一箭射在人腋下，表示有疾，矢也兼表其声。金文承接甲骨文。篆字将人改作"疒"，"矢"保留。《说文解字·疒部》："疾，病也。从疒，矢声。"本义为轻病，后泛指疾病。引申指疾苦、迅速、猛烈等意思。

纳西文：　　　　　　　　　　　　　　　　　gguq cer（疾病）

形声字。纳西文写作卧着的一个人，表示生病，用"粮柜"（gguq）和"盐"（cei）注其近音，表示发烧与生病。

426. 甲：　　　金：　　　　篆：　　　死 sǐ。

会意字。甲骨文左边像枯骨（歹），右边像人，像人跪在枯骨旁，表示死了人。金文承接甲骨文，篆字整齐化。《说文解字·死部》："死，澌也，人所离也。从歹，从人。"本义为死亡。引申为始终，以及点不通、不灵活、不可调和等意思。

纳西文：　　　　　　　　　　　　　　　　　　shee（死）

会意字。纳西文写作一个披头散发的人，是鬼的形象，表示人躺着变成了鬼，会意作死亡。

427. 甲：　　　金：　　　　篆：　　　安 ān

会意字。甲骨文外围像一座房子，里边像一个朝左取坐姿的女人，女居室中为安，表示平安、安静。金文承接甲骨文，篆字整齐化。《说文解字·宀部》："安，（静）〔竫〕也。从女在宀下。"本义为平安、安静。引申作舒缓、安置等意思。

纳西文：　　　　　　　　　　　　　　　　　　bbiq（平安、舒适）

假借字。纳西文写作一个人手执两股绳在搓，用"搓"（bbiq）表示平安、舒适。

428. 甲：⊕　　金：▮　　篆：⊞　　　　毌 guàn

象形字。甲骨文像以绳或棍穿贝等物形。金文将物填实，篆文线条化并横放。《说文解字·毌部》："毌，穿物持之也。从一横贯，象宝货之形。"本义为贯穿。由于毌作了偏旁，贯的意思加义符作"贯"来表示。

纳西文：⊙　　　　　　　　　　　　chu gueq（串珠）

象形字。纳西文为人项上的串珠，也可称作 bbee ddeeq。

429. 甲：⊕　　金：▮　　古：⑊　　篆：⊞　　串 chuàn

象形字。"串"字的甲骨文、金文、篆字完全与"毌"字相同，俗写又从古文中分化出一个"串"字。本义指把物品贯穿在一起。引申指连贯在一起的东西，又指一些连续性的行为和事物。

纳西文：　　　　　　　　　　　　zhul zhu、zhuq（串、贯）

会意字。纳西文为两节连接起来的玉珠子，一般读作 chuq nal gueq zhul zhu（把玉珠子串连起来）。

430. 甲旁：∧　　金旁：∧　　篆：△　　　∆ jí

象形字。甲骨文和金文的偏旁都像覆罩的器盖形，篆字整齐化。《说文解字·亼部》："亼，三合也。从入、一象三合之形。"本义为扣合的器盖。引申作聚合、集中。如今不单用，只作偏旁。

纳西文：　　　　　　　　　　　　gvl（扣、合扣）

会意字。纳西文为反扣的锅，锅下有蒜（gv），用来表近音 gvl（扣）。

431. 金：盒　　　　篆：盍　　　　盍 hé

会意字。金文下边像盛东西的器皿，装有东西，上边像盖子，表示覆盖。篆文整齐化，并将器与物讹为血。《说文解字·血部》："盍（hé），覆也。从血（xuè）、大。"本义为覆盖。也指盖子和带着盖子的东西，指聚合。后借为疑问代词，相当于何。盍则为借义所专用，覆盖、盖子等义便加义符作"蓋"来表示，现规范写作"盖"。

纳西文：▢、▨　　　　　　　　　　　　　　dal（匣）

象形字。纳西文一形为一个匣子形状；二形为用竹编成的有盖的匣子的样子，读作 ggu miq dal sso（竹匣）。

432. 甲：　　　金：　　　篆：　　　　合 hé

会意字。甲骨文将"亼"作为器盖，盖在表示器体的"口"上，会意作器盖和器体相扣合。金文承接甲骨文，篆字文字化。《说文解字·亼部》："合，合口也。从亼，从口。"本义为扣合。引申作汇合、符合、结合等意思。

纳西文：　　　　　　　　　　　　　　　　gvl gv（扣合）

会意字。纳西文为两口锅扣在一起，读作 er bbv shuq bbv gvl gv（铁锅、铜锅合扣）。

433. 甲：　　　金：　　　篆：　　　　冖 mì

象形字。甲骨文像布巾蒙覆形，当是最原始的帽子，以布包头而已，借以表示蒙覆。金文承接甲骨文，篆字整齐化。《说文解字·冖部》："冖，覆也。从一下垂也。"本义为蒙覆。由于"冖"作了偏旁，其义便另造"幎"来表示，如今规范作"幂"来表示。又作数学名词，表示乘方形式。

纳西文：　　　　　　　　　　　　　　　　lvl（罩、蒙覆）

会意字。纳西文为东西被罩、被蒙覆。用弧线表示蒙覆物，圆圈表示被蒙覆物。

434. 金：　　　　　　篆：　　　　荧 yíng

象形字。金文的口，像房子或什么里边，上边像两把点着的火把，表示室内灯烛明亮。篆文将房变成了"冂"，房内另加一火。《说文解字·焱部》："熒，屋下灯烛之光。从焱冂。"本义为灯烛明亮。灯烛毕竟没有太阳明亮，故引申作微弱而闪动的光等意思。

纳西文：　　　　　　　　　　　　　　　　bbai mi（灯火）

象形字。纳西文写作一盏油灯，表示油灯的灯火。

435. 金：[象形字]   篆：[象形字]   萦 yíng

形声字。金文上部像屋内的火光（熒），下部像丝束，表示缠绕。《说文解字·糸部》："萦，收卷也。从糸，熒省声。"本义指丝线缠绕成团。引申指缠绕、弯曲、牵挂等意思。

纳西文：[象形字]   lvl（缠绕）

会意字。纳西文写作线缠绕在竹编器具上，并涂上涂料等，用以盛液体。这里指"缠绕"（lvl）。

436. 金：[象形字]   篆：[象形字]   奄 yǎn

会意字。金文上边像闪电（申），下边像人（大），象征着闪电覆罩在人头顶。篆字将大移到上边并写整齐。《说文解字·大部》："奄，覆也。大有余也。又，欠也。从大，从申；申，展也。"本义为覆盖。引申为占有、关闭、急遽、停留等意思。

纳西文：[象形字]   ggv（雷劈）

会意字。纳西文上部折箭形的东西表示雷电，下边是披头散发之鬼，表示雷劈死了人，一般表示"雷劈"（ggv）。雷电下可以根据情况加大地、树或者房子等。

437. 甲：[象形字]   金：[象形字]   篆：[象形字]   员 yuán

象形字。甲骨文下部像一个鼎，上部圆圈像鼎口的圆形。金文鼎足讹变，篆字更是将鼎讹变成了贝。《说文解字·员部》："员，物数也。从贝，……口声。鼏，籀文从鼎。"本义为圆形。引申表示物的数量、周围、周全、圆满等意思。

纳西文：[象形字]   wel we（圆、圆形）

形声字。纳西文为一个圆形，再在圆形中间加"寨子"（ue）注其音。

438. 甲：[象形字]   金：[象形字]   篆：[象形字]   乱 luàn

会意字。甲骨文上部像只手，中间的架子上缠着丝，表示用双手理丝。金文承接甲骨文，篆字整齐化。《说文解字·受部》："𤔔，治也。幺子相乱，受治之也。读若乱同。一曰：理也。"本义当为双手理丝。引申指混乱。以后"𤔔"

字作了偏旁，其义便另加义符乚（草抽芽），作"亂"（乱）来表示。

纳西文：万　　　　　　　　　　　　　　perq（解）

会意字。纳西文像凌乱的线团已解开的样子。表示解开的绳结，是"解"（perq）的会意字。

439. 甲：ㄅ　　　金：ㄱ　　　篆：ㄋ　　　丩 jiū

象形字。甲骨文像藤蔓纠结之形。金文简单化，篆字比甲骨文更复杂。《说文解字·丩部》："丩，相纠缭也。一曰：瓜瓠结丩起。象形。"本义为相纠缠。由于"丩"作了偏旁，其义便借"纠"来表示。"纠"本指三合绳，表示纠合、纠缠、纠正等意思。

纳西文：寻　　　　　　　　　　　　　　derl der（纠缠）

会意字。纳西文写作三个结重叠的样子，"结"（derl），"derl der"则是纠缠，表示许多结缠在一起。

440. 金：圐　　　　　　篆：圐　　　团（團）tuán

形声兼会意字。金文外部像一个圆形，表示围绕，里边像用手转动纺锤的样子（専），会意作围绕旋转的圆形。《说文解字·囗部》："团，圜也。从囗，専声。"本义为圆形。也指把东西揉成圆形，引申为聚合、聚合体等意思。

纳西文：⊕、⊗　　　　　　　　　　　lvl（团、盖、罩）

形声字。纳西文一形外围是一个圆形，里边用"石头"（lv）表其音。大多用来表示圆形的东西，如 ddee lvl 是指一颗石头。二形用盆子似的东西盖在人头上，表示盖、罩，读 lvl。

441. 甲：⦑　　　　　　篆：⦑　　　包 bāo

会意兼形声字。甲骨文像腹中有子形。篆文改为从勹（表示人有所包裹），从巳（未成形的胎儿），以会胎胞之意。《说文解字·包部》："包，象人褱妊，巳在中，象子未成形也。"本义为胎胞，即胎衣，是胞的本字。引申泛指包裹、有所包裹的东西及一定范围内的总和。"包"字后为引申义所专用，胎胞之义便另造"胞"字来表示。

纳西文： $\wp$ terl（包）

会意字。纳西文为小叶子被大叶子包裹的样子。表示包裹的意思。

442. 甲： 金： 篆： 旋 xuán xuàn

会意字。甲骨文右上边像旗帜，左下边像足，表示人随军旗而旋转。金文左右换位，篆字承接金文并写整齐。《说文解字·㫃部》："旋，周旋，旌旗之指麾也。从㫃，从疋。"本义为足周旋。引申泛指转动、旋转、回旋、转圈、随即等意思。

纳西文： neel（旋风）

会意字。纳西文为旋风的样子，表示"旋转"（neel）。

443. 甲： 篆： 施 shī

形声兼会意字。甲骨文左边像游动的蛇，右边像执棍的手，表示捕蛇，引申出敷布、铺陈的意思。《说文解字·㫃部》："施，旗貌。从㫃，也声。"本义为旗帜旖旎飘动的样子。又《说文解字·支部》："攺，敷也。从支，也声。读与施同。"本义为敷布、铺陈。施，本义是旗帜飘动的样子，也指旗杆上的缀饰。

纳西文： liul（飘、做）

会意兼形声字。纳西文以旗杆尖上的"矛头"（liu）表其音。表示旗帜在风中飘扬，引申指"做一番大事业"的做 liul。

444. 甲： 金： 篆： 回 huí

象形字。回与亘（漩初文）同源。甲骨文像漩涡形，金文承接甲骨文，篆字整齐化。《说文解字·口部》："回，转也。从口，中象回转形。"所释为引申义，本义当为漩涡。引申指旋转、迂回、掉转方向、返回原来地方、回报、回答等意思。也用作量词，表示几次、几章等。"回"便为引申义专用，本义则另加义符作"洄"来表示。

纳西文： neel、jjiq neel（旋转、漩涡）

形声字。纳西文写作纺坠线团旋转垂坠之形。也表其漩涡的 neel 音。

445. 甲：　　　金：　　　篆：　　　曲 qū qǔ

象形字。甲骨文像竹子或柳条编的筐或篓等器物的剖面，用以表示弯曲的意思。金文承接甲骨文。篆字写作一个完整的器物侧面形。《说文解字·曲部》："曲，象器曲受物之形。或说，曲，蚕薄也。"本义为弯曲。用作动词指折弯，用作名词指弯曲之处，由此而引申出偏僻、委屈等意思。

纳西文：　　　　　　　　　　　　kvl（弯曲）

象形字。纳西文写作一条弯曲的线条，表示弯曲的意思，有时会做年（kvl）的音符。

446. 甲：　　　金：　　　篆：　　　北 běi

会意字。甲骨文像两人相背形，表示背离的意思。金文承接甲骨文。篆字整齐化。《说文解字·北部》："北，乖也。从二人相背。"本义为背离。用作名词指脊背，事物多有向阳的习性，人也多面朝南，故引申指北方。后"北"为引申义专用，脊背之义便另加义符作"背"来表示。

纳西文：　　　　　　　　　　　　ggu（相背）

会意字。纳西文为两个相反方向的弧形，表示人和物相背，表示相背、分别等意思。

447. 甲：　　　金：　　　篆：　　　非 fēi

象形兼会意字。甲骨文像方向相背的鸟的两只翅膀，是飞张的翅膀形。表示飞张相背之意。金文承接甲骨文，篆字整齐化。《说文解字·非部》："非，违也。从飞下扱，取其相背。"本义为违背。引申指错误的、否定的，在否定之否定的语句中表示否定词等。

纳西文：　　　　　　　　　　　　ggo ggoq（分开离别）

会意字。纳西文为歧路分岔之形，表示分开、离别 ggo ggoq 的意思。

448. 金：　　　篆：　　　失 shī yì

会意字。金文上边像手，下面一撇像从手中滑落的东西。篆字承接金文并写整齐。《说文解字·手部》："失，纵也。从手，乙声。"本义为遗失。引申指遗漏、损失等意思。

纳西文：　　　　　　　　　　　　pil（遗失）

形声字。纳西文写作一条运动的线，表示已去，用"肩胛"（piq）注"遗失"（pil）的近音，表示"遗失"。

449. 金：　　　　　篆：　　　是 shì

会意字。金文上部像太阳，太阳下像脚步正对着太阳，表示端直。篆字上部像太阳，下部像正（脚步正对着门口）并整齐化。《说文解字·是部》："是，直也。从日正。"本义为端直，引申作正确、合适等意思。

纳西文：　　　　　　　　　　　ni mei dvl dvq（正午）

会意字。纳西文为太阳正在天空中央，表示端直、正直。太阳上的四条线为垂直坐标，表明太阳在正中位置，表示时值正午。

450. 甲：　金：　篆：　　直 zhí

会意字。甲骨文下边像眼睛，眼睛上像标杆，用目正对标杆以测端直。金文复杂化，眼旁另加一标杆。篆字承接金文并写整齐。《说文解字·乚部》："直，正见也。从乚（yǐ），从十，从目。"本义为端直。引申作端正、垂直、公正、正确、正对、正直等意思。

纳西文：　　　　　　　　　　　dvq（直）

象形字。纳西文为立在地上的木桩，没有弯曲，表示正直。

451. 甲：　金：　篆：　　匝 zā

会意字。甲骨文为一只从"一（目的地）"离开的脚的颠倒形，表示到了又回来，为往复环绕之意。金文一形承接甲骨文，二形另加义符"辶"，以突出行走。篆字承接甲骨文，稍变并写整齐。《说文解字·帀部》："帀（zā），周也。从反之而帀也。"本义为环绕一周。引申为周、圈、布满等意思。

纳西文：　　　　　　　　heel hee、eel ee（围绕）

会意字。纳西文以曲线表示运动的线，表示围绕的意思。经常用来表示左右围绕的神兵。

452. 甲：⚡️　　金：⚡️　　篆：⚡️　　　　至 zhì

指事字。甲骨文像箭落到眼前地上的样子，表示到来。金文承接甲骨文，篆字文字化。《说文解字·至部》："至，鸟飞从高下至地也。从一，一犹地也。象形。"本义为箭射到眼前的地上。引申指到达，以及到（从那儿到那儿）、极点等意思。

纳西文：🏹　　　　　　　　　　　　ggee ssaq（中的）

会意字。纳西文为箭射在板靶上，出现裂纹，表示所瞄的已准确射中。表示目的已达到。经常出现在祭祀目的已达到的语句中。

453. 甲：高　　金：高　　篆：高　　　　高 gāo

象形字。甲骨文像台观楼阁，借以表示崇高、上下距离大。金文承接甲骨文，篆字整齐化。《说文解字·高部》："高，崇也。象台观高之形。从门口。"本义为上下距离大。引申指高度、大、深，又虚化为敬词等。

纳西文：Γ　　　　　　　　　　　　shuaq（高）

指事字。纳西文写作一根竖线加两横，两横表示"高"所在的部位。

454. 金：限　　　　篆：限　　　　限 xiàn

会意兼形声字。金文从艮（人扭头看），从阜（梯子），表示视线被梯阻隔。艮也兼表其声。篆字文字化。《说文解字·阜部》："限，阻也。一曰：门榍。从阜，艮声。"本义为阻隔。引申指限制、限定范围及门槛等。

纳西文：🚪　　　　　　　　　　　　ku bbuq（门槛）

形声字。纳西文写作一道门，门下是"山坡"（bbuq），以注其"门槛"（bbuq）之音。

455. 甲：或　　金：或　　篆：或 域　　　或 huò

会意字。甲骨文右边像兵器戈，左边像一个地方，表示用戈守卫的城或地方。金文承接甲骨文，地方或城下多了表示界限的横线。篆字承接金文并写整齐。或另加"土"，以突出地域之义。《说文解字·戈部》："或，邦也。从口，从戈，以守一。一，地也。域，或又从土。"本义为邦国，与"域"是一个字，是"國（国）"的本字。"或"，后来借作不定代词，泛指人或事物。

纳西文：　　　　　　　　kuel（地域、场面）

形声字。纳西文写作大地上的门，表示一个特定的地方，然后用"门"（ku）注其音，表示这个地方的地域。也可以用来表示场面的大小。

456. 金：　　　　　篆：　　罙 shēn

会意字。金文上部像一个洞穴，下边像人持火把，表示探洞穴之深浅。篆字承接金文，只是将下部变成了手持火把。《说文解字·穴部》："突（罙），深也。一曰：灶突。从穴，从火，从求省。"这是根据篆字所作的解释，本义为持火探寻深洞。表示探寻、深入。又《说文解字》释为灶上的烟囱，表示烟囱。由于"罙"作了偏旁，深入之义加义符作"深"。探寻之义加义符作"探"。烟囱之义便由"突"来表示。

纳西文：　　　　　　　　hol（深）

会意兼形声字。纳西文下边为地，上边的括弧表示洞穴，括弧中间用数字"八"（hol）注其音。

457. 金：　　　　　篆：　　空 kōng kòng kǒng

形声字。金文外围像一个洞穴，中间像石杵（工），用"工"表其音，表示空洞。篆字整齐化。《说文解字·穴部》："空，窍也。从穴，工声。"本义为孔，即窟窿。空，读 kǒng 表示孔。读 kōng，表示孔洞、空泛、空虚、天空等。又读 kòng，表示亏欠、空缺。

纳西文：　　　　　　　　nil（空）

形声字。纳西文写作房子，房子中间加写数字"二"（ni），以注其音。表示房内无人，是空房。

458. 甲：　　　　　篆：　　盈 yíng

会意兼形声字。甲骨文外围像一个盆子，里边有一人在洗浴，点点表示水充溢。篆字变为从皿（盆），从夃（gǔ，多也），表示盆内水满。《说文解字·皿部》："盈，满器也。从皿、夃。"本义为器满。引申指圆满、满足、赢余等意思。

纳西文：　　　　　　　　　　　　　　sherl（满）

形声字。纳西文为器皿中装满了东西。这东西是数字"七"（sher），以注其"满"（sherl）的音。

459. 甲：　　金：　　篆：　　丰（豐）fēng

象形字。甲骨文像祭器"豆"里盛了两串玉，表示丰满的意思。金文承接甲骨文。篆字整齐化。《说文解字·丰部》："丰，豆之丰满者也。从豆，象形。"本义为丰满，引申为盛大、兴盛。如今用草木茂盛的"丰"作为"豐"的简化字。

纳西文：　　　　　　　　　　　　　　zzee（增长）

会意字。纳西文用草籽喻繁殖之义，繁茂兴旺的意思，常作繁衍增值的祝词。

460. 甲：　　金：　　篆：　　益 yì

会意字。甲骨文下边像一个器皿，器皿里边像水，表示水流出器外。金文将表示水的点变成撇，篆字更是像流水的形象，是"溢"的本字。《说文解字·皿部》："益，饶也。从水、皿，皿益之意也。"本义为水满溢出。引申指水涨、增加、富足、利益、更加等意思。"益"便为引申义所专用，其本义则另加义符作"溢"来表示。

纳西文：　　　　　　　　　　　　　　sal（溢）

象形字。纳西文为水从容器中溢出，用小点表示水，或用动的线表示溢出。

461. 甲：　金：　　篆：　　容 róng

会意字。甲骨文外围像人进入房或洞穴内，是内（纳），里边的口表示容器，会意作盛纳。甲骨文二形是形变，但义不变。金文从页（头面），从公（从器中分物），是容貌的本字。篆字一形讹为从宀（房）从谷，房屋与山谷皆可以盛物；二形承接金文。《说文解字·宀部》："容，盛也。从宀（bǎo）谷。"本义为盛纳。引申为收留、宽容、允许等意思。曾用"颂"表示容貌，现此义已由

"容"来表示。

纳西文： ⿱ bbeq（合）

会意字。纳西文上边是脚，下边是一双鞋子，表示合脚、可以穿，纳西语是"适合、合适"的意思。

462. 甲： 　金： 　篆： 　浸 jìn

会意字。甲骨文外围像房子，里边像帚，点点表示水。金文只剩下点点和帚，表示用水浸湿的帚打扫房子。篆字写整齐，并将帚改为寝（寝）声。本义当为水逐渐浸湿，泛指渐渐、灌溉、湖泽等。

纳西文： 　rher（湿）

会意字。纳西文为一海子，海子周围被水浸湿，是湿的会意字。

463. 甲： 　金： 　篆： 　湿（溼）shī

会意字。甲骨文右边像架子上晾的两把丝，左边是滴下来的水。金文左边在丝上加日，表示在日下晾晒，右边加突出眼睛的人头，表示人清楚地看到。篆字分为四形，第一形承接金文，是显；二、三形皆是湿；最后一形是简写。《说文解字·水部》："溼，幽湿也。从水；一，所以覆也，覆而有土，故湿也。㬎省声。"又《说文解字·日部》："㬎，众微杪（miǎo 细小）也。从日中视丝，古文以为显字。"前一字本义为"湿"，后一字本义为"显"。

纳西文： 　rher shee（鲜肉）

会意字。纳西文为一块肉，肉上下的曲线表示浸湿，是 rher shee（新鲜肉）的意思，直译则为 rher shee（湿肉）。

464. 甲： 　金： 　篆： 　热 rè

象形字。甲骨文像人手举火把形，表示点燃火把，手持火把与手戴镣铐相近，故金文便与"执"（手戴铐）相混，篆文也就在"执"下加了一个火。《说文解字·火部》："熱，温也。从火，执声。"此为引申义，本义为点燃火把。引申泛指点燃、温度高、情义浓烈等意思。后"熱"字则为引申义专用简写为"热"。点燃之义用"爇"来表示。火把之义由形声字"炬"来表示。

纳西文：　　　　　　　　　　　　　mi tvq（炬）

会意字。纳西文写作一束柴，上面有火，读 mi tvq 是炬。

465. 金：　　　　篆：　　　然 rán

会意兼形声字。金文左上边像肉，右边像狗，左下边像火，用火烧狗肉，表示燃烧。篆字整齐化。《说文解字·火部》："然，烧也。从火，肰（rán，狗肉）声。"本义为燃烧。引申为点着、照耀，借作代词，表示这样、同意。用作连词，表示转折。用作助词，充当词尾。后"然"为借义所用，本义加义符另作"燃"来表示。

纳西文：　　　　　　　　　　　　mi rhee（燃烧）

会意字。纳西文写作火，火上有气，表示在燃烧。其特征是有三股线。

466. 甲：　　金：　　篆：　　炎 yán

会意字。甲骨文由上下两个火组成，表示火焰猛烈升腾的样子。金文承接甲骨文，篆字线条化并写整齐。《说文解字·炎部》："炎，火光上也。从重火。"本义为火苗升腾，是"焰"的本字。引申指焚烧、极热、旺盛，又特指身上红肿热疼的症状。"炎"为引申义专用之后，光焰之义便另加声符作"燄"（简写作焰）来表示。

纳西文：　　　　　　　　mi piel, mi xil（火焰、火舌）

象形字。纳西文为火把上猛烈燃烧的火焰，就像动物伸长的舌头。

467. 甲：　　金：　　篆：　　者 zhě

会意字。甲骨文上边像架起的木材，下边像火，小点象征火星，表示燎柴、燃烧的意思。金文的"木柴"稍讹，下边的火讹为甘。篆字整齐化，讹为从 （古文旅字）从白。《说文解字·白部》："者，别事词也。从白， 声。"析形不准确，所释为假借义。本义当为燃烧，是"燃着"的"着"的本字。引申为明显，后借为特指代词，又虚化为助词。"者"为假借义所用，燃烧之义便用"箸"来表示，后又写作"著"，演变为如今的"着"。

纳西文：   mi bberq（焚烧）

会意字。纳西文下边是火，中间是柴，上边是火烟，表示在燃烧。一般指烧荒、失火燃烧森林、房子等。

468. 甲：   篆：   蒙（冡）mēng

会意字。甲骨文上部像冃（māo，蒙覆），下部像一只鸟，以物覆鸟的意思。篆字下部改为豕。是"蒙"的初文。《说文解字·冃部》："冡，覆也。从冃、豕。"本义为蒙覆。由于冡作了偏旁，其义便借"蒙"来表示。"蒙"，本义指菟丝草，后从"冡"取得声、义。

纳西文：   gvl（罩）

会意字。纳西文上部表示罩住，即蒙覆，下边是一只鸟，是以物覆鸟的意思，用中间的蛋 gv 表其音。

469. 甲：   金：   篆：   多 duō

会意字。甲骨文是叠放的两块肉，古代祭祀分赐胙肉，能分两块，当然多。金文讹为两个夕，篆字整齐化。《说文解字·夕部》："多，重也。从重夕。夕者，相绎也，故为多。重夕为多，重日为叠。"析形不准确，本义当为多少的多。引申指剩余、数量大、相差程度大等意思。

纳西文：   zzai（富、多）

会意字。纳西文为一由木料架起的粮仓，小点表示粮食，粮多溢出粮仓，曲线表示不断增加。引申指富豪、极多等。

470. 甲：   金：   篆：   盡（尽）jìn

象形字。甲骨文下边像器皿，上边是手，中间是手拿着炊帚在清洗器皿，表示饭菜已吃完。金文承接甲骨文。篆字因形近手持帚，讹变成"聿（lìn）"（手持拨火棍，表示灰烬），成了从皿、从聿的形声字。《说文解字·皿部》："尽，器中空也。从皿，聿声。"本义为用尽。用作动词表示全部拿出，用作副词表示全、都，又引申指到达极点等的意思。

纳西文：   qiq bbeeq（尽、断粮）

会意字。纳西文为饭碗倒置的样子，表示已断粮，粮已用完用尽。

471. 甲：　　金：　　篆：　　　　绝 jué

指事字。甲骨文像挂在高上的丝束，一横指将丝截断。金文复杂化，加一把刀将丝斩成两节，篆字简化后只留下一丝一刀，另加声符"卩"jié（跪坐之人）。《说文解字·糸部》："绝，断丝也。从糸，从刀，从卩，卩声。"本义为截断。引申指尽、穷尽、到极点、一定等意思。

纳西文：　　　　　　　　　　　　peel（断，绝）

象形字。纳西文为一根从中间断开的线。

472. 甲：　　金：　　篆：　　　　刺（束）cì

象形字。甲骨文像尖木穿木之形。金文承接甲骨文。篆字整齐化，只是把箭头写反了。《说文解字·束部》："束，木芒也。象形。"本义当为穿刺。引申指树木的棘刺，由于"束"作了偏旁，另加义符作"刺"。

纳西文：、　　　　qi（刺）qi cheq（刺棵、刺蓬）

象形字。纳西文一形为一根刺，像灌木上的刺。二形像长满刺的树枝。

473. 甲：　　金：　　篆：　　　　束 shù

会意字。甲骨文主干像木，中间像被捆绑，表示捆绑木柴木简之意。金文承接甲骨文，篆字整齐化。《说文解字·束部》："束，缚也。从口木。"本义为捆缚，引申作收拾整理。指聚成条、捆成把的东西。

纳西文：　　　　　　　　　　　　zee（束）

象形字。纳西文为捆绑的条状物，表示捆绑或作为量词，指捆成束的东西。

474. 甲：　　　　　　篆：　　　　敝（㡀）bì

会意字。甲骨文左边中间像"巾"（衣物），小点指有破洞，右边为执棍拍打状，右边小点表示碎屑。篆字将破洞写成线条，省去右边部分。《说文解字·㡀部》："㡀，败衣也。从巾，象衣败之形。"本义为破衣服。引申指破败、毁坏、困顿。后"㡀"只作"敝"的偏旁，不单独使用。

纳西文：   cheel（破烂）

会意字。纳西文为一床披毡，披毡上有破洞，表示烂衣裳，也指破烂。

475. 甲：   篆：   臭 xiù chòu

会意字。甲骨文上部像一个大鼻子，下部像一条狗（犬），表示狗鼻子闻到气味。篆字线条化。《说文解字·犬部》："臭，禽走，臭而知其迹者，犬也。从犬，从自。"本义指用鼻子辨别气味。引申泛指"闻""气味"等，并引申为丑恶等意思。

纳西文：   nvq（臭）

形声字。纳西文为一个大鼻子，鼻子上用"黄豆"（nvq）注其音。表示"闻"和"气味"。

476. 甲：   篆：   粪（糞）fèn

会意字。甲骨文为左手持箕，右手持帚，表示扫除粪土，小点表示粪土。篆字整齐化，讹为双手持长柄粪箕（毕）推采 biàn（兽蹄印）了。《说文解字·華部》："糞，弃除也。从収（双手）推华（读 bān，推弃之器若箕畚）弃采也。"本义为扫除灰土脏物，也指灰土腐土，特指粪便。又引申指肥料。

纳西文：   dderq（粪）

会意字。纳西文为一堆生了粪虫的粪肥。

477. 甲：   金：   篆：   美 měi

象形兼会意字。甲骨文下部像人，上部像羊形头饰之状，表示相貌好看。金文稍讹。篆文进一步讹为从羊从大，成了羊大则味美了。《说文解字·羊部》："美，甘也。从羊，从大。"所释为引申义，本义当为相貌好看。引申泛指好、善等意思。

纳西文：   ssi（美）

会意字。纳西文为一朵花，花上线条表示花之美，而非花本身。

478. 金：　　　　　　　　篆：　　　　节（節）jié

形声字。金文上部像竹子，下部像人就食吃饭（即），以表其音。篆字整齐化。《说文解字·竹部》："节，竹约也。从竹，即声。"本义指竹节。引申泛指草木分节、骨节等，以及其他分段成节的东西。

纳西文：　　　　　　　　zherl（节）

象形字。纳西文为一节骨头，表示骨节。也指其他分段成节的东西。

479. 甲：　　金：　　篆：　　小 xiǎo

象形字。甲骨文像细碎的沙尘微粒形。金文将微粒加长加粗。篆字整齐化。《说文解字·小部》："小，物之微也。从八，丨（shù）见而分之。"析形不准确，本义为细碎微粒。这一形象包含三种意思，就形体上说表示细微，即小；就数量说，表示不多，即少；就质地说，表示沙粒。为了分化字义，稍变字型作"少"，表示不多。加水旁表示沙粒。

纳西文：　　　　　　　　sheq（沙）

形声字。纳西文为河沟里的沙，有粗有细、混杂在一起的河沙。

480. 甲：　　金：　　篆：　　行 háng xíng

象形字。甲骨文像十字路口。金文承接甲骨文。篆字讹变得不像了。《说文解字·行部》："行，人之步趋也。从彳，从亍。"将行分为彳、亍（chú）两字，解说不准确，本义当为十字路。引申泛指道路、行列、行走、行为等意思。

纳西文：　　　　　　　　ceiq ni ree perq zzeiq（十二条路汇集处）

象形字。纳西文为几条路汇集的地方，表示岔路口。

481. 金：　　　　　　　　篆：　　　　善 shàn

会意字。金文一形象羊，表示美味，或两边加"言"，表示连连赞美。篆字从金文二形并写整齐，或减去一言成为简体。《说文解字·誩部》："譱（shàn），吉也。从誩，从羊。"本义为美好。

纳西文：　　　　　　　　ee（善）

会意字。纳西文为佛教中的"万"字符，表示前后左右都行得通，会意作好运。

482. 金：^{图形}　　　　篆：^{图形}　　　虑（慮）lǜ

形声字。金文下边像心，上边像门窗相连（吕），以吕表声。篆字上边像虍（虎），下边表示心脑、思考（思）。《说文解字·思部》："虑，谋思也。从思，虍声。"表示深思熟虑及忧虑等意思。

纳西文：^{图形}　　　　　　　　　see ddv（思虑）

会意字。纳西文像从心中引出一条线，线上有许多小点，表示用心思考。

483. 甲：^{图形}　金：^{图形}　篆：^{图形}　化 huà

会意字。甲骨文左边像倒立的人（七，huà），右边像个正立的人（亻），表示从正立的人到倒立的人的变化。金文承接甲骨文，篆字整齐化。《说文解字·七部》："化，教行也。从七，从人，七亦声。"本义为变化。疑本指生死之间的变化。引申指自然界生成万物的功能，以及一时之中面貌的改变，包括教化等含义。

纳西文：^{图形}　　　　　　　　　bee ba（变化）

会意字。纳西文由蒿草和蛙头组成，用繁殖力极强的植物和动物表示变化的意思，变化主要指生殖的变化，一种从无到有，从似无生命之物到有生命的变化过程。

484. 甲：^{图形}　金：^{图形}　篆：^{图形}　年 nián

会意字。甲骨文上部像禾，下部像人，像人背禾的样子。金文承接甲骨文，篆字整齐化，人讹为千（从十，从人）。《说文解字·禾部》："年，谷熟也。从禾，千声。"析形不准确，本义为谷物成熟丰收。引申泛指一年的收成。引申指十二个月的一年及岁月年节等意思。

纳西文：^{图形}、^{图形}　　　　　　　　kvl（年）

纳西文一形为镰刀在收割庄稼，以"收割"（kv）作为"年"（kvl）的近音假借字；二形是形声字，以十二属相鼠（子）的岁首作为年的象征，用^{图形}

"弯"（kvl）表其音。

485. 甲：　金：　　篆：　　　　黄 huáng

象形字。甲骨文像佩璜之形，上为糸，下为垂穗，中间为双璜并连状。金文承接甲骨文，篆字整齐化。《说文解字·黄部》："黄，地之色也。从田，从茨（guāng），茨亦声。茨，古文光。"析形不准确，本义当为佩璜。古人尚黄，佩璜多为黄色，故又指黄玉，引申泛指黄色。"黄"后为引申义专用，佩璜之义便加义符另作"璜"表示。

纳西文：　　　　　　　　　　sheeq（黄）

转注字。纳西文为黄金做成的领扣，是黄金的象形字，这里转注表示黄金的黄色。

486. 甲：　金：　　篆：　　　　黑 hēi

象形字。甲骨文像人头面上有饰物形。金文繁化，头面上有黑点，身上有黑点，正是古代文身的形象。篆文产生讹变，成了炎火上的烟囱，已看不出原意了。《说文解字·黑部》："黑，火所熏之色也。从炎上出囗。囗，古窗字。"本义当为古时人脸面涂抹的黑色。引申泛指黑色，及光线昏暗等。

纳西文：　　　　　　　　　　naq（黑）

指事字。纳西文中间为一黑点，为避免被疏忽，用一圈线将其包上，指明所表示的是黑色。

487. 甲：　金：　　篆：　　　　赤 chì

会意字。甲骨文像人（大或亦，露出腋窝之人），下部像火，表示火光映红了人。金文承接甲骨文，篆字整齐化。《说文解字·赤部》："赤，南方色也。从大，从火。"本义为火红色。引申泛指红色。

纳西文：　　　　　　　　　　xiuq（红）

会意字。纳西文为张开的嘴，表示嘴里的肉是红色的，怕不明显，故又加火字，表示火红色。

488. 金：（金文字形）　　　　　　篆：（篆字形）　　　青 qīng

会意兼形声字。金文上部像植物初生形，下部像井底挖出的丹朱，表示颜色，用植物初生表示绿色，也兼表声。篆字整齐化。《说文解字·青部》："青，东方色也。木生火，从生、丹。"本义为植物初生时的绿色。上古也指蓝色。古人认为春属东方，其色青，主春之神号青帝，又称春季为青春，后又比喻青年人。

纳西文：（纳西字形）　　　　　　　　　　　　herq（绿）

转注字。纳西文写作一个由绿松石做的冠饰，表示绿松石，这里转注表示绿松石的绿色。

489. 甲：（甲骨字形）　　　　　　篆：（篆字形）　　　芈 mǐ

象形字。甲骨文像羊的带角的头骨形，角间的短竖表示羊的叫声。篆字整齐化，是"咩"的初文。《说文解字·羊部》："芈，羊鸣也。从羊，象声气上出。与牟（牛叫）同意。"本义为羊叫声。如今不单用，只作偏旁。

纳西文：（纳西字形）　　　　　　　　　　　yuq bbaq（羊叫）

指事字。纳西文为一只羊张开嘴，加上叫时的声气线，表示羊叫。

490. 金：（金文字形）　　　　　　篆：（篆字形）　　　爱（㤅）ài

会意兼形声字。金文外围像人扭头张口打嗝的样子，下部中间包着一颗心，表示嘘寒问暖关心人温饱之意，旡（旡 jì，吃饱打嗝出气）也兼表其声。篆字文字化。《说文解字·心部》："㤅，惠也。从心，旡声。"本义为惠爱，是"爱"的初文。又读 xì，表示喘息。"㤅"后为"爱"所代替，"㤅"则废而不用。

纳西文：（纳西字形）　　　　　　　　　　　pieq（爱）

形声字，纳西文为男女二人坐在一起，中间用"辫子"（pieq）注其音。

第七节 社会生活

社

会

生

活

土 會 生 活
shè **huì** **shēng** **huó**

ddiuq loq xi yuq

491. 甲：〈 　　金：〉　　　篆：ﾊ　　　　人 rén

象形字。甲骨文像侧立的人形。金文承接甲骨文。篆字文字化。《说文解字·人部》："人，天地之性最贵者也。象臂胫之形。"实际上写的是一个卑躬屈膝之人，故孔子曰："在人下，故诘屈。"甲骨文、金文中大像主人，人像一般民众。

纳西文：　　　　　　　　　　　　　　　　　　xi（人）

形声字。纳西文为一个较完整的人，头上用"稻"（xiq）注其音。

492. 金：甲　　　　篆：民　　　　民 mín

象形字。金文像以锐物刺左眼形。古代俘获敌人则刺瞎其左眼，让其为奴隶。篆字文字化。《说文解字·民部》："民，众萌（氓）也。从古文之象。"本义为奴隶。引申指被统治的庶人百姓，也泛指人、人类。

纳西文：　　　　　　　　　　　　　　　　　　wuq（奴隶）

形声字。纳西文为一个人，头上顶着供给祖先的"粮食"。用"粮食"（u）注其音。

493. 甲：（甲骨文字形）　金：（金文字形）　篆：（篆文字形）　　仆（僕）pú pū

会意字。"僕"是"羮"的后起字。甲骨文右边像头戴辛（刑刀），后为手捧东西的人，左边像盛有尘土（点表示尘土）的簸箕，乃是受过刑从事打扫的人。金文右边有簸箕，有刑刀，有头，有双手，而无人形，故在左边加一人。篆字分简繁两体，承接金文稍有讹变。《说文解字·羮部》："仆，给事者。从人，从羮（pú），羮亦声。"本义指供役使的奴隶，泛指奴隶、仆人、受雇从事杂役的人。

纳西文：（纳西文字形）　　　　　　vq ree（服侍）

象形字。纳西文为手脚扭曲正在服侍别人的人。

494. 甲：（甲骨文字形）　金：（金文字形）　篆：（篆文字形）　　臣 chén

象形字。甲骨文像一个竖着的眼睛形，人低头屈服时才有竖目而视的样子，故用以表示屈服的俘虏。金文承接甲骨文。篆字整齐化。《说文解字·臣部》："臣，牵也；事君也。象屈服之形。"本义指战俘，又指男奴隶，引申指役使、君主时代的官吏、国君统属下的民众。

纳西文：（纳西文字形）　　　　　　zherq xi（仆）

象形字。纳西文写作一个黑头人，黑含贬义，有恶的意思，这个人手上拿着的一根骨节 zherl 表"使唤"zherq 的近音，zherq xi 就是被使唤的人、仆人。

495. 甲：（甲骨文字形）　金：（金文字形）　篆：（篆文字形）　　男 nán

会意字。甲骨文左上边像田，右下边像耒（犁），表示耕田的是男子。金文加扶犁的手，犁也伸长。篆字上边仍像田，下边是力（耒形，引申作体力）。《说文解字·男部》："男，丈夫也。从田，从力，言男用力于田也。"本义为男子。引申指儿子，古代爵位的第五等。

纳西文：（纳西文字形）　　　　　　sso（男、儿子）

会意或形声字。纳西文一形写作一个人，身上加上男子性器，表示男子。二形写作一个人，人头上加个"酒瓮"（ssoq）表其音。

496. 甲：　　金：　　篆：　　女 nǚ rǔ

象形字。甲骨文像女子交臂跪坐之形，是古代虏婚的标志。金文承接甲骨文，篆字文字化。《说文解字·女部》："女，妇人也。象形。"本义为未嫁的女子。泛指妇女，也特指女儿。

纳西文：　　　　　　　　　　　mil（女）

形声字。纳西文左边为一个戴头巾的女人，右边用"火（mi）"注其近音。表示妇女，也特指女儿。

497. 甲：　　金：　　篆：　　匕 bǐ（姕匙比）

象形字。甲骨文像一个跪拜的人形，是妇女的形象。在奴隶社会中，妇女大多从战争中俘获，故妇女地位低下，以取跪姿表示妇女居多。金文承接甲骨文，只是方向相反。篆字整齐化。《说文解字·匕部》："匕，相与比叙也。从反人。匕，亦所以（用比）取饭，一名柶（sì）。"所列二义皆为引申义。本义当为匹配之妇女，并成为雌性标志。女与男相匹配，故引申为并立，由于《说文解字》将它与取食的匕匙混淆起来，故又指匕匙。又匕匙与短剑相似，故又指匕首。后因"匕"作了偏旁，并立之义就加一"匕"作"比"表示；匹配之妇女则再加义符作"姕"来表示。

纳西文：　　　　　　　　　　bbee（妇女）

会意字。纳西文写作一个戴头巾的妇女，下边是生育符号，与成年男子 zhuaq 相对，称成年女子为 bbee（妇女）。

498. 金：　　　　篆：　　卑 bēi

会意字。金文像左手持一酒器形，表示执事供役使之意。篆字将上边酒器讹为甲。《说文解字·𠂇部》："卑，贱也；执事也。从𠂇甲。"此为引申义。本义当为执事供役使。引申指地位低贱、轻视等意思。

纳西文：　　　　　　　　　　jjiuq（女仆）

形声字。纳西文写作一个戴头巾的妇女，头上是"手镯"，以第二音 laq jjiuq 注其声。表示女仆或奴婢。

499. 甲： 　　金： 　　　篆： 　　　　妃（配）fēi pèi

会意字。甲骨文左边像一个未成形的胎儿（已），右边像个妇女，表示结婚生子。金文左右换位。篆字承接金文，右边讹为从"已"声，成了形声字。《说文解字·女部》："妃，匹也。从女，已声。"本义为婚配。引申指合适、相称。后特指天子的妾。

纳西文： 　　　　　　　　　　mi lvq（婚配）

会意兼形声字。纳西文写两边为男女二人，中间为"火"和"石"，表示像灶火与灶石一样结合在一起，表示婚配。并用"火"（mi）和"石"（lv）注其音。

500. 甲： 　　金： 　　　篆： 　　　　妻 qī qì

会意字。甲骨文左边像一个妇女，头上有长发，右边有一只手，表示妇女用手整理头发准备结发为妻的意思。金文省去手，上边改为结发插笄之形，下边改为从母。篆字承接甲骨文并整齐化。《说文解字·女部》："妻，妇，与夫齐者也。从女，从中，从又。又，持事，妻职也。"析形不准确，本义为妻子。

纳西文： 　　　　　　　　cher mei（媳妇）

会意字。纳西文写作一个盛装女人，表示为人妻时的穿着打扮。

501. 甲： 　　金： 　　篆： 　　　宗 zōng

会意字。甲骨文外围像房子，里边像祭坛，表示立神主以祭的房子。金文和篆字稍繁。《说文解字·宀部》："宗，尊、祖庙也。从宀，从示。"本义为祭祀祖先的庙。引申为祖先，同一祖先的家族等意思。

纳西文： 　　　　　　　　　yuq（祖先）

象形字。纳西文为超度死者时制作的神主，以松尖和刻有五官的松枝捆绑而成，松枝上头像 yu，被称作"猴子"（yuq）。表示对以猴为图腾的祖先的认同。

502. 甲： 　　金： 　　篆： 　　　族 zú

会意字。甲骨文右上像一面旗帜，左下像二枚箭只，表示用旗以聚矢，矢应是表示带兵器之族人。金文省为一矢，篆字承接金文并文字化。《说文解字·放部》："族，矢锋也。束之族族也。从放（yǎn），从矢。"本义为聚集了许多箭头，也指能在一个旗帜下聚合的族人。

纳西文：𰻃　　　　　　　　　　　　koq（族）

会意兼形声字。纳西文写作一个人，在人身上画栅栏状的曲线，表示同一栅栏中的人，即同一氏族中的人。并用"栅栏"（koq）代表"族"（koq）。

503. 金：𰼓　　　　篆：𰼓　　　胤 yìn

会意字。金文上部外围像八，表示分开，里边上部是丝束，表示接续，下部是肉，表示骨肉，会意作从祖辈分出的子孙如丝束相接续之意。篆字整齐化。《说文解字·肉部》："胤，子孙相承续也。从肉；从八，象其长也；从幺，象重累也。"本义为子孙相承。

纳西文：𰻃　　　　　　qiu cheeq gv mail（宗族后裔）

会意兼形声字。纳西文为一个破壳的蛋，蛋中出来的是"尾巴"，表示从同一个蛋中接续下来的人，会意作子孙相承及后裔等意思。

504. 金：𰼓𰼓　　　　篆：親棄　　　亲（親）qīn

形声字。金文左边像錾凿一类的工具，是"辛"的象形字，右边是人顶着一只大眼睛，表示常见，"辛"以表声。或以"亲"（zhēn，榛子的省形）来表示。篆字将"辛"声改成"亲"声。《说文解字·见部》："亲，至也。从见，亲声。"本义为亲近。

纳西文：𰻃　　　　　　　　　　　kvq xi（亲人）

形声字。纳西文写作一个人，头上用"口弦"（kv kvq）注其音，表示族里、家里的人，与𰻃"外人"（bbiuq xi）相对。

505. 甲：𰼓𰼓　金：𰼓𰼓　篆：𰼓　　　家 jiā

会意字。甲骨文外围像房子，里边有一头豭猪（公猪），会养猪房之义，豭也兼表其音。金文承接甲骨文，篆字将公猪变为一般的猪。《说文解字·宀部》："家，居也。从宀，豭（jiá）省声。"本义为养猪的屋。引申作家庭住所，也指家庭。

纳西文：　　　　　　　　　jjiq, ye goq（家）

会意和形声字。纳西文一形为房子里坐着一男一女，表示由一对夫妇组成的家，一般读作 yi ddaq chee ddee jjiq（这一户主人家）；二形也为一间房子，房子中以"幼苗"（yeq）、"针"（goq）注二音，读"ye goq"，也表示"家"。

506. 金：　　　　篆：　　　世 shì

会意兼形声字。金文是三个十相连接，表示延续三十年。篆文将三个点演变为三横。《说文解字·十部》："世，三十年为一世。从卅而曳长之。亦取其声也。"意思是说将卅（sà）的竖笔拉长连起来，并取"曳"声。本义为三十年。引申指父子相继为一世，指人的一生，又引申指朝代等。

纳西文：　　　　　　　　　cherl（世、代）

会意字。纳西文为横线上的上下两撇，表示上下两代，即父子相承为两世或两代。

507. 金：　　　　篆：　　　里 lǐ

会意字。金文上部像田地，下部像土，有田有土，表示人所聚居的地方，即乡里，古代"五家为邻，五邻为里"。篆字线条化。如今又作"裏"的简化字。《说文解字·里部》："里，居也。从田，从土。"本义指乡里，也指邻里，也作为长度单位（上古以三百步为一里）。

纳西文：　　　　　　　　　bvl（乡里）

形声字。纳西文写作一间房子，表示人居住的地方，房中间以"蒸"（bvl）注其音。表示乡里比 "村"（bbei）所指的范围大。

508. 甲：　　金：　　篆：　　王 wáng

象形字。甲骨文像一把砍在地上的斧头，金文填实，篆字线条化。《说文解字·王部》："王，天下所归往也。……孔子曰：'一贯三为王。'"本义当为象征王权的大斧头。引申作最高统治者、首领等。

另一说，"王"是大人（主人）头上有天，大人脚下有地，拥有天地者为王。

纳西文：𓀭、𓀮　　　　　　　　　kaq（王，皇帝）

会意兼形声字。纳西文一形为一个坐着的人，用头上"角"（ko）表示近音的"王"或"皇帝"（kaq），头上的角，也表示其人厉害，与众不同；二形似一个蒙古皇帝。

509. 金：𢀖𠁁　　　　　篆：𢀖𣚺　　　巨 jù

会意字。金文一形左边像一把工字尺，右边像"夫"（插簪的大人）手里拿着左边的尺子；二形省去人只有工字尺。篆字一形承接金文二形，二形像箭矢的东西是"夫"的错讹，右边加一木，表示工字尺为木所制。《说文解字·工部》："巨，规巨也。从工，象手持之。榘，巨或从木矢，矢者，其中正也。"本义是丈量工具"矩"或执矩丈量。"巨、矩"本是一字，因"矩"之作用巨大，用"巨"表示巨大，"矩"表示规矩（圆者为规，方者为矩）。

纳西文：𡗗　　　　　　　　　luq（量）

象形字。纳西文为一人伸出两臂作丈量状，luq 是丈量的意思。也是庹（庹 tuō，人张开双臂，两手间的距离）的纳西语。

510. 金：𡨄　　　　　篆：𡨄　　　守 shǒu

会意字。金文上边像房屋，表示官府，里边是寸（手上寸脉），表示有分寸之手，会意官府中会掌握法变的执事者。篆字承接金文。《说文解字·宀部》："守，守官也。从宀，从寸。……寸，法度也。"本义为依法掌管官府的执事。引申作遵守、把守、保持等意思。

纳西文：𡘙　　　　　　　　　leeq（执事）

形声字。纳西文写作一个取坐姿之人，头上以"蕨"（ddiq）注其近音。纳西语"leeq"是"稳重"（dee dee lee leeq）的意思，表示氏族社会中稳重的执事者。

511. 甲：𣉻　金：𣉻　篆：𥏿𣉻　　知（智）zhī

会意字。"知"与"智"同源。甲骨文左边为于（表声气），中间为"口"，右边为"矢"，表示开口说话如箭矢般敏捷。金文在下另加"曰"，突出言词之义。篆字分为二形，一形为"矢"和"口"，二形承接金文并文字化，分别成为"知"和"智"。《说文解字·矢部》："知，词也。从口，从矢。"《说文解字·白部》："智，识词也。从白，从亏，从知。"本义为言词敏捷。

纳西文： see（知、智）

形声字。纳西文左边是一个取坐姿之人，右边用"木"（ser）注其近音。纳西语"see"是"知"的意思，也是氏族社会中的智者。

512. 金： 篆： 宪 xiàn

会意兼形声字。金文一形下边像目，上边害省声，二形另加义符心，表示心灵敏捷眼睛明亮的意思。篆字整齐化。《说文解字·心部》："憲（宪），敏也。从心，从目，害省声。"本义为聪敏明哲。引申作明示、法令、宪法等。

纳西文： gvl（会者）

形声字。纳西文为一个取坐姿的人，头上的蒜（gv）表会（gvl）的音，指心灵手巧之人。

513. 金： 篆： 哲 zhé

会意兼形声字。金文一形上部是"止"，像斧、像目，下部像心；二形上部折声，下部是心，表示心明眼亮能决断。篆字承接金文或将心改成口，表示言词决断。《说文解字·口部》："哲，知（智）也。从口，折声。悊，哲或从心。嚞（zhé），古文哲从三吉。"本义为智慧、明智。

纳西文： see sso mie heeq（明智）

会意兼形声字。纳西文左边是"木"和"人"，表"智者"（see sso）音，右边是"眼"和"牙齿"，表"眼光敏锐"（mie heeq）音。会意作目光敏锐的智者，即明智之人。

514. 甲： 金： 篆： 史 shǐ

会意字。"史、吏、事"三字同源。在甲骨文中都是手持一猎叉形。古代狩猎是大事，故以此表示做事的意思。金文承接甲骨文。篆字文字化，并分化为

"史、吏、事"三个字。《说文解字·史部》："史，记事者也。从手持中；中，正也。"本义是做事。引申指在王旁记事之人，由此引申指历史、过去的事情。

纳西文：�　　　　　　　　　　　　　　mul（长老）

形声字。纳西文上边为一个老人，协助氏族酋长的长老，下边用牛蝇（mul）注其声。

515. 甲：𣥐𣥐　金：𣥐　　　篆：𣥐𣥐　　众（仦）zhòng

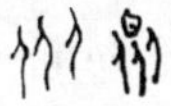

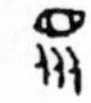

会意字。甲骨文一形写作三个人，三人为众；二形加"日"，表示众人在烈日下劳动。金文将日变成眼睛，表示众人在别人监视之下从事劳动。篆字整齐化。《说文解字·仦部》："仦，众（众）立也。从三人。"本义指许多人，引申指一般人，普通人，古代也指从事农业生产的奴隶，读 yín。

纳西文：𖽰　　　　　　　　　　　　　　aq（聚）

会意字。纳西文写作两人在一起，人下的点表示人多，是聚或集的会意字。

516. 金：𦥑　　　　　篆：𦥑　　实 shí

会意字。金文上边像房子，下边像田地和贝（钱币），表示家中有田有钱。篆字改为房子里有钱串（贯）。《说文解字·宀部》："实，富也。从宀，从贯。贯，货贝也。"本义为富足，引申作充满、充实等含义。

纳西文：𖾀　　　　　　　　　　　　　　heeq（富）

形声字。纳西文下边为取坐姿之人，人头上以"牙齿"（hee）注其音。

517. 甲：𣥐　　金：𣥐𣥐　篆：𣥐𣥐　悳（德）dé

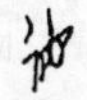

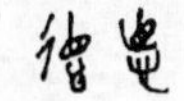

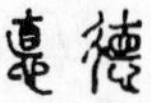

会意字。甲骨文左边是路，右边像眼睛直视（直），表示行得正。金文下边加"心"，或者省去"路"，表示心直。篆字承接金文并写整齐，变成悳、德两体。《说文解字·心部》："悳，外得于人，内得于己也。从直，从心。"本义为表里如一，真诚正直。引申作道德、恩德等意思。

纳西文：𖽽　　　　　　　　　　　　　　xi dvq, dvq（正直）

形声字。纳西文左边为一个人，右边用"千"（dvq）表其"正直"（dvq）之音，也可以只读后一音。

518. 甲：[图] 金：[图] 篆：[图] 圄 yǔ

会意字。甲骨文外围像牢房，里边像带刑具的犯人，表示拘禁犯人的监狱。金文省去犯人，只留下刑具。篆字承接金文，文字化。《说文解字·㚔部》："圄，囹圄，所以拘罪人。从㚔，从口。"本义为牢狱。引申指奴隶，又由奴隶指养马人。后"圄"为引申义专用。用"囹圄"表示牢狱。

纳西文：[图] mi we naq zzaiq（黑牢）

象形字。纳西文为戴着手铐被关在设防的屋子里的人，表示（mi ue naq zzaiq）"黑牢"。

519. 甲：[图] 金：[图] 篆：[图] 㚔 niè

象形字。甲骨文像古代的械手刑具形，即梏。金文线条化。篆字稍简并文字化。《说文解字·㚔部》："㚔，所以惊人也。从大，从羊（rěn）。"解说不清晰，本义为梏，即手铐，因㚔与㚔（幸，反曲为直，侥幸之意）相混，规范后皆写作幸。所以"幸"也有侥幸之义。

纳西文：[图] laq biu（手铐）

会意字。纳西文为用手铐铐着手的人，表示手铐。

520. 甲：[图] 金：[图] 篆：[图] 报 bào

会意字。甲骨文左边像刑具，右边像一只手捉住一个人，表示捉住一个人给他加上刑具，表示治人之罪。金文承接甲骨文，篆字整齐化。《说文解字·㚔部》："报，当罪人也。从㚔，从㔾（㔾 fú，古文"服"）。㔾，服罪也。"本义为治人之罪。引申指报告、回报、报应等意思。

纳西文：[图] kee biu laq biu keel（束缚）

象形字。纳西文为一个人戴着手铐和脚镣的人，表示被人捕捉，自由被限制。

521. 金：[图] 篆：[图] 贼 zéi

会意字。金文右边像戈（兵器），左边像刀，中间像贝。篆字右边像戈和刀，左边像贝。表示执兵器毁坏财货。《说文解字·戈部》："贼，败也。从戈，则声。"析形可备一说。若按此说，金文所从的是鼎，而不是贝。本义为毁坏。引申指伤害、杀害、强盗、小偷等。

纳西文：（字形）　　　　　　　　　　　　　　zzerq（强盗）

会意字。纳西文为人披发执矛之形，表示强盗，也指"抢劫"（zzerq）。

522. 金：（字形）　　　　篆：（字形）　　　彦 yàn

会意兼形声字。金文上部像文（文身），下部像弓，中间像山崖，表其声。表示文武双全，德才出众之意。篆字将弓讹为"彡"，为晃动之物的象征符号，表示有文采。《说文解字·彣部》："彦，美士有文，人所言也。从彣，厂声。（彣，读 wén，彩绘；厂，读 hǎn，山崖）"彦的本义为德才出众之人。

纳西文：（字形）　　　　　　　　　　　　　　gga（胜者）

会意字。纳西文为一个头上插旗之人，表示常胜者。

523. 甲：（字形）　金：（字形）　　篆：（字形）　　丐 gài

会意字。甲骨文右边像人，左边像无眼珠的臣（亡，盲之本字），表示求乞的意思。金文承接甲骨文。篆字将人形变曲，变成包的初文，但仍是人形，意思未失去。楷书写作匄，匃，俗作丐，作偏旁写作匄、匂则废而不用。《说文解字·亡部》："匄，气也。逯安说，亡人为匄。"本义为乞求。用作名词指乞丐。

纳西文：（字形）　　　　　　　　　　　　ha meil（乞丐）

会意字。纳西文为散发执棍行走乞食的穷人，表示乞丐。

524. 甲：（字形）　　　　篆：（字形）　　畴（畕）chóu

象形字。甲骨文像已经耕耙过的田地纹路形，表示已经耕作的田。篆字另加田。楷书作畕与畴，异体作疇，如今简化作畴。《说文解字·田部》："畕，耕治之田也。从田，象耕屈之形。畕，畕或省。"本义为已经耕作之田。引申指田界，范畴等意思。

纳西文：（字形）　　　　　　　　　　　　dder lee（良田）

会意字。纳西文为地上庄稼茂盛状，表示已经耕作过的良田，与刚开垦的荒地相区别。

525. 甲： 　　金： 　　篆： 　　京 jīng

象形字。甲骨文像在累土的高丘上筑的亭子。金文承接甲骨文，篆字整齐化。《说文解字·京部》："京，人所为绝高丘也。从高省，丨象高形。"本义为人工筑成的高丘。引申指大的谷仓，泛指高大，又特指京城。

纳西文： 　　　　　　　ddaiq（宅基地）

形声字。纳西文写作一个高坛，坛上用执旗的士兵"勇敢"（ddaiq）注其音。表示起房盖屋的地基。

526. 金： 　　　　　篆： 　　城 chéng

会意兼形声字。金文左边像有盖的走廊（郭，外城墙），右边像斧劈物即"成"，表其声。篆字将左边改成土。《说文解字·土部》："城，以盛民也。从土，从成，成亦声。"本义为城墙。引申指城墙以内的地方，又引申泛指城市。

纳西文： 　　　　　　　zzaiq（城）

象形字。为围住城市的城墙，四边有四道城门。

527. 甲： 　　金： 　　篆： 　　牧 mù

会意字。甲骨文左边像牛头，右边像手持棍，表示放牧。金文承接甲骨文，篆字整齐化。《说文解字·攴部》："牧，养牛人也。从攴，从牛。"本义为放牧牲畜。也指牧人。

纳西文： 　　　　　　　lvl（牧）

会意字。纳西文为人持棍在牧牛，也可为持棍在牧羊。

528. 甲： 　　金： 　　篆： 　　养 yǎng

会意字。甲骨文左边像羊头，右边像手持鞭，表示在放羊。金文承接甲骨文，表示放牧饲养。篆字改为从羊，从食。《说文解字·食部》："养，供养也。从食，羊声。"所释为引申义，本义当为饲养。引申指供养、养活、培植、休养等意思。

纳西文： 　　　　　　　sherl（满）

形声字。纳西文用"羊"代表"牲畜"neeq。羊周围小黑点表示繁殖奇多，一般读作 neeq xiq neeq sherl（饲养的牲畜满圈）。

529. 甲：　　　**金：**　　　**篆：**　　　　秦 qín

会意字。甲骨文上部像双手持杵的样子，下部像禾麦形，表示舂捣禾麦。金文省为一禾，篆字承接金文并整齐化。《说文解字·禾部》："秦，伯益之后所封国。地宜禾。从禾、舂省。一曰：秦，禾名。"本义为舂捣收的禾，也指所收禾名。古代关中之地是富饶的产粮区，故称其地为秦。

纳西文：　　　　　　　　　　diu（舂）

会意字。纳西文为一个人手持杵在石臼中舂捣之形。表示"舂捣"（diu）。

530. 金：　　　　**篆：**　　　　差 chā

会意字。金文上部像小麦，下部像左手相助，表示两手相搓，会意作双手搓麦粒。篆字整化。《说文解字·左部》："差，贰也。差不相值也。从左，从巫（垂）。"析形不准确，本义是用手搓麦。引申泛指搓、磨。故读 chā，引申为差错等。

纳西文：　　　　　　　　　　　　sol（搓）

会意字。纳西文第一字为一个人坐在地上用双手搓竹片，表示手搓。第二字为用足在毡簾上搓毡，表示用足搓。

531. 甲：　　　**金：**　　　**篆：**　　　兽 shòu

会意字。"嘼"与"獸"本为一字。甲骨文左边像猎叉（單），右边像狗（犬），表示带着猎叉和猎狗打猎之意。金文分为繁简二体。篆文承接金文并整齐化。"獸"是动词，本义是打猎，是狩的会意字。兽是名词，为禽兽之义，后借"畜"来表示。如今獸、嘼均简化作兽，皆指野兽。

纳西文：　　　　　　　　　　xiu（兽）

象形字。纳西文写作森林中常见的獐子的形象，表示所有的野兽。

纳西文：　　　、　　　　　　kee sherq, kee keel（狩猎）

会意字。纳西文一形为一个牵着狗的人，表示要去打猎；二形上边为一只狗，下边加一只脚，并用脚（kee）表音，表示放出去，会意为牵狗打猎。

532. 甲：⚏　　金：⚏　　篆：⚏　　　　逐 zhú

会意字。甲骨文上部像猪，下边像一只脚，表示在追赶野兽。金文加上"路"。篆字将"路"与"脚"合并，"猪"在右，并整齐化。《说文解字·辵部》："逐，追也。从辵，从豚（tún，小猪）省。"析形不准确。本义为追赶野兽。引申泛指追赶、驱赶、追随等。

纳西文：⚏　　　　　　　　　　　ddiul（逐）

会意字。纳西文为一个持棍的人，呈持棍赶逐之形，表示"赶"，棍（ddiuq）也表其近音。

533. 甲：⚏　　金：⚏　　篆：⚏　　　　厘 lí、xī

会意字。甲骨文左边像麦和人，右边像手执棍，表示人手持麦并拿棍击打使其脱粒。金文二形增加"里"（从田，从土），以表其音，也表示田里所收。篆字将小麦讹为"耒"，将人讹为"厂"，并整齐化。《说文解字·里部》："釐，家福也。从里，产声。"所释为引申义，本义应为打麦脱粒。由此引申为三类意思，一类读xī，表示丰收可喜、幸福、吉祥的意思，此类含义另造形声字"禧"来表示。一类读lí，由打麦引申作治理，分裂、微小等后成为长度单位。一类读lài，古人认为小麦丰收是上天赐予的，引申为赐予，此义后来加"贝"作"赉"（赉）来表示。

纳西文：⚏　　　　　　　　　　zzei lal（打麦）

会意字。纳西文两边为人手持连枷在打麦脱粒，中间是麦穗和麦粒。

534. 甲：⚏　　金：⚏　　篆：⚏　　　　学 xué

会意字。"学"与"教"同源。甲骨文上部是双手摆弄算筹形，下部像房子，表示在房里学习演算。金文另加"子"，表示教子学习，或再加执棍，表示监督。篆字承接金文并整齐化。《说文解字·教部》："斅，觉悟也。从教、从冖。冖，尚矇也，臼（读jù）声。學，篆文，斅省。"意为双手（臼），启蒙（冖）。本义为对孩子进行启蒙教育，包括教和学两个方面。读jiào，表示进行教导，如今用"教"来表示；读 xué，表示学习，简化作学。

纳西文： （字形）　　　　　　　　　　　　soq（学习）

会意字或形声字。纳西文一形为人用眼睛看书，表示在学习。二形下边为书，书上边用"大秤"（so）表其音，也表示在学习。

535. 甲： （字形）　　金： （字形）　　篆： （字形）　　　育 yù

会意字。"毓、育、㐬、𠫓"四字同源。甲骨文左边是戴头饰的妇女，右边像头朝下的小孩，三点表示血水，表示妇女生小孩。金文左边改成母亲的样子。篆字承接金文变成一形；二形小孩头朝下，加肉；三形只剩金文的右边；四形则只剩头朝下的小孩。篆字四形分别成为"毓、育、㐬、𠫓"四字。《说文解字·𠫓部》："𠫓，不顺忽出也。从到（倒）子。"本义为孩子忽地一下子生出来。

纳西文： （字形）　　　　　　　　　　　　ji heq（生育）

会意字。纳西文写作一个妇女的两腿之间掉下一个小孩，表示生育。

536. 甲： （字形）　　金： （字形）　　篆： （字形）　　乳 rǔ

象形字。甲骨文像妇人双手抱子于胸前喂奶。金文只留下一手一子和突出奶头的身子轮廓，篆字又将身子轮廓误为从乙。《说文解字·乙部》："乳，人及鸟生子曰乳，兽曰产。从孚，从乙。"本义为哺乳，又指生殖，引申指乳房、乳汁等。

纳西文： （字形）、 （字形）　　　　　　　nil ni（乳）

会意字。纳西文一形写作一个女人，乳房有乳汁；二形省去人，表示乳房有乳。

537. 甲： （字形）　　金： （字形）　　篆： （字形）　　子 zǐ

象形字。甲骨文像有头发、囟门和身子的初生婴儿。金文稍繁，添加了手和身子。篆字就像襁褓中的婴儿，变成了一个大头娃娃。《说文解字·子部》："子，十一月，阳气动，万物滋，人以为称。象形。"此据借义作的解释，本义为婴儿。引申泛指儿女，植物种子，借为地支第一位，表示农历十一月及夜里十一点到一点。

纳西文： [图]　　　　　　　　　　　　　　　　e bbuf sso（婴儿）

形声字。纳西文为一个大头娃娃，头上以"粉末"（bbiuq）注其近音。

538. 甲：[图]　　金：[图]　　　篆：[图]　　仔 zī zǐ zǎi（崽）

会意字。甲骨文左边像婴儿，右边像弯腰之人，表示人背子，"子"也兼表
其声。金文大人、小孩换了一个位置。篆字承接金文并整齐化。《说文解字·人
部》："仔，克（胜任）也。从人，子声。"本义为人背子，读 zī，引申指担任。
又读 zǐ，引申指幼小的。又读 zǎi，引申指小孩和幼小的动物。

纳西文： [图]　　　　　　　　　　　　　　　　ba baq（背）

会意字。纳西文为一个母亲背着小孩，读 ba baq，表示背小孩，也可以表示
背水[图]，也读 ba baq（背）。

539. 甲：[图]　　金：[图]　　　篆：[图]　　保 bǎo

会意字。甲骨文从人，从子，表示人背负儿子的意思。金文简化，手臂已和
人断开，成了远处一撇。篆字整齐化。《说文解字·人部》："保，养也。从人，
采（孚）省。"所释为引申义，本义为负子于背。《说文解字》所谓"采省"，
就是"呆"，省去了手，是婴儿呆头呆脑的样子。"保"引申指养育、安定、保
护、保证等意思。

纳西文： [图]　[图]　　　　　　　　　　　　　doq do（抱）

象形字。纳西文为母亲或其他人抱着小孩。

540. 甲：[图]　　金：[图]　　　篆：[图]　　季 jì

会意字。甲骨文上部像禾，下部像小孩，表示幼禾。金文承接甲骨文，篆字
整齐化。《说文解字·子部》："季，少称也。从子，从稚省，稚亦声。"所释为
引申义，本义为幼禾，引申为少、小，又引申指同辈中排行最小的，也泛指弟
弟。引申又指春夏秋冬每季的最后一月，由此也称春夏秋冬四时为四季。

纳西文： [图]　　　　　　　　　　　　　　　　ggee ssee（弟）

形声字。纳西文下边为一个小孩，上边的嚼（ggee）及草（ssee）表其音。

541. 甲：　金：　　篆：　　宝 bǎo

会意字。甲骨文上边像房屋，里边像贝、像玉，表示房中有珍宝。金文加上"缶"（fóu，表示器皿）。篆字整齐化。《说文解字·宀部》："宝，珍也。从宀，从玉，从贝，缶声。"本义为珍贵的东西，表示珍宝。

纳西文：　　　　　　　　bo（宝）

象形字。纳西文写作镶嵌着宝石的首饰品，可以用来避邪。

542. 金：　　　　篆：　　金 jīn

象形兼会意字。金文左边像两块熔化后凝在地上的金属，右边像箭镞和斧头，表示可供制造东西的金属。篆字上部写作"今"声，下部像土中有金属形。《说文解字·金部》："金，五色金（金、银、铜、铁、铅）也。黄为之长。久埋不生衣，百炼不轻，从革不违。西方之行。生于土，从土；左注，象金在土中形；今声。"这是根据篆字所作的解释，本义指金属，如铜、铁等，又特指黄金。

纳西文： er、shuq、siul、haiq、ngvq（铜、铁、铅、金、银）

会意字。纳西文第一个是铜，为铜锅，锅中有火，表示红色。第二个是斧头，表示铁。第三个是铅，像铅熔化后倒在地上的形状。第四个是金，用黄金制作的领扣表示黄金。第五个是银，用银耳环表示银。

543. 甲：　金：　篆：　贝 bèi

象形字。甲骨文像张开的蛤贝形。金文承接甲骨文，篆字整齐化。《说文解字·贝部》："贝，海介虫也。……象形。古者货贝而宝龟，周而有泉，至秦废贝行钱。"本义为蛤螺等软体动物的通称。

纳西文：　　　　　　bbaiq mai、biel（贝）

象形字。纳西文写成一个海贝的模样，在经书中称 biel，可能是古纳西语，现在用在占卜中称"bbaiq mai"。

544. 甲：　金：　篆：　和 hé（龢）

形声字。甲骨文左边像吹奏排箫（龠），右边像禾苗，以表"禾"声。金文承接甲骨文。篆字分为两体，一繁一简。《说文解字·龠部》："龢，调也。从龠（yuè，乐之竹管，三孔，以和众声），禾声。读与和同。"指音乐和谐。又《说文解字·口部》："咊（和 hè），相应也。从口，禾声。"指声音相应，和谐地跟着唱或伴奏。

纳西文：　　　　　　　　　　hoq zzer（踏歌）

形声字。纳西文写成一人领唱，众人应和，边唱边跳的娱乐形状，"hoq"也就是应和的意思。用"肋骨"注其"和"（hoq）音。

545. 甲：　　　　篆：　　伴（扶）bàn

会意字。甲骨文为两人同行，篆字整齐化。《说文解字·夫部》："扶，竝行也。从二夫。"本义为伴侣。因"扶"作了偏旁，便另造形声字"伴"来表示同伴的意思。

纳西文：　　　　　　　　　zzee bbuq（伴侣）

会意字。纳西文左边为一男一女在一起，右边用山 （zzeeq）和坡 （bbuq）表示相依关系，并注其音。

546. 甲：　　金：　　篆：　　友 yǒu

会意字。甲骨文是方向相同的两只手（右手）握在一起，表示志同道合的朋友。古代同志曰友，同门曰朋。金文承接甲骨文，篆字整齐化。《说文解字·又部》："友，同志为友。从二又，相交友也。"本义为朋友。引申作相好、相亲近，又表示互助合作等意思。

纳西文：　　　　　　e ddaq zzee goq（知己朋友）

会意字。纳西文两边各为一个人，中间用织布 （ddaq）、针 （goq）注其音，表示是知己朋友。

547. 甲：　　金：　　篆：　　喜 xǐ

会意字。甲骨文上部像鼓（壴），下边像嘴巴，表示击鼓欢笑之意。金文承接甲骨文，篆字文字化。《说文解字·喜部》："喜，乐也。从壴，从口。"本义为欢乐、喜欢、爱好等意思。

纳西文：　　　　　　　　　　　　zaq（快乐幸福）

会意字。纳西文写作一个人拿着一碗饭，表示有饭食而幸福快乐。

548. 甲：　　　金：　　　篆：　　乡（鄉）xiāng

会意字。乡（鄉）与鄉同源。甲骨文像两人张口相对，从皀（bī、jí，装满食物的食器），表示两人相向对食，是"飨"的本字。金文承接甲骨文，篆字将人张口相对误为两"邑"相对。《说文解字·邑部》："鄉，国离邑，民所封乡也。……从邑，皀声。"这是根据篆字所作的解释，本义为二人对食。此义后加食作"饗"（飨）表示。因相对而食者都是同氏族的乡里人，故引申指乡里、乡村的"乡"。

纳西文：　　　　　　　　　　zzei zzeiq（飨）

会意字。纳西文为两人相对而食，中间是一碗饭。一般读作 zzei zzeiq ha zzee yiq（共食饭好吃）。

549. 甲：　　　金：　　　篆：　　饮（歙）yǐn

会意字。甲骨文像一人张口伸舌就坛子饮酒的形状。金文口与舌脱离人，讹为"今"，人变成了"欠"。篆字整齐化。"歙"是"饮"的初文。《说文解字·歙部》："歙，歠（啜）也。从欠，酓声。""酓"不是独立的字，而是"歙"的省略。本义为喝。由于"歙"字太繁，后又造了会意字"飲"（饮）。

纳西文：　　　　　　　　　　teeq（喝）

会意字。纳西文写成一个人用细管子从酒坛中饮酒。一般读作 ree teeq（饮酒），若是饮茶、饮水，则将右边的酒换作茶或水。

550. 甲：　　　金：　　　篆：　　皀 jí bī

象形字。甲骨文像一碗盛满的香气四溢的白米饭，下边是碗，上边是米，小点象征气。金文简化，篆字整齐化，已不大像碗了。《说文解字·皀部》："皀，谷之馨香也。象嘉谷在裹中之形。匕，所以扱之。或说，皀，一粒也。"析形不准确，本义当为一碗香喷喷的白米饭。引申为五谷香味，也指一粒。五谷香之义另造从黍从甘的"香"字表示，皀便只表示一粒了。

纳西文： 　　　　　　　　　　　　ha（饭）

象形字。纳西文为一碗盛满的饭。

551. 甲：　　金：　　　篆：　　　食 shí sì

会意字。甲骨文上部是一个朝下的口，下边食器中盛满了饭，两点表示饭之馨香，表示张口吃饭。金文稍变，篆字承接金文并写整齐。《说文解字·食部》："食，一米也。从皀，亼（jí，象三合之形）声。或说：亼皀也。"析形不准确。本义当为吃饭。读 sì，表示施东西吃，此义后加声符作"饲"。

纳西文： 　　　　　　　　　　　zzee（吃）

会意字。纳西文一形为口中有东西的一个人，表示"吃"（zzee），另一形写作一个人张口就饭，也表示"吃饭"（ha zzee）。

552. 甲：　　金：　　　篆：　　　既 jì

会意字。甲骨文从皀（饭）从旡（qiàn，张嘴打嗝），表示已吃完饭。金文承接甲骨文，篆字稍讹。《说文解字·皀部》："既，小食也。从皀，旡声。"解说不准确。本义为吃完饭。引申为完、尽，作副词表示已经、又，用作连词表示并立关系。

纳西文： 　　　　　　　　　　　ggee（饱）

会意字。纳西文写作一个腹中有物的人，表示吃饱。

553. 甲：　　金：　　　篆：　　　真 zhēn（珍）

会意兼形声字。甲骨文鼎上有人，表示从鼎中取食美味。金文变成从贝，从倒人，变成了人取食鲜贝，篆字讹成一个朝下的头，完全失去了原来的意思。《说文解字·匕部》："真，仙人变形而登天也。从匕，从目，从乚（yǐ，匿也）；八，所乘载也。"本义为美食美味，引申指本质、本性、真实、真诚等意思。又指道家所谓存养本性而得道的人即"真人"。

纳西文： 、　　　　　　　　wuq（粮食、吾神）

会意字。纳西文为一碗饭或粮食，又作纳西族族神，纳西族宗教祭司被称作

（纳西吾毕补）naq xi wuq biu bbvq。一形只是粮或饭，二形粮下有人，指吾神。

554. 甲：🜀　金：🜀　篆：🜀　　旨 zhǐ

会意兼形声字。甲骨文下边像嘴巴，上边像匙，表示用匕将东西送入口内，匕也兼表其声。金文表示将食物送到嘴里，觉得有点甜味了。篆字承接金文并写整齐。《说文解字·旨部》："旨，美也。从甘，匕声。"本义为味美，引申为美味食物、意义、上级旨意。

纳西文：🜀　　　　　　　　　　　　　yiq（美味）

形声字。纳西文为一个张开的嘴巴，嘴中有从"壳中流出的蛋液"（yi），以表其"美味"（yiq）之音。

555. 甲：🜀　金：🜀　篆：🜀　　新 xīn

会意兼形声字。甲骨文左边上部为一个"辛"，表声，下部像木，右边像斧，表示取木为柴。金文承接甲骨文，篆字文字化。楷书写作新，俗作新，今以新为正体。《说文解字·斤部》段玉裁注："新，取木也。从斤，亲声。"本义为砍柴，是"薪"的本字。古代在火塘中保存火种，要不断地添加柴以延续火种，这叫新火，由此引申作初始的、刚出现的。进而引申为更新、变新等。"新"便为引申义所用，柴薪之义加义符作"薪"来表示。

纳西文：🜀　　　　　　　　　　　　　ser（柴、薪）

会意字。纳西文为一棵斜躺着的一棵树，纳西人只用倒下的树为柴薪。

556. 金：🜀　　篆：🜀　　卤 lǔ

指事字。金文外围像个竹篓（西），中间写四点，象征其中有盐。古代制盐，用竹器漉汁，熬汁而成盐，故从"西"。篆字整齐化。《说文解字·卤部》："卤，西方碱地也。从西省，象盐形。"本义当为盐卤。引申指盐碱地、盐粒、浓汁等。卤为引申义所专用，盐的本义另加声符写作"鹽"（盐）来表示。

纳西文：🜀　　　　　　　　　　　　　cei（盐）

形声字。纳西文为一制成块状的盐块，中间用数字"十"（ceiq）表其音。

557. 甲：〗　　　金旁：〗　　　篆：〖　　　　肉 ròu

象形字。甲骨文像一块切下供食用的禽兽肉形。金文偏旁另加了瘦肉的纹路，篆字承接金文并写整齐。楷书写作肉，作偏旁时多数（在左）写作月，这是因为篆字"月"与篆字"肉"相近而混同。《说文解字·肉部》："肉，胾（zì，大块肉）肉。象形。"本义指切成大块供食用的禽兽肉。引申指人的肌肉、瓜果的可食用部分等。

纳西文：　　　　　　　　　　　　　　　shee（肉）

象形字。纳西文为一块切去猪头、掏去内脏，用盐及其他佐料加工之后，又完整缝合的琵琶猪肉。表示所有肉食。

558. 甲：〗　　　　　　篆：〖　　　　膏 gāo

形声兼会意字。甲骨文外围像台观楼阁（高），中间像一大块肉，表示肉肥厚，"高"也兼表其声。篆字将肉移到"高"下，并整齐化。《说文解字·肉部》："膏，肥也。从肉，高声。"本义为肥肉。引申指液态油脂，又引申指肥沃等意思。

纳西文：　　　　　　　　　　　　　　　cherq（肥肉）

形声字。纳西文写作砍下的一大块肉，中间还有肉纹，在肉上用"代"（cherl）表其"肥肉"（cherq）的音。也指猪膘肉（bbuq cherq）。

559. 古文：〗　　　　　　篆：〖　　　　炙 zhì

会意字。古文上边像块砍下的一大块肉，下边像火，表示在火上烤肉。篆字承接古文并写整齐。《说文解字·炙部》："炙，炮肉也。从肉在火上。"本义为烧烤。引申指爆晒，指烤熟的肉。

纳西文：　　　　　　　　　　　　　　　jjil、bbv（烧肉）

会意字。纳西文为在火上烧烤肉。古语读"bbv"，现代口语读"jjil"。

560. 甲：〗　　　　　　篆：〖　　　　葬 zàng

会意字。甲骨文下部像人置于棺内，上部像棺被掩埋在草下，表示埋葬。篆字复杂化，上下像草，一横像垫子，横上左边像"歹"（残骨），右边像人，表示人"死"埋入草中。《说文解字·茻部》："葬，藏也。从死在茻（茻 māng，众草）中；一其中，所以荐之。《易》曰：'古之葬者，厚衣之以薪'。"本义为掩藏、埋葬。

纳西文：⿰⿰　　　　　　　　　　　　　　　　　nv（葬）

会意字。纳西文上部横线表示地，地上的黑点表示土，下边像人入棺后埋在土下或人死后直接被埋在土下，表示"埋葬"（nv）。

561. 金：Ψ　　　　　　　篆：⿰　　　药 yào

形声字。金文上边像草，上部以"乐"表其音。隶变后楷书作藥，如今简化作药。《说文解字·艸部》："药，治病艸。从艸。乐声。"本义为能治病的植物。引申为治疗、毒杀等意思。

纳西文：⿰　　　　　　　　　　　　　　　　cher ee（药）

会意字。纳西文为一朵花，花头上的曲线及点表示汁水，会意作花朵泡水能做药治病。

第八节　宗教、战争

宗

教

战

争

⿰　⿰　⿰　⿰
zong **jiào** **zhàn** **zhēng**

⿰　⿰　⿰　⿰
biuq **paq** **siul** **siu**

562. 甲：𝌆　　金：示　　篆：示　　　　示 shì

象形字。甲骨文像竖起的灵石模样，在这个灵石上可以贡献祭祀品。金文则变成了一根竖起的祭木，它可能代表祭祀的神灵，人们就向它供奉祭品。篆字承接金文并写整齐。《说文解字·示部》："示，天垂象，见吉凶，所以示人也。从二（上）；三垂，日月星也。观乎天文，以察时变。示，神事也。"本义是祭祀的神主。引申表示上天垂示吉凶，引申泛指把事物拿出来让人知道。

纳西文：　　　　　　　　　　　　　　　dduq lv（神石）

象形字。纳西文为祭祀中使用的神石，代表神灵，大多时候它代表了纳西族的"规矩之神"（dduq seiq），像摆在祭祀场上的神石形状。

纳西文：　　　　　　　　　　　　　　　biuq ser（祭木）

象形字。纳西文为祭祀中使用的祭木，代表所祭祀的神灵，如祭天时松木代表天，栗木代表地，柏木代表天舅。像祭祀场上插在地上的祭木形。

563. 甲：　　金：　　篆：祝　　　　祝 zhù

会意字。甲骨文左边像祭坛或神主，右边像跪在祭台或神主旁的人在向神祈祷求福的样子。金文承接甲骨文，篆字整齐化。《说文解字·示部》："祝，祭主赞词者。从示，从人口。"本义为祭祀时主持祭礼念颂词的人。指庙中司香火之人，也指向神灵祈祷求福的行为。

纳西文：　　　　　　　　　　　　　　　biu bbvq（祭司）

象形字。纳西文为一个取坐姿、头戴五佛冠、开口念颂词的人，表示是主持祭祀的祭司，经书中称祭司（biu bbvq），民间称"东巴"（do bbaq）。

564. 甲：　　金：　　篆：祭　　　　祭 jì

会意字。甲骨文左边像祭台或神主，右边像手拿着肉置于祭台之上。金文承接甲骨文，并更加显明。篆字整齐化。《说文解字·示部》："祭，祭祀也。从示，以手持肉。"本义为祭祀。引申指念咒，由杀牲以祭又引申指杀。

纳西文：　　　　　　　　　　　　　　　xiu bbei（祭祀）

会意字。纳西文为一个人执香条跪拜，向神祈祷求福，称作祭司（xiu

bbei），表示持香祭神。

565. 甲：⿰ 金：福 篆：福 福 fú

会意字。甲骨文左边像祭坛或神主，右边像双手捧着酒樽向神主祭献酒水，表示向神灵祈求福佑。金文承接甲骨文，篆字文字化。"福"的本义是祭献求福，又引申为"幸福"，祭祀用的酒肉也称作"福"，也可以作为动词作"保佑"讲。

纳西文：⿰ no oq（福分）

会意兼形声字。纳西文上部似"乳汁"（no），下部是绿松石做的饰品，是"松石""绿玉"（oq）的意思，两件东西都是好东西，表示神主给予人的福分，或表示先人遗福。

566. 甲：⿰ 金：⿰ 篆：拜 拜 bài

会意字。甲骨文像双手持禾奉献给神祖，祈求来年丰收。金文双手与禾合并，另加一手表示拜祭。篆字变成两手相并，右下表示"下"（丁），拜的意思。《说文解字·手部》："捧，（首）〔手〕至地也。从手、㻒（hǔ，迅疾）。㻒音忽。拜，杨雄说，拜从两手下。"本义为拜揖。引申泛指行礼祝贺等意思。

纳西文：⿰ ceel（跪拜）

形声字。纳西文为一个人跪在地上，手里拿着"犁尖"（cee），以表其音。表示人向神或人跪拜。

567. 甲：⿰ 金：⿰ 篆：⿰ 奉 tāo

会意字。甲骨文一形像一株生长繁盛的禾麦，二形加两只手，将禾麦双手献给神祖。金文一形承接甲骨文二形，二形加祭坛或神主"示"，以表示祭献。篆字承接金文并文字化，另一简体如甲骨文一形，写整齐后已讹变。《说文解字·奉部》："奉，进趣（迅速）也。从大，从十。大、十，犹兼十人也。"析形不准确，本义为频频拜祭祷告，是"祷"的本字。"祷"之本义则用"皋"来表示，后又造了"祷"字。"奉"如今不单用，只作偏旁。

纳西文：⿰ xiul see（祈祷）

形声字。纳西文这一个人手持柏枝向神行跪拜礼，表示向神祈祷求福。"柏"（xiul）也表其声。

568. 甲：𐤊　　金：𐤊　　　篆：告　　　　告 gào

会意字。甲骨文上部像牛头形，表示牛牲，下部像口，表示用口向神祷告求福。金文承接甲骨文。篆字整齐化。《说文解字·告部》："告，牛触人，角箸横木，所以告人也。从口，从牛。"解说不妥。本义为用牛作牲求福。引申为上报、告诉、宣布等行为。

纳西文：𐙴　　　　　　　　　　　　mu keel（献牲）

形声字。纳西文为簸箕和脚，"簸箕"（muq）表"牺牲"（mu）音，"脚"（kee）表"献"（keel）音，表示献牲求福。

569. 甲：牲　　金：牲　　　篆：牲　　　　牲 shēng

会意兼形声字。甲骨文左边像被捆绑的一只羊，右边像刚生长出来的草（生），表示用完整的、活的羊来祭祀，"生"也兼表音。金文左边已换成牛，篆字承接金文并写整齐。《说文解字·牛部》："牲，牛完全。从牛，生声。"本义为祭祀用的全牛、全羊。引申泛指祭祀用的家畜。现在则指牛、马、骡、驴等家畜。

纳西文：羊牛　　　　　　　　　　　mu（牺牲）

形声字。纳西文为羊或牛和"簸箕"（muq），表示这些牲畜是用来祭献给神灵的。"簸箕"（muq）注（牺牲）的音。

570. 甲：彘　　金：彘　　　篆：彘　　　　彘 yì

象形字。"彘"与"杀"同源，在甲骨文中皆像被宰杀后悬挂的牺牲形状。金文将头扭转，以突出动物被宰杀后的形状。篆字用一横线将头和尾分开并整齐化。《说文解字·彘部》："彘，修豪兽。一曰：河内名豕也。从彑（jì），下象毛足。"这是根据篆字所作的解释，本义当为这被宰杀的猪牲。又用作"豕"的别名，即《说文解字》解说的长毛兽。

一说为古文"蔡"字，甲骨文彘与杀略同，金文作彘，实亦"彘"字。

"蔡"与"希"为族名者，盖以兽为图腾。"希、蔡、杀"古音近，可通用。

纳西文：   kol mu（杀牲）

形声字。纳西文为被杀的牛（其特点为头倒置，有眼无珠，头上有刀）。表示这头被宰杀的牛是用来祭祀的。

571. 甲：   金：   篆：   礼（豊）lǐ

象形字。"豊"和"豐"在甲骨文中是同一个字，就是礼器"豆"中盛满了祭品玉器，表示祭祀之意。金文承接甲骨文。篆字分为两体，以"豊"表示"礼"，以"豐"表示"丰"。《说文解字·豊部》："豊，行礼之器也。从豆，象形。"本义为古代祭祀用的礼器。泛指各种礼仪，由于"豊"作了偏旁，其义另加义符作"禮"（礼）来表示。

纳西文：   gual（祭粮）

形声字。纳西文为一个装满祭粮的碗，用"鹤"（go）注其近音。这是献给各种神灵的祭粮。撒祭粮（gual ol），就是用各种粮食祭祀神灵。

572. 甲：   金：   篆：   献 xiàn

会意字。甲骨文左边像个鬲（lì，烹煮的鼎器），右边像犬，表示以犬牲献祭。金文另加"虍"。篆字整齐化。楷书写作獻，俗写为献。《说文解字·犬部》："献，宗庙犬名羹献。犬肥者以献之。从犬，鬳声。"本义为奉祭祖先的犬牲。引申泛指向祖先奉献祭牲，再引申泛指进献。

纳西文：   、   kee mu zzi, sei meiq gguq（献全牲，供奉饱满粮食）

假借字。纳西文一形为"簸箕"（muq）和"熊"（zzi），假借作第一句第二、第三个音，用"枚树"（meiq）和"背"（gguq）假借作第二句第二、第三个音。这是纳西族东巴经中的常用语。

573. 甲：   金：   篆：   右（佑）yòu

会意字。甲骨文一形左下边像祭台，右边像跪着的人用手将食物等置于祭台之上，表示进行祭祀以求保佑；二形则省去人身，在下边加一口，以强调祈求的意思。金文又简化为一手一口。篆字写整齐并分为二体，分别变成"右"和

"佑"。《说文解字·又部》:"右,手口相助也。从又(右手),从口。"本义为神保佑。引申为帮助、右手、右边等。

纳西文: 𝔖   ggu luq ga leiq(保佑赐福)

会意兼形声字。纳西文上部符号似从上赐下的某种福佑,下部符号表示围绕,表示赐福保佑;另一种说法是下边的符号像油炸后的"粉皮"(ga leiq),兼表音。

574. 甲: 🍶   金: 🏺   篆: 奠   奠 diàn

象形字。甲骨文像在祭坛上置放的酒樽,表示用酒进行祭祀。金文稍繁。篆字上边加"八"字,象征樽里的酒呈满溢之状,下边像祭案。《说文解字·丌(jī)部》:"奠,置祭也。从酋;酋,酒(久酿之酒)也。下其丌也。"本义为用酒祭祀。引申为进献、确立等意思。

纳西文: 🎋   lei heiq hail(挂獐皮袋)

象形字。纳西文为祭司在祭奠死者时,子女身上斜挂獐皮袋,接受死者遗福。

575. 甲: 🍶   金: 🏺   篆: 鄭   郑(鄭)zhèng

会意兼形声字。"郑"与"奠"在甲骨文和金文中是同一个字,置酒于案上表示郑重祭奠。篆字另加"邑",专用于表示国邑名。《说文解字·邑部》:"郑,京兆县。周厉王子厹(bá)所封,从邑,奠声。"此为后起之义,本义为隆重祭奠。

纳西文: 🌲   yuq biuq(祭祖)

象形字。纳西文为表示祖先的"猴"(yuq)和祭祀场上的"祭木"(biuq ser),表示在做祭祀祖先的仪式。

576. 甲: 🔥   篆: 柰   奈 nài

会意字。"奈、柰"当是由甲骨文"柴"字演变而来的,甲骨文左上边像木,左下边像祭台,右边像手,表示手拿柴在祭台上焚烧以祭天。篆字省去手并整齐化。《说文解字·木部》:"柰,果也。从木,示声。"这是根据篆字所作的解释，本义当为烧柴祭天。后用"奈"来表示奈果（似苹果，常用来祭祀的一种水果）。又引申指对待。为了分化字义，用"奈"表示奈果；烧柴祭天之义便由"祡"chái 来表示；所烧之柴便用"柴"来表示；"奈"表示对付、奈何等意思。

纳西文：　　　　　　　　　　　　chul ba jjil（烧天香）

象形字。纳西文为一个天香炉，在炉上烧柏枝以祭天、敬神。

577. 甲：　　金：　　　　篆：　　亨 hēng

象形字。"亨"与"享、烹"同源，在甲骨文中皆像高大台基上建有殿堂之形，象征祭祖的宗庙。金文稍讹，在下框中间加一点，指明在这里祭祀。篆字分二形，一形似高台，一形似祭献。楷书分别作亨和享。《说文解字·享部》："享，献也。从高省，曰象进孰（熟）物形。《孝经》曰：'祭则鬼享之。'享，篆文富。"本义为烧制食物祭献祖先。引申泛指享用。

一说甲骨文、金文为置于坛上的祖先，在享受人之供奉，是享之本义，后来篆字分化成和，是亨，是人们所进献的供品，因此是享字。而"熟"和"敦"则源于甲骨文，要另当别论。

纳西文：　　　　　　　　　　　　loq（施食）

形声字。纳西文为"木盆"（lo bal）中有一个麂子头，表示用食物待客，"麂子头"（loq）也表其音。

578. 甲：　金：　　篆：　　改 gǎi

会意字。"改"与"攺"（yǐ）同源，甲骨文左边从巳（蛇，有血滴下），右边是手持棍子，表示驱鬼避邪的意思。金文简化。篆字承接甲骨文，分为二形，其一左边从巳（蛇），其二改为从己（来回编织状），表示线绳来回变化。《说文解字·攴部》："攺，毅攺（hài yǐ 古金玉所做佩物），大刚卯，以驱鬼魅也。从攴，巳声。"又《说文解字·攴部》："改，更也。从攴、己。"改，本义为变更，如改正、更改、修改等。改，由驱鬼避邪，也称避邪用的佩物。

纳西文：🜲　　　　　　　　　　　　　　ceeq tvl（除鬼）

会意字。纳西文为一个戴五佛冠的祭司拿着竹签、竹片在驱鬼，表示驱鬼避邪的意思。

579. 甲：🜳　　金：吉　　篆：吉　　　吉 jí

会意字。甲骨文下部像一个容器，上部像一个男性生殖器，表示求福。金文填实，篆字线条化。《说文解字·口部》："吉，善也。从士口。"本义为福祥。引申指美、善、吉利等意思。

纳西文：🜴　　　　　　　　　　　　　　neeq waq（福泽）

会意字。纳西语福泽指家畜和财产，用"羊"（neeq）和"松石"（waq）加以表示。它同时又指生儿育女的福泽，将男性生殖器称为"来福的路"（neeq bber ree），女性生殖器称为"来泽的路"（waq saq ree）。

580. 甲：🜵　　金：🜶　　篆：華　　　華 bān

象形字。甲骨文与"毕"为同一个字，像一个长柄的捕鸟网形。金文和篆字承接甲骨文并整齐化。《说文解字·華部》："華，箕属。所以推弃之器也。象形。"这是把毕网当成清除垃圾的粪箕之类了，因相似而被混淆，本义当是网。華是毕的简形，本义为捕鸟网，从不单用，只作偏旁。

纳西文：🜷　　　　　　　　　　　　　　ti kel（网叉）

象形字。纳西文写作竹编的网叉，在祭祀仪式中在网叉上插上肉片施鬼食，为死者开路。

581. 甲：🜸　　金：🜹　　篆：鬼　　　鬼 guǐ

象形字。甲骨文下部像人身，头大，像个大头鬼。金文简化，篆字加出一条尾巴。《说文解字·鬼部》："鬼，人所归为鬼。从人，象鬼头。鬼阴气贼害，从厶。"厶，《说文解字》释之为奸邪，实则像个胎儿。活着是人，死后成鬼，"鬼"是人在阴间的形象。引申泛指万物的精灵，又引申表示隐秘、阴险等意思。

纳西文：🜺、🜻、🜼　　　　　　　ceeq（鬼）ddvq、zeiq（毒鬼、仄鬼）

象形字。纳西文为一个披头散发的人形，表示人死后变成鬼的模样。后两个是毒鬼和仄鬼，是施放疾病和灾祸的鬼，形象及行为俱似汉族民间的无常鬼。

582. 甲：卜   金：卜   篆：卜   卜 bǔ

象形字。甲骨文像龟甲灼烧后出现的纵横裂纹形。古人根据卜骨中出现的裂纹判断吉凶。金文承接甲骨文，篆字稍简并整齐化。《说文解字·卜部》："卜，灼剥龟也。象灸龟之形。一曰：象龟兆之从（纵）横也。"本义为灼甲骨取兆以卜吉凶。引申为推测、预料、选择等。

纳西文：   ja aq zol la liuq（玖阿人看左拉卦）

会意字。纳西文为一个玖阿人在看卦书，用卦书卜卦。

583. 甲：   篆：占   占 zhān zhàn

会意字。甲骨文一形上边像骨头灼后出现的裂纹，下边像口，表示观察卜纹说出吉凶；甲骨文二形将一形的两个符号搬到一块卜骨之中。篆字承接甲骨文一形并写整齐。《说文解字·卜部》："占，视兆问也。从卜从口。"本义为视龟甲之兆推知吉凶。引申泛指通过观察事物推知吉凶。由卜骨上有兆纹引申为占有、占据等意思。

纳西文：   piq xel（占卜）

形声字。纳西文为一块占卜用肩胛骨，其中写一表示裂纹的符号"下"。"下"又表示"占"或"卜"的（xel）音。

584. 甲：   金：   篆：巫   巫 wū

象形字。甲骨文像两块玉交错之形，巫以玉事神，故以巫所持的两块玉表示巫祝。金文承接甲骨文，篆字整齐化后稍讹。《说文解字·工部》："巫，祝也。女能事无形，以舞降神者也。象人两袖舞形，与工同意。"这是根据篆字所作的解释，本义指女巫。

纳西文：   paq（女巫）

形声字。纳西文为一个女巫在打卦，用女巫手上的 下（perq）注其音。

585. 甲: 金: 篆: 贞 zhēn

形声兼会意字。甲骨文下部是一只鼎形，鼎是国家重器，表示端正吉祥；上部像卜纹，表示卜问家国大事、正事。金文承接甲骨文。篆字将鼎改成贝，变成了用贝占卜。《说文解字·卜部》："贞，卜问也。从卜，贝以为贽。一曰：鼎省声。"本义指卜问正事，卜问吉祥。引申指人坚定、精诚的品质。

纳西文： bbaiq mai dol（贝卜）

会意字。纳西文为在碗中的两枚海贝，表示用海贝来占卜。纳西语"海贝"称 bbaiq mai，dol 是"掷"或"摇"的意思，是通过"掷"或"摇"海贝占卜的一种形式。

586. 甲: 古: 篆: 冎 guǎ（剐另）

象形字。冎与另 lìng 为同一个字。甲骨文像一块切去一角剔治好的占卜用的牛肩胛骨，上边凹下的是骨臼，下边上敛下侈的是骨扇。右上角是整治卜骨时于骨臼一侧锯去的一直角形骨块，扇面上有用于占卜的标志。《说文解字·冎部》："冎，剔人肉置其骨也。象形。头隆骨也。"解说不准确，本义为剔制卜骨，引申指剔骨，也指骨头。如今不单用，只作偏旁。

纳西文： nie nieq ciq goq geel（彝人烧羊髌骨占卜）

象形字。纳西文为一个彝人在烧羊髌骨占卜。用头发卷曲的人表示彝人（nie nieq）手拿烧炙的羊髌骨在打卦。

587. 金: 篆: 筮 shì

会意字。金文上部像竹，中间像巫（以两玉交错表示），下部又是竹。篆字复杂化，上部仍然是竹，中间是巫，下边变成双手，并整齐化。《说文解字·竹部》："筮，《易》卦用蓍也。从竹，从巫（巫）。"本义为蓍草卜问吉凶。引申泛指占卦。

纳西文： mee seeq sa seeq sol（傈僳人打竹片卦）

会意兼形声字。纳西文为一个取坐姿之人，手里拿着三根竹片，表示在打竹片卦。人头上以"菌子"（mul）注其音，表示是"傈僳"（mee seeq）人。其卜法是将 32 条竹片搓在地下，以三份计，一份为己，中间的一份为神，另一份为他人，以单双验其吉凶，双为吉，单为凶。

588. 甲：　　　金：　　　　篆：　　　　　　　血 xuè

会意字。甲骨文是一个器皿之中所盛之血形，俯视为圆形，侧视为一，古文侧视形，篆字整齐化。《说文解字·血部》："血，祭所荐牲血也。从皿，一象血形。"本义为古代用作祭品的牲畜血。引申泛指血液。

纳西文：　　　　　　　　　　　　　　　　　sai（血）

象形字。纳西文像杀牲时淌到器皿中的血。祭祀中宰杀牺牲后，要用树枝洒血到鬼的木偶等物上，叫做"施甜血"（sai qiq loq），也叫"撒血"（qiq saq）。要在所有代表祭祀对象的设施上都要沾上牺牲之血，否则祭祀无效果。

589. 甲：　　　金：　　　　篆：　　　　　　　戊 wù

象形字。甲骨文像一种狭长有角的斧子形，金文线条化，篆字整齐化。《说文解字·戊部》："戊，中宫也。象六甲五龙相拘绞也。戊承丁，象人胁。"这是根据假借义所作的解说，本义当为斧子。后来借作天干第五位，戊为假借义所专用。

纳西文：　　　　　　　　　　　　　　　　　bbe pvq（大刀）

象形字。纳西文为一把大刀。

590. 甲：　　　金：　　　　篆：　　　　　　　钺（戉）yuè

象形字。甲骨文像圆刃空心大斧，是古代兵器的一种。金文线条化，篆字整齐化。《说文解字·戉部》："戉，斧也。从戈，乚（jué）声。"本义为大斧。但不是形声字。戉作了偏旁后，大斧的本义由"钺"来表示。

纳西文：　　　　　　　　　　　　　　　　　jai jui（三角叉）

纳西族祭祀法器之一，用来赶鬼杀鬼。

591. 甲：　　　金：　　　　篆：　　　　　　　戌 xū

象形字。甲骨文像宽刃平口的大斧形，古代兵器的一种。金文线条化，篆字整齐化。《说文解字·戊部》："戌，灭也。九月，阳气微，万物毕成，阳下入地也。五行，土生于戊，盛于戌。从戊含一。"这是根据假借义所作的附会。本义当为宽刃平口大斧。后来假借为地支的第十一位，又表示十二生肖的狗。

纳西文：　　　　　　　　　　la rheq（钉耙）

纳西文为一扒草等物的耙子，有木制和铁制两种，也可作兵器使用。

592. 甲：　　　　　篆：　　戚 qī

形声字。金文左边像兵器"戈"，右边为"尗"（shú，用木橛掘取植物地下的球茎）。篆字外围"戌"，里边为"尗"。《说文解字·戉部》："戚，戉也。从戉，尗声。"本义为钺，古代斧类兵器。因武器常随身携带，后来也表示亲近，用作名词表示亲戚。

纳西文：　　　　　　　zeil bbei、laq bbei（斧）

象形字。纳西文为一把斧子，古语读"zeil tal""zeil bbei"等，口语为"bbei bbei""laq bbei"等。

593. 甲：　　金：　　篆：　　戈 gē

象形字。甲骨文像古代的一种兵器，长柄、横刃，上有饰物。金文线条化，篆字整齐化。《说文解字·戈部》："戈，平头戟也。从弋，一横之。象形。"本义为一种长柄、横刃的兵器。引申指兵器，又借指战乱。

纳西文：　　　　　　　geel tai（杈子）

象形字。纳西文写作有两叉的一个农具，平时可以用此工具叉庄稼，又荆刺等，战时或行猎时可以当兵器使用。

594. 金：　　　　　篆：　　矛 máo

象形字。金文像兵器长矛之形，上为锋，中间为身，侧边有耳。篆字将矛美化并写整齐，楷书就不再像矛了。《说文解字·矛部》："矛，酋矛（二丈长矛为酋矛，二丈四长为夷矛）也。建于兵车，长二丈。象形。"古代一种直刺兵器。

纳西文：　　　　　　　　liu（矛）

象形字。纳西文像矛的形状，上部的圆圈表示金属矛尖，中是饰物。

595. 甲：　　　金：　　　篆：　　　　堆（𠼦）duī

象形字。甲骨文像还未上紧弦而待用的弓。金文稍讹。篆字进一步讹变，已接近"𠼦"（阜）了。《说文解字·𠼦部》："𠼦，小𨸏（阜）也。象形。"释为小土堆，即"堆"的本字。这是根据篆字所作的解说，本义应为待用的弓。"𠼦"不单用，只作偏旁，用于军旅生活的师、帅、追、遣等。堆，从土，从隹（zhuī），与"𠼦"无关。

一说为屁股在灰地上的印迹，表示人坐卧止息之处，古人行旅择高处干燥之地，故此类高地也为"𠼦"，官从𠼦，师亦从𠼦。

纳西文：　　　　　　　　　　　　muq zzeeq（驻兵）

会意字。纳西文为武士和连在一起的"山"（zzee），以近音假借作"驻兵"（muq zzeeq）的"驻"（zzeeq）。

596. 甲：　　　金：　　　篆：　　　　弓 gōng

象形字。甲骨文像一张弓之形。金文省去弦，是弓松弛时的样子。篆字整齐化。《说文解字·弓部》："弓，以近穷远。象形。"本义为射箭或发弹丸的工具。引申指弯曲。

纳西文：　　　　　　　　　　　　lee mei（弓）

象形字。纳西文为一把上弦的弓。

597. 甲：　　　金：　　　篆：　　　　矢 shǐ

象形字。甲骨文像一支箭，金文稍讹。篆字在金文基础上线条化，就不再像箭了。《说文解字·矢部》："矢，弓弩矢也。从入，象镝栝羽之形。古者夷牟初作矢。"本义为箭。以箭之直行引申为正直等义。

纳西文：　　　　　　　　　　　　lee、lee see（箭）

象形字。纳西文为一支箭，读"lee see"，也可以只读"lee"，都是箭。

598. 甲：　　　金：　　　篆：　　　　𰂞 jué

象形字。甲骨文像矢括之形。矢括是射箭的拘弦器，一种箭未抵弦处，卡在弦上供手扣之以发射之构造。金文承接甲骨文，篆字讹变，不像了。《说文解字·氏部》："氒，木本。从氏，大于末。"析形不准确，所释为引申义。本义为矢括。由于氒作了偏旁，作为名词造形声字"栝"（栝）来表示，作为动词用"挶"（括）来表示。

纳西文：　　　　　　　bei（矢栝）

象形字。纳西文像装在弩弓上的矢括器，上有一口子，扣弦，下装矢括，用手一摁，从口子中将弓弦推出，将箭射出去。纳西语的"bei"就是扣住、闩起的意思。

599. 金：　　　篆：　　剑（劍）jiàn

形声字。金文从"金"（箭镞，斧及金属块组成金），"僉"（会合，两人两口，众人同说），qiān 声。篆字改为从刃。《说文解字·刃部》："劒（剑），人所带兵（兵器）也。从刃，僉声。剑，籀文劒从刀。"是古代的一种兵器，长条形，两面有刃。

纳西文：　　　　　　　ggaiq（剑）

象形字。纳西文像剑的形状。

600. 甲：　　金：　　篆：　　厥 jué

象形字。"厥"与"氒、夬"同源。甲骨文像矢括器，给这个矢括加上一只手，就变成了篆文的"夬"，"夬"是扣括发射。由于"夬"作了偏旁，又造形声字"厥"，左上是山石，里边是"欮"（气闭晕倒）。《说文解字·厂部》："厥，发石也。从厂，欮声。"本义为发射石块。借为代词，相当于其，表示他们、那个等，后"厥"为借义所专用，发石之义另造"碣"来表示，木桩之义用"橛"来表示，借义为瘚（昏厥）的仍用"厥"来表示。

纳西文：　　　　　　　rhu（飞石）

象形字。纳西文写作滚木擂石，为石头从架子上脱落的样子。将木头和石头架在高处，推开架子，让石头、木头滚下以杀伤野兽和敌人。

601. 甲：　　金：　　篆：　　医 yī

会意字。甲骨文从匚，从矢，是敝箭之器。金文左边像筐，里边像矢，成了盛箭的器具。篆字承接金文并写整齐。《说文解字·匚部》："医，盛弓弩矢器也。从匚，从矢。"本义为盛矢器，引申作遮蔽，后由于"医"作了偏旁，遂用"翳"来表示。"翳"读 yì，本义指羽毛制成的车盖，引申指遮蔽。醫，从殹（表示箭伤），从酉（酒，医用酒），表示用酒调治箭伤；异体作"毉"（古代医巫不分家），读 yì，表示医生、治疗等，现简化作"医"。

纳西文：　　　　　　　　　　　　lee we（箭架）

象形字。纳西文像箭搭在一起做成的箭架。

602. 甲：　　金：　　　篆：　　　函 hán

象形字。甲骨文像袋中有箭，表示盛矢器。金文承接甲骨文。篆字已讹变得不像样了。《说文解字·马部》："圅（函），舌也。象形。舌体马马（hàn，似花含苞未放的样子）。从马，马亦声。"这是根据篆文所作附会。本义当为箭匣。引申指信封，又引申指包容、包含等义。

纳西文：　　　　　　　lee bv（箭囊）

象形字。纳西文为一个箭囊，一形没有装箭，有盖子，是一个完整的箭囊；二形是一个装有箭的箭囊。箭囊通常用熊皮制作，因此表面上呈有毛的样子。

603. 甲：　　金：　　　篆：　　　备（備）bèi

会意字。甲骨文像箭矢插入盛矢器中，表示置备有箭。金文承接甲骨文。篆字从金文并写整齐，并另加义符"人"，表示是人预先置备的。《说文解字·人部》："備，慎也。从人，葡声。"以箭矢入匣，表示有所置备，引申为小心谨慎等意思。

纳西文：　、　　　ggaiq jji、lee jji（刀鞘，弓套）

象形字。纳西文一形为出鞘的刀，二形为露出弓的弓套。

604. 甲：　　金：　　　篆：　　　引 yǐn

会意字。甲骨文左边像弓，右边像人（大），表示人拉开弓。金文人形更像，只是弓省略掉弦。篆字将人省成一竖，留一弓。《说文解字·弓部》："引，开弓也。从弓丨。"本义为拉开弓。引申泛指拉、牵引、引导等意思。

纳西文：𐍈 𐍈　　　　　　　　　　　daiq（引、拉）

会意字。纳西文一形似一个人伸出手在拉或牵引什么。二形像从背后拉着一堆石头。表示"拉"或"牵引"。

605. 甲：𐍈　　金：𐍈　　　篆：𐍈 𐍈　　射（躲）shè

会意字。甲骨文是张弓射箭形。金文又加上发射的一只手。篆字将弓形讹成身，并分为二形，一形右边是矢，另一形右边是寸（手之寸口）。楷书变成射、躲二体，如今规范作射。《说文解字·矢部》："躲，弓弩发于身而中于远也。从矢，从身。射，篆文射从寸；寸，法度也，亦手也。"本义指开弓射箭。引申泛指发射。

纳西文：𐍈　　　　　　　　　　　　　kail（射）

象形字。纳西文为箭在弦上、将要射出之形。

606. 甲：𐍈　　金：𐍈　　　篆：𐍈　　　乎 hū

会意字。甲骨文下部像一个牛角号，上部的三竖表示牛角号中发出的声音。金文承接甲骨文，只是上边多了一横，表示声音之传递。篆字承接金文，只是少了表示声音的一点。《说文解字·兮部》："乎，语之余也。从兮，象声上越扬之形也。""乎"之本义为牛角等号发出的声音，引申为呼吸、呼号等，后借作语气词，表示疑问、猜测、反问等语气词，又借作介词、副词等。后"乎"专门用于表示借义。本义"呼吸""呼喊"等另造"嘑""評""呼"来表示，现规范作"呼"。

纳西文：𐍈　　　　　　　　　　　bberq ko（牛角号）

象形字。纳西文为一只牛角号，号中像在发出声音。纳西人常用来作战争中的号角，也用于祭祀仪式中。

607. 甲：𐍈　　金：𐍈　　　篆：𐍈　　　戎 róng

会意字。最初本是一个一手持戈一手持盾牌（十）的武士形象。甲骨文省去人形，只留下一盾一戈。金文承接甲骨文。篆文盾牌产生讹变，不太像盾，但仍然是篆字的盾牌。《说文解字·戈部》："戎，兵也。从戈，从甲。"本义就是武士或兵，引申指兵器、军事、战争等意思。又泛指我国西北少数民族。

纳西文：、　　　　　　　　muq、bbe pvl（兵，盾牌）

会意字。纳西文一形为一个头上插旗，手里拿着兵器的战士，表示勇敢的士兵；二形是一个盾牌，纳西语称 bbe pvl。

608. 甲：　　金：　　篆：　　兵 bīng

会意字。甲骨文上部像一把斧头（斤），下部像一双手，表示手举着斧头、武器的意思。金文承接甲骨文。篆字变得较复杂。《说文解字·廾部》："兵，械也。从廾（gǒng，収）持斤，并力之貌。"本义为兵器。引申指拿兵器的士兵等。

纳西文：　　　　　　　　　　　　laq rhu（武器）

会意兼形声字。纳西文为手拿着抛石器，表示武器，同时也注武器之音："手"（laq）"抛石器"（rhu）。口语中 laq rhu 也指枪。

609. 甲：　　金：　　篆：　　戍 shù

会意字。甲骨文左下角像一个人。右上角像兵器戈，表示人持戈以守卫。金文承接甲骨文。篆字整齐化。《说文解字·戈部》："戍，守边也。从人持戈。"本义为防守边疆。用作名词指驻防的兵及驻地营垒。

纳西文：　　　　　　　　　　　　qi（防守）

会意字。纳西文左边是一个手执矛的兵，右下边加"刺"（qi），以注其音，表示守卫、防守。

610. 甲：　　　　篆：　　役 yì

会意字。甲骨文左边像人形，右边像手持长柄圆头兵器，表示手持殳（shū，掷锤）服兵役。篆字将人改成道路，表示守在路上，服兵役。《说文解字·殳部》："役，戍边也。从殳，从彳。"本义为戍守边疆服兵役。引申指服劳役、役使、战役等意思。

纳西文：　　　　　　　　　　　　hu（守，拦截）

会意字。纳西文为一个手举棍棒的人在路口拦截，也表示守护。

611. 甲：（图）　　金：（图）　　篆：（图）　　　武 wǔ

会意字。甲骨文上部像戈，下部像脚（止），表示持戈行进，是征伐示威的意思。金文承接甲骨文，篆字整齐化。"武"是"戈"的变体。《说文解字·戈部》："武，楚庄王曰：'夫武，定功戢兵。'故止戈为武。"所释不准确，本义当为征伐、示威。又指威猛、勇武。

纳西文：（图）　　　　　　　　　　　muq dee（起兵）

会意兼形声字。纳西文写作一个"兵"（muq，头插旗手持兵器之人），这个兵正"起身"（dee），表示部队正起身出发。

612. 甲：（图）　　　　　　篆：（图）　　斗（鬥）dòu

象形字。甲骨文像两人揪在一起对打搏斗，篆字整齐化。楷书写作鬥，如今简化成斗。《说文解字·斗部》："斗，两士相对，兵仗在后。象斗之形。"字中无兵杖，本义为对打搏斗。引申指战斗、竞争、斗争等意思。

纳西文：（图）　　　　　　　　　aiq, lal la（斗、打架）

会意字。纳西文为两人持棍械斗，表示因矛盾引起的打斗、打架等，有时也指战争。古语读"aiq"。口语读"lal la"，但"lal la"则纯粹指打架斗殴。

613. 金：（图）　　　　　　篆：（图）　　战（戰）zhàn

会意字。金文左边像兽（猎叉，犬），右边像戈，表示用戈搏击野兽。篆字左边变成單（猎叉）和戈。《说文解字·戈部》："战，斗也。从戈，单声。"本义为用戈搏击野兽，战为占声。引申指战、战斗、战争等意思。

纳西文：（图）　　　　　　　　aiq、siul siu（战争）

会意字。纳西文为两人执兵器交战，表示战争，古语读"aiq"。口语读"siul siu"。

614. 金：（图）　　　　　　篆：（图）　　敄 wù

形声兼会意字。金文左边像长矛，右边像手执棍击打（攴）。篆字整齐化。表示用矛强击。《说文解字·攴部》："敄，强也。从攴，矛声。"本义为强击，引申为勉力而为。"敄"作了偏旁，勉力而为之义另加义符作"務"（务）来表示。

纳西文：　　　　　　　　　　　　　　ggvq（刺）

形声字。纳西文写作以矛刺"蛋"（gv），用"蛋"（gv）注近音的"ggvq"。

615. 甲：　　金：　　篆：　　弋（灾）zāi

形声字。甲骨文左上像草木初生（才），右边像戈，表示用兵器伤害。才，表其声。金文、篆字逐渐线条化。《说文解字·戈部》："弋，伤也。从戈，才声。"本义为伤害。以兵器伤害引申泛指灾害，因"弋"作了偏旁，灾害之义另加义符作"裁"，如今规范化，废"裁"用"灾"。

纳西文：　　　　　　　　　　　　　　ggvq（刺）

象形字。纳西文为以刀刺心，表示"刺"（ggvq），可以用来表示"痛心"（nvl mei ko ggvq）等意思。

616. 甲：　　　　　　　　篆：　　戋（残）cán

会意字。甲骨文为两把戈，表示残杀之意，是"残"的初文。篆字线条化并整齐化。楷书写作戋，如今简化作戋。《说文解字·戈部》："戋，贼也。从二戈。《周书》曰：'戋戋巧言。'"本义为残杀。引申为残余、残忍等。又读 jiān，指细小、较少等。

纳西文：、　　　　　　　　siul（杀）

会意字。纳西文一形为一人持刀杀人，二形为一把在人头上的刀，表示杀人。

617. 甲：　　金：　　篆：　　杀（殺）shá

象形字。"杀"与"希"同源。甲骨文和金文皆像击杀后陈列在那里的长毛野兽形。篆文产生讹变，另加义符"殳"（手持锤）以强调击杀之义。《说文解字·杀部》："杀，戮也。从殳，杀声。"本义为击杀野兽。引申泛指杀死、战斗等意思。

纳西文：　　　　　　　　　　　　　　kol（宰）

会意字。纳西文为用刀杀猪，表示宰杀。

618. 甲：[字形] 金：[字形] 篆：[字形] 伐 fá

会意字。甲骨文左边像人，右边像戈，似戈置于人颈上，表示以戈砍杀人。金文承接甲骨文。篆字将人、戈分离。《说文解字·人部》："伐，击也。从人持戈。一曰：败也。"析形不准确，本义为击刺、砍杀。引申泛指砍、击、攻打、征伐等意思。

纳西文：[字形] ceil（砍杀、破坏）

形声字。纳西文为砍杀、破坏，以刀示意，以[字形]"盐"（cei）注音。

619. 甲：[字形] 金：[字形] 篆：[字形] 师 shī

会意字。甲骨文以"𠂤"（duī，屁股在灰地上的印迹，多指军旅止息地等）或以"帀"（zā，似匝倒之，表示环绕或布满）来表示军队驻扎之意。金文则合二者为师。篆字承接金文并写整齐。《说文解字·帀部》："师，二千五百人为师。从帀（帀 zā，环绕），从𠂤。𠂤，四匝，众意也。"不准确，本义为军队驻扎，引申为一级军队编制，又引申为众多、教师、效法学习等意思。

纳西文：[字形] muq aq（屯兵）

会意字。纳西文为"兵"（muq）（执兵器的插旗人）聚集在一起，用黑点表示多，表示屯兵的意思。

620. 金：[字形] 篆：[字形] 攻 gōng

会意兼形声字。"攻"与"功"同源。金文左边像筑墙杵，右边像手持棍棒，表示操作。会意作捣击。篆字整齐化。《说文解字·攴部》："攻，击也。从攴，工声。"引申指攻击、攻打、攻关等意思。

纳西文：[字形] pvq（攻破）

会意字。纳西文为用矛攻破敌寨之形。

621. 甲：[字形] 金：[字形] 篆：[字形] 克 kè

象形字。甲骨文像戴盔执戈的武士，或者省去戈，表示攻打战胜的意思。金文承接甲骨文，头盔复杂化，并把兵器变成"攴"（执棍打击），简形未作改变。

篆字承接简形，并产生讹化。《说文解字·克部》："克，肩也。象屋下刻木之形。"解说不准确，本义是战胜。引申为制服、完成、胜任等意思。

纳西文：　　　　　　　　sseeq we pvq（攻克敌寨）

会意字。纳西文为敌寨（rvq ue）被攻破（pvq），由草 req 表仇敌（rv）的音，草在寨（ue）头上，下边用泼撒（pvl）表示攻坡（pvq）的音。

622. 甲：　　金：　　篆：　　成 chéng

会意字。甲骨文右上边像一把斧形，左下边的小点似物，表示以斧劈物犹如一刀两断，是古代发誓的一种仪式。金文整齐化，篆字将所劈之物变成"丁"声，成了形声字。《说文解字·戊部》："成，就也。从戊，丁声。"此为引申义，本义当为媾和。引申为完成、成熟、成全、成就等意思。

纳西文：　　　　　　　　ke（劈）

会意字。纳西文写作一把斧头将板劈成两半。宗教仪式中祭司分清黑（鬼）白（人）时，将木劈成两半，表示黑白已判明分开。故"ke ke"有"显明""完成"的意思。

623. 甲：　　金：　　篆：　　亢 gāng kàng

指事字。甲骨文为大（大人），腿间一横表示桎（古代脚镣之类的东西）。当是"桎"的初文。金文承接甲骨文。篆字整齐化后产生讹变，就失去了原有的样子。《说文解字·亢部》："亢，人颈也。从大省，象颈脉形。颃，亢或从页。"就"颃"（gāng，指颈项、喉咙，又指鸟飞而下）来说，本义为"桎"。脚有桎，行走不便，就挺直身子，故引申为高（包括高傲）、强硬、刚强、匹敌等意思。

纳西文：　　　　　　　　kee biu（桎，脚镣）

会意字。纳西文写作套在人脚上的脚镣，它一般是用两根大木头制作而成的，脚套在其中就动弹不得，并非现代意义上的脚镣。

624. 甲：　　金：　　篆：　　取（娶）qǔ

会意字。甲骨文左边像人的耳朵，右边像张开的手，表示抓到野兽和俘虏时割下耳朵。金文承接甲骨文，篆字整齐化。《说文解字·又部》："取，捕取也。从又，从耳。《周礼》曰：'获者取左耳。'《司马法》曰：'载献馘（guó）。'馘者耳也。"本义为割下左耳。引申指捕捉、夺取、取得等义。古代"取"又通"娶"。

纳西文：　　　　　　　　　　　　　　　　　rheq（抓、捉）

会意字。纳西文为鸟爪抓物的形状，会意抓，也可以是捉。

625. 甲：　　金：　　　　篆：　　　　败 bài

会意字。甲骨文左边像鼎或贝，右边像手持棍。用手持棍敲击鼎或贝表示毁坏之义。金文为二贝相叠。篆字省去一个贝并整齐化。《说文解字·攴部》："败，毁也。从攴、贝。"本义为毁坏。引申指破烂、凋残、变质、失败等意思。

纳西文：　　　　　　　　　　　　kuaq（坏）ni we（地狱）

一形为碗中有黑海，黑色表示"坏"（kuaq），用碗注其音。二形为一条鱼（ni），ni 注"败"（nil）的音，ni we 即败者之寨子，也是地狱。但这里不读（nil）而仍读（ni）。

626. 甲：　　金：　　　　篆：　　　　执 zhí

会意兼形声字。甲骨文左边像一副手铐"幸"（niè），右边像一个跪着的人"丮"（jǐ），表示捕捉罪人之意。金文承接甲骨文，篆字整齐化。《说文解字·幸部》："执，捕罪人也。从丮，从幸，幸亦声。"本义为捕捉罪人。引申泛指拘系、拿着、掌握等意思。

纳西文：　　　　　　　　　　　　sherq（牵，或被带走）

会意字。纳西文为一个人带着手铐被另一个人牵走，表示被捕的罪人被带走的意思。纯粹的"牵"则没有手铐。

627. 甲：　　　　篆：　　　　囚 qiú

会意字。甲骨文外围表示监牢，里边像人形，表示将人囚禁在监牢之中。篆字承接甲骨文并写得较整齐。《说文解字·囗部》："囚，系也。从人在囗中。"本义为监禁。用作名词指被囚禁的犯人、俘获、局限等意思。

纳西文：𘁞、𘁧　　　　　　　　　　　　　derl（关）

会意字。纳西文一形写作一个人戴着手铐、脚镣被关在地狱的黑房子里。房子外围似燃烧着熊熊烈火。𘁧表示地狱（ni）的假借字。二形是形声字，"关"由门和无头鬼（derq）组成，借 derq 音表示 derl 的近音。纳西语的"关"（derl）也有囚的意思。

第九节　衣饰、建筑

衣

饰

建

筑

衣　　饰　　建　　筑
yī　　shì　　jiàn　　zhú

ggv　　jji　　jji　　ddai

628. 金：𘁞　　　　　　篆：𘁞　　　　布 bù

形声字。金文上部像手持石斧的样子，是"父"的会意字，下边像一块下垂的佩巾。篆字写整齐后，手持石斧的形状就不太像了。《说文解字·巾部》："布，枲（xǐ，大麻）织也。从巾，父声。"本义为麻、葛织物。引申泛指各种织物，再引申为展开，如分布、公布等意思。

纳西文：𘊰　　　　　　　　　　　　peiq（麻布）

象形字。纳西文像麻布的样子。像一匹两头比较细密、中间比较粗疏的麻布的样子。

629. 甲：𠂤　　金：𠂤　　篆：帛　　帛 bó

会意兼形声字。甲骨文上边像一粒白米，下边像下垂的佩巾，表示白色的缯。金文承接甲骨文，篆字整齐化。《说文解字·帛部》："帛，缯也。从巾，白声。"本义为未染之缯。引申泛指丝织布。

纳西文：　　　　　　　　　　　　　　　　　pv si（丝绸）

象形字。纳西文为一块丝织巾，丝巾上像有细丝，以表质地。

630. 甲：丝　　金：丝　　篆：丝　　丝 sī

象形字。甲骨文像两束丝。金文承接甲骨文，篆字整齐化。《说文解字·丝部》："丝，蚕所吐也。从二糸。"本义为蚕丝，也指丝织布，又比喻细微。后借作量词，蚕吐丝为"忽"，一忽为一丝，十丝为一毫。

纳西文：　　　　　　　　　　　　　　　　　si keeq（丝线）

形声字。纳西文上部写作一个披头散发之人，表示"穷"（si），并表其音，下部为三条线，以表其形。

631. 甲：幺　　金：幺　　篆：幺　　幺 yāo

象形字。甲骨文像一束细丝形。金文承接甲骨文，篆字整齐化。《说文解字·幺部》："幺，小也。象子初生之形。"析形不准确，本义当为一把小细丝。引申泛指细小、幼小，又为数词"一"的俗称。

纳西文：　　　　　　　　　　　　　　　　　keeq perl（线束）

象形字。纳西文为一束线的形状。

632. 甲：叀　　金：叀　　篆：叀 縼　　轡（叀）pèi

象形字。甲骨文像纺锤形，下边像纺轮，中间像所纺之线团，上边像旋转时形成的旋转环；或繁化，另加义符"丝"，以表示纺线之意。金文承接甲骨文，篆字文字化。《说文解字·叀部》："叀，专小谨也。从幺省；屮，财见也；屮亦声。"这是根据篆文所作的附会。本义为纺锤。纺锤是用来合成丝线的，这样就以"叀"为基础衍出转、惠、穗、辔（pèi，缰绳）等一些字。如今"叀"不单用，只作偏旁。

纳西文：   ba lil, go loq（纺线锤）

象形字。纳西文写作纺线锤和附在锤上的线。

633. 甲：   金：   篆：   初 chū

会意字。甲骨文左边像衣服，右边像刀，表示做衣服从剪裁开始。金文承接甲骨文，篆字整齐化。《说文解字·刀部》："初，始也。从刀，从衣。裁衣之始也。"本义为裁衣之始。引申泛指开始、刚刚、当初等意思。

纳西文：   dvq、bbiq（纺线）

象形字。纳西文为纺线坠锤（go loq）旋转纺线。

634. 甲：   金：   篆：   黹 zhǐ

象形字。甲骨文和金文皆像两块兽皮用针线缝在一起的样子，两片兽皮间距离大，针脚也很疏。篆字整齐化。《说文解字·黹部》："黹，箴（针）缕所紩（zhì，缝缀）衣也。从㡀（bì，败衣），丵（zhuó）省。"本义是用针线缝缀。泛指缝纫、刺绣等针线活。

纳西文：   reeq、zhoq（缝）

会意字。纳西文为裙子或衣服，有针线在其中，表示在缝衣裙或衣服。

635. 甲：巾   金：巾   篆：巾   巾 jīn

象形字。甲骨文像一幅下垂的佩巾，金文承接甲骨文，篆字整齐化。《说文解字·巾部》："巾，佩巾也。从冂，丨象糸也。"本义为佩巾。引申泛指各种用以擦抹的织物，以及用以覆盖或缠束的织物。

纳西文：   bbeiq jji（头巾）

象形字。纳西文为一块纳西族妇女头上戴的头巾。

636. 金：市   篆：市   市 fú

象形字。金文像古代系在腰间仅能遮蔽前面的原始服饰，犹如今之围裙。篆字整齐化。《说文解字·市部》："市，韠（bì，古代朝服蔽膝）也。上古衣蔽前而已，市以象之。……从巾，象连带之形。"本义为古代遮蔽前面的服饰。如今不单用，只作偏旁，现今归入巾部。

纳西文：　　　　　　　　　　terq（围裙）

象形字。纳西文为一块妇女的围裙之形。

637. 甲：　　金：　　篆：　　帅（帨）shuài

会意字。甲骨文左边是两手展开，右边是佩巾，表示两手拉开佩巾的意思。金文左边保留了两手，把长方形佩巾换成"巾"字。篆字将左边两手讹成了"自"，成了形声字。《说文解字·巾部》："帅，佩巾也。从巾自声。帨，帅或从兑。"本义为佩巾，借以表示军中主将。用作动词，表示率领、引导。又指漂亮。帅为借义所专用，本义则用"帨"来表示。本义是佩巾，也用来指抹布。作动词则表示用巾擦手。

纳西文：　　　　　　　　ka daq（围腰）

象形字。纳西文名字叫"ka daq"，意为围腰。

638. 甲：　　金：　　篆：　　衣 yī

象形字。甲骨文像带大襟的上衣形。金文承接甲骨文，篆字整齐化。《说文解字·衣部》："衣，依也。上曰衣，下曰裳。象覆二人之形。"析形有误，本义为带大襟的长衣，以后泛指衣服。引申泛指包在或覆盖在物体表面的东西。又读yì，表示穿衣。

纳西文：　　　　　　jji, bba laq（衣服）

象形字。纳西文为一件衣服，古语读"jji"，口语读"bba laq"。

639. 甲：　　金：　　篆：　　求（裘）qiú

象形字。甲骨文像一袭毛朝外的皮袄形。金文将皮袄简化，加一手（又）表示手提皮袄。篆字因其衣的用意不明显，在外又加衣，变成简繁两体。《说文解字·裘部》："裘，皮衣也。……象形。……求，古文省衣。"本义指皮衣。皮衣为人所求，故引申为寻求、追求、请求等意思。为了分化字义，引申义用

"求"来表示，本义则用"裘"来表示。

纳西文：　　　　　　　　yuq see bba laq（羊毛衣）

象形字。纳西文为一件羊毛衣，上面的点点表示毛，纳西语称 yuq see bba laq。

640. 甲：　　　　　　篆：　　表 biǎo

会意字。"表"与"求"（裘）同源，也是由甲骨文"求"演变来的。本是毛朝外的皮衣形，篆字改为从衣，从毛。《说文解字·衣部》："表，上（加在外面的）衣也。从衣，从毛。古者衣裘，以毛为表。"所释为引申义。本义为皮袄，"表"是皮袄的急合音。引申指衣服的外层、外衣，又引申泛指外面、外表、表明、表记等意思。

纳西文：　　　　　　bber bbiq、bberq see（旄牛披毡）

形声字。纳西文右边为一旄牛皮衣的形状，左边加一个旄牛头，注"旄牛"（bberq）的音。古语称"bber bbiq"，口语称"bberq see"。也可以省去毛牛头，同样称 bber bbiq。

641. 金：　　古：　　篆：　　帽（冒）mào

会意字。金文上部是一顶戴歪了的帽子，下边是帽子下的眼睛。古文将帽子戴正。篆字整齐化。《说文解字·冃（mào）部》："冒，冢（蒙）而前也。从冃，从目。"本义为帽子。帽子戴在头上故引申出覆盖、顶着、冒充、冒险等意思。"冒"后为引申义专用，另加义符作"帽"表示本义帽子。

纳西文：　　　　　　gu muq、piu liu（帽子）

象形字。纳西文为两种帽子，大者可以遮风挡雨，小者似瓜皮小帽，均由羊毛擀制而成。

642. 甲：　　金：　　篆：　　免 miǎn

象形兼会意字。甲骨文像人戴丧帽吊丧。古代参加丧礼时，先脱掉帽，然后用白布包裹发髻，"免"即此风俗的写照。本义当为丧冠。由去冠引申为脱掉、除去，再引申为避免、不能等意思。去冠而免是一种丧礼，故作为礼帽的"冕"

则另加义符"冃"（mào，简易帽子）作"冕"。

纳西文：　　　　　　　　　　la saq piu liu（丧帽）

象形字。纳西文为超度父母时所戴孝帽，一般用麻皮制作。

643. 甲：　　　　　篆：　　　西 tiàn

象形字。甲骨文像带有编织花纹的席子，篆文讹变后已不像了。《说文解字·谷部》："西，舌皃。从谷省，象形。……一曰：竹上皮。"析形不准确，本义当为竹席，是簟的本字。由于《说文解字》的误解，"西"引申出添、加之义，又表示竹子的青皮，遂使本义迷失。后"西"作了偏旁，竹席之义便由形声字"簟"来表示。

纳西文：　　　　　　　　　　dder（竹帘）

象形字。纳西文写成帘的样子，由竹子编成，分别用于擀毡、造纸漉水等，比竹席稍粗疏。

644. 甲：　　金：　　篆：　　席 xí

象形字。甲骨文与"西"相同，皆像方席形，上有编织花纹。金文改为从"巾"，从"厂"（简易房），成了会意字。篆字承接金文，改为从"庶"（简易房下烧火煮饭，意为百姓）。《说文解字·巾部》："席，籍也。《礼》：'天子、诸侯席，有黼秀纯饰'。从巾，庶省〔声〕。囷（xí），古文席，从石省。"本义为铺垫用的席子。引申为坐位宴席等意思。

纳西文：　　　　　　　　　　fv lvl（毛毯）

形声字。纳西文写作一块席子的模样，上有编织纹路。用"毛"（fv）注其音，是用毛料编织的垫子。

645. 甲：　　金：　　篆：　　王 wáng

象形字。甲骨文像一串玉，上边是系绳。金文像三片整齐的玉，篆字整齐化，楷书写作王，三横一样长，以与帝王的王字相区别，旁边加一点成为"玉"。《说文解字·玉部》："玉，石之美。……象三玉之连，丨，其贯也。"本义为磨制好的玉石。

纳西文：⟡　　　　　　　　　　　　　oq herq（绿松石、绿玉）

形声字。纳西文写作一块磨制成饰物的绿松石或绿玉，表示绿松石或绿玉。

纳西文：◉　　　　　　　　　　　　　yul（玉石）

形声字。纳西文写作一块磨成饰物的玉，中间用"萌芽"（yeq）的简写注其音，"yul"的名称似借自汉语音。

646. 甲：⌒　　　　　　　篆：宀　　　　宀 mián

象形字。甲骨文像简易的房屋。篆字整齐化。《说文解字·宀部》："宀，交覆深屋也。象形。"本义为古代的一种简易房屋，也指覆盖。"宀"，如今不单用，只作偏旁。凡以"宀"取义的均与房屋、覆盖有关。

纳西文：⊓　　　　　　　　　　　　　gal（盖）

象形字。纳西文为一盖子似的东西，读 gal，盖的意思。常借用作好（ga），也有人说是藏文的第一个字母。

647. 甲：⌒　　金：⌒　　　篆：卵　　　六 liù

象形字。甲骨文像简易的房屋形，金文承接甲骨文，篆字讹变，已不太像了。《说文解字·六部》："六，《易》之数，阴变于六，正于八。从入，从八。"这是借义，本义是简易房屋，"庐"之本字。古代多借用于国名、地名。"六"后为借义所专用，本义则另造形声字"盧"来表示，如今简化作"庐"。

一说数字六是伸出拇指和小指，把食指、中指、无名指握住形成的图形，也是大拇指代表五，小指代表一，相加得到的数。

纳西文：⌂ 商 111 / 111　　　　　　jjiq（房屋）chual（六）

象形字或形声字。纳西文一形为一间简单的房屋的形状，另一形在房中写"水"（jjiq），以表其音。后一个字用六个小拐表示数字六。

648. 甲：宅　金：宅　　　篆：宅　　　宅 zhái

会意兼形声字。甲骨文外围像房子形，里边像草托地而生状，像"乇"读 zhé 或 tuō，表示人之有所托，表意兼表音。金文承接甲骨文，篆字整齐化。《说文解字·宀部》："宅，所托也。从宀，乇声。"本义为住处。用作动词表示居住。

纳西文： 　　　　　　　　　　zzeeq jjiq（住宅）

会意兼形声字。为一个人"坐"（zzeeq）在"房子"（jjiq）里，表示住房、住宅。

649. 甲： 金： 　　篆： 　　余 yú

象形字。甲骨文像初民构木为巢所搭的简易茅屋。金文又增加了两根支撑物。篆字整齐化。如今又作"馀"之简化字。《说文解字·八部》："余，语之舒也。从八，舍省声。"这是根据篆字所作的解释，所释为引申义，本义当为茅屋，后借为代词，表示第一人称。房屋是供人休息的地方，故以"余"作偏旁的皆与舒张有关。又因为"余"作了"馀"的简化字，故表示有食吃，有房住，宽裕的意思。引申作剩下、遗留、其他、零头等意思。

纳西文： 　　　　　　　　　　ssee jjiq（草房）

会意兼形声字。纳西文为一间房子，房头上加"草"（ssee），表示"房子"（jjiq）用草盖成。

650. 金： 　　　　篆： 　　舍 shè

象形字。"舍"和"余"同源，舍的上部像房子，像"余"，下部像一个台基，表示在台基上构木为屋，是高级的馆舍形。篆字整齐化。《说文解字·亼部》："舍，市居曰舍。从亼、屮，象屋也；口象筑也。"本义为高级房舍即馆舍，也泛指房舍。用作动词指止宿、止息，古代行军三十里住宿一夜为一舍，故又引申指三十里。也指对自己家属的谦称等。

纳西文： 　　　　　　　　　　jjiq mei（大房）

会意字。纳西文为一间房子，是房子被隔成多间的样子，中间写"九"（ggv），表示多，会意作可以容纳许多人的大房子。一般读作 jjiqmei ggv gol za（大房九隔间）。

651. 甲： 　　金： 　　篆： 　　室 shì

会意兼形声字。甲骨文外围像房子，里边像箭射在地上，表示"至"，会意作人休息的地方，至也兼表声。金文承接甲骨文。篆字整齐化。《说文解字·宀部》："室，实也。从宀，从至。至，所止也。"本义为人休息的堂内房间、卧室等，引申泛指房屋、家庭、家室等意思。

纳西文： 　　　　　　　　zhual（内室）

会意兼形声字。纳西文为一间房子，房子里加"床"（zhua），表示摆床的房子，"床"（zhua）也兼表其声。

652. 甲： 　　金： 　　篆： 　　宫 gōng

会意兼形声字。甲骨文外围像房子，里边像"吕"（像下门与上窗形），会环绕房屋的围墙之意。"吕"也兼表声。金文承接甲骨文，篆字写得较整齐并二口相连。《说文解字·宫部》："宫，室也。从宀，躳（躬）省声。"析形不准确。本义为环绕房屋的围墙。也泛指房屋。后来特指帝王的住所、神仙的住处，又表示古代五音之一。

纳西文： 　　　　　　　　jjie ddvq（墙）

会意字。纳西文写作一间房子的样子，特别突出了房屋周边的墙。表示房屋的墙。

653. 甲： 　　金： 　　篆： 　　坴 lù

会意字。甲骨文左边像楼梯（阜），右边像重叠的庐屋，表示楼房，也取"庐"音，当是"楼"的本字。金文在"楼"下加土，表示楼建在高台上。篆字仍旧从"阜"，从"坴（庐）"，但字形有变，不再像重叠之庐屋形，分成简繁二字，楷书分别"坴"和"陸"。《说文解字·土部》："坴，土块坴坴也。从土，坴声。"又《说文解字·阜部》："陆，高平也。从阜，从坴，坴亦声。"所释皆为引申义，本义当为楼房。又读 liù，用作"六"的大写。以后"坴"作偏旁，"陸"（陆）便为引申义专用，另造形声字"楼"表示楼房的本义。

纳西文： 　　　　　　　　co（楼）

象形字、形声字。纳西文一形为一间房子，中间隔成两层，表示楼房，另一形在房子中加上一个在"跳"（co）的人，以表其音。

654. 金：[金文字形]　　　　篆：[篆文字形]　　庙（廟）miào

形声字。金文上部像房子（宀），中间像"朝"（日出而月未落的样子，表示早晨），以表其音。篆字改为从"厂"，朝声。楷书写作廟（庙）。《说文解字·厂部》："廟，尊先祖貌也。从广，朝声。"本义为设置祖先牌位以供祭祀的建筑，即祖庙。引申泛指神庙。

纳西文：[纳西字形]　　　　　　　　　　hei jjiq（寺庙）

形声字或象形字。纳西文一形为一间房子，房里有"神"（heiq），表示神庙。另一形为二层楼房，表示寺庙形状。

655. 金：[金文字形]　　　　篆：[篆文字形]　　都 dū

形声字。金文左边像燃烧的柴火，是象形字"者"（着火的柴）；右边上部像一个地方，下部像跪坐之人，是"邑"（人住的地方）的会意字。篆字承接金文并整齐化。《说文解字·邑部》："都，有先君之旧宗庙曰都。从邑，者声。"所释为引申义，本义当为大都市。又引申指聚集、总共、全部等意思。

纳西文：[纳西字形]　　　　　　　naq ka shuq zzaiq（都城）

象形字。纳西文为一座坚固又堂皇的城门，表示坚固的大都市，为王者所居。

656. 甲：[甲骨文字形]　　金：[金文字形]　　篆：[篆文字形]　　亚（亞）yà

象形字。甲骨文像古代聚族而居的一组大型建筑的平面图，商代的都城、庙堂及帝王坟墓，其布局皆为此形。金文承接甲骨文，篆字文字化。《说文解字·亚部》："亚，丑也。象人局（jú）背之形。贾侍中说，以为次弟也。"析形和释义皆不准确，本义为族居的城郭、庙堂等大型建筑的模样。这种建筑讲究搭配，自成体系，故引申为匹配、等同等义，由等同又引申为次一等，又引申为掩闭等意思。

纳西文：[纳西字形]　　　　　　　.naq ka shuq we（铁铸寨子）

象形字。纳西文为插上铁柱围成的居住地，称王者坚固山寨。

657. 甲：⿱ 　　金：⿱ 　　篆：⿱ 　　　宋 sòng

会意字。甲骨文外围像房屋（宀），其中"木"字表示以木为梁柱，表示是以木为梁柱的房屋。金文承接甲骨文，篆字整齐化。《说文解字·宀部》："宋，居也。从宀，从木。"本义为以木为梁柱之居室。后借作国名、人名等。有人认为作为梁柱者松木最佳，并且"在林曰松，在室曰宋。"

纳西文：⿱ 　　　　　　　　jji mei mee dvl shu rerq（中柱）

会意兼形声字。写作一间房中的中柱，外加斧头表示铁柱（shu rerq）。读作大房子（jji mei）中的顶天（mee dvl）铁柱（shu rerq）。会意作支撑整座大房子的中柱。

658. 甲：⿱ 　　金：⿱ 　　篆：⿱ 　　　邑 yì

会意字。甲骨文上边方框表示一定的地方，下边像一个跪坐之人，表示人跪坐的地方，即居住地。金文承接甲骨文，篆字整齐化。《说文解字·邑部》："邑，国也。从口；先为之制尊卑有大小，从卪（瑞信也）。"本义为人们聚居的地方。引申泛指城镇，又泛指国或国都。此字既可单独使用，也可作偏旁，作偏旁时写作"阝"。

纳西文：⿱ 　　　　　　　　zzee we（村寨）

象形字。纳西文为碉堡式房屋及许多紧靠在一起的房子，也是山和丘的意思，共同表示村寨，也表示山和丘。

659. 甲：⿱ 　　金：⿱ 　　篆：⿱ 　　　廪（禀）lǐn

象形字。甲骨文像一个简易的粮仓形。金文承接甲骨文。篆字将两个屯变成一个仓并整齐化。《说文解字·亩部》："亩，谷所振入。……象屋形，……中有户牖。廪（禀），亩或从广从禾。"本义为容纳谷物的粮仓。因其作了偏旁，便另加义符作"禀"来表示。"禀"后来又引申为别义，故另加义符作"廪"来表示粮仓。

纳西文：⿱ 　　　　　　　　dvq（箩）

象形字。纳西文为一个装粮用的大箩，纳西人通常将粮食装在这种大箩里。

660. 金：　篆：　禀 bǐng

会意字。金文一形上边像米粒，下边像粮仓（㐭）；二形上边像粮仓，下边像庄稼“禾”，表示粮仓的意思。篆字承接金文二形并整齐化。《说文解字·㐭部》：“禀，赐谷也。从㐭，从禾。”所释为引申义，本义为粮仓。引申读 bǐng，古代指赐人谷物，引申泛指赐予、赋予，又引申为下对上报告等意思。“禀”为引申义专用，粮仓之本义另加义符“广”（房子）作“廪”来表示。

纳西文：　zzai（富豪）

会意字。纳西文表示粮仓里边粮食满满，且还在不断加入，意为富上加富，富是  heeq。 zzai 便是富豪。

661. 甲：　金：　篆：　仓（倉）cāng

象形字。甲骨文像房屋形，上是房顶，下是房基，中间像进出的门，想必古人就是用这房子做储藏粮食的仓库的。金文承接甲骨文，篆字文字化。《说文解字·仓部》：“仓，谷藏也。仓黄取而藏之。故谓之仓。从食省，口象仓形。”本义为粮食，引申泛指储藏物品的地方。

纳西文：　gguq（粮柜）

象形字。纳西文写作一个长方形木柜，纳西人用它作为装粮食的柜子。又说是粮食仓库。

662. 甲：　篆：　户 hù

象形字。甲骨文像一道单扇门。篆字整齐化。《说文解字·户部》：“户，护也。半门曰户，象形。”本义为单扇门。后泛指门，一家一门，故引申指人家、住户等意思。

纳西文： 　hual ddvq（简易宿棚）ggeeq jjiq（木板房）

形声字。纳西文一形为一间用树枝搭建的房子，盖上一点树枝、茅草之类的东西。形声字，用“白鹇鸟”（hua）注其音。二形是盖有板子的木板房。

663. 甲：⿰ 　　金：⿰ 　　篆：⿰ 　　　门（門）mén

象形字。甲骨文像简易的双扇柴门形。金文去掉门楣，篆字承接金文并写整齐。《说文解字·门部》："门，闻（声训）也。从二户，象形。"本义为双扇门。引申指像门的东西，又指途径、门第、分门别类等意思。

纳西文：⿰ 　　　　　　　　　　　　　ku（门）

象形字。纳西文为单扇的门。

664. 甲：⿰ 　　金：⿰ 　　篆：⿰ 　　　囧（炯）jiǒng

象形字。甲骨文像古代简易的窗户形。金文承接甲骨文，篆字整齐化。《说文解字·囧部》："囧，窗（窗）牖（yǒu）丽廔（lóu，通明）闿明（开明，明亮的样子）。象形。"本义为窗牖，引申作明亮。由于"囧"字作了偏旁，明亮的意思便由"炯"字表示，窗牖的意思已失去。

纳西文：⿰ 　⿰ 　　　　　　　　　　la geq（窗）

象形字。纳西文一形为房上有窗，二形只有窗格子。

665. 甲：⿰ 　　金：⿰ 　　篆：⿰ 　　　向 xiàng

会意字。甲骨文外围像房屋，户屋有口，表示房墙上的窗户。金文承接甲骨文，篆字整齐化。《说文解字·宀部》："向，北出牖也。从宀，从口。"本义为朝北的窗户，也表示朝向，引申为趋向、方向、动作的方向和对象等意思。

纳西文：⿰ 　　　　　　　　　　　leil dei ku（后墙窗户）

象形字。纳西文为后墙上留的小窗户，纳西人家的房屋一般坐北朝南，故此窗也在北墙上。是为增加楼梯的明亮度而开的窗户，是一道非常小的简易的窗户。

666. 甲：⿰ 　　金：⿰ 　　篆：⿰ 　　　阜 fù

象形字。甲骨文像木头上砍出脚窝的梯子。金文承接甲骨文，篆字整齐化。楷书写作"𨸏"，单用时写作阜，在右作偏旁时写作"阝"。《说文解字·阜部》："𨸏，大陆，山无石者。"所释为引申义，当为梯子。引申为高大、土山、盛、多的意思。

纳西文：⾧　　　　　　　　　　　　　　lei jjiq（梯子）

象形字。纳西文写作一把梯子的形状。

667. 甲：⿴　　金：⿴　　　篆：⿴　　　塞 sāi sài sè

会意兼形声字。甲骨文上部像房子（宀），里边像手持筑墙杵，表示在房子里筑墙堵塞窗户。金文另加了两个筑墙杵。篆字又在金文基础上另加义符"土"。《说文解字·土部》："塞，隔也。从土，从㝙。"所释为引申义，本义为堵住。引申为充实、弥补、放入等。用作名词读 sài，指堵住器物口的东西及要塞等。

纳西文：⿰　　　　　　　　　　　　　zeel（塞）

形声字。纳西文为用草束将门洞堵塞，"草束"（zee），也注其音（zeel）。

668. 甲：⿴　　　　　　　　篆：⿴　　　困 kùn

会意字。甲骨文外围像一个门框，里边有木，表示用立于两扇门中的木橛防止门的转动。是"梱"的本字。篆字文字化。《说文解字·囗部》："困，故庐也。从木在囗（wéi）中。"谓之家园，此为引申义，本义为堵门之木橛。引申为艰难困苦、围困等义。后"困"为引申义专用，堵门木橛之义另加义符作"梱"表示。

纳西文：⿴　　　　　　　　　　　　　bei（闩）

象形字。纳西文为用棍子横插在门后，使门推不开。外围方框像门，中间横线像门闩。

669. 金：⿰　　　　　　　　篆：⿰　　　梁 liáng

形声字。金文左边像流水，右边像刀切断某物，为"刅"（创的本字），以表音，表示木桥。篆字在"刅"字下加木，以强调木桥的意思。《说文解字·木部》："梁，水桥也。从木，从水，刅声。"本义为桥梁，又引申指屋梁及拱起的条形物。

纳西文：⿰　　　　　　　　　　　　　zzoq（桥）

象形字。纳西文为一块架在水流上的木板的形状，表示桥梁。

670. 甲：⊓　　金：同　　　篆：⊓坰　　　⊓ jiōng

象形字。甲骨文像一个大的范围，犹如临时划定的一个场所。金文另加"口"（邑省），以示在国邑之外。篆字分简繁二体，一形承接甲骨文，二形承接金文或加"土"，作为义符。《说文解字·⊓部》："⊓，邑外谓之郊，郊外谓之野，野外谓之林，林外谓之⊓。象远界也。……同，古文⊓从口，象国邑。坰（jiōng），同或从土。"本义为在郊野划出的一个范围。引申泛指都邑的远郊，由于"⊓"作了偏旁，另加义符"口"作"同"，又加土作"坰"。

纳西文：　　　　　　　　　　　　　　　　　goq（高原）

会意兼形声字。纳西文为地上隆起的地方，上面还长着草，似高原牧场。怕不明显，又用针（goq）注其音。

671. 甲：圂　　金：圂　　　篆：圂　　　圂（溷）hùn

会意字。甲骨文外围像圈，里边像豕（猪），表示猪圈。金文承接甲骨文，篆字整齐化。《说文解字·口部》："圂，厕也。从口，象豕在口中也。会意。"本义为猪圈。猪圈一般与厕所相连，故也指厕所。由于"圂"作了偏旁，其义便由"溷"来表示。"溷"的本义指混乱、打扰、扰乱等，也指猪圈、厕所、粪便等污秽之物。

纳西文：　　　　　　　　　　　　　　bbuq bbiuq（猪圈）

会意字。纳西文外边为一个木栏，木栏中有猪，表示猪圈。

672. 甲：牢　　金：牢　　　篆：牢　　　牢 láo

会意字。甲骨文外围像一个牛栏，中间像一个牛头骨，表示牛，会意作牛圈。金文承接甲骨文，篆字牛圈有讹。《说文解字·牛部》："牢，养牛马圈也。从牛，冬省。取其四周匝也。"非冬省，而是圈形。本义为关牲畜的栏圈。引申指祭祀用的牛羊猪，又引申指牢狱，再引申指牢固。

纳西文：　　　　　　　　　　　　　　ee bbiuq（牛圈）

会意字。纳西文中间为牛，两边为围在牛旁边的篱笆墙。会意作牛圈。

673. 甲：　　　金：　　　篆：　　　　　桀 jié（杰）

会意字。"桀"和"乘"是同一字分化出来的，甲骨文上部像人（大），下部像木，表示人登在树上，金文写出人的双脚。篆字去掉人，树上只留双脚。《说文解字·桀部》："桀，磔（捺）也。从舛（分张的两脚）在木上。"本义为两脚分开站在木上，用作名词指鸡栖息的木桩。又引申出才能出众之人，引申为高出、突出等意思。

纳西文：　　、　　　　　　　　zzee（大官）mul（耆老）

会意字。纳西文一形写成一个取坐姿、披头散发令人畏惧之人，和"老人"（mul）同称 zzee mul，即大官。二形写成一个取坐姿之人，下边用牛蝇（mul）注音，表示耆老。

第十节　数字、方位

数
字
方
位

shù　**zì**　**fāng**　**wèi**

ssei　**daq**　**zzeeq**　**dee**

674. 甲：一　　金：一　　篆：一　　　一（弌）yī

指事字。甲骨文的"一"是一横，是古人记事的符号，还可能是一个筹码。

金文和篆字承接甲骨文。为了汉字书写的匀称，后来加声符"弋"（yī，木橛）。《说文解字·一部》："一，惟初太始，道立于一。造分天地，化成万物。……弌，古文一。"本义为数字一。引申为同一、专一、整个等意思。

一说为用手表示数字，伸出食指是一。

纳西文：了　　　　　　　　　　　　　　　ddee（一）

指事字。纳西文以一个小拐表示一，也可以用一点代表一，但一点容易被忽视，故很少单独使用。

675. 甲：二　　金：二　　　篆：二　　　二（弍）èr

指事字。甲骨文的"二"是二横，指数字二，还可能是两个筹码。金文和篆字都承接甲骨文，为了汉字书写的匀称，另加声符"弋"写作"弍"。《说文解字·二部》："二，地之数也。从偶一。……弍，古文。"这是根据《易经》"天一地二"的观点所作的解释，本义为数字二。又指有区别、不专一等意思。

一说为用手指表示数字，伸出食指和中指表示二。

纳西文：了了　　　　　　　　　　　　　　ni（二）

指事字。纳西文用二个小拐表示"二"。

676. 甲：三　　金：三　　　篆：三　　　三（弎、叁）sān

指事字。甲骨文用三画来表示"三"，可能是三个筹码。金文和篆字承接甲骨文。古文受"弍、弌"的影响加"弋"成"弎"。另外还有一个叁，作为"三"的大写。《说文解字·三部》："三，天地人之道也。从三数。"本义为数字三。又引申泛指多数。

一说伸出三个指头便是三。

纳西文：了了了了　　　　　　　　　　　　seeq（三）

指事字。纳西文写作三个小拐，表示数字三。

677. 甲：三　　金：四　　　篆：四　　　四 sì

指事字。甲骨文写四个横道，可能代表四个筹码，表示数目"四"。金文"四"像口上有鼻孔形，本义为喘息，是"呬"（xì）的本字，借用来表示数字

"四"。篆字简化,只留鼻孔。《说文解字·四部》:"四,阴数也。象四分之形。"析形不准确,所释为借义,本义当为喘息。借义作数字,后"四"为借义所专用,喘息之义另造"呬"来表示。

一说为伸出食指、中指、无名指及小指是四,用四个指头握拳,把大拇指压在里边也是四。

纳西文: ⌐⌐ ⌐⌐⌐ 　　　　　　　　　　　lu(四)

指事字。纳西文写作四个小拐,代表数字四。

678. 甲: ✕ 　　　金: ✕ 　　　篆: ✕ 　　　五 wǔ

象形字。甲骨文像两物交叉,或于上下各加一横,表示纵横交错之义,又避免与"乂"(yì,剪刀)字相混淆。金文和篆字承接甲骨文。《说文解字·五部》:"五,五行也。从二,阴阳在天地间交午也。"本义当为纵横交错。借用表示数字"五"。纵横交错之义则另借"午"(wǔ,本义为木杵)来表示。

一说为四个小指握拳,把大拇指压在四个指头之外是五。

纳西文: ⌐⌐⌐ ⌐⌐⌐⌐⌐ 　　　　　　　　　　wa(五)

指事字。纳西文写作五个小拐,代表数字五。

679. 甲: ┃ 　　　金: ╪ 　　　篆: ╪ 　　　十 shí

指事字。甲骨文与"丨"(gǔn)为同一个字,是一竖棍形,这个竖棍与其他棍不同,表示的是一丈,故金文中间加一点,表示棍上有刻度。篆字将点变成一横。《说文解字·十部》:"十,数之具也。一为东西,丨为南北,则四方中央备也。"本义当为数字"十"。引申作完备,又写作"什",表示十户。可见,以十为单位的含义是多样的,故又读 shén,用作疑问代词"什么"。

一说握拳伸出一只手是十。

纳西文: ✕ 　　　　　　　　　　　　　　ceiq(十)

会意字。纳西文为两根斜着交叉的筹码,表示十。

680. 甲: △ 　　　金: 百 　　　篆: 百 　　　百 bǎi

会意字。甲骨文上边像一把尺子,下边是一粒黍米,表示摆下一尺长的米粒。

金文承接甲骨文，稍变形。篆字整齐化。《说文解字·百部》："百，十十也。从一凸。数：十百为一贯。相章也。"古代计算长度用米粒，称为黍尺，百粒黍米即为一尺。故百的本义为百粒黍米。引申泛指数字百，又表示概数，言极多。

一说为握拳，将大拇指置于拳上晃动表示百，大拇指的指甲盖代表百。

纳西文：**十**、**举**   xi（百）

会意或会意兼形声字。纳西文两根筹码呈十字型交叉为百，或头上写"稻"（xiq）表其音。

681. 甲：**彳**   金：**千**   篆：**仟**   千 qiān

会意字。甲骨文上部像人，下边像十，人寿百年，十人为千，故会意作数字"千"。金文承接甲骨文，人已变形。篆字线条化，还有点人和十的样子。《说文解字·千部》："千，十百也。从十，从人。"本义为数字"千"。引申泛指极多，又借用作"韆"（千），表示"鞦韆"（秋千）。

一说人处在队列中，用手划过自己和队列，表示队列中的人成百上千。

纳西文：**米**   dvq（千）

会意字。纳西文为"十"（两条直线斜着交叉）和"百"（两条直线正着交叉）相互交叉，即十个百为千。

682. 甲：**二**   金：**二**   篆：**上**   上 shàng

指事字。甲骨文在一长横（表示物体）上加一短横，表示所指的是上部。金文承接甲骨文，篆字将短横变成在竖线上。异体作"丄"（shàng），将短横变成竖。《说文解字·丄部》："丄，高也。此古文上。指事也。……上，篆文丄。"本义为上边，高处。引申指时间、次序在前或质量高的，以及进献、添加等意思。

纳西文：**几**   ggeq（上）

指事字。纳西文像一个橛子或几类的东西，表示其上可利用。专指上边。

683. 甲：**二**   金：**二**   篆：**下**   下 xià

指事字。甲骨文是在一长横下边写一短横，表示在某物之下。金文承接甲骨文。篆字变成一长横下稍有装饰的一竖，再在竖上加一短横，所表示的意思不变。《说文解字·丄（下）部》："下，底也。指事。下，篆文丅（xià）。"本义为在低处的。引申指时间、次序在后，以及等级、品位较低等意思。

纳西文：　　　　　　　　　miq（下）

形声字。纳西文以一斜线代表向下，斜线右边用"火"（mi）注其音。

684. 甲：　　金：　　篆：　　中 zhōng zhòng（仲）

象形字。甲骨文像一面旗帜，上下为旗游，方框为立中之处。金文承接甲骨文。篆字去掉旗游，只剩中间部位。《说文解字·丨部》："中，内也。从口；上下通。"所释为引申义，本义当为中间。引申指内部、适中等，又读 zhòng，表示正对上，或排行居中等意思。

纳西文：　　　　　　　　　liul（中）

形声字。纳西文为两分之中，以"矛"（liu）注其音。

685. 甲：　　金：　　篆：　　内（纳）nèi nà

会意字。甲骨文外围像一个门户，里边有人，表示进入，是"纳"的本字。金文外围变成"宀"（房子）。篆字承接金文并整齐化。《说文解字·入部》："内，入也。从门，自外而入也。"本义为进入，又引申指内室，以及与内有关的一些意思。"内"则为引申义专用，纳入的本义由"纳"来表示。

纳西文：　　　　　　　　　goq（内、里）

形声字。纳西文写作一间房子，房里有"针"（goq），表示在内或里。以"针"（goq）注其音。

686. 甲：　　金：　　篆：　　立 lì

指事字。甲骨文上部像人，下部一横表示大地，像人立于地上的样子。金文承接甲骨文，篆字文字化。《说文解字·立部》："立，住也。从大，立一之上。"本义为站立。引申泛指竖起、起立等义。

纳西文：　　　　　　　　　dee（位）

指事字。纳西文为地上突出的一个地方，表示其所处的位置或坐位。

687. 金：**ㅃㅃ**　　　　　　　篆：**ㅃㅃ**　　两（网）liǎng

会意字。金文像两个钱币相并，表示比并的意思。篆字整齐化。是"两"的初文。《说文解字·网部》："网，再（二）也。从冂，阙。"析形是附会。本义当为两个相并。由于"网"作了偏旁，便由"两"来表示。

纳西文：**ㅃㅃ**　　　　　　　zzeeq（两、对）

会意兼形声字。纳西文写成坐在一起的一男一女，表示"俩人"（zzeeq）或"一对"（zzeeq），以"坐"（zzeeq）注其音。

688. 金：**ㅓ**　　　　　　　篆：**尺**　　尺 chǐ

指事字。金文像人，加点指明胫部足上十寸为一尺，篆文像"尸"（亦为人身），从"乙"（标志暂停的地方，这里指标志）。《说文解字·尺部》："尺，十寸也。人手却十分动脉为寸口。十寸为尺。……从尸，从乙。乙，所识（标志）也。周制寸、尺、咫（读 zhī，八寸为咫）、寻（八尺为寻）、常（倍寻为常）、仞（rèn，八尺为仞）诸度量，皆以人之体为法。"本义为长度单位。用作名词指尺子。

纳西文：**ㅣ ㄷ**　　　　　　　lerl ddiuq（尺子）

象形字。纳西文为一根刻有度数的直尺或曲尺。

689. 金：**米斗**　　　　　　　篆：**料**　　料 liào

会意字。金文左边像"米"，右边像"斗"，表示用斗量米。篆字整齐化，斗就不太像斗了。《说文解字·斗部》："料，量也。从斗，米在其中。"本义为称量，度量。引申指计算、料想、料理等意思，因饲料常需称量，故引申指饲料等东西。

纳西文：**古丳**　　　　　　　so（大秤）

象形字。纳西文为一把大秤的模样。祭天时，氏族中的长老们会找一根树枝，在下边用绳子及木头做一个架子，再用一颗固定的石头做秤砣，树杆上刻上尺度，便可以称量每一家饲养的肥猪。秤砣在规定的重量标准以上，便是合格的祭天用猪。氏族内每年每家都要轮着提供祭天用的肥猪。称猪的便是大秤。

第十一节　本章音序索引

一、汉语拼音音序索引

A

ài：恶（490/268）

ān：安（427/249）

B

bā：八（383/235）

bǎi：柏（81/144）；百（680/330）

bài：拜（566/293）；败（625/312）

bān：華（580/298）

bàn：扶（545/286）

bāo：勹（335/220）；包（441/253）

bǎo：保（539/284）；宝（541/285）

bào：豹（107/151）；报（520/278）

bēi：卑（498/271）

běi：北（446/255）

bèi：倍（414/245）；背（446/255）；贝（543/285）；备（603/305）

bēn：奔（280/204）

běn：本（68/141）

bèn：犇（280/204）

bǐ：皀（550/287）

bǐ：匕（497/271）

bì：畀（325/217）；闭（378/234）㳙（474/263）

biàn：釆（153/164）；卞（338/221）

biāo：彪（119/155）

biǎo：表（640/317）

bīng：冫（55/137）；兵（608/307）

bǐng：丙（255/196）；秉（334/220）；禀（660/324）

bìng：并（397/240）

bó：柏（81/144）；帛（629/314）

bǔ：卜（582/299）

bù：步（276/203）；布（628/313）

C

cái：才（60/139）

cǎi：采（341/222）

cài：采（341/222）

cān：参（24/129）

cán：蚕（144/162）；残（616/309）

cāng：仓（661/324）

cǎo：屮（64/140）；艸（65/140）

cè：册（241/192）

céng：曾（256/196）

chā：差（530/281）

chāo：朝（10/125）

chán：蝉（142/161）

cháng：尝（311/213）

chǎng：厂（39/133）

chē：车（225/187）

chè：屮（64/140）

chén：臣（494/270）

chēng：再（333/220；3 节 3/168）

chéng：乘（296/209）；承（329/219）；城（526/280）成（622/311）

chí：池（53/136）

chǐ：齿（177/172）；尺（688/333）

chì：赤（487/267）

chōng：舂（347/224）

chóng：虫（138/160）

chóu：雠（162/167）；畴（524/279）

chǒu：丑（322/216）

chòu：臭（475/264）

chū：出（282/205）；初（633/315）

chú：刍（320/216）

chǔ：楚（78/144）；处（268/200）

chù：处（268/200）

chuān：川（46/135）

chuàn：串（429/250）

chuáng：疒（424/248）

chuī：吹（306/212）

chūn：春（3/123）

chuò：辵（278/203）

cǐ：此（288/206）

cì：朿（472/263）

cóng：从（293/208）

cuì：毳（150/163）

cuō：搓（530/281）

D

dà：罙（172/171）；大（395/240）

dài：逮（365/230）

dān：单（237/191）

dàn：旦（14/126）

dàng：宕（40/133）

dào：稻（93/148）；到（398/240）

dé：导（332/220）；惪（517/277）

déi：得（332/220）

dì：地（1节2/122）

diǎn：典（242/192）

diàn：电（27/129）；奠（574/296）

diāo：刁（223/187）

dié：垤（231/189）

dīng：丁（233/189）

dǐng：鼎（254/196）

dōng：冬（6/124）；东（219/185）

dòng：动（2节3/138；5节1/200）

dǒu：斗（264/199）

dòu：豆（259/197）；斗（264/199）；鬥（612/308）

dū：都（655/322）

duān：耑（73/142）

duàn：段（381/235）

duī：自（595/303）

duì：队（390/237）；兑（407/243）

duō：多（469/262）

E

ér：而（180/173）；兒（200/179）
ěr：尔（145/162）；耳（173/171）
èr：二（675/329）

F

fá：伐（618/310）
fán：凡（266/199）
fāng：匚（217/185）；方（10节3/328）
fēi：非（447/255）；妃（499/272）
fèn：粪（476/264）
fēng：豐（459/259）
fèng：凤（132/158）；奉（328/218）
fū：夫（199/178）
fú：孚（161/167）；夫（199/178）；扶（337/221）；福（565/293）；巿（636/315）
fǔ：斧（206/181）
fù：腹（182/173）；父（206/181）；付（324/217）；复（419/247）；阜（666/325）

G

gǎi：改（578/297）
gài：丐（523/279）

gān：干（236/190）；甘（404/242）

gǎn：敢（415/245）

gàn：干（236/190）

gāng：亢（623/311）

gāo：高（453/257）；膏（558/290）

gào：告（568/294）

gē：割（373/232）；戈（593/302）

gé：鬲（253/195）

gè：各（399/241）

gěn：艮（170/170）

gèn：艮（170/170）

gēng：庚（245/193）

gōng：弓（596/303）；攻（620/310）；宫（652/321）

gǒng：廾（330/219）

gòng：共（331/219）

gū：姑（211/182）

gǔ：谷（50/136）；骨（186/175）；鼓（375/233）；古（405/242）

guā：瓜（94/148）；昏（403/242）

guǎ：凸（371/232）；凸（586/300）

guàn：藋（128/157）；盥（360/228）；毌（428/250）；贯（429/250）

guāng：光（25/129）

guī：龟（140/161）

guǐ：癸（345/223）；鬼（581/298）

guō：锅（253/195）

guǒ：果（74/143）

H

hǎi：海（52/136）

hài：亥（372/232）

hán：寒（58/138）；函（602/305）

hǎn：厂（39/133）

hǎo：好（411/244）

hào：好（411/244）

hé：河（48/135）；禾（87/146）；何（366/230）；盍（431/250）；合（432/251）；和（544/285）

háng：行（480/265）

hēi：黑（486/267）

hēng：亨（577/297）

hóng：虹（29/130）；鸿（133/159）

hū：虍（106/151）；虖（156/165）；乎（606/306）

hú：狐（114/153）；壶（265/199）

hù：户（662/324）

huā：花（71/142）：

huá：华（71/142）：

huà：画（340/222）；化（483/266）

huán：萈（102/150）

huáng：蝗（135/159）；黄（485/267）

huí：回（444/254）

huǐ：虫（138/160）

huì：彗（26/129）；会（7节2/269）

hūn：昏（13/126）

hùn：圂（671/327）

huǒ：火（56/137）

huó：活（7节4/269）

huò：获（159/166）；或（455/257）

J

jī：鸡（120/155）；箕（222/186）

jí：棘（77/143）；集（158/166）；即（313/214）；耤（349/225）；及（364/229）；孔（387/237）；疾（425/249）；亼（430/250）；皀（550/287）；吉（579/298）

jì：季（540/284）；既（552/288）；祭（564/292）

jiā：家（505/273）

jiá：夹（388/237）

jiǎ：甲（62/139）；斝（263/198）

jiān：监（299/210）；戋（616/309）

jiàn：见（298/209）；监（299/210）；建（354/226；9 节 3/313）；剑（599/304）

jiāng：畺（36/132）；江（49/135）

jiàng：虹（29/130）；降（291/207）

jiǎo：角（151/164）

jiào：教（8 节 2/291）

jiē：皆（400/241）

jié：卩（274/202）；节（478/265）；桀（673/328）

jiě：解（160/166）

jiè：借（349/225）

jīn：斤（224/187）；金（542/285）；巾（635/315）

jìn：浸（462/260）；尽（470/262）

jīng：晶（23/128）；京（525/280）

jiōng：冂（670/327）

jiǒng：囧（664/325）

jiū：丩（439/253）

jiǔ：九（155/165）

jiù：臼（319/215）

jū：且（205/180）；居（267/200）

jú：臼（319/215）

jù：瞿（417/246）；巨（509/275）；具（4 节 2/184）

jué：绝（471/263）；乤（598/303）；厥（600/304）

K

kǎo：考（203/180）；丂（234/190）

kàng：亢（623/311）

kě：可（309/213）

kè：客（214/183）；克（621/310）

kōng：空（457/258）

kǒng：空（457/258）

kòng：空（457/258）

kǒu：口（175/172）

kū：哭（302/211）

kūn：蚰（146/162）

kùn：困（668/326）

L

lái：来（92/147）

lài：厘（533/282）

láng：狼（113/153）

láo：牢（672/327）

lǎo：老（202/179）

léi：雷（2/123）

lěi：耒（215/184）

lí：厘（533/282）

lǐ：里（507/274）；豊（571/295）

lì：栗（83/145）；力（216/184）；鬲（253/195）；隶（365/230）；利（369/231）；厤（393/238）；立（686/332）

liáng：量（260/197）；梁（669/326）

liǎng：两（687/333）

liàng：量（260/197）

liào：料（689/333）

lín：林（76/143）

lǐn：㐭（659/323）；稟（660/324）

líng：霝（33/131）；蛉（136/159）；夌（290/207）

liǔ：柳（80/144）

liù：六（647/319）

lóng：龙（110/152）

lóu：娄（218/185）

lú：卢（252/195）；庐（647/319）

lǔ：卤（556/289）

lù：路（44/134）；鹿（111/152）；录（394/239）；坴（653/321）

lǚ：孚（323/217）

lù：虑（482/266）

luàn：胤（438/252）

luǒ：羸（134/159）

M

má：麻（86/146）

mǎ：马（96/148）

mǎi：买（356/227）

mài：麦（91/147）；卖（357/227）

máo：毛（149/163）；矛（594/302）

mǎo：卯（384/236）

mào：貌（409/244）；冒（641/317）

méi：梅（85/145）；眉（168/170）

měi：每（412/245）；美（477/264）

mèi：妹（210/182）；媚（410/244）

mén：门（663/325）

méng：薨（272/202）；冡（468/262）

měng：黾（139/160）

mèng：梦（272/202）

mǐ：芈（489/268）

mì：冖（433/251）

mián：宀（646/319）

miǎn：黾（139/160）；免（642/317）

miàn：面（167/169）

miào：庙（654/322）

miè：咩（489/268）

mín：民（492/269）

mǐn：皿（258/197；4 节 4/184）

míng：明（17/127）；冥（21/128）；鸣（157/165）；名（305/211）

mó：麽（95/148）

mò：莫（12/125）

mǒu：某（85/145）

mǔ：牡（101/150）；母（207/181）

mù：莫（12/125）；木（66/140）；蓼（90/147）；目（169/170）；慕

（314/214）；牧（527/280）

N

nā：南（246/193）

nà：纳（685/332）

nǎi：乃（187/175）

nài：奈（576/296）

nán：南（246/193）；男（495/270）

náng：囊（230/189）

náo：夒（112/153）

nèi：内（685/332）

néng：能（109/152）

nì：屰（294/208）

nián：年（484/266）

niǎo：鸟（121/155）

niào：尿（315/214）

niè：辛（519/278）

niú：牛（97/149）

nǚ：女（496/271）

P

pèi：配（499/272）

pén：盆（257/197）

pī：丕（59/138）

pí：皮（351/225）

pìn：牝（98/149）

pū：攴（344/223）；仆（493/270）

pú：僕（493/270）

Q

qī：七（368/231）；妻（500/272）；戚（592/302）

qí：其（222/186）

qǐ：启（376/233）

qì：气（31/130）；弃（342/222）；器（4节3/184）；妻（500/272）

qiān：千（681/331）

qiě：且（205/180）

qiū：秋（5/123）；丘（41/133）

qiú：泅（391/238）；囚（627/312）；求（639/316）

qīn：亲（504/273）

qín：秦（529/281）

qīng：青（488/268）

qū：曲（445/255）

qǔ：取（624/311）

qù：去（281/204）

quán：泉（51/136）

quǎn：犬（104/150）

què：雀（124/156）；殼（374/233）

R

rán：然（465/261）

rè：热（464/260）

rén：人（491/269；3节1/168）；壬（235/190）

rén：任（401/241）

rèn：妊（401/241）

rēng：扔（350/225）

rì：日（7/124）

róng：融（34/131）；荣（72/142）；容（461/259）戎（607/306）

ròu：肉（557/290）

rǔ：女（496/271）；乳（536/283）

rù：入（295/209）

S

sāi：塞（667/326）

sài：塞（667/326）

sān：三（676/329）

sāng：桑（82/145）

sè：塞（667/326）

sēn：森（75/143）

shā：沙（43/134）；杀（617/309）

shān：山（38/132）

shàn：善（481/265）

shàng：上（682/331）

sháo：勺（389/237）

shào：绍（382/235）

shé：舌（176/172）；折（386/236）

shè：涉（287/206）；舍（650/320）；射（605/306）；社（7节1/269）

shēn：参（24/129）；申（28/130）；身（181/173）；罙（456/258）

shēng：生（63/140；7节3/269）；牲（100/149）；牲（569/294）

shèng：乘（296/209）；圣（408/243）

shī：尸（198/178）；施（443/254）；失（448/255）；师（619/310）

shí：石（42/133）；实（516/277）；食（551/288）；十（679/330）

shǐ：豕（103/150）；屎（316/215）；史（514/276）；矢（597/303）

shì：士（194/177）；视（297/209）；是（449/256）；世（506/274）；示（562/292）；筮（587/300）；室（651/320）；饰（9节2/313）

shǒu：首（164/168）；手（188/175）；守（510/275）

shòu：兽（531/281）

shū：疋（193/177）；尗（275/202）；叔（318/215）；书（339/222）；殳（343/223）

shú：术（89/146）

shǔ：鼠（117/154）；蜀（143/161）

shù：腧（355/227）；束（473/263）；戍（609/307）；数（10节1/328）

shuài：帅（637/316）

shuǐ：水（47/135）

sī：司（312/214）；丝（630/314）

sǐ：死（426/249）

sì：兕（115/153）；食（551/288）；四（677/329）

sòng：吅（307/212）；宋（657/323）

sù：粟（88/146）；宿（270/201）

suí：遂（348/224）

suì：遂（348/224）

sǔn：隼（129/157）；孙（212/182）

suō：蓑（231/189）

suǒ：索（346/224）

T

tā：它（137/160）

tài：太（395/240）；态（6 节 4/239）

tāo：涛（54/137）；夲（567/293）

tǐ：体（3 节 2/168）

tiān：天（1/122；1 节 1/122）

tián：田（37/132）

tiàn：囟（643/318）

tīng：听（300/210）

tǐng：壬（273/202）

tū：厶（535/283）

tú：徒（277/203）

tǔ：土（35/132）

tù：兔（116/154）

tuán：团（440/253）

tún：屯（421/247）

W

wàn：万（147/163）

wāng：尪（422/248）

wáng：亡（171/170）；王（508/274）

wǎng：网（238/191）；罔（239/191）；坐（284/205）；往（284/205）

wēi：威（208/181）

wéi：为（5 节 4/200）

wěi：尾（152/164）

wèi：胃（197/178；3 节 4/168）；位（396/240；10 节 4/328）；畏（416/246）

wén：闻（301/210）

wèn：闻（301/210）

wǒ：我（227/188）

wò：卧（271/201）

wū：乌（123/156）；巫（584/299）

wú：亡（171/170）；吾（204/180）；吴（310/213）；无（362/229）

wǔ：五（678/330）；武（611/308）

wù：勿（2 节 2.4/138）；戊（589/301）；敄（614/308）

X

xī：西（220/186）；析（385/236）；厘（533/282）

xí：席（644/318）

xǐ：徙（286/206），喜（547/286）

xì：舄（125/156）

xià：夏（163/168）；下（683/331）

xián：咸（304/211），

xiǎn：�（463/260）

xiàn：现（298/209）；臽（420/247）；限（454/257）；宪（512/276）；献（572/295）

xiāng：乡（548/287）

xiáng：降（291/207）；夅（292/208）

xiàng：象（108/152；6 节 2/239）；皀（406/243）；向（665/325）

xiāo：宵（20/128）

xiǎo：小（479/265）

xiào：敩（534/282）

xiè：页（165/169）

xīn：心（196/178）；辛（228/188）；新（555/289）

xìn：釁（359/228）

xīng：星（22/128）

xíng：行（480/265；5 封 3/200）；形（6 节 1/239）

xiōng：兄（209/182）

xiū：休（269/201）

xiù：臭（475/264）

xiù：宿（270/201）

xū：须（179/173）；戌（591/301）

xuān：喧（307/212）

xuán：旋（442/254）

xuàn：旋（442/254）

xué：学（534/282）

xuě：雪（32/131）

xuè：血（588/301）

Y

yá：牙（178/172）

yà：亚（656/322）

yán：延（285/206）；言（308/212）；炎（466/261）

yǎn：奄（436/252）

yàn：焱（57/137）；燕（131/158）；彦（522/279）

yáng：昜（易、阳）（8/124）；羊（99/149）

yǎng：养（528/280）

yāo：要（185/174）；腰（185/174）；夭（363/229）；幺（631/314）

yào：要（185/174）；药（561/291）

yě：也（195/177）；冶（392/238）

yè：夜（19/127）；枼（70/141）；页（165/169）

yī：伊（352/226）；医（601/304）；衣（638/316）；一（674/328）

yǐ：乙（61/139）；欧（578/297）；邑（658/323）

yì：乙（61/139）；弋（232/189）；易（326/218）；义（370/231）；歅（413/245）；失（448/255）；益（460/259）；希（570/294）；役（610/307）

yīn：阴（15/126）；因（249/194）；垔（379/234）

yǐn：尹（353/226）；歙（549/287）；引（604/305）

yìn：印（380/234）；胤（503/273）

yīng：雁（127/157）

yíng：荧（434/251）；萦（435/252）；盈（458/258）

yōng：雍（130/158）

yǒng：甬（250/195）

yòng：用（4 节 1/184）

yōu：攸（358/227）；忧（418/246）

yóu：由（221/186）；汓（391/238）；尤（423/248）

yǒu：酉（262/198）；友（546/286）

yòu：又（189/175）；幼（201/179）；右（573/295）

yú：鱼（148/163）；于（248/194）；盂（261/198）；俞（355/227）；余（649/320）

yǔ：雨（4/123）；羽（154/165）；与（327/218）；圄（518/278）

yù：聿（240/191）；与（327/218）；鬻（357/227）；浴（361/228）；域（455/257）；育（535/283）；玉（645/318）

yuán：元（166/169）；员（437/252）

yuē：曰（303/211）

yuè：月（18/127）；侖（247/194）；乐（243/192）；戉（590/301）

yūn：晕（16/127）

yún：云（30/130）

yùn：晕（16/127）；孕（183/174）

Z

zā：匝（451/256）

zāi：巛（45/134）；弐（615/309）

zǎi：崽（538/284）

zàng：葬（560/290）

zào：皂（84/145）

zéi：贼（521/278）

zēng：曾（256/196）

zhái：宅（648/319）

zhān：占（583/299）

zhàn：占（583/299）；战（613/308；8节3/291）

zhāo：朝（10/125）

zhǎo：叉（190/176）；爪（321/216）

zhào：照（9/124）；厍（377/233）

zhē：折（386/236）

zhé：折（386/236）；哲（513/276）

zhě：者（467/261）

zhēn：真（553/288）；贞（585/300）

zhěn：参（184/174）

zhēng：丁（233/189）；争（8节4/291）

zhèng：郑（575/296）

zhī：支（67/141）；之（283/205）；知（511/275）

zhí：植（2节1/138）；侄（213/183）；直（450/256）；执（626/312）

zhǐ：止（192/176）；旨（554/289）；黹（634/315）

zhì：豸（105/151）；螭（118/154）；雉（126/156）；陟（289/207）；至（452/257）；炙（559/290）

zhōng：中（684/332）

zhòng：重（402/242）；众（515/277）；仲（684/332）

zhōu：舟（226/187）

zhǒu：帚（251/195）

zhòu：昼（11/125）

zhū：朱（69/141）；蛛（141/161）

zhú：竹（79/144）；逐（532/282）

zhù：豆（244/193）；祝（563/292）；筑（9 节 4/313）

zhuǎ：爪（321/216）

zhuān：叀（632/314）

zhuàng：状（6 节 3/239）

zhuó：酌（389/237）

zhuī：隹（122/155）

zhuì：坠（390/237）

zī：甾（229/188）；仔（538/284）

zǐ：子（537/283）；仔（538/284）

zì：自（174/171）；字（317/215；10 节 2/328）

zōng：宗（501/272；8 节 1/291）

zòng：纵（293/208）

zǒu：走（279/204）

zú：足（191/176）；族（502/272）

zuō：作（367/230）

zuǒ：左（336/221）

zuò：作（367/230；5 节 2/200）

二、纳西拼音暨国际音标注音音序索引

b＼p

biuq paq siul siu＼py↓p'a↓sy⌉sy╪—宗教战争（8 节＼291）

beq＼pə↓—穗（90＼147）

berl＼pər⌉—虎纹（119＼155）

ba \ pa˧—蛙（139 \ 160）

bul \ pu˥—孕（183 \ 174）

biuq liu \ py˩ly˧—笔（240 \ 192）

beeq lee \ pɯ˩lɯ˧—经书（242 \ 192）

biu \ py˧—升（250 \ 195）

bvl \ pɣ˥—甑子（256 \ 196）

bal \ pɑ˥；—大碗（259 \ 197）

biu \ py˧—斗（260 \ 198）

beel \ pɯ˥—出（282 \ 205）

bi liq muq \ pi˧li˩mu˩—吹笛子（308 \ 212）

berq \ pər˩—拔（320 \ 216）

bul \ pu˥—送（330 \ 219）

ba ba \ pɑ˧Pɑ˧—帮、贴扶（336 \ 221）

berl \ pər˥—写（340 \ 222）

bei \ pe˧—闩（378 \ 234）

bi \ pi˧—漂（391 \ 238）

bul \ pu˥—孕（401 \ 241）

berl gaiq \ pər˥kæ˩—胆识（415 \ 246）

bee ba \ pɯ˧Pɑ˧—变化（483 \ 266）

bvl \ pɣ˥—乡里（507 \ 274）

ba baq \ pɑ˧Pɑ˩—背（538 \ 284）

bo \ po˧—宝（541 \ 285）

biel \ piə˥—贝（543 \ 285）

biuq ser \ py˩sər˧—祭木（562 \ 292）

biu bbvq \ py˧bɣ˩—祭司（563 \ 292）

bei \ pe˧—矢栝（598 \ 304）

ba lil \ pɑ˧li˥—纺线锤（632 \ 315）

bei \ pe˧—闩（668 \ 326）

p \ p′

piel \ p′iə˥—叶、树叶（70 \ 142）

paq kee \ p′a˩k′ɯ˦—狼（113 \ 153）

pa \ p′a˦—脸、面（167 \ 169）

piq \ p′i˩—腿（193 \ 177）

pv \ p′ʏ˦—老人（202 \ 179）

peel \ p′ɯ˥—采、摘（341 \ 222）

pieq \ p′iə˩—辫（346 \ 224）

pvl \ p′ʏ˥—撒播（348 \ 225）

pu \ p′u˦—开启（376 \ 233）

peel \ p′ɯ˥—折断、断（386 \ 237）

pa \ p′a˦—面容（409 \ 244）

perq \ p′ər˩—解（438 \ 253）

pil \ p′i˥—遗失（448 \ 256）

peel \ p′ɯ˥—断、绝（471 \ 263）

pieq \ p′iə˩—爱（490 \ 268）

piq xel \ p′i˩çə˥—占卦（583 \ 299）

paq \ p′a˩—女巫（584 \ 299）

pvq \ p′ʏ˩—攻破（620 \ 310）

peiq \ p′e˩—麻布（628 \ 313）

pv si \ p′ʏ˦si˦—丝绸（629 \ 314）

piu liu \ p′y˦ly˦—帽子（641 \ 317）

bb \ b

bbei doq yu saq \ be˦to˩y˦sa˩—形象状态（6 节 \ 239）

bbiq \ bi↓ —日 （7 \ 124）

bbaq \ bɑ↓ —阳光 （8 \ 124）

bbaq kail \ bɑ↓kʻæ˥ —照耀 （9 \ 125）

bbiq ggvq \ bi↓gɣ↓ —日落 （13 \ 126）

bbiq tv \ bi↓tʻɣ˧ —日出 （14 \ 126）

bbu \ bu˧ —明、亮 （17 \ 127）

bbu \ bu˧ —亮 （23 \ 129）

bbu \ bu˧ —光 （25 \ 129）

bbei \ be˧ —雪 （32 \ 131）

bbaq \ bɑ↓ —花 （71 \ 142）

bbal bba \ bɑ˥bɑ˧ —花 （71 \ 142）

bbaq \ bɑ↓ —花 （72 \ 142）

bbi \ bi˧ —森林 （75 \ 143）

bbi \ bi˧ —林子 （76 \ 143）

bbuq \ bu↓ —猪 （103 \ 150）

bbuq ji \ bu↓tɕi˧ —野猪 （118 \ 154）

bbuq fv \ bu↓fɣ˧ —猫头鹰 （128 \ 157）

bbu ssei \ bu˧ze˧ —蚕 （143 \ 162）

bbu ssei \ bu˧ze˧ —蚕 （144 \ 162）

bbi ddiq \ bi˧di↓ —虫、昆虫 （146 \ 162）

bbvq \ bɣ↓ —孵 （161 \ 167）

bbe \ bə˧ —脚掌 （192 \ 176）

bber \ bər˧ —宾客 （214 \ 183）

bbai mi dvq \ bæ˧mi˧tɣ↓ —灯笼 （219 \ 186）

bbai gvq \ bæ˧kɣ↓ —扫帚 （251 \ 195）

bbv \ bɣ˧ —锅 （254 \ 196）

bbv zzeiq \ bɣ˧dze↓ —勺子 （264 \ 199）

bbvq \ bɣ↓ —匍匐 （275 \ 203）

bbaiq \ bæ↓—奔 (280 \ 204)

bbee \ bɯ┤—去 (281 \ 204)

bber \ bər┤—迁徙 (286 \ 206)

bbi \ bi┤—尿 (315 \ 214)

bbuq \ bu↓—扛 (333 \ 220)

bbiq \ bi↓—搓 (346 \ 224)

bbuq \ bu↓—担、扛 (366 \ 230)

bbei \ be┤—作、做 (367 \ 230)

bbiu \ by┤—分 (384 \ 236)

bbiq \ bi↓—平安、舒适 (427 \ 249)

bbai mi \ bæ┤mi┤—灯火 (434 \ 251)

bbeq \ bə↓—合 (461 \ 260)

bbee \ bɯ┤—妇女 (497 \ 271)

bbaiq mai \ bæ↓mæ┤—贝 (543 \ 285)

bbv \ bɣ┤—烧肉 (559 \ 290)

bbaiq mai dol \ bæ↓mæ┤to˥—贝卜 (585 \ 300)

bbe pvq \ bə┤P'ɣ↓—大刀 (589 \ 301)

bberq ko \ bər↓k'o┤—牛角号 (606 \ 306)

bbe pvl \ bə┤P'ɣ˥—盾牌 (607 \ 307)

bbiq \ bi↓—纺线 (633 \ 315)

bbeiq jji \ be↓dʑi┤—头巾 (635 \ 315)

bba laq \ bɑ┤lɑ↓—衣服 (638 \ 316)

bber bbiq \ bər┤bi↓—旄牛披毡 (640 \ 317)

bberq see \ bər↓sɿ┤—旄牛披毡 (640 \ 317)

bbuq bbiuq \ bu↓by↓—猪圈 (671 \ 327)

m \ m

mee leel seef goq \ mɯ┤lɯ˥sɿ˩ko↓—天地自然 (1 节 \ 122)

mee 天（1/123）

mee ggv \ mɯ˧ gɣ˧—雷（2 \ 123）

mee ceel \ mɯ˧ ts'ɿ˥—秋天（5 \ 124）

mee cee \ mɯ˧ ts'ɿ˧—冬天（6 \ 124）

mee zza \ mɯ˧ dʑɑ˧—阴天（15 \ 126）

mi bbu \ mi˧ bu˧—火光（25 \ 129）

mee leel heel jjiq teeq \ mɯ˧ lɯ˥ hɯ˥ dʑi˩ t'ɯ˩—虹（29 \ 130）

mi \ mi˧—火（56 \ 137）

mi wuq \ mi˧u˩—火坑（57 \ 138）

meel \ mɯ˥—竹子（79 \ 144）

mee zzei \ mɯ˧ dʑe˧—大麦（92 \ 147）

mal yi \ mɑ˥i˧—孔雀（132 \ 158）

mai \ mæ˧—尾（152 \ 164）

mai \ mæ˧—获、得到（159 \ 166）

mie zeeq fv \ miə˧ tsɿ˩fɣ˧—眉毛（168 \ 170）

mieq \ miə˩—眼（169 \ 170）

mieq goq \ miə˩ko˩—瞪（170 \ 170）

mieq bber \ miə˩bər˧—眼泪（172 \ 171）

mee zeel \ mɯ˧ tsɿ˥—胡须（179 \ 173）

mei \ me˧—母、雌（195 \ 177）

muq \ mu˩—尸体（198 \ 178）

mul \ mu˥—老（203 \ 180）

mei \ me˧—母亲（207 \ 181）

mei heiq \ me˧ he˩—姐姐（210 \ 182）

muq \ mu˩—簸箕（222 \ 186）

muq ko \ mu˩k'o˧—号筒（247 \ 194）

mi \ mi˧—听闻（301 \ 210）

mai \ mæ˧—得到（329 \ 219）

maiq \ mæ↓—及、跟上（364 \ 229）

mil ssi \ mi˥zi˧—美女（410 \ 244）

mi tvq \ mi˧tʏ↓—炬（464 \ 261）

mi rhee \ mi˧dʐ˞˥—燃烧（465 \ 261）

mi piel \ mi˧P'iə˥—火焰（466 \ 261）

mi xil \ mi˧ɕi˥—火舌（466 \ 261）

mi bberq \ mi˧bər↓—焚烧（467 \ 262）

mil \ mi˥—女（496 \ 271）

mi lvq \ mi˧lʏ↓—婚配（499 \ 272）

mul \ mu˥—长老（514 \ 277）

mi we naq zzaiq \ mi˧uə˧na↓dʑæ↓—黑牢（518 \ 278）

mu keel \ mu˧k'ɯ˥—献牲（568 \ 294）

mu \ mu˧—牺牲（569 \ 294）

mee seeq sa seeq sol \ mɯ˧sʅ↓sa˧sʅ↓so˥—傈僳人打竹片卦（587 \ 300）

muq zzeeq \ mu↓dʐ˞↓—驻兵（595 \ 303）

muq \ mu↓—兵（607 \ 307）

muq dee \ mu↓tɯ˧—起兵（611 \ 308）

muq aq \ mu↓ɑ↓—屯兵（619 \ 310）

mul \ mu˥—耆老（673 \ 328）

miq \ mi↓—下（683 \ 332）

f \ f

fvl \ fʏ̣˥—鼠（117 \ 154）

fv \ fʏ̣˧—雉、野鸡（126 \ 157）

fv \ fʏ̣˧—毛（149 \ 163）

fv \ fʏ̣˧—毛发（184 \ 174）

fai \ fæ˧—去（343 \ 223）

fv lvl＼ fv┤lv┐—毛毯（644＼318）

d＼t

dv xiq＼ tv┤çi↓—蜈蚣（147＼163）

dvl＼ tv┐—撑顶（234＼190）

dal mei＼ ta┐┤me┤—箝（235＼190）

der＼ tər┤—强入（295＼209）

diu＼ ty┤—春（347＼224）

daiq＼ tæ↓—拉、牵（350＼225）

deel＼ tɯ┐—泡（361＼229）

diu＼ ty┤—锤击（381＼235）

dee＼ tɯ┤—位置（396＼240）

dal＼ ta┐—匣（431＼251）

derl der＼ tər┐tər┤—纠缠（439＼253）

dvq＼ tv↓—直（450＼256）

dvq＼ tv↓—正直（517＼277）

diu＼ ty┤—春（529＼281）

doq do＼ to↓to┤—抱（539＼284）

daiq＼ tæ↓t—引、拉（604＼306）

derl＼ tər┐—关（627＼313）

dvq＼ tv↓—纺线（633＼315）

dvq＼ tv↓—箩（659＼323）

dvq＼ tv↓—千（681＼331）

dee＼ tɯ┤—位（686＼332）

t \ t′

to lei \ t′o┤le┤—兔子 (116 \ 154)

teel \ t′ɯ˥—腰 (185 \ 174)

tei ee \ t′e┤ɤɯ┤—书 (241 \ 192)

taq \ t′ɑ↓—罐子 (261 \ 198)

toq \ t′o↓—依靠 (269 \ 201)

tai \ t′æ┤—戴 (338 \ 221)

tei ee \ t′e┤ɤɯ┤—书 (339 \ 222)

tiul tiu \ t′y˥t′y┤—相依 (397 \ 240)

tv \ t′ỵ┤—到达 (398 \ 241)

to toq \ t′o┤t′o↓—相靠 (414 \ 245)

terl \ t′ər˥—包 (441 \ 254)

teeq \ t′ɯ↓—喝 (549 \ 287)

ti kel \ t′i┤k′e˥—网叉 (580 \ 298)

terq \ t′ər↓—围裙 (636 \ 316)

dd \ d

ddiuq loq xi yuq \ dy↓lo↓çi┤y↓—社会生活 (7 节 \ 269)

ddiuq \ dy↓—大地 (35 \ 132)

dder lee \ dər┤lɯ┤—肥田 (37 \ 132)

dder \ dər┤—池、塘 (53 \ 137)

dder \ dər┤—生长 (63 \ 140)

ddai \ dæ┤—狐狸 (114 \ 153)

ddvq reeq \ dy↓z̩ɹ↓—毒蛇 (138 \ 160)

ddv \ dỵ┤—翅 (154 \ 165)

ddoq \ do↓—尻、屁股（155 \ 165）

ddvq \ dy↓—肚、腹（182 \ 174）

ddv \ dy┤—犁（215 \ 184）

dda gv \ da┤ky┤—鼓（244 \ 193）

dda keq \ da┤k'ə↓—鼓（245 \ 193）

ddo \ do┤—登（289 \ 207）

ddoq \ do↓—见（298 \ 210）

ddee \ duɯ┤—得（332 \ 220）

ddiul \ dy┐—赶（344 \ 223）

ddv \ dy┤—挖或凿（372 \ 232）

dda keq lal \ da┤k'ə↓la┐—击鼓（375 \ 233）

ddeeq \ duɯ↓—大（395 \ 240）

dderq \ dər↓—粪（476 \ 264）

dder lee \ dər┤luɯ┤—良田（524 \ 279）

ddaiq \ dæ↓—地基（525 \ 280）

ddiul \ dy┐—逐（532 \ 282）

dduq lv \ du↓ly┤—神石（562 \ 292）

ddee \ duɯ┤——（674 \ 329）

ddvq \ dy↓—毒鬼（581 \ 298）

dder \ dər┤—竹帘（643 \ 318）

n \ n

naq fvl \ na↓fy┐—黑暗（21 \ 128）

neeq \ nuɯ↓—牲畜、吉祥（100 \ 150）

noq \ no↓—绒毛（150 \ 163）

nvl \ ny┐—口、嘴巴（175 \ 172）

nee \ nuɯ┤—心（196 \ 178）

ner herq \ nər┤hər↓—麻袋（230 \ 189）

neel \ nɯ˥—扭（322 \ 217）

nerl \ nər˥—按压（380 \ 234）

neel \ nɯ˥—旋风（442 \ 254）

neel \ nɯ˥—旋转、漩涡（444 \ 254）

nvq \ nɣ↓—臭（475 \ 264）

naq \ na↓—黑（486 \ 267）

nv \ nɣ┤—葬（560 \ 291）

no oq \ no┤o↓—福分（565 \ 293）

neeq waq \ nɯ↓ua↓—福泽（579 \ 298）

naq ka shuq zzaiq \ na↓k'a┤ʂu↓ʣæ↓—都城（655 \ 322）

naq ka shuq we \ na↓k'a┤ʂu↓uə┤—铁铸寨子（656 \ 322）

1 \ l

leiq \ le↓—月亮（18 \ 127）

lee sal \ lɯ┤sa˥—地气（34 \ 131）

lee bbu \ lɯ┤bu┤—田埂、田界（36 \ 132）

lv \ lɣ┤—石头（42 \ 134）

loq \ lo↓—山谷、山涧（50 \ 136）

la naq \ la┤na↓—高粱、蜀黍（89 \ 147）

la \ la┤—虎（106 \ 151）

lvq \ lɣ↓—龙（110 \ 152）

lo maq \ lo┤ma↓—云雀（122 \ 155）

lei gaiq \ le┤kæ↓—乌鸦（123 \ 156）

la ma chual ma \ la┤ma┤tʂ'ua˥ma┤—蜘蛛（141 \ 161）

la bbaq \ la┤ba↓—虎吼（156 \ 165）

luaq ba \ lua↓pa┤—胡子（180 \ 173）

laq \ lɑ↓ —手（188 \ 175）

la zheeq \ l˥ɑʈʂɿ↓ —指甲（190 \ 176）

lai \ læ˥ —阴囊、睾丸（194 \ 177）

lv bbv \ lɣ˥bʮ˥ —孙（212 \ 183）

lo beiq \ lo˥Pe↓ —木锨（216 \ 184）

laq bbei \ lɑ↓be˥ —斧头（224 \ 187）

leeq \ lɯ↓ —船（226 \ 188）

la rheq \ lạ˥dʐ̱ə↓ —钉耙（227 \ 188）

laq ye \ lɑ↓iə˥ —撮箕（229 \ 188）

lo bal \ lo˥Pa˥—木盆（257 \ 197）

lol \ lo˥—跨（278 \ 204）

lol \ lo˥—跨越（283 \ 205）

lvq \ lɣ↓ —举（290 \ 207）

liuq \ ly↓ —看（297 \ 209）

lerq \ lər↓ —喊（304 \ 211）

loq \ lo↓ —施食（312 \ 214）

lvq \ lɣ↓ —奉送（328 \ 218）

lvq \ lɣ↓ —举（331 \ 219）

lvq \ lɣ↓ —抬举（333 \ 220）

lal \ lɑ˥—打（344 \ 223）

lerl \ lər˥—量（345 \ 224）

leeq \ lɯ↓ —耕（349 \ 225）

leeq zhal \ lɯ↓tsɑ—撑船、行船（354 \ 226）

leeq keel \ lɯ↓k'ɯ˥—行船（354 \ 226）

lv bbv chel shul \ lɣ˥bʮ˥ʈʂ'ə˥ʂu˥—烧石除秽（359 \ 228）

laq cher \ lɑ↓ʈʂ'ər˥—洗手（360 \ 228）

liu liuq \ ly˥ly↓—相向（406 \ 243）

lvl \ lɣ˥—罩、蒙覆（433 \ 251）

lvl \ lʏ˥—缠绕（435 \ 252）

lvl \ lʏ˥—团、盖、罩（440 \ 253）

liul \ lʏ˥—飘、做（443 \ 254）

luq \ lu˩—量（509 \ 275）

leeq \ lɯ˩—执事（510 \ 275）

laq biu \ la˩pʏ˧—手铐（519 \ 278）

lvl \ lʏ˩—牧（527 \ 280）

lei heiq hail \ le˧he˩hæ˥—挂獐皮袋（574 \ 296）

loq \ lo˩—施食（577 \ 297）

la rheq \ la˧dʐə˩—钉耙（591 \ 302）

laq bbei \ la˩be˧—斧（592 \ 302）

liu \ lʏ˧—矛（594 \ 302）

lee mei \ lɯ˧me˧—弓（596 \ 303）

lee \ lɯ˧—箭（597 \ 303）

lee see \ lɯ˧sʅ˧—箭（597 \ 303）

lee we \ lɯ˧uə˧—箭架（601 \ 305）

lee bv \ lɯ˧pʏ˧—箭囊（602 \ 305）

lee jji \ lɯ˧dʑi˧—弓套（603 \ 305）

laq rhu \ la˩dʐu˧—武器（608 \ 307）

lal la \ la˥la˧—打架（612 \ 308）

laq saq piu liu \ la˩sa˩P'ʏ˧lʏ˧—丧帽（642 \ 318）

la geq \ la˧kə˩—窗（664 \ 325）

leil dei ku \ le˥te˧k'u˧—后墙窗户（665 \ 325）

lei jjiq \ le˧dʑi˩—梯子（666 \ 326）

lu \ lu˧—四（677 \ 330）

liul \ lʏ˥—中（684 \ 332）

lerl ddiuq \ lər˥dy˩—尺子（688 \ 333）

g \ k

geeq \ kɯ↓—星（22 \ 128）

geeq mai perq \ kɯ↓mæ┤pˈər↓—慧星（26 \ 129）

gvl jjiq \ kʏ˥dʑ̩i↓—虹（29 \ 130）

gv dder \ kʏ┤dər┤—胚芽、发芽（59 \ 139）

gvl \ kʏ˥—外壳（62 \ 139）

gel \ kə˥—枝（67 \ 141）

go \ ko┤—鸿雁、白鹤（133 \ 159）

go loq \ ko┤lo↓—蚕茧（145 \ 162）

gv \ kʏ┤—头（164 \ 169）

gv \ kʏ┤—头（165 \ 169）

gvq kel \ kʏ↓kˈə˥—蛋巢（220 \ 186）

guaq \ kuɑ↓—炉灶（252 \ 195）

geq \ kə↓—酒坛（262 \ 198）

ge liuq \ kə┤ly↓—照镜子（299 \ 210）

guq \ ku↓—交、付（324 \ 217）

geel \ kɯ˥—灸（353 \ 226）

go \ ko┤—舀（389 \ 237）

geeq \ kɯ↓—赞美（413 \ 245）

gvl \ kʏ˥—扣、合扣（430 \ 250）

gvl gv \ kʏ˥kʏ┤—扣合（432 \ 251）

gvl \ kʏ˥—罩（468 \ 262）

gvl \ kʏ˥—会者（512 \ 276）

gual \ kuɑ˥—祭粮（571 \ 295）

geel tai \ kɯ˥tˈæ┤—叉子（593 \ 302）

go loq \ ko┤lo↓—纺线锤（632 \ 315）

gu muq \ ku˧mu˩—帽子（641 \ 317）

gal \ kɑ˥—盖（646 \ 319）

goq \ ko˩—高原（670 \ 327）

goq \ ko˩—内、里（685 \ 332）

k \ k′

keeq lee \ k′ɯ˩lɯ˧—开荒地（37 \ 132）

kee \ k′ɯ˧—狗（104 \ 151）

ko \ k′o˧—角（151 \ 164）

ko mu \ k′o˧mu˧—蹄印（153 \ 164）

kol \ k′o˥—宰杀（160 \ 166）

kee \ k′ɯ˧—脚（191 \ 176）

kel \ k′ə˥—篮（217 \ 185）

ko zeeq \ k′o˧tsʅ˩—木橛（232 \ 189）

koq \ k′o˩—栅栏（241 \ 192）

kual \ k′uɑ˥—碗（258 \ 197）

keel \ k′ɯ˥—去（281 \ 204）

ko yuq hei heeq \ k′o˧y˩he˧hɯ˩—声轻神安（300 \ 210）

kuel shel \ k′uə˥ʂə˥—歌咏、说大话（306 \ 212）

keel \ k′ɯ˥—盛（326 \ 218）

kv \ k′ʏ˧—割（369 \ 231）

ke \ k′ə˧—劈、划（385 \ 236）

ka \ k′ɑ˧—苦（405 \ 243）

kvl \ k′ʏ˥—弯曲（445 \ 255）

ku bbuq \ k′u˧bu˩—门槛（454 \ 257）

kuel \ k′uə˥—地域、场面（455 \ 258）

kvl \ k′ʏ˥—年（484 \ 266）

koq \ k'o↓—族（502 \ 273）

kvq xi \ k'ɣ↓çi⊣—亲人（504 \ 273）

kaq \ k'ɑ↓—王、皇帝（508 \ 275）

kee biu laq biu keel \ k'ɯ⊣py⊣lɑ↓py⊣k'ɯ˥—束缚（520 \ 278）

kee sherq \ k'ɯ⊣ʂər↓—狩猎（531 \ 281）

kee keel \ k'ɯ⊣k'ɯ˥—狩猎（531 \ 281）

kol mu \ k'o˥mu⊣—杀牲（570 \ 295）

kee mu zzi, sei meiq gguq \ k'ɯ⊣mu⊣dʑi⊣, se⊣me↓gu↓—献全牲，供奉饱满粮食（572 \ 295）

kail \ k'æ˥—射（605 \ 306）

kol \ k'o˥—宰（617 \ 309）

ke \ k'ə⊣—劈（622 \ 311）

kee biu \ k'ɯ⊣py⊣—桎、脚镣（623 \ 311）

kuaq \ k'uɑ↓—坏（625 \ 312）

keeq perl \ k'ɯ↓p'ər˥—线束（631 \ 314）

ka daq \ k'ɑ⊣tɑ↓—围腰（637 \ 316）

ku \ k'u⊣—门（663 \ 325）

gg \ g

ggu jiuq seiq shel \ gu⊣tɕy↓se↓ʂə˥—人体称谓（3节 \ 168）

ggv jji jji ddaiq \ gɣ⊣dʑi⊣dʑi⊣dæ↓—衣饰建筑（9节 \ 313）

ggai mieq ceil ddol \ gæ⊣miə↓tsʼeˊdo˥—电光闪烁（27 \ 130）

ggai mieq \ gæ⊣miə↓—闪电（28 \ 130）

gge \ gə⊣—垂（90 \ 147）

ggvq \ gɣ↓—熊（109 \ 152）

ggo \ go⊣—盲（171 \ 171）

ggv \ gɣ⊣—身体（181 \ 173）

ggu mu＼gu˧mu˧—身体（181＼173）

ggu mei＼gu˧me˧—妹妹（210＼182）

ggu doq＼gu˧to˩—相背（383＼236）

ggu＼gu˧—相背（446＼255）

ggu luq ga leiq＼gu˧lu˩kɑ˧le˩—保佑赐福（573＼296）

gguq＼gu˩—粮柜（661＼324）

gguq lee＼gu˩lɯ˧—沉重（402＼242）

gguq＼gu˩—病（424＼249）

gguq cer＼gu˩tsʼər˧—疾病（425＼249）

ggaiq bbei＼gæ˩be˧—盘子（266＼199）

ggv＼gɣ˧—涉（287＼206）

ggeeq yi＼gɯ˩i˧—祈求（291＼208）

gge＼ge˧—舞（362＼229）

ggu ni＼gu˧ȵi˧—剔除（371＼232）

ggaiq＼gæ˩—夹（388＼237）

ggv＼gɣ˧—雷劈（436＼252）

ggo ggoq＼go˧go˩—分开离别（447＼255）

ggee ssaq＼gɯ˧za˩—中的（452＼257）

gga＼gɑ˧—胜者（522＼279）

ggee ssee＼gɯ˧zɿ˧—弟（540＼284）

ggee＼gɯ˧—饱（552＼288）

ggaiq＼gæ˩—剑（599＼304）

ggaiq jji＼gæ˩dʑi˧—刀鞘（603＼305）

ggvq＼gɣ˩—刺（614＼309）

ggvq＼gɣ˩—刺（615＼309）

ggeeq jjiq＼gɯ˩dʑi˩—木板房（662＼324）

ggeq＼gə˩—上（682＼331）

ng \ ŋ

ngeq \ ŋə↓ —我（204 \ 180）

ngail mo \ ŋæ˥mo˧ —葫芦笙（248 \ 194）

ngvq \ ŋɣ↓ —哭（302 \ 211）

ngvq \ ŋɣ↓ —银（542 \ 285）

h \ h

heeq \ hɯ↓ —雨（4 \ 123）

heeq \ hɯ↓ —富（660 \ 324）

heeq ggee \ hɯ↓gɯ˧ —下雨（4 \ 123）

hei \ he˧ —月份（18 \ 127）

hei mei \ he˧me˧ —月亮（18 \ 127）

huq \ hu↓ —夜（19 \ 128）

huq ko \ hu↓k'o˧ —半夜、深夜（20 \ 128）

heeq naq \ hɯ↓na↓ —大雨（33 \ 131）

huaq \ huɑ↓ —溪流（48 \ 135）

heel \ hɯ˥ —海（52 \ 136）

hual leiq \ huɑ˥le↓ —猫（105 \ 151）

huaq zzei \ huɑ↓dʑe˧ —燕子（131 \ 158）

her \ hər˧ —风（132 \ 159）

hai sheeq bal mei \ hæ˧ʂʅ↓pɑ˥me˧ —龟（140 \ 161）

hal \ hɑ˥ —栖（158 \ 166）

hei zeeq \ he˧tsʅ↓ —耳朵（173 \ 171）

hee \ hɯ˧ —牙（177 \ 172）

hee ggoq \ hɯ˧go↓ —臼齿（178 \ 172）

hul \ hu˥—胃（197 \ 178）

hua rhua \ hua˧ ʥua˧—围栏（242 \ 192）

hal \ hɑ˥—宿（270 \ 201）

hee \ hɯ˧—去了、前往（284 \ 205）

haiq \ hæ↓—买（356 \ 227）

herl \ hər˥—割（373 \ 232）

hol \ ho˥—八（383 \ 236）

hei tal \ he˧ t'ɑ˥—耳聪（408 \ 244）

heel hee \ hɯ˥ hɯ˧—围绕（451 \ 256）

hol \ ho˥—深（456 \ 258）

herq \ hər↓—绿（488 \ 268）

heeq \ hɯ↓—富（516 \ 277）

ha meil \ hɑ˧ me˥—乞丐（523 \ 279）

haiq \ hæ↓—金（542 \ 285）

hoq zzer \ ho↓ʣər˧—踏歌（544 \ 286）

ha \ hɑ˧—饭（550 \ 288）

hu \ hu˧—守、拦截（610 \ 307）

hei jjiq \ he˧ ʥi↓—寺庙（654 \ 322）

hual ddvq \ hua˥ dy̥↓—简易宿棚（662 \ 324）

ee \ ɣ

ee \ ɣɯ˧—牛（97 \ 149）

ee mei \ ɣɯ˧ me˧—母牛（98 \ 149）

ee pv \ ɣɯ˧ p'y̥˧—公牛（101 \ 150）

ee see \ ɣɯ˧ sʅ˧—竹漏勺（221 \ 186）

eeq \ ɣɯ↓—掬起（319 \ 216）

eeq \ ɣɯ↓—包、抱（335 \ 221）

ee \ ɤɯ ㅓ —好（411 \ 244）

eel ee \ ɤɯ ㅣ ɤɯ ㅓ —围绕（451 \ 256）

ee \ ɤɯ ㅓ —善（481 \ 265）

ee bbiuq \ ɤɯ ㅓ by ↓ —牛圈（672 \ 327）

j \ tɕ

jiq \ tɕi ↓ —云（30 \ 130）

ji gueq \ tɕi ㅓ kuə ↓ —瓜（94 \ 148）

jil she \ tɕi ㅣ ʂə ㅓ —喜鹊（125 \ 156）

jiuq \ tɕy ↓ —啼鸣（157 \ 166）

jiul jiu \ tɕy ㅣ tɕy ㅓ —客气（162 \ 167）

jiul chuq \ tɕy ㅣ tsʹu ↓ —最早、元（166 \ 169）

jer \ tɕər ㅓ —杯子（263 \ 198）

ji heq \ tɕi ㅓ hə ↓ —生育（317 \ 215）

jil \ tɕi ㅣ —羊毛剪（370 \ 231）

jerl \ tɕər ㅣ —挖或凿（372 \ 232）

jiuq \ tɕy ↓ —返、复（419 \ 247）

ji heq \ tɕi ㅓ hə ↓ —生育（535 \ 283）

ja aq zol la liuq \ tɕɑ ㅓ ɑ ↓ tso ㅣ la ㅓ ly ↓ —玖阿人看左拉卦（582 \ 299）

jai jui \ tɕæ ㅓ tɕue ㅓ —三角叉（590 \ 301）

q \ tɕʹ

qil \ tɕʹi ㅣ —冷（58 \ 138）

qi \ tɕʹi ㅓ —荆棘（77 \ 143）

qi bbi \ tɕʹi ㅓ bi ㅓ —棘丛（78 \ 144）

qiq ser \ tɕʹi ↓ sər ㅓ —桑（82 \ 145）

qer \ tɕʰər ꜔ —屎（316 \ 215）

qer \ tɕʰər ꜔ —采、摘（341 \ 222）

qi \ tɕʰi ꜔ —卖（357 \ 227）

qer \ tɕʰər ꜔ —折断、断（386 \ 237）

qiq \ tɕʰi ꜖ —甜（404 \ 242）

qiq bbeeq \ tɕʰi ꜖bɯ ꜖ —尽、断粮（470 \ 262）

qi \ tɕʰi ꜔ —刺（472 \ 263）

qi cheq \ tɕʰi ꜔ tʂʰə ꜖ —刺棵、刺蓬（472 \ 263）

qiu cheeq gv mail \ tɕʰy ꜔ tsʰ ʅ ꜖kɣ ꜔mæ ꜔ —宗族后裔（503 \ 273）

qi \ tɕʰi ꜔ —防守（609 \ 307）

jj \ dʑ

jjiuq \ dʑy ꜖ —山（38 \ 133）

jjiq bberq \ dʑi ꜖bər ꜖ —洪灾（45 \ 134）

jjiq ga ddo \ dʑi ꜖kɑ ꜔do ꜔ —洪灾（45 \ 134）

jjiq huaq \ dʑi ꜖huɑ ꜖ —流水（46 \ 135）

jjiq \ dʑi ꜖ —水（47 \ 135）

jjiq ko \ dʑi ꜖kʰo ꜔ —水泉（51 \ 136）

jjiq ddaq \ dʑi ꜖dɑ ꜖ —波涛（54 \ 137）

jji mai mee zeeq diu \ dʑi ꜔mæ ꜔mɯ ꜔tsɿ ꜖ty ꜔ —鹡鸰（130 \ 158）

jji ceil \ dʑi ꜔tsʰe ꜖ —木轮车（225 \ 187）

jji ceiq \ dʑi ꜔tʰe ꜖ —蓑衣（231 \ 189）

jji tvl \ dʑi ꜔tʰy ꜔ —脚步（276 \ 203）

jji \ dʑi ꜔ —走（277 \ 203）

jjeq \ dʑə ꜖ —跑（279 \ 204）

jjeq \ dʑə ꜖ —艰难（421 \ 248）

jjer \ dʑər ꜔ —跛（422 \ 248）

jjiq neel \ dʑi↓nɯ˥—漩涡（444＼254）

jjiuq \ dʑy↓—女仆（498＼271）

jjiq \ dʑi↓—家（505＼274）

jjil \ dʑi˥—烧肉（559＼290）

jji \ dʑi⊣—衣服（638＼316）

jjiq \ dʑi↓—房屋（647＼319）

jji mei \ dʑi⊣me⊣—大房（650＼320）

jjie ddvq \ dʑiə⊣dɣ↓—墙（652＼321）

jji mei mee dvl shuq rerq \ dʑi⊣me⊣mɯ⊣tɣ˥ʂu↓z̩ər↓—中柱（657＼323）

ni ＼ ȵ̩

nieq \ niə↓—春（3＼123）

ni mei \ ȵ̩i⊣me⊣—日（7＼124）

nil \ ȵ̩i˥—白天（11＼125）

ni mei ggvq \ ȵ̩i⊣me⊣gɣ↓—日落（12＼126）

ni mei jiq nee lvl \ ȵ̩i⊣me⊣tɕi↓nɯ⊣lɣ˥—日晕（16＼127）

nil bberq \ ȵ̩i˥bər↓—蜻蜓（136＼160）

ni \ ȵ̩i⊣—鱼（148＼163）

nil merq \ ȵ̩i˥mər↓—鼻子（174＼171）

nil ni \ ȵ̩i˥ȵ̩i⊣—奶（187＼175）

ni mei dvl dvq \ ȵ̩i⊣me⊣tɣ˥tɣ↓—正午（449＼256）

nil \ ȵ̩i˥—空（457＼258）

nil ni \ ȵ̩i˥ȵ̩i⊣—乳（536＼283）

nie nieq ciq goq geel \ ȵ̩iə⊣ȵ̩iə↓tsʼi↓ko↓kɯ˥—彝人烧羊髌骨占卜（586＼300）

ni we \ ȵ̩i⊣uə⊣—地狱（625＼312）

ni \ ȵ̩i⊣—二（675＼329）

x \ ç

xiul \ çy˥—柏（81 \ 144）

xiq \ çi˩—稻子（93 \ 148）

xil \ çi˥—舌（176 \ 172）

xi \ çi˧—套网（238 \ 191）

xi col \ çi˧ tsʼo—网（239 \ 191）

xiul \ çy˥—站立（273 \ 202）

xiuq \ çy˩—红（487 \ 267）

xi \ çi˧—人（491 \ 269）

xi dvq \ çi˧ tʏ˩—正直（517 \ 277）

xiu \ çy˧—兽（531 \ 281）

xiu bbei \ çy˧ be˧—祭祀（564 \ 292）

xiul see \ çy˥sʅ˧—祈祷（567 \ 293）

xi \ çi˧—百（680 \ 331）

zh \ tʂ

zhee \ tʂʅ˧—土（35 \ 132）

zher \ tʂər˧—栎（84 \ 145）

zheeq \ tʂʅ˩—粮食、庄稼（87 \ 146）

zhuaq \ tʂuɑ˩—成年男子（199 \ 179）

zhal \ tʂɑ˥—锛（224 \ 187）

zhaiq \ tʂæ˩—琵琶（243 \ 193）

zhuq \ tʂu˩—扎（352 \ 226）

zhul \ tʂu˥—接续（382 \ 235）

zhul shu \ tʂu ˥ʂu˧—打扮（412 \ 245）

zhul zhu \ tʂu ˥tʂu ˧—串、贯（429 \ 250）

zhuq \ tʂu˩—串、贯（429 \ 250）

zherl \ tʂər˥—节（478 \ 265）

zherq xi \ tʂər˩çi ˧—仆（494 \ 270）

zhoq \ tʂo˩—缝（634 \ 315）

zhual \ tʂua˥—内室（651 \ 321）

ch \ tʂʼ

chual \ tʂʼua˥—鹿（111 \ 153）

chual bba la bba \ tʂʼua˥ba ˧la ˧ba ˧—蜘蛛（141 \ 161）

chu bbv naq \ tʂʼu ˧bɣ˧na˩—炒锅（253 \ 196）

cher \ tʂʼər ˧—洗浴（358 \ 228）

cherl \ tʂʼər˥—持、捏（387 \ 237）

chu gueq \ tʂʼu ˧kuə˩—串珠（428 \ 250）

cheel \ tʂʼ˥—破烂（474 \ 264）

cher mei \ tʂʼər ˧me ˧—媳妇（500 \ 272）

cherl \ tʂʼər˥—世、代（506 \ 274）

cherq \ tʂʼər˩—肥肉（558 \ 290）

cher ee \ tʂʼər ˧ɣɯ ˧—药（561 \ 291）

chul ba jjil \ tʂʼu ˥pa ˧dʑi˥—烧天香（576 \ 297）

chual \ tʂʼua˥—六（647 \ 319）

rh \ dʐ̩

rha \ dʐ̩a ˧—新芽（60 \ 139）

rhee \ dʐ̩ŋ ˧—豹（107 \ 151）

rhu \ dʐ̩u ˧—抛石器（236 \ 190）

rhu \ dʐ̩u ˧ —抛石器（237 \ 191）

rhu \ dʐ̩u ˧ —随（293 \ 208）

rheq \ dʐ̩ə ˩ —逮、抓（365 \ 230）

rhuq \ dʐ̩u ˩ —坠落（390 \ 238）

rherq \ dʐ̩ər ˩ —惊惧（417 \ 246）

rher \ dʐ̩ər ˧ —湿（462 \ 260）

rher shee \ dʐ̩ər ˧ʂɿ ˧ —鲜肉（463 \ 260）

rhu \ dʐ̩u ˧ —飞石（600 \ 304）

rheq \ dʐ̩ə ˩ —抓、捉（624 \ 312）

sh \ ʂ

sheq \ ʂə ˩ —沙（43 \ 134）

shuq beel \ ʂu ˩pɯ ˥ —钉子（233 \ 190）

shuq ggɤ \ ʂu ˩gɤ ˧ —铁锅（255 \ 196）

shel \ ʂə ˥ —说（303 \ 211）

shel she \ ʂə ˥ʂə ˧ —争吵（307 \ 212）

shue \ ʂuə ˧ —挵（323 \ 217）

sherq \ ʂər ˩ —牵、搀扶（337 \ 221）

sheel \ ʂɿ ˥ —剥（351 \ 225）

sher \ ʂər ˧ —七（368 \ 231）

shul \ ʂu ˥ —淬火（392 \ 238）

shua shua \ ʂuɑ ˧ʂuɑ ˧ —并肩（397 \ 240）

shul oq \ ʂu ˥o ˩ —容貌（409 \ 244）

shue \ ʂuə ˧ —痣、瘊子（423 \ 248）

shee \ ʂɿ ˧ —死（426 \ 249）

shuaq \ ʂuɑ ˩ —高（453 \ 257）

sherl \ ʂər ˥ —满（458 \ 259）

sheq \ ʂə˩ 一沙（479 \ 265）

sheeq \ ʂʅ˩ 一黄（485 \ 267）

sherl \ ʂər˥ 一满（528 \ 280）

shuq \ ʂu˩ 一铁（542 \ 285）

shee \ ʂʅ˦ 一肉（557 \ 290）

sherq \ ʂəʂr˩ 一牵、被带走（626 \ 312）

r \ ʐ

ruq \ ʐu˩ 一夏（4 \ 123）

ree \ ʐʅ˦ 一路（44 \ 134）

req \ ʐə˩ 一草（65 \ 140）

ssee herq \ ʐʅ˦ hər˩ 一山柳、柳（80 \ 144）

rua \ ʐuɑ˦ 一马（96 \ 148）

reeq \ ʐʅ˩ 一蛇（137 \ 160）

rer \ ʐər˦ 一刀（223 \ 187）

req lv \ ʐə˩lɣ˦ 一草席（249 \ 194）

ruaq \ ʐuɑ˩ 一量（260 \ 198）

ree sherq \ ʐʅ˦ʐər˩ 一长路（285 \ 206）

rer \ ʐər˦ 一畏惧（416 \ 246）

reeq \ ʐʅ˩ 一缝（634 \ 315）

z \ ts

zei zeiq ggv zzeiq \ tse˦tse˩gɣ˦dze˩ 一用具器具（4 节 \ 184）

zeeq \ tsʅ˩ 一钟（246 \ 194）

zo \ tso˦ 一炉灶（252 \ 195）

zee \ tsʅ˦ 一迎接（294 \ 208）

zeel \ tsʅ˥—塞（379 \ 234）

zeil \ tse˥—打火链（394 \ 239）

zeel \ tsʅ˥—塞（403 \ 242）

zee \ tsʅ˧—束（473 \ 263）

zaq \ tsɑ˩—快乐幸福（547 \ 287）

zeiq \ tse˩—仄鬼（581 \ 298）

zeil bbei \ tse˥be˧—斧子（592 \ 302）

zeel \ tsʅ˥—塞（667 \ 326）

c \ ts'

ciul \ ts'y˥—闪电（28 \ 130）

ceel eeq \ ts'ʅ˥ɣɯ˩—板栗（83 \ 145）

ciul \ ts'y˥—小米（88 \ 146）

ceeq \ ts'ʅ˩—细（95 \ 148）

ceel \ ts'ʅ˥—山羊（102 \ 150）

coq \ ts'o˩—象（108 \ 152）

cerl loq cerl bbv jjiu \ ts'ər˥lo˩ts'ər˥bʏ˧ dʑy˧—蝉（142 \ 161）

ceel \ ts'ʅ˥—跪（274 \ 202）

cee \ ts'ʅ˧—踢（288 \ 207）

cee cee \ ts'ʅ˧ts'ʅ˧—相踢（288 \ 207）

cil \ ts'i˥—丢弃（342 \ 223）

ceelddvq \ ts'ʅ˥dʏ˩—革囊（355 \ 227）

cerl \ ts'ər˥—切（368 \ 231）

ceeq \ ts'ʅ˩—到来（399 \ 241）

ceiq ni ree perq zzeiq \ ts'e˩ɲi˧zʅ˧ p'ər˩dze˩—十二条路汇集处（480 \ 265）

cei \ ts'e˧—盐（556 \ 289）

ceel \ ts'ɿ˥—跪拜（566 \ 293）

ceeq tvl \ ts'ɿ˧t'ʮ˥—除鬼（578 \ 298）

ceeq \ ts'ɿ˧—鬼（581 \ 298）

ceil \ ts'e˥—砍杀、破坏（618 \ 310）

co \ ts'o˦—楼（653 \ 321）

ceiq \ ts'e˧—十（679 \ 330）

zz \ ʥ

zzerq zzeeq sai yi \ ʥər˧ʥɿ˧sæ˦i˦—植物动物（2 节 \ 138）

zzeeq \ ʥɿ˧—山（38 \ 133）

zziuq \ ʥy˧—冰（55 \ 137）

zzeeq \ ʥɿ˧—冰（55 \ 137）

zzerq \ ʥər˧—树（66 \ 141）

zzerq kee \ ʥər˧k'ɯ˦—根（68 \ 141）

zzerq o \ ʥər˧o˦—树干（69 \ 141）

zzerq gv \ ʥər˧kʮ˦—树顶（73 \ 142）

zzerq liu \ ʥər˧ly˦—果（74 \ 143）

zzei \ ʥe˦—小麦（91 \ 147）

zzaiq \ ʥæ˧—麻雀（124 \ 156）

zzerl laq cherl bbv jjeq \ ʥər˥la˧ts'ər˥bʮ˦ʥə˧—蝉（142 \ 161）

zzi coq \ ʥi˦ts'o˧—精、崇（163 \ 168）

zzei ee \ ʥe˦ɣɯ˦—侄（213 \ 183）

zzee \ ʥɿ˦—凿子（228 \ 188）

zziuf \ ʥy˨—酥油壶（265 \ 199）

zzeeq \ ʥɿ˧—居住（267 \ 200）

zzeeq \ ʥɿ˧—坐（268 \ 201）

zzai \ ʥæ˦—骑（296 \ 209）

zzai \ dʑæ ˧ —富豪（660 \ 324）

zzer \ dʑər ˧ —唱歌（309 \ 213）

zzer co \ dʑər ˧ tsʼo ˧ —歌舞（310 \ 213）

zzee \ dʑʅ ˧ —吃（313 \ 214）

zzee \ dʑʅ ˧ —伴（327 \ 218）

zzee \ dʑʅ ˧ —大官（673 \ 328）

zzer co \ dʑər ˧ tsʼo ˧ —歌舞（363 \ 229）

zzerl \ dʑər ˥ —扯（377 \ 234）

zzeel zzee \ dʑʅ ˥ dʑʅ ˧ —忧愁（418 \ 247）

zzee \ dʑʅ ˧ —增长（459 \ 259）

zzai \ dʑæ ˧ —富、多（469 \ 262）；zzerq \ dʑər ˩ —强盗（521 \ 279）

zzaiq \ dʑæ ˩ —城（526 \ 280）；zzei lal \ dʑe ˧ lɑ —打麦（533 \ 282）

zzee bbuq \ dʑʅ ˧ bu ˩ —伴侣（545 \ 286）

zzei zzeiq \ dʑe ˧ dʑe ˩ —飨（548 \ 287）

zzee \ dʑʅ ˧ —吃（551 \ 288）

zzeeq jjiq \ dʑʅ ˩ dʑi ˩ —住宅（648 \ 320）

zzee we \ dʑʅ ˧ uə ˧ —村寨（658 \ 323）

zzoq \ dʑo ˩ —桥（669 \ 326）

zzeeq \ dʑʅ ˩ —两、对（687 \ 333）

s \ s

sei \ se ˧ —终（6 \ 124）

soq \ so ˩ —早晨（10 \ 125）

see toq \ sʅ ˧ tʼo ˩ —参星（24 \ 129）

sal \ sɑ ˥ —汽、气（31 \ 131）

seeq ka \ sʅ ˩ kʼa ˧ —梅（85 \ 146）

sa \ sɑ ˧ —麻（86 \ 146）

seeq \ sʅ↓—犀牛（115 \ 154）

seeq \ sʅ↓—术人（152 \ 164）

so lo \ so┤lo┤—骨头（186 \ 175）

seeq \ sʅ↓—父（206 \ 181）

seel dvq \ sʅ˥tʏ↓—神篓（218 \ 185）

so \ so┤—尝（311 \ 213）

see lv \ sʅ┤lʏ┤—想念（314 \ 214）

seel \ sʅ˥—拾（318 \ 215）

see \ sʅ┤—磨（393 \ 238）

sal \ sɑ˥—溢（460 \ 259）

see ddv \ sʅ┤dʏ┤—思虑（482 \ 266）

see \ sʅ┤—知、智（511 \ 276）

see sso mie heeq \ sʅ┤zo┤miə┤hɯ↓—明智（513 \ 276）

sol \ so˥—搓（530 \ 281）

soq \ so↓—学习（534 \ 283）

siul \ sy˥—铅（542 \ 285）

ser \ sər┤—柴（555 \ 289）

sai \ sæ┤—血（588 \ 301）

siul siu \ sy˥sy┤—战争（613 \ 308）

siul \ sy˥—杀（616 \ 309）

si keeq \ si┤k'ɯ↓—丝线（630 \ 314）

seeq \ sʅ↓—三（676 \ 329）

so \ so—大秤（689 \ 333）

ss \ z

ssei daq zzeeq dee \ ze┤ta↓dzʅ˥tɯ┤—数字方位（10 节 \ 328）

ssee \ zʅ┤—草（64 \ 140）

ssee herq \ zʅ˧hər˩ —山柳（80 \ 144）

ssiul \ zy˥—小孩（200 \ 179）

ssiul jil \ zy˥tɕi˥—幼小（201 \ 179）

ssoq \ zo˥—瓮（261 \ 198）

ssaq \ zɑ˩—下、降（292 \ 208）

sseeq \ zʅ˩—抓搔（321 \ 216）

ssee \ zʅ˧—拿、持（334 \ 220）

ssaiq \ zæ˩—笑（407 \ 243）

ssi \ zi˧—美（477 \ 264）

sso \ zo˧—男、儿子（495 \ 270）

seeq we pvq \ zʅ˩uə˧pʼy˩—攻克敌寨（621 \ 311）

ssee jjiq \ zʅ˧dʑi˩—草房（649 \ 320）

yi \ i

yi bbiq \ i˧bi˩—大江（49 \ 136）

yiq \ i˩—右（189 \ 176）

yil \ i˥—睡觉（271 \ 201）

yil mu \ i˥mu˧—梦（272 \ 202）

yiq \ i˩—美味（554 \ 289）

yu \ y

yul yu liul liu \ y˥y˧ly˥ly˧—动作行为（5 节 \ 200）

yuq \ y˩—羊（99 \ 149）

yuq \ y˩—祖先（205 \ 180）

yuq mei \ y˩me˧—婆婆、岳母（208 \ 181）

yuq bbaq \ y˩bɑ˩—羊叫（489 \ 268）

yuq \ y↓—祖先（501 \ 272）

yuq biuq \ y↓py↓—祭祖（575 \ 296）

yuq see bba laq \ y↓sๅ⊣ba⊣la↓—羊毛衣（639 \ 317）

<h2 style="text-align:center">ai \ æ</h2>

aiq \ æ↓—山崖（39 \ 133）

aiq ko \ æ↓k'o⊣—山洞（40 \ 133）

ai \ æ↓—粮食（87 \ 146）

aiq \ æ↓—鸡（120 \ 155）

aiq \ æ↓—斗（612 \ 308）

aiq \ æ↓—战争（613 \ 308）

<h2 style="text-align:center">a \ ɑ</h2>

aq \ ɑ↓—聚（515 \ 277）

<h2 style="text-align:center">o \ o</h2>

o gel \ o⊣kə⌐—骨骼、骨架（186 \ 175）；o \ o⊣—骨头（186 \ 175）

oq herq \ o↓hər↓—绿玉（645 \ 319）

<h2 style="text-align:center">wu \ u</h2>

wu du wuq \ u⊣tu⊣u↓—自己（204 \ 180）

wuq \ u↓—奴隶（492 \ 269）

wuq \ u↓—粮食、吾神（553 \ 288）

v \ ʋ

vl ssi \ ʋ ˥ zi ˧ —鸟（121 \ 155）

vq \ ʋ ˩ —陷（420 \ 247）

vq ree \ ʋ ˩ ʐɿ ˧ —服侍（493 \ 270）

e \ ə

el yuq \ ə ˥ y ˩ —猴子（112 \ 153）

e ggvq \ ə ˧ gʋ ˩ —马蜂（134 \ 159）

el ddai \ ə ˥ dæ ˧ —蝗（135 \ 159）

el laf \ ə ˥ la ˧ —蜘蛛（141 \ 161）

el boq \ ə ˥ po ˩ —奶（187 \ 175）

e bbvq \ ə ˧ bʋ ˩ —兄（209 \ 182）

e ni \ ə ˧ ȵi ˧ —姑妈（211 \ 182）

el \ ə ˥ —阿（305 \ 212）

e bbuf sso \ ə ˧ bu ˧ zo ˧ —婴儿（537 \ 284）

e ddaq zzee goq \ ə ˧ da ˩ dʑɿ ˧ ko ˩ —知己朋友（546 \ 286）

er \ ər

er lo lal \ ər ˧ lo ˧ la ˥ —敲锣（374 \ 233）

er \ ər ˧ —铜（542 \ 285）

ye \ iə

yeq \ iə ˩ —新苗（61 \ 139）

yel \ iə˥—赐（325 \ 217）

ye goq \ iə˦ko˩—家（505 \ 274）

wa \ uɑ

wa \ uɑ˦—五（678 \ 330）

we \ uə

we \ uə˦—山丘（41 \ 133）

weq \ uə˩—鹰（127 \ 157）

weq sheeq \ uə˩ʂʅ˩—黄鹰（129 \ 157）

wel we \ uə˥uə˦—圆、圆形（437 \ 252）

主要参考书目

1. 徐中舒主编：《甲骨文字典》，四川辞书出版社，2006 年第 2 版。

2. 方国瑜编撰、和志武参订：《纳西象形文字谱》，云南人民出版社，1995 第版。

3. 方国瑜主编：《云南史料丛刊（卷1）》，云南人民出版社，1990 年版。

4. 方国瑜：《中国西南历史地理考释》，中华书局，1987 年版。

5. 李霖灿编著：《纳西族象形标音文字字典》，云南民族出版社，2001 年版。

6. 李霖灿：《麽西研究论文集》，台北"国立故宫博物院"印行，1984 年版。

7. （东汉）许慎：《说文解字》，万卷出版社编辑的插图本，2009 年版。

8. 汤可敬编撰：《〈说文解字〉今释（修订版)》，岳麓书社，1997 年版。

9. 《〈说文解字〉大全集》编委会编著：《新编〈说文解字〉大全集》，中国华侨出版社，2011 年版。

10. 谷衍奎编：《汉字源流字典》，华夏出版社，2003 年版。

11. 任继愈主编：《中国道教史》，上海人民出版社，1990 年版。

12. 袁珂：《古神话选释》，人民文学出版社，1979 年版。

13. 唐汉：《汉字密码》，学林出版社，2002 年版。

14. 许进雄：《文字小讲》，天津人民出版社，2016 年版。

15. 胡厚宣、胡振宇：《殷商史》，上海人民出版社，2019 年版。

16. 和宝林：《远古流来的圣泉——东巴文化与纳西族》，云南民族出版社，2004 年版。

17. 和煜堂：《白狼歌诗译注》，云南人民出版社，2002 年版。

18. 东巴文化研究所编译：《纳西东巴古籍译注全集》，云南人民出版社，1999 年版。

19. 左民安：《汉字例话》，中国青年出版社，1984 年版。

20. 李静生：《纳西东巴文与甲骨文的比较研究》，载郭大烈、杨世光编的《东巴文化论集》，云南人民出版社，1985 年版。

21. 习煜华、杨逸天：《从东巴经中的藏语借词看藏族宗教对东巴教的影响》，载郭大烈、杨世光编的《东巴文化论》，云南人民出版社，1991 年版。

22. （清）乾隆八年撰修的《丽江府志略》，丽署新出（91）临字第 03 号。

23. 云南省社会科学院丽江东巴文化研究所编：《东巴文化艺术》，云南美术出版社，1992 年版。

24. （西汉）司马迁《史记》，浙江古籍出版社，2014 年版。

25. 章惠康、易孟醇主编：《后汉书今注今译》，岳麓书社，1998 年版。

26. 《二十五史》，上海古籍出版社，1986 年第 1 版。

27. 陈广忠译注：《淮南子》，中华书局，2012 年版。

28. （东汉）班固撰，卢校叢编，陈东辉主编：《白虎通》，浙江大学出版社，2021 年版。

29. （晋）陈寿撰，（宋）裴松之注：《三国志》，岳麓书社，1990 年版。

30. （晋）常璩：《华阳国志》，齐鲁书社，2010 年版。

31. 政协丽江市古城区委员会编：《丽江文史资料全集》，云南民族出版社，2012 年版。

32. （战国）屈原：《楚辞》，云南人民出版社，2016 年版。

33. 史东梅编著，宋学海主编：《山海经》，云南人民出版社，2011 年版。

34. （唐）房玄龄等撰，刘湘生、李扬等校点：《晋书》，岳麓书社，1997 年版。

35. （元）马端临撰：《文献通考》，浙江古籍出版社，1988 年版。

36. 《盐源县志》，（清）光绪十九年重修本（石印转复印本）。

37. 任思源主编：《图说细说汉字》，汕头大学出版社，2016 年版。

38. 林超民主编，《方国瑜文集》，云南教育出版社，2001 年版。

后　记

　　我叫李宝生，是《汉字甲骨文与纳西象形文字》的第二作者，也是第一作者和宝林的堂弟。1999 年 6 月，家父留下其呕心沥血但未竟的力作《白狼歌诗译注》第二送审稿就撒手人寰。家父遗著的内容比较艰深，后人接力整理的难度很大，正好我兄宝林具备与之匹配的能力并全力担当，成为家父遗著于 2002 年 9 月得以正式出版的最关键因素。

　　19 年前，我以儿子兼门外汉的身份，为家父遗著《白狼歌诗译注》写了后记。如今，我以《汉字甲骨文与纳西象形文字》第二作者的身份，受兄长兼第一作者宝林嘱咐写此后记。这是一件使我既感欣慰又感忐忑的的事情。欣慰者，是通过近年来的潜心学习和探索，我具备了相应的能力，与兄长密切配合完成了《汉字甲骨文与纳西象形文字》的全面成稿工作。忐忑者，与兄长所具备的学术、学问功力相比，我当然处于望尘莫及的阶段，与兄长定要我当第二作者的角色相比，自知尚有较大的距离。

　　《汉字甲骨文与纳西象形文字》的最终成稿，我作为第二作者，认为很有必要补叙一下写作该书的漫长过程和其中的奠基者之功。该书的写作，始于 2005 年左右，奠基人为我兄和宝林和其挚友和成伟老师，书中的"汉语拼音音序目录"就是和成伟老师所拟的初稿，兄长则主要完成了本书第四章《汉字甲骨文和纳西象形文字比对》的基础稿。到 2012 年左右，因兄长的身体等原因，书稿写作开始处于停滞状态。2014 年兄长患重病（至今还有后遗症），对该书的后续写作一度无暇顾及。2018 年底兄长之母（百岁老人，我的伯母）去世，兄长侍奉老母的紧张心情得以放松，感觉身体尚可继续支撑一定的研究与写作，遂萌发整理该书的想法。

2019 年 1 月初，兄长为此事突然打电话给我，言说上述之想，并说原合作者和成伟老师因身体原因明确表示退出，思去想来，觉得接力合作者非我莫属。我当时回答，我愿意提供力所能及的帮助，且愿意以原合作者而非我本人的名义进行帮助。兄长与和成伟老师均表示不愿意接受这样的帮助。我又提出，既然这样，我可以对兄长提供单一的帮助。兄长说这是一件很复杂且持久的事情，若只帮助而不愿意成为合作者，就干脆不干这件事。我只好答应，兄弟两人的合作就是这样被促成的！当然，帮助也好，合作也罢，最要紧的是需要具备能够完成任务的相应能力和一种积极的态度，否则还可能成为兄长的累赘。还好，2019 年 1 月 7 日兄弟俩正式开启了齐心协力、合作完成本书之旅，于是就有了至今两年多时间里紧锣密鼓、无缝对接而产生的 12 大回合、9 大整体、积稿盈数尺的送审稿成果。其间，兄长几度因病住院，我也常感疲惫、吃力。撰稿的主角，原创之功，非兄莫属，我则扮演全面参与讨论和事无巨细、不留死角地为成稿目标而努力的系列配角工作。

作为全面参与者，就本书的两个显著特点，我也谈点个人的体会：一是将以甲骨文为代表的古汉字这样成规模、系统化地与纳西族象形文字进行比对研究，据我所知，我们这本书是首次，故本书有首创性。二是把纳西族象形、标音两种文字的起源等方面的研究，置于与古汉字为主线的中华民族整体文化大视野之中，赋予全新的独立见解，也是很有意义的。

还要说说本书送审稿中甲骨文等古汉字和纳西文字符号"图片化"插入的问题。本书涉及大量的古汉字和纳西族文字符号。古汉字方面涉及甲骨文、金文、小篆、籀文、其他古文字符号；纳西族文字涉及纳西族象形文字和纳西族标音文字两类。面对这些没有通用"活字化"软件的复杂文字符号，我们只能将其以"图片化"文字形式插入书中。

为此，我们首先寻找、运用现有的甲骨文、纳西象形文字等各种字符软件，想将这些字符进行一次性"活字化"的尝试，但在实践中很快就认识到此路行不通！因为现有的任何字符软件都根本无法满足我们写作的需要，且运用庞杂的软件无异于自乱阵脚。

于是，我们曾设想自行同步研究开发与写作需要相匹配的"活字化"软件，以期与写作目标一起整体完成。但我们很快又发现，根据自身目前的精力和能力以及周边的环境，还有具体写作过程中面对的字符需要随时修改的情况，采取自行同步"活字化"的办法，将陷入写作目标的完成遥遥无期的尴尬境地。

最终，我们采取了扫描目标字符后插入书稿的办法。其中，"图片化"插入又面临"扫描原件"插入和经过抠图等修饰后的"处理件"插入两种选择。经过实践，若采取"处理件"插入之法，因不娴熟、不专业，会出现费时费力且字符容易失真变形的情况。所以，我们最后选择了"扫描原件"插入之法。

我不厌其烦地说明这一情况，意在让本书的出版社了解相应字符插入的基本情况，因而可以有的放矢地解决这些字符的编辑问题，也为包括经历者在内的、有志接触古文字的人们总结出一份现成的经验。

本书能成稿和出版，与家人和社会力量的呵护、支持分不开。首先，是以兄嫂和锡英和我妻李春兴为代表的全体家庭成员对我俩一以贯之的全力支持。其次，许多社会人士和单位也给以了大力支持和帮助。例如，丽江古城博物院提供了出版费用，院长陈桂云老师还帮助处理联系出版社等事宜。丽江雪山书院院长和国相老师对本书的写作和出版一直予以关注，通阅了书稿并欣然作序，还在院刊《雪韵》上连载书稿内容。在昆民营企业家杨雪梅、和跃生两位纳西族老乡、老师，也在昆为该书的出版事宜奔波操劳。在此，我兄弟俩对所有关心、支持和帮助本书写作和出版的各位亲朋好友、社会人士和单位表示衷心的感谢！

最后还要提一句，以云南大学出版社总编辑殷永林为主的本书编校人员对图书质量的高度重视及其严谨的工作作风，给我们留下了深刻印象，使我们对本书的出版更有了踏实感。

李宝生

2021 年 7 月 10 日